U0525787

国外语言学译丛
经典著作

PRINCIPLES
·
OF
·
LINGUISTIC CHANGE

语言变化原理：
认知和文化因素

〔美〕威廉·拉波夫 著

石锋 于辉 苏珩骅 译

商务印书馆
创于1897 The Commercial Press

William Labov
PRINCIPLES OF LINGUISTIC CHANGE
Cognitive and Cultural Factors
All Rights Reserved. Authorised translation from the English language edition published by John Wiley and Sons Limited. Responsibility for the accuracy of the translation rests solely with The Commercial Press Ltd. and is not the responsibility of John Wiley and Sons Limited. No part of this book may be reproduced in any form without the written permission of the original copyright holder, John Wiley and Sons Limited.

Copies of this book sold without a Wiley sticker on the cover are unauthorized and illegal.

国外语言学译丛编委会

主　编：

沈家煊（中国社会科学院语言研究所）

编　委：

包智明（新加坡国立大学）
胡建华（中国社会科学院语言研究所）
李　兵（南开大学）
李行德（香港中文大学）
李亚非（美国威斯康星大学）
刘丹青（中国社会科学院语言研究所）
潘海华（香港中文大学）
陶红印（美国加州大学）
王洪君（北京大学）
吴福祥（中国社会科学院语言研究所）
袁毓林（北京大学）
张洪明（美国威斯康星大学）
张　敏（香港科技大学）
朱晓农（香港科技大学）

总　　序

商务印书馆要出版一个"国外语言学译丛",把当代主要在西方出版的一些好的语言学论著翻译引介到国内来,这是一件十分有意义的事情。

有人问,我国的语言研究有悠久的历史,有自己并不逊色的传统,为什么还要引介西方的著作呢?其实,世界范围内各种学术传统的碰撞、交流和交融是永恒的,大体而言东方语言学和西方语言学有差别这固然是事实,但是东方西方的语言学都是语言学,都属于人类探求语言本质和语言规律的共同努力,这更是事实。西方的语言学也是在吸收东方语言学家智慧的基础上发展起来的,比如现在新兴的、在国内也备受关注的"认知语言学",其中有很多思想和理念就跟东方的学术传统有千丝万缕的联系。

又有人问,一百余年来,我们从西方借鉴理论和方法一直没有停息,往往是西方流行的一种理论还没有很好掌握,还没来得及运用,人家已经换用新的理论、新的方法了,我们老是在赶潮流,老是跟不上,应该怎样来对待这种处境呢?毋庸讳言,近一二百年来西方语言学确实有大量成果代表了人类语言研究的最高水准,是人类共同的财富。我们需要的是历史发展的眼光、科学进步的观念,加上宽广平和的心态。一时的落后不等于永久的落后,要超过别人,就要先把人家的(其实也是属于全人类的)好的东西学到手,至少学到一个合格的程度。

  还有人问,如何才能在借鉴之后有我们自己的创新呢?借鉴毕竟是手段,创新才是目的。近一二百年来西方语言学的视野的确比我们开阔,他们关心的语言数量和种类比我们多得多,但是也不可否认,他们的理论还多多少少带有一些"印欧语中心"的偏向。这虽然是不可完全避免的,但是我们在借鉴的时候必须要有清醒的认识,批判的眼光是不可缺少的。理论总要受事实的检验,我们所熟悉的语言(汉语和少数民族语言)在语言类型上有跟印欧语很不一样的特点。总之,学习人家的理论和方法,既要学进去,还要跳得出,这样才会有自己的创新。

  希望广大读者能从这套译丛中得到收益。

沈家煊

2012 年 6 月

中文版序言

我很高兴石锋教授主持把《语言变化原理》译成中文出版。我希望这将有益于中国的语言变化的研究,使富有成果的汉藏系语言研究的悠久传统得到增强。

语言变化的普遍理论是以在纸上、羊皮纸或竹片上存留下来的文字材料为依据建立起来的。历史语言学家研究因偶发的历史事件而幸存的文献残卷,已经在历史语音的构拟中取得了令人惊奇的成功。我怀着敬佩之意把他们的研究称为:对于不完善的资料进行最充分的利用。这套书则是希望说明,他们的结论可以用进行中的音变证据来加以丰富并再现活力,这是基于记录日常生活中即兴语言的研究中得到的。

我第一次到中国是在1973年参加美国语言学会访华团。这次交流之后出版了《中华人民共和国的语言和语言学》(W. Lehmann主编,得克萨斯大学出版社)。我那个团组中的学者们对于中国和中国语言学的了解都比我强得多。我们访问了很多城市,了解到当时为保护少数民族语言和推广普通话,制定出各种结合实际考虑周密的语言政策。我还从他们正式讲座的提要中学了一些汉语,并被夸奖学会"两条腿走路"的意思,我自己工作中也有相似的情况,这可以作为西方语言学中的一个实例。

当时,极为重视语言研究的社会意义。我记得曾听说有一个研究课题是要学生们采访上海港的工人，以便证明革命京剧《海港》中的语言的正确性。然而，由于当时条件限制，并没有像今天这样的方式进行的系统的语言学研究。

在本书中展示的研究工作有两个方面。一方面是显示了日常生活中语言变异的研究如何证实我们对语言总体是一个系统的理解。汉藏系语言的发展在很多方面反映出跟本书各卷中涉及的英语、西班牙语，以及其他印欧语言研究得到的驱动力量是相互对应的。例如，最小努力原则单词尾部信息量逐渐减少的效果是相同的。汉语在历史上有着大量跟这一过程相对应的重新调整现象。

另一方面，正在进行中的音变的社会分布使我们对于我们所生活的社会有更多的了解。用于在美国划分进行中音变的社会经济层级，当然不同于在中国的城市中随机样本的结构。但是我们仍然期望《语言变化原理》书中展现的年龄、性别，以及城市/农村的分析维度，会在汉语的社会语言学研究中有着同样的重要性。

在任何这种社会语言学研究的中心地带，我们都希望能够发现支配着本书各卷中所报告的研究工作的两个基本原理。

1. 方言口语的中心性。一种语言的历史就是在家庭和亲友间使用的方言口语的历史。它从父母传递给儿童，并随着儿童离开父母的影响而发生变化。

2. 观察者的悖论。为捕捉到一种方言口语的准确的记录，我们必须去观察人们在没有被观察的情况下是怎样讲话的。

这第二个原则突显出形式语言学与语言变异研究之间的区别，前者的语料局限于母语说话人的直觉，而后者则是要找出语言直觉跟日常生活实际说话的不匹配现象。当然，在大多数情况下，我们的直觉跟我们实际讲话是一致的，然而当二者不一致时，重要的问题就出现了。形式语言学家抛弃人们在直觉下实际所说的话语，而社会语言学家却走上相反的道路。当研究中包含了系统性的语音变化时，这个问题的性质就变得更为清晰。在音变之初，说话人对于新的形式并没有察觉。随着变化的进行，他可能会有所察觉，但是归入脱离实际的旧规范。于是，如果直接提问，得到的回答，只是显示出人们对于自己所讲的话所知甚少。

我很抱歉这套书如此之长：内容之多以至我自己都不能够完全记住。然而我却希望本书各卷显示出对日常生活中使用的语言进行客观研究将得到多么大的收获。

本书第一卷把这种研究方法用于探寻语言变化的内部制约因素。书中最后一节集中论述规则性的问题，以及词汇扩散理论的新见解，这是来源于王士元教授跟他的同事们开创性的研究工作。大量的讨论是分析汉语方言中逐字逐词的音变证据，例如，潮州话的声调变化，或是上海话的元音合流。主要的努力是怎样将这些强有力的汉语方言的重要资料去跟新语法学派的规则性音变的观点相协调。

第二卷着眼于决定语音变化的社会因素，大多是报告集中在美国费城一个城市所做的全面研究，但同时也在探索性别和社会阶层制约影响语言变化的普遍原理。在最后一节提出了一种代际变化增量的抽象模式，描述音变怎样在父母传递给儿童的过程中发生。

第三卷先是论述认知因素与语言变化在跨方言的理解中的效应。主要的发现就是特定的音变确实受到理解方面的干预，甚至这就是音变背后的推动力，从而成为更为紧迫的需要研究的问题。随后的一系列章节展示一种语言变化的全部历史：从它的起始到最后的终结。进而提出一种方言分化的普遍模型。最后一节旨在解决另一个历史语言学中长期存在的谱系树模型与波浪式发展的模型之间的对立。书中讲到，谱系树模型是父母与儿童之间一系列不间断传递的结果，是儿童语言学习能力的结果，从而保持了系统的完整性。另一方面，波浪式模型被视为成人之间传播的结果，反映出老年人有限的语言学习能力。

因此，我在本书各卷中试图解决历史语言学领域中两个长期悬而未决的争议。我的基本立场是承认语言学作为语言科学的心智价值，并且认为如果一种观点被几代语言学家所长期坚持，那么它就必须建立在一种坚实的基础上。它会跟对立的意见保持联系，并在适宜的范围里保留自己的见解。

威廉·拉波夫

2013 年 1 月 4 日

（石锋译）

PREFACE TO
THE CHINESE EDITION

I am very pleased that *Principles of Linguistic Change* is now available in the translation into Chinese by Professor Shi Feng. I hope that it will be useful in the study of linguistic change in China, reinforcing the longstanding tradition of linguistic science in which Sino-Tibetan studies have contributed so much.

The general theory of language change is well founded on the study of surviving texts, on paper, parchment or bamboo. Historical linguists have had astonishing success in reconstructing the past from the scraps that have survived, by haply historical accident. I have characterized with admiration their art as "making the best use of bad data". These volumes hope to show that their conclusions can be enriched and reinvigorated by evidence derived from the study of change in progress, based on recordings of spontaneous speech in everyday life.

My first trip to China was in 1973, with the delegation of the Linguistic Society of America. This interchange led to the publication of *Language and Linguistics in the People's Republic of*

China. (W. Lehmann ed. ; Austin: U. of Texas Press.) I was in the company of scholars who knew much more about China and Chinese linguistics than I did. We visited many cities and learned a great deal about the pragmatic and well-considered language policies of the time, in regard to the protection of minority languages and the generalization of putonghua. I had acquired enough of that language to follow the gist of formal lectures, and was encouraged to learn that the expression "walking on two legs" included some acquaintance with my own work as an example of Western linguistics.

At that time, the social significance of research was strongly brought to the fore. I remember hearing of one research project in which students interviewed workers on the Shanghai docks in order to demonstrate the correctness of the language heard in the revolutionary opera, "On the Docks". However, conditions at that time did not favour systematic linguistic research in the way that it can be conducted today.

The work presented in this volume has two faces. On the one hand, it shows how the study of variation in the language of everyday life can illuminate our general understanding of language as a system. There are many aspects of the development of Sino-Tibetan languages that respond to the same forces that are operating in English, Spanish, and the other Indo-European languages studied in these three volumes. For example, the principle of least effort has similar effects in gradually reducing the

PREFACE TO THE CHINESE EDITION

amount of information at the ends of words, and the history of Chinese shows massive readjustments in response to this process.

In the second aspect, the social distribution of change in progress tells us much about the society we live in. The socio-economic categories used to trace change in progress in the United States are of course quite different from those that would be used in the construction of a random sample of a Chinese city. But we would expect that age, gender, and the urban/rural dimension would be as important in a Chinese sociolinguistic study as in *Principles of Linguistic Change*.

At the heart of any such sociolinguistic study we would expect to find the two basic principles that govern the work reported in these volumes.

1. The Centrality of the Vernacular. The history of a language is the history of the vernacular form of the spoken language as used with family and intimate friends, transmitted from parents to children and changed by children as they move beyond the influence of their parents.

2. The Observer's Paradox. To capture an accurate record of that vernacular we must observe how people speak when they are not being observed.

This second principle underlines the difference between formal linguistics that limits its data to the intuitions of the native speaker, and the study of language variation which is prepared to find a mismatch between those intuitions and what is said in everyday life. Granted that in the great majority of cases, our intuitions correspond to what we say, the crucial questions arise when they do not. The formal linguist discards what people say in favour of their intuitions, while the sociolinguist takes the opposite road. The issue becomes much clearer when systematic change is involved. At the beginning of the change, speakers have no awareness of the new forms. As change progresses, awareness may arise, but in the form of a stereotype far removed from reality, so that direct questioning only reveals how little people know of what they say.

I am sorry that these books are so long: there is so much in them that I cannot myself remember all of it. Yet I hope that these volumes will indicate how much can be learned by the objective study of the language used in everyday life.

The first volume takes this approach to the search for the internal constraints on linguistic change. Its final section focuses on the question of regularity, and the new insights on lexical diffusion that stem from the creative work of William S.-Y. Wang and his colleagues. Much of the discussion deals with the evidence of word-by-word change in Chinese dialects, such as the development of tone in Chao-Zhou, or vowel merger in Shanghai. The major effort is to reconcile the Neogrammarian view of regular sound change with this powerful and important data from Chinese dialects.

PREFACE TO THE CHINESE EDITION   XI

The second volume looks at the social factors that determine change, largely reporting on the intensive study of a single American city, Philadelphia, but at the same time searching for general principles that govern the effect of gender and social class on language change. Its final section presents an abstract model of the incrementation of change across generations, showing how it is generated by transmission from parents to children.

The third volume turns first to cognitive factors and the effect of language change on comprehension across dialects. The major finding is that sound change in particular does interfere with understanding, and makes even more urgent the problem of the driving force behind these changes. It then presents a series of chapters on the life history of a linguistic change: from its origins to its final endpoint. A general model for the sources of dialect divergence is proposed. The final section aims to resolve another longstanding opposition in historical linguistics, between the family-tree model and the wave model of development. It is proposed that the family-tree pattern is the result of an unbroken series of transmission from parents to children, preserving the integrity of the system as a consequence of the language-learning abilities of children. The wave model, on the other hand, is seen as the consequence of diffusion among adults, and reflects the limited language learning abilities of older speakers.

Thus in these volumes I have attempted to resolve two longstanding controversies in the field of historical linguistics. My basic position is to recognize the intellectual value of linguistics as the science of language, and argue that if a point of view has been maintained over time by many generations of linguists, it must rest on a solid foundation. It remains to bring opposing views into contact, preserving its insights in its proper domain.

William Labov

前言:介绍比尔

这里我要介绍的"比尔"当然是威廉·拉波夫,因为"威廉"这个名字经常被简称为"比尔"。当我幼年在上海开始学英语的时候,就有了一个西方的名字"威廉",这让很多朋友也叫我"比尔"。因此在2012年香港中文大学邀请我们两人举行一次公开的学术对话的时候,冯胜利教授亲切地把这次会议称为"双铃对谈"。①

石锋教授知道我跟比尔之间有着长期的友谊。现在比尔这非凡的三卷本巨著《语言变化原理》②的中文译稿即将出版,这本身就是个艰巨浩大的工程,他请我为中国的读者们写一个序言。我觉得义不容辞,面对这部巨著,使我想到《诗经》中著名的诗句:高山仰止。[1]确实,用任何语言都难以形容比尔对于深化我们的语言学基本理论所做出的卓越贡献:什么是语言,以及语言与社会的多方面联系。所以我这里只是写出自己跟我们时代这位真正伟大的语言学家交往的片断印象。

---

① 冯胜利、叶彩燕主编. 2014.《拉波夫与王士元对话:语音变化的前沿问题》(*A Dialogue on Sound Change Between William Labov and William S-Y. Wang*),北京大学出版社。["双铃对谈"是一种幽默的说法,实际上 Bill 和 bell 的元音发音是有差别的。]

② *Principles of Linguistic Change. Volume 1: Internal Factors*, 1994. *Principles of Linguistic Change. Volume 2: Social Factors*, 2001. *Principles of Linguistic Change. Volume 3: Cognitive and Cultural Factors*, 2010.

[1] 出自《诗经·小雅·车辖》:"高山仰止,景行行止。"——译者

实际上，我最初知道比尔是间接通过他的博士论文导师尤里埃尔·文莱奇教授，那时正在斯坦福大学的行为科学高级研究中心做客一年，离我所在的伯克利加州大学开车只需一小时。我最感兴趣的是语言变化的原因和方式，是文莱奇、拉波夫、赫佐格的论文[3]给了我探索这个重要领域的指路灯。我们当时正在创建第一个汉语数据库[4] DOC（Dictionary on Computer，计算机中的词典），能够据以用实证和量化的方式研究语音的变化。

DOC 的早期研究成果是一个后来被称为"词汇扩散"的假说，关于一个音变是怎样通过逐次改变词汇中的若干词项而传播开来的。[5]基于北京大学刚刚完成的《汉语方音字汇》最初版本，我们能够借助计算机在 DOC 中搜索那些按照构拟的中古汉语规则变化的词项，以及那些以其他方式变化的词项。但是由于跟当时盛行的新语法学派的语音总是按规则变化的观念[6]相对立，这个假说最初的遭遇并不顺利。最好的情况是人们有礼貌的沉默。有时还受到讥讽，好像音变研究只能属于印欧语言学。

---

[3] Weinreich, Uriel, Labov, William, and Herzog, Marvin. 1968. Empirical foundations for a theory of language change. In W. Lehmann and Y. Malkiel (Eds.), *Directions for Historical Linguistics* (pp. 95-188). Texas: University of Texas Press.

[4] Cheng, Chin-Chuan. 1994. DOC: Its Birth and Life. In M. Y. Chen and O. J. L. Tzeng (Eds.), *In Honor of William S-Y. Wang: Interdisciplinary Studies on Language and Language Change*. Taibei: Pyramid Press. 我们在计算机初始时代创建 DOC 的小组有郑锦全、陈渊泉、谢信一、柴谷方良，还有其他人。

[5] Wang, W. S-Y. 1969. Competing changes as a cause of residue. *Language*, 45, 9—25.

[6] Verner, Karl. 1875. Eine Ausnahme der ersten Lautverschiebung. *Zeitschrift für vergleichende Sprachforschung auf dem Gebiete der Indogermanischen Sprachen*, 23(2), 97—130. 这篇辉煌论著的英文译稿收入 Lehmann, W. P. (Ed.). 1967. *A Reader in Nineteenth-Century Historical Indo-European Linguistics*. Indiana University Press.

但是比尔清楚地理解我们正在为之绞尽脑汁的这个理论问题的复杂性。1977年,我们在夏威夷合作讲授了暑期语言学院的一门课程:语言的生物和社会基础。这给我们一个宝贵的机会来系统深入地讨论语言学的各种基础问题。几年后,比尔慷慨地利用会长致辞⑦的场合,向美国语言学会从公平而宽广的视角对词汇扩散进行了评论。

他总结了当时人们对于音变的理解,认为有些音变,或许是辅音,确实有可能以在词汇中逐渐进展的方式变化;而其他音变,如元音有着从起点到终点的语音连续统,就可能按照新语法学派的方案变化。还有可能是音变通过比尔首创的"变异规则"来实现,其中目标值以不断增加的概率出现,而不是以单个词项的方式出现。无论如何,语音变化,实际上是语言中的所有变化,都离不开说话人的年龄、性别,以及很多其他生物的和社会的状况。这是我们从比尔的著作中得到的一个基本收获。对这些问题感兴趣而还没有完全弄懂的读者,不妨参阅脚注1所列的参考文献。

比尔在语言学的众多方面都做出了里程碑式的贡献,远远超出单一的论题,构成了包括应该研究怎样的语言和应该怎样做语言研究的一个综合框架。当比尔在1964年完成他的博士论文的时候,语言学界"主要是那些花费大量的时间互相争论的固执己见的青年,……他们的资料大都是靠自己的头脑想出来的"。⑧比尔的做法与此形成鲜明对照,他倡导"一种以观察或实验为依据的经

---

⑦ Labov, William. 1981. Resolving the Neogrammarian Controversy. *Language*, 57, 267—308.

⑧ Labov, William. 1997. How I got into linguistics, and what I got out of it. *An essay addressed to undergraduate students*, updated October 1, 1997.

验语言学，基于人们实际说出的话语，采用实验室的实验技术进行测试。"

在随后的半个世纪中，他继续身体力行，把这种经验的和实验的双重方法扩展到研究美国社会的很多地区和多种族群，同时在实验室里做出详尽的分析。诸如语言接触、黑人英语、缺-r 的方言，以及音变的矫枉过正等论题，在他对于很多有趣的说话人的访谈中呈现出鲜活的情景。还有近似合并、元音高化等，在他制作的动态画面和视频剪辑中表现得栩栩如生。他使人想起好莱坞在电影《窈窕淑女》中以浪漫主义手法呈现的亨利·斯威特，他在伦敦街头录取东区考克尼方言元音的发音，在家中的实验室里用浪纹计把它们分析出来。斯威特是 19 世纪伟大的语言学家，也是比尔心目中的偶像之一。

石锋教授主持翻译的这三卷巨著现在已经可以提供给中国的学者。这是比尔几十年来著作的极有价值的总合（参见脚注 2）。这三卷书的副标题分别是"内部因素""社会因素"和"认知和文化因素"，这些不同方面的精辟论述见证了比尔博大精深的学识。

比尔的研究方法的基本主题就是，我们在语言研究中必须始终以说话人为中心。归根结底，语言的存在就因为是人创造了语言，并且一直不断地在使用它。离开说话人去研究语言，就会失去语言学的现实性和生命力。因此一个语言学家最为欣慰的就是他的专业知识能够直接促进改善人们的生活福祉。比尔在脚注 8 的文献中讲述了他在 1987 年参与的一个庭审案件的经历。他使法官确信被告的说话方式表明他没有打过威胁电话，从而使他免于牢狱之灾。这个案例涉及的是波士顿口音和纽约市口音之间的语音差异。

在比尔的故事早几年的时候,我在加州奥克兰曾遇到类似的法庭经历。⑨一个年轻的香港移民在被宣读他有米兰达权利[2]之后被捕入狱,却没有给他翻译。我在奥克兰监狱探望他几次之后,就在法庭上提出被告的英语之差不足以听懂法律赋予的米兰达权利的内容。法官于是让他自由了。这对我是一个非常令人兴奋的经历。语言分析的抽象工具可以用这种方式得到实际的应用。

现在《语言变化原理》已经有了全部的中文译本,我唯有希望众多的中国读者能够深入地思考这三卷书中包含的各种的精辟见解。借用艾萨克·牛顿的一句名言,它们就是语言学必须学会站上去的"巨人的肩膀",以使我们的学术能够更有成效地向前发展。

王士元

2017年1月于马鞍山

(石锋译)

---

⑨ Wang, William S-Y. 1980. Assessing linguistic incompetence. *Linguistic Reporter* May issue. Reprinted in Wang, W. S-Y. 1991. *Explorations in Language*. Taibei: Pyramid Press.

[2] 米兰达权利。根据美国法律,警方在逮捕前必须告知嫌疑人的"米兰达权利",即,他们有权保持沉默,得到代表律师的权利,并有权委任律师。——译者

Introducing Bill

The 'Bill' I wish to introduce here is of course William Labov; the first name, 'William', is often abbreviated to 'Bill'. When I started to learn English in Shanghai as a young boy, I was given the Western name 'William'; this led many friends to also call me 'Bill'. So when the Chinese University of Hong Kong in 2012 invited the two of us to have a public dialog, Professor Feng Shengli fondly referred to the conference as a conversation between two 'Bills'.[1]

Professor Shi Feng knows of my long friendship with Bill. Now that the translation of Bill's monumental three-volume 'Principles of Linguistic Change' is reaching completion[2], which is a mammoth undertaking in itself, he has asked me to say something by way of a foreword, addressed to a Chinese readership.

---

[1] 冯胜利,叶彩燕（Eds.）. 2014. 拉波夫与王士元对话：语音变化的前沿问题 (*A Dialogue on Sound Change Between William Labov and William S-Y. Wang*)：北京大学出版社.

[2] *Principles of Linguistic Change. Volume 1：Internal Factors*, 1994. *Principles of Linguistic Change. Volume 2：Social Factors*, 2001. *Principles of Linguistic Change. Volume 3：Cognitive and Cultural Factors*, 2010.

I am of course humbled by the challenge; it calls to mind the well-known line from 诗经:高山仰止. Indeed, it is all but impossible to summarize the mountain of contributions Bill has made to deepen our fundamental knowledge of what language is, and the diverse connections language has to society. So my remarks here are no more than merely personal vignettes of one of the truly great linguists of our time.

Actually I first got to know Bill indirectly through his PhD supervisor, Professor Uriel Weinreich, when he spent a year at the Center for Advanced Study in the Behavioral Sciences; I was then based in Berkeley, just an hour's drive from Stanford. I was fascinated by the how's and why's of language change, and the paper by Weinreich, Labov and Herzog[3] provided a guiding light for me to explore this important area. We were constructing one of the first data-bases for Chinese at that time, which we called DOC[4], providing a forum to investigate sound change within an empirical and quantitative perspective.

---

[3] Weinreich, Uriel, Labov, William, and Herzog, Marvin. 1968. Empirical foundations for a theory of language change. In W. Lehmann and Y. Malkiel (Eds.), *Directions for Historical Linguistics* (pp. 95-188). Texas: University of Texas Press.

[4] Cheng, Chin-Chuan. 1994. DOC: Its Birth and Life. In M. Y. Chen and O. J. L. Tzeng (Eds.), *In Honor of William S-Y. Wang: Interdisciplinary Studies on Language and Language Change*. Taibei: Pyramid Press. Our little team in constructing DOC at the dawn of the computer age included 郑锦全, 陈渊泉, 谢信一, Matt Shibatani, among others.

One of the early products of the DOC investigations was a hypothesis, later christened as 'lexical diffusion', of how a sound change sweeps across the lexicon several words at a time. ⑤Based on an early version of 汉语方音字汇, which was just completed at Peking University, we were able to have the computer search the Dictionary on Computer for words that have changed 'regularly' from their Middle Chinese reconstructions, and for words that have changed in other ways. But against the then prevailing Neogrammarian belief that sounds *always* change regularly⑥, the hypothesis did not fare well at first. It met with polite silence at best, and sometimes even with sarcasm, as though the study of sound change belongs to just Indo-European linguistics.

But Bill understood well the complexities of the theoretical issues we were wrestling with. In 1977, we co-taught a summer course in the Linguistic Institute held in Hawaii, entitled *The biological and social bases of language*; it gave us a valuable occasion to discuss various foundational issues in linguistics systematically and in depth. Several years later, Bill generously used

---

⑤ Wang, W. S-Y. 1969. Competing changes as a cause of residue. *Language*, 45, 9—25.
⑥ Verner, Karl. 1875. Eine Ausnahme der ersten Lautverschiebung. *Zeitschrift für vergleichende Sprachforschung auf dem Gebieteder Indogermanischen Sprachen*, 23(2), 97—130. English translation of this brilliant study in Lehmann, W. P. (Ed.). 1967. *A Reader in Nineteenth-Century Historical Indo-European Linguistics*. Indiana University Press.

the occasion of his presidential address[7] to the Linguistic Society of America to discuss lexical diffusion in a fair and broad perspective.

He summarized what was known about sound change at that time, and considered the possibility that some changes may indeed change in a lexically gradual manner, perhaps consonants, while other changes, where the source and the target sounds lie along phonetic continua, such as vowels, may change according to the Neogrammarian scenario. There is also the possibility that a sound change may be implemented by what is known as 'variable rules', a concept pioneered by Bill, where the target sound appears with ever increasing probability, but not in a way that is associated with individual words. In any case, sound change, indeed all changes in language, cannot be dissociated from the age, gender, and many other biological and social circumstances of the speaker, which is a basic lesson we have all learned from Bill's work. Readers interested in these issues, which are far from being completely understood as yet, may wish to look at the reference given in footnote 1.

Bill's landmark contributions to linguistics extend much beyond individual issues; rather they constitute a comprehensive framework on how language should be studied, i.e., how linguistic research should be done. When Bill finished his PhD work in

---

[7] Labov, William. 1981. Resolving the Neogrammarian Controversy. *Language*, 57, 267—308.

1964, linguistics was a field "consisting mostly of young people with strong opinions who spent most of their time arguing with each other... drawing most of their data out of their heads".[8] In healthy contrast, Bill brought about "an empirical linguistics, based on what people actually say, and tested by the experimental techniques of the laboratory."

He went on to exemplify this dual approach to research, empirical and experimental, over the next half-century with extensive field work among many regions and diverse ethnic groups of American society as well as with detailed analyses in the laboratory. Topics such as language contact, Black English, r-less dialects, hypercorrection, etc. take on vivid meanings in the context of the many interesting speakers he interviewed; and near mergers, vowel raising, etc. come alive when captured on animated diagrams and video clips. He calls to mind Hollywood's romantic rendition of Henry Sweet in *My Fair Lady*, capturing Cockney vowels at London street corners, and analyzing them with a kymograph in his home laboratory. Sweet was a great 19th century linguist, and one of Bill's heroes.

The three volumes now made available to Chinese readers, translated under Professor Shi's direction, are a valuable synthesis of these decades of Bill's work (see footnote 2). As their subtitles indicate, the insights range over 'internal factors', 'social

---

[8] Labov, William. 1997. How I got into linguistics, and what I got out of it. *An essay addressed to undergraduate students*, updated October 1, 1997.

factors', as well as 'cognitive and cultural factors', attesting to both the depth and breadth of his erudition.

The underlying theme of Bill's approach is that in studying language we must keep centered on people; after all language only exists because people invented it and are constantly using it. Studying language removed from people robs linguistics of its realism and vitality. So it is all the more gratifying for a linguist when his expertise can contribute directly to the well-being of people. Bill recounts one such courtroom experience he had in 1987 in the reference in footnote 8. He freed someone from jail by convincing the judge that the defendant could not have made the telephone calls he was accused of, because of the way he speaks; the case hinged on phonetic differences between Boston speech and New York City speech.

A few years earlier than Bill's account, I had a similar encounter with the law in Oakland, California. ⑨ A young immigrant from Hong Kong was arrested and jailed after being read his Miranda Rights, without giving him the benefit of an interpreter. After visiting him several times in the Oakland jail, I was able to establish in the courtroom that the accused did not know enough English to understand the Miranda Rights, to which he is entitled by law; and the judge set him free. It was a highly elating expe-

---

⑨ Wang, William S-Y. 1980. Assessing linguistic incompetence. *Linguistic Reporter* May issue. Reprinted in Wang, W. S-Y. 1991. *Explorations in Language*. Taibei: Pyramid Press.

rience for me that the abstract tools of linguistic analysis can be put to actual use in this way.

Now that *Principles of Linguistic Change* is available in its entirety in Chinese, I can only hope that many Chinese readers will ponder deeply on the numerous insights these three volumes contain. Borrowing an expression made famous by Isaac Newton, they are the 'shoulders of giants' that linguistics must learn to stand on for our field to move forward effectively.

William S-Y. Wang.
Ma'an Shan, January 2017.

献给尤里埃尔·文莱奇(Uriel Weinreich)

目 录

自序 ·· ix
前言 ·· xiii
缩略语 ·· xv

第 1 章 引言：语言变化的认知与文化因素 ················· 1
  1.1 认知因素 ··· 2
  1.2 语言变化的文化因素 ································· 3
  1.3 趋同与分歧 ·· 6
  1.4 达尔文悖论再探 ······································· 7
  1.5 分歧与中心法则 ······································· 10
  1.6 语言学习的社区定位 ································ 10
  1.7 本卷论点 ··· 13
  1.8 英语元音系统和北美英语的主要链式音变 ········ 15

第一部分 跨方言理解 ··· 25
第 2 章 自然误解 ··· 27
  2.1 自然误解例证的收集 ································· 29
  2.2 纠正方式 ··· 30
  2.3 误解有多常见？ ······································· 38

2.4	音变在误解中起什么作用？	39
2.5	语言方面的误解点	41
2.6	合并的作用	49
2.7	链式音变	57
2.8	费城语音演变	64
2.9	r音缺少的与r音丰富的方言	72
2.10	北美的普遍音变	73
2.11	自然误解总述	75

第3章	元音识别的受控实验	77
3.1	彼得森-巴尼实验	78
3.2	重复彼得森-巴尼实验	79
3.3	识别成功总数	81
3.4	对于芝加哥说话人的反应	82
3.5	对于伯明翰说话人的反应	84
3.6	对于费城说话人的反应	86
3.7	小结	89

第4章	切音实验	91
4.1	切音实验的构建	91
4.2	对切音实验的总体反应	93
4.3	对芝加哥北方城市音变的听辨理解	97
4.4	识别在单词语境中的芝加哥音变	104
4.5	词汇成对的作用	105
4.6	对伯明翰南方音变的听辨理解	106
4.7	对费城音变的听辨理解	114

4.8 切音实验回顾 …………………………………… 122

第二部分 语言变化的发展史 …………………………… 125

第 5 章 触发事件 ………………………………………… 127
5.1 因果关系链中的弯道 …………………………… 128
5.2 加拿大链式音变的原因 ………………………… 133
5.3 匹兹堡链式音变的原因 ………………………… 137
5.4 后低元音合并的原因 …………………………… 140
5.5 /uw/ 的前化 ……………………………………… 145
5.6 北方城市音变 …………………………………… 157
5.7 触发事件总结 …………………………………… 166

第 6 章 支配原则 ………………………………………… 168
6.1 制约问题 ………………………………………… 168
6.2 合并的(不)可逆性 ……………………………… 169
6.3 北美地区合并的扩展 …………………………… 181
6.4 链式音变的支配原则 …………………………… 194
6.5 子系统内链式音变的支配原则 ………………… 200
6.6 支配原则的支配效果如何？ …………………… 210

第 7 章 分岔路口 ………………………………………… 213
7.1 分岔路口的概念 ………………………………… 213
7.2 方言分化的两阶段模型 ………………………… 214
7.3 短 a 的前化和后化 ……………………………… 215
7.4 /o/ 和 /oh/ 对立的分化发展 …………………… 222

第 8 章 分歧 ……………………………………………… 227
8.1 连续的和离散的界限 …………………………… 227

- 8.2 北部/中部地区边界 ····· 228
- 8.3 跨越北部/中部边界的交流 ····· 233
- 8.4 分歧的两阶机制 ····· 235
- 8.5 单向变化：后低元音的合并 ····· 236
- 8.6 后低合并对英语元音系统的影响 ····· 238
- 8.7 对后低合并的抵制 ····· 240
- 8.8 通过链式音变进一步分化 ····· 245
- 8.9 北美语言分歧总览 ····· 248

第9章 驱动力 ····· 250
- 9.1 规范的引进 ····· 251
- 9.2 本地影响 ····· 252
- 9.3 社交网络与社群团体 ····· 253
- 9.4 社会经济阶层 ····· 258
- 9.5 身份认同行为 ····· 262
- 9.6 虚时中的社会阶层关系 ····· 265
- 9.7 性别作为一种社会力量 ····· 268
- 9.8 地区方言 ····· 274
- 9.9 北方城市音变统一进程的解释 ····· 277

第10章 扬基人的文化扩张与北方城市音变 ····· 282
- 10.1 北部/中部边界 ····· 282
- 10.2 北部/中部边界的历史 ····· 286
- 10.3 北部/中部对立的物质基础 ····· 290
- 10.4 扬基人与南方高地人的文化对立 ····· 293
- 10.5 符合政治文化的地理界限 ····· 297

目录

- 10.6 红色州、蓝色州与北方方言区域 ………… 300
- 10.7 方言与各县选举格局的关系 ………… 302
- 10.8 死刑存废的变革历史 ………… 305
- 10.9 北方的意识形态对立 ………… 308
- 10.10 地理转型 ………… 314

第 11 章 北方城市音变的社会评价 ………… 321
- 11.1 对北部/中部的实验 1 ………… 322
- 11.2 结论 ………… 331

第 12 章 终点 ………… 332
- 12.1 偏移度作为接近终点的指标 ………… 334
- 12.2 终点的社会特征 ………… 338
- 12.3 埃克特进程——语言学习者重新分析的产物 … 344

第三部分 语言变化的单位 ………… 347

第 13 章 在音变表层流动的词 ………… 349
- 13.1 回顾的问题 ………… 350
- 13.2 /uw/的前化 ………… 352
- 13.3 /ow/的前化 ………… 361
- 13.4 同音异义词 ………… 367
- 13.5 北部内陆的/æ/高化和前化 ………… 369
- 13.6 概述 ………… 372
- 13.7 音变的参与 ………… 373
- 13.8 语音的和社会的因素的模块化分离 ………… 379
- 13.9 结论 ………… 381

第14章 音段音位的约束力 383
14.1 鼻音前有音位变体的链式音变吗? 390
14.2 南方音变中有音位变体的链式音变吗? 393
14.3 约束力 400

第四部分 传递和扩散 401

第15章 地区之间语言的扩散 403
15.1 变化的谱系树和波浪模型 403
15.2 传递和扩散的定义 405
15.3 结构扩散 409
15.4 说明传递和扩散的区别 411
15.5 方言在地理上的扩散 412
15.6 纽约市短 a 系统的扩散 417
15.7 合并与分化的传递与扩散 442
15.8 北方城市音变的扩散 445
15.9 传递和扩散的社会背景 456
15.10 总括说明 460

第16章 在群体间的语言扩散 462
16.1 向 AAVE 社区的扩散 462
16.2 周边方言的影响 464
16.3 删除-t、-d 的制约条件向少数族群社区儿童的扩散 469
16.4 语法变量向非裔美国人社团成年人的扩散 478
16.5 拉丁裔社区的扩散方向 482
16.6 跨越公共界限扩散的性质 485

第 17 章　结论 ·············· 487
　17.1　论点总结 ·············· 487
　17.2　语言变化与动物交流系统之间的关系 ·········· 490
　17.3　关于语言功能的更多内容 ·············· 492
　17.4　社交智力和物象智力 ·············· 495

注释 ·············· 500
参考文献 ·············· 521
索引 ·············· 552

自　　序

　　这本《语言变化原理》第三卷是涉及认知和文化因素,在第二卷出版十年后面世,对于这个延迟应该做一些解释才好。本书第一卷在1994年出版,是关于内部因素的。随后在2001年出版的第二卷是关于社会因素的。接下来的五年里,主要都是忙于《北美英语地图集》(ANAE)的出版。地图集从根本上改变了我们对于北美正在进行中的语言变化的看法。本卷中的大部分内容都是致力于理解说明这些新发现的影响。《北美英语地图集》是基于库拉特(Kurath)和麦克戴维(McDavid)在美国东部坚实可靠的调查工作。本卷的很多章节将展示出他们的基本见解得到了多么有力的证实。但是那种传统的基础并没有嵌入到对语言结构的系统分析中。它没有采用马丁内(Martinet)、文莱奇(Weinreich)和莫尔顿(Moulton)提出的结构变化方法,也没有采用变化和变异研究中的解释力原则。在《北美英语地图集》所依据的电话调查之前,那些方法已经在相对较少的语言社区研究中应用:马撒葡萄园岛、纽约市、底特律、巴拿马城、诺里奇、蒙特利尔、费城,以及拉波夫、亚格(Yaeger)和斯坦纳(Steiner)在1972年报告的英格兰和美国几十个城市的探索性研究。选择这些城市,是研究者个人经历中一系列偶然的历史事件的结果。《北美英语地图集》的面世,使我们看到了美国东部以外的北美更大地区的语言景观。

使语言学家和公众都感到惊奇的是三个主要发现。(1)人们发现方言的差异性并没有减少：由活跃的进行中变化所定义的，更大区域的方言，彼此之间的差异越来越大；(2)其中一些地区，特别是北部内陆，呈现出一种跨越遥远距离和覆盖巨量人群的非凡同质性；(3)有很多语音和词汇的等语线的重叠，定义为把这些群体清晰地分隔开的边界。在地图集出版后的这四年中，我探索了很多途径来解释这些现象。本卷中的不同章节就是努力说明这些群体的移民历史、文化模式和语言变化的一般原理。我比以往任何时候都更加感激《北美英语地图集》的合作者阿什（Sherry Ash）和博贝格（Charles Boberg），他们的帮助为本卷书的完成建立了坚实的基础。

第2章到第4章为后面的展示和探究准备了条件，即，语言变化对认知产生的后果，就是严重降低了方言内部和方言之间的可懂度。在此我还要感谢阿什，她从1980年代开始，一直是我在跨方言理解实验研究中的合作伙伴。

本卷全部17章都经过两位评阅人最深入的审读。在过去的五个月里，我依据他们提出的评论、更正和建议，进行了彻底的修改。盖伊（Gregory Guy）和金（Honald Kim）允许我透露他们的名字，并对他们付出的努力致以深深的谢意。我在每页的脚注中标明的只是他们所贡献的一部分。

本卷书中的内容，我是在巴拉诺夫斯基（Maciej Baranowski）、科恩（Jeffrey Conn）、丁金（Aaron Dinkin）、埃文尼尼（Keelan Evanini）、弗卢瓦尔德（Joseph Fruehwald）、戈登（Matt Gordon）、哈恩（Kirk

Hazen)、约翰森（Daniel Johnson）、琼斯（Jamila Jones）、克斯维尔（Paul Kerswill）、普莱斯顿（Dennis Preston）、桑科夫（Gillian Sankoff）和沃尔福德（Tonya Wolford）的最新研究之上建立的。特拉吉尔（Peter Trudgill）关于语言变化和扩散的研究作为贯穿本卷的参照点。埃克特（Penelope Eckert）对于变异的社会意义的见解作为本卷的基础。我的大部分努力都集中在把她在底特律地区的发现应用在更广泛的环境中。每次跟她交流都会使我自己的思想有所进步。

非常感谢所有这些帮助和贡献，我希望它们已经得到了很好的利用。

对于具有版权材料的使用，已经尽一切努力追踪版权持有人并得到他们的准许。出版人对于上述列表和文本中的任何错误和遗漏表示歉意，若有任何更正需纳入本书将来的重印或再版，请通知出版人。

威廉·拉波夫

前　言

布莱克维尔(Blackwell)出版社的"社会中的语言"(Language in Society)系列专著已经有三十年。我们都很高兴能够出版这么多的书籍,在语言学的发展中产生了非常重要的影响力。其中许多专著已经成为这个领域中的经典之作。但是我相信,到目前为止,为这个系列专著做出贡献的作者中间,很少有人会反对我的说法,即,拉波夫现在完成的著作很可能是所有这些专著中最为重要的贡献。当他的三部曲的第一卷在1994年出版时,我曾写道:没有拉波夫,就不会有这个"社会中的语言"系列。我相信,在这个系列出版过专著的大多数作者,都会欣然承认他和他的著作给予他们的学术助益。

在十六年后的今天,人们期待已久的拉波夫长篇三部曲的最后一卷面世,让我们能够先睹为快:这对于语言学,尤其是对于语言变化的研究,具有极其重要的意义。现在我们可以说,分别论述了内部因素、社会因素、认知和文化因素的《语言变化原理》三卷本,代表了我们学科建立以来在学术上无与匹敌的杰出成果。这确实是一部皇皇巨著。拉波夫取得了非凡的成就;他不仅开创了一个全新的研究领域,而且在这个领域的五十年进程中,他的创新研究始终位于最前沿。特别是,他对真实说话人在真实情景中使用的语言进行了实证研究,对语言变化背后的复杂机制得出了令人振奋的见解。正如他自己所讲的,他确实成功地做到了用现在来解释过去。语言的变化一直是人类语言中最引人入胜和鲜为人知的特征之一。在拉波夫的三卷巨著之后,语言变化仍然吸引着人们的兴趣;但是多亏有了他的论述,现在人们对于语言变化的理解已经大大加深了。

彼得·特拉吉尔

缩　略　语

AAVE　　非洲裔美国英语方言
ACS　　　动物通信系统
ANAE　　《北美英语地图集》(Labov, Ash and Boberg 2006a)
CDC　　　跨方言理解
DARE　　《美国地区英语词典》
IPA　　　国际音标
JASA　　《美国声学学会杂志》
LANE　　《新英格兰英语地图集》(Kurath et al. 1931)
LCV　　　费城语言变化和变异项目，1972–1979
LSA　　　美国语言学会
LVC　　　费城语言变异和变化研究
LYS　　　Labov, Yaeger and Steiner 1972
MSA　　　大城市统计区
NBC　　　全国广播公司
NCS　　　北方城市音变
OH68　　 1968年对后低合并的电话调查
ONZE　　 新西兰英语起源项目
PEAS　　 大西洋沿岸各州英语发音 (Kurath and McDavid 1961)
RP　　　 标准发音

RWT　　Ringe, Warnow 和 Taylor 2002
TS　　　ANAE 发音人的电话调查编号
UMRP　城市少数族裔阅读项目

北方城市音变与北部/中部边界的划分标准

O2　　前化的短 o：F2(o)>1450Hz
AE1　 高化的短 a：F1(æ)<700Hz
EQ　　短 a 比短 e 更高更靠前：F1(æ)<F1(e) 并且 F2(æ)>F2(e)
ED　　后化的短 e 和前化的短 o：F2(e)−F2(o)<375Hz
UD　　后化的短 u 和前化的短 o：F2(ʌ)<F2(o)
ON　　单词 on 在北部短 o 词群中

元音子集

V　　　短元音
Vh　　内滑长元音
Vhr　　在 /r/ 前面的内滑长元音
VN　　在鼻辅音前面的元音
Vw　　后上滑双元音
Vy　　前上滑双元音

第 1 章　引言：语言变化的认知与文化因素

　　《语言变化原理》(以下称为 PLC)第 3 卷与前两卷相比,研究领域更广泛,资料数据也更为丰富。第 1 卷研究控制语言变化的内在因素,以回顾历史记录中已经完成的变化开始,继而探讨了正在进行中的语言变化,考察音变的规律性,评述语言变化功能性解释的相关证据。第 2 卷关注支配语言变化的社会因素,探寻语言变化引领者的社会位置,大多是通过对费城十个街区的详细研究得出的。书中还提供了语言变化的传播和增量的模型。

　　这期间,《北美英语地图集》(Labov, Ash and Boberg 2006;以下称为 ANAE)问世,通过对 332 个北美城市的研究,ANAE 第一次直观展现了全美国乃至北美大陆的人们所说的英语语音体系。它把先前对进行中变化的看法扩展到大规模的元音系统的整个变化——在相反方向上驱动邻近区域的变化。

　　ANAE 发现北美英语的区域性分化稳步增长,这为第 3 卷提出了一些问题:分化逐渐增大的结果是什么？它们的起源在哪儿？一直以来驱动分化的影响力是什么？为了回答这些问题,本卷将进一步深入研究第 1 卷考虑的内部因素,集中于语言系统传播信息能力的认知因素。另外,本卷还将在第 2 卷的基础上,把研究的重点从本地街区面对面交互作用的社会因素,进一步扩展到跨越更大空间和时间的文化模式上来。

1.1 认知因素

在最一般的意义上,认知是指任何形式的"认识"。《牛津英语词典》对认知最相关的定义是"认识在最广泛的意义上采取的行为或能力,包括感觉、知觉、概念等,区别于感觉和意志。"认知因素在这里的意义有更多限定:作为影响语言系统获得传递事物状态的信息的因素——在于说的内容是什么而不在于表达方式或语体风格上。研究语音变化的认知影响要求听辨人具备从语流中辨别音位的一定能力,从而能回溯发音人所要表达的词语。本卷的第 2 至第 4 章描述此前的一系列观察和实验,这些研究激发了绘制 ANAE 的想法,这几章将考察使费城、芝加哥和伯明翰地区一些主要城市方言相互区别开的语音变化的认知影响。

第 6 章将进一步探讨认知因素并回顾支配语言进行链式音变及合并的基本原理以及概率匹配的底层机制。第 13 章和第 14 章将重点讨论音位范畴化的认知基础。第 13 章运用 ANAE 的大量数据资料解释音变的规律性,并确定音变的基本单位究竟是音位还是词。第 14 章探讨针对协同发音的破坏性影响而把确定音位的音位变体联合起来并一直运作到现在的约束力量。年龄差异在认知过程中的作用是第 15 章和第 16 章探讨的主要问题,这两章对儿童语言形式的传播及成年人的扩散形式进行区分,进而区分出谱系树模式和波浪模式。

1.2 语言变化的文化因素

认知当然并不只局限于说的内容,对于信息传递的系统变化,获取发音人社会特点的信息及与听辨人相关关系等方面也很敏感。第 2 卷在研究费城的十个街区从 1972 年到 1979 年间的语言变化时关注了这种社会因素,在第 7 章对街区关系的研究和第 10 章社会网络的研究中,访谈、叙事及长期的现场观察描述都关注了面对面的互动交流。第 2 卷第 6 章讲述社会变异在认知方面的反应,这是对于不同阶段的进行中的语言变化所产生的社会价值用伪装匹配试验得出的结果。费城人在谈及城市方言时很少讲到这些元音变化,但是在伪装匹配试验的反应中对它们的社会地位却表现出比预期更高的敏感性。因而,在费城语言变化中我们找到的社会认知的证据与纽约现场调查发现的证据(Labov 1966)相对应,这种认知影响一定程度上带来社会阶层和性别的系统差异。第 2 卷 10.4 节讨论遵循卡茨和拉扎斯菲尔德(Katz and Lazarsfeld 1955)影响力的二阶传播模型而遍及全城的语言变化的扩散,第 12 章中语言变化的领导者与这个模型所定义的意见领袖可以相互比较。

然而第 2 卷并没有对费城全市语言社区音变方向的一致性以及音变结构基础的一致性做出解释和说明。(Labov 1989b)因此,/æh/ 的升高明显表现出按照社会阶层划分的层级性,而升高的是哪个词的元音却没有社会阶层的区分,如表 1.1 表现出的近乎一致性。

表 1.1 费城街区研究中 112 个成年人即兴谈话中 /d/ 前面短 a 的紧化与松化

	紧 化	松 化
bad	143	0
mad	73	0
glad	18	1
sad	0	14
dad	0	10

问题是要推断究竟哪种交流形式与这个模式的一致性有关，调查中最年长的上流社会说话人与最年长的下层工人阶级说话人采用同样的短 a 系统，而把它们联结起来的一连串过渡情况，已经很难追踪了。在第 2 卷完成时，ANAE 有足够证据表明这个问题不仅限于费城，它已扩展到了"整个北方内陆相当统一的北方城市音变以及南方地区和加拿大的区域性音变"。第 2 卷 16.4 节的结尾提出了这个问题：

> 如果这些音变的增长是社会动机投影所驱动的，那我们如何解释它们是在彼此相距很远并无关联的城市中对数百万人产生影响的呢？（511 页）

第 2 卷第 16 章提出了"在很多相隔很远的言语社区中可能采取相同形式的抽象的两极性"概念（514 页）。"抽象的两极性"在这里称为文化因素。这里所采用的术语中，文化因素将区别于其他社会因素的共性并且远离面对面交流的简单行为。因此，依据造成变化扩散的社会过程的透明度来看，街区、族群、社交网络和职业群体可以作为语言变化的社会因素。同时，它们并不像性别和社会阶层那样与语言变化密切相关。

在整个这一卷中，认知因素这一术语将用来指在前一节中所限定的意义上的认知过程:通过准确识别语言范畴来解码话语内容的能力。这些因素与语言变化的关系是双向的:如第2章到第4章中所说的语言变化对认知因素的影响,以及第6章中提到的认知因素对语言变化的影响。社会因素将是指特定社会群体成员之间的语言互动效应,也包括成员和非成员对于这些效应的识别。文化因素将是指语言变化与更广泛的社会模式之间的联系,这种模式即使不是全部,至少也是部分地独立于面对面的交流。这些都必须包括识别这种文化模式的认知过程,尽管本卷很少提及它们。

在这种术语系列中,性别和社会阶层会归类为社会因素还是文化因素呢?这要看我们对这些特征扩散的主要途径如何考虑。孩子们当然是从父母那里学会了性别角色,但他们也获得了更广泛的文化结构,即男女讲话的不同。语言行为在社会阶层中的区别比任何面对面接触产生的特定机制更普遍也更广泛。[1]

本卷将按照第2卷最后一章的思路继续发展,探寻更多与语言变化一致性和连续性有关的文化因素。第5章将考察当前北美英语音变起源的历史基质,探寻它们的"触发事件"。第9章回顾对于驱动语言变化的社会因素的各种见解,并得出结论,这些变化的程度和一致性必须由文化史来解释,而文化史至少是部分地与面对面的互动无关。

这种一致性只代表了从ANAE数据中出现的更深层次的解释问题的一半。而另一半则关注一直密切接触的相邻区域间的分歧。随后的章节将概述认知和文化因素对我们理解语言变化这个最有疑难的方面的关联性。

1.3 趋同与分歧

在过去的两个世纪里,理解人类语言的努力可能被分成两项截然不同的任务。二者都源于一种认识,即语言和使用语言的人类一样,有着单一的起源。从这个角度来看,一项任务就是发现语言的那些不变的特性,它们反映了人类的先天生物禀赋——语言能力。另一项同样具有挑战性的任务是找出目前世界语言多样性的原因。作为对语言理解的历史视角的总体转向的一部分,本卷将集中讨论分歧问题:曾经相同的语言系统怎样变得彼此不同。

仅仅是语音差异的事实本身并不会影响我们理解语言变化的机制,即使我们无法确切追踪导致这些分歧的历史途径。当两个群体的说话人由于迁移到遥远的地方而逐渐分离,并且相互之间的联系大为减少时,我们预期他们的语言系统会发生分化。词汇、语法和语音中的许多变异不可避免地会导致它们彼此疏远。公元5世纪从欧洲大陆迁移而来的英语音系,现在与西日耳曼的弗里斯兰语(Frisian)和低地德语(Low German)①已有很大差别,这并不奇怪。例如,人们不会认为,按照语言年代学所预测的每千年更替15%的速率,在北海两岸发生替换的会是同样的词项。历史语言学的正常工作就是去描写接触减少后的分歧,并找出决定这些分歧的形式和方向的普遍原则。当这样的远亲在平行的路径汇合时,我们会感到惊讶和困惑。特拉吉尔(Trudgill 2004)对南半球的后殖民英语方言趋同性的研究就是一个很好的例子。

---

① 德国北部和西部使用的德语。——译者

第1章 引言:语言变化的认知与文化因素

另一方面,邻近的方言彼此相似,我们并不感到意外。特拉吉尔(Trudgill 1986)对于语言特征的跨方言扩散做过详细研究。奥尔和辛斯肯斯(Auer and Hinskens 1996)最近对此做了回顾。研究显示了方言接触的影响如何以"方言整平"的形式导致方言差异缩减,或者更极端的情形是柯因内化(koineization):形成了一种"历时混杂而共时稳定"的一种新方言模式(Trudgill 1986:107)。布龙菲尔德的适应原则使我们可以预期这种方言整平:

(1) 每一位说话人都是不断地调整自己的讲话习惯去适
    应他的对话者。(Bloomfield 1933:476)

然而,当两组比邻生活的说话者在日常交流中开始说不同的话时,我们会遇到一种需要解释的分歧。总结如下:

(2a) 当两个言语社区分离使得彼此之间的交流减少,就
     会发生分歧,那么任何程度的趋同都需要做出一个
     解释。
(2b) 当两个言语社区持续地相互交流,就会产生语言的
     趋同,于是任何程度的分歧都需要做出一个解释。

本卷书将面临解释(2b)类型的一些变化的问题,如 ANAE 所述的情况。

1.4 达尔文悖论再探

对于分歧的原因的考察使我们回到了第 2 卷第 1 章中提到的"达尔文悖论",这里复述如下:

(3) 物种的进化和语言的演化在形式上是相同的，然而前者的基本机制在后者中是不存在的。

这里的基本机制就是自然选择。达尔文(Darwin)引用了马克斯·缪勒(Max Müller)的观点，词语越短越好(更加适用)；但是绝大多数语言学家一直对于这种看法持怀疑态度。许多学者赞同赫尔曼·保罗(Hermann Paul)对于音变功能的见解，在第2卷第1章中曾引用：

(4) 任何形式系统的对称性都遇到音变这个持续不断、咄咄逼人的宿敌。如果我们耐心容忍音变引起的所有破坏，那就难以想象语言将会变得怎样混乱不堪、支离破碎和难以理解(Paul 1970:202)。

保罗对音变的评价是基于音变与语言基本认知功能的联系：在时间和空间维度上传递事物状态的信息。人们可以在非人类物种的一些社会性变异表现和交际行为中发现有许多相似之处，比如：对于领地的标记、对于地位和身份的确认，以及支配和屈从的适应形式等等(Cheney and Seyfarth 1990,2007)。然而，对人类语言的理解，需要考虑语言的变化和多样性怎样跟人类独特的语言能力相联系，这种语言能力能够传达真实条件信息，使人类成功地适应现实世界的情况。第1卷和第2卷讨论了音变在整个社区内和社区之间传输信息的能力和作用，本卷的第2、第3、第4章将报告为评估这些音变作用进行的观察和实验。结果证实了音变严重干扰这种能力的预测。我们发现语言变化会干扰交际，使我们必须赞成保罗的见解，而拒绝缪勒关于语言变化以自然选择进行运作的天真乐观的想法。

挽回语言变化功能的一种方法是响应最小努力原则,认为语言变化更便于沟通:

(5) 可以肯定地说,我们是以尽可能快的语速和尽可能少的努力来说话的,总是接近使对话者要求我们重复话语的极限。大量的音变在某种程度上跟这个因素联系。(Bloomfield 1933:386)

布龙菲尔德提到的大多数音变是缩减语音信息的辅音减弱、简化音位数量的合并、破坏音位关系透明度的音位变体连锁变化(还可参见 Jespersen 1946,Saussure 1949)。所有这些变化都会导致对比度的丧失,这似乎是正常的和可预测的,就像元音减少的情况一样。跟大多数其他语言一样,英语的非重读元音比起重读元音,占据的音系空间更小,可用的安全边界更小,保持对立的类别更少。

第 1 卷研究的链式音变和第 2 卷关注的费城元音系统的变化,整体上并不包括辅音减弱,反而显示出语音强化——发音努力的增加。北方内陆的/æ/普遍高化引发了北方城市音变,包括元音的长化、前化和高化,以及裂化为两个时长相等的莫拉(ANAE 第 13 章)。南方地区同一元音的裂化,产生了一个由前低的稳态向前高滑动,再向后到央低位置的三合元音。伦敦和纽约/ay/的变化包括后低位置 60 毫秒的稳定状态,转向央低位置的拐点,最后是前高方向的滑音。一旦这些变化的性质跟它们在实时和虚时中的活跃发展得到明确的定义,最小努力原则就会退居幕后,对理解的影响又回到前台。

1.5 分歧与中心法则

社会语言学的中心法则就是群体优先于个体。这意味着在语言学分析中,个体的行为只有通过研究他(她)所在的社会群体才能得到理解。按照文莱奇等(Weinreich et al. 1968)的概述,语言是位于个体之外的言语社区中的一种抽象模式。那么,源于人类生理演化发展的人类语言能力就被视为感知、模仿、利用这种抽象模式的能力。

由此可见,个体并不是语言分析的单位。虽然现在的记录和分析工作都是基于收集个体说话人的材料,但我们关注的不是他们的特异行为,而是他们在多大程度上遵循整个社区的模式。

本卷的中心主题"分歧"也是一种社区现象,而不是个体现象。个人与他的主要语言社区的模式确实存在着作为个人历史影响的差异,但这种特异性并不是语言交际的工具。当不同的交际模式在相邻社区的个体中成为普遍现象,分歧就出现了。这个问题关系到对语言主要认知功能的作用,如上文 1.1 节所定义的。为了在语言差异面前保持这一功能,说话人必须发展出一种泛方言的语法(Bailey 1972),以使他们跟邻近社区的人讲话时能够解码而听懂。第 2 章至第 4 章将报告一些实验结果表明这种能力实际上是很有限的。

1.6 语言学习的社区定位

群体的视角同样适用于语言学习。这里讲到的所有因素都关系着语言学习者在社会环境中发现和掌握社区模式并按照这个模式调整语言行为的能力。确实,语言学习能力是每个人生而具备的能力(Hauser et al. 2002),然而语言变化是言语社区模式的改变,而不是个人的。

掌握语言社会模式的能力并不是一生不变的。孩子跟他们的看护人习得最初的语言时,他们的认知能力(如 1.1 节所定义的)处于最强时期。这些能力在青春期末会迅速降低(Sankoff 2002,2004)。由于儿童对语言模式的社会差异的看法直到他们走出直系亲属的影响才会有所发展,此前他们获得社会和文化模式的机会是很有限的。有充足的证据表明,对于非母语的语言模式达到像母语一样的掌握,只有 9 岁或 10 岁之前进入新社区的儿童才有可能做到。

在纽约市方言的研究中,在语言形成关键期(4 岁到 13 岁)的前半段在这里生活的孩子表现出典型的纽约市的音系特征,而 9 岁以后才来的就没有这种特征(Labov 1966)。小山(Oyama 1973)也发现 9 岁以前来到纽约市的意大利裔儿童显示出基本的纽约市方言模式。同样地,佩恩发现 9 岁前移居费城的儿童能习得典型的费城方言音变,而 9 岁后到来的儿童则不行(Payne 1976,1980)。在英国米尔顿·凯恩斯(Milton Keynes),新到镇上的 4 岁儿童表现的是他们父母的典型语言模式,而 8 岁的孩子们则习得了新社区的模式(Kerswill 1996;Williams and Kerswill 1999)。

虽然 9 岁到 10 岁对进入新社区来说是关键年龄,但这并不意味着语言习得机制到那个年龄就突然下降。似乎更为重要的是,接触新系统的形成期年份所占的比例。因而,8 岁移居费城的儿童并不是在 9 岁那年就习得费城方言的音系。他们在 13 岁到 17

岁接受访谈时的行为，可以反映出 5—9 岁的时候在新系统下受到的影响。

9　　语言学习的中心事实是，孩子不是注定要来学习他们父母的语言，或其他任何人的语言。儿童只有确信他们父母代表着更大的言语社区之后才开始接受父母的语言形式。当父母不是孩子所习得的本地语言的母语说话人时，这一点就会最明显地表现出来。儿童的语言学习能力促使他们转向接受更有效的语言模式作为交际工具。

　　考虑到采用稳定的社区模式的趋势，传播机制变得更成问题。当语言变化很快出现时，本地儿童和新移民儿童面临同样的情形。他们已经学会父母的语言系统，又必须在 5 岁至 17 岁期间适应新的社区系统。对于变化模式的早期语言学习最确切的证据是来自对蒙特利尔法语从舌尖音替换为小舌音/R/的实时研究（Sankoff et al. 2001；Sankoff and Blondeau 2007）。1971 年调查的 11 位发音人，年龄在 15 岁到 20 岁之间，其中 6 人用 90%—100%的小舌音/R/替换了他们父母 100%的舌尖音/r/。另外 4 人在 1971 年已经习得使用超过 20%的小舌音/R/变体，而到 1984 年再调查，他们已经发展为完全使用小舌音/R/。通过这种变量的实例，可以清楚地看到语言形成期可以延伸至成年的早期阶段。

　　关于习得社区模式最大的证据来自 ANAE。在 1990 年以 323 个社区选取的 762 名发音人为对象，研究北美英语元音系统，这代表了全部人口超过 5 万的城市。把研究对象限制为父母都是本地人是不可能的，因为在西部和南部的很多地区，这样的人只占总人口的很小部分。前两位接听电话并且对"你是在这个城市长大的吗？"给予肯定回答的说话人就被确定为这个城市的代表。鉴于北美人口的流动性,不可避免的是,很大一部分受访者是在家里长大的,家里的方言与周围社区的方言大不相同。如果我们再加上非本地的朋友和邻居的影响,预期最终的结果会是一种胡椒和盐混杂的模式,当地的方言因个体差异的遮蔽而模糊不清。然而,ANAE 却显示可观的一致性表现。同质性的测量值(在等语线内的 X 占所有 X 的百分比)和一致性(等语线内 X 占所有居民的百分比)几乎都在 0.8 以上(ANAE 第 11 章,参见本卷图 5.19、图 8.3、图 10.3)。

在言语社区内部的每一个社会群体中,进行中的变化都反映为年轻人比老年人稳步增长。这种在社会阶层内部的增长,可以在图 9.5、图 9.6 和图 9.10 中清楚地看到,其中,以在最初的语言学习中所获得的音变等级增加的方式,追溯了年轻人习得这些较新的模式的过程。

ANAE 中这些常见模式的重现带来了更多的问题:北美英语中不断增加的地区方言差异以及长期接触的说话人之间的语言分歧。本卷的目标是在更广泛的语言变化的认知和文化因素的框架内解释这些问题。

1.7 本卷论点

第一部分(第 2 章至第 4 章)在跨方言理解的研究中直接观察音变的认知影响。所有的观察和实验都得出这样的结论:音变的后果会严重影响语言系统的主要功能:信息传递。这使得探寻语言变化背后的起源、原因和驱动力量变得更加紧迫。

第二部分始于第 5 章讲到的触发事件,考察语言变化的发展历程,第 6 章回顾和修订了第 1 卷最初提出的那些音变的支配原理。第 7 章论述了音变可以朝一个方向或另一个方向进行的选择点所在的岔路口问题。第 8 章讨论分歧产生的条件——在这些条件下,在充分交流中的两个相邻方言,随着时间的推移变得越来越不一样。

第 9 章探求变化背后的驱动力量,考虑到与特定变化有关的许多社会和文化因素:本地认同、性别失衡、参照群体、实践社区。北方城市链式音变的幅度和一致性再次对局部的解释提出最严峻的挑战。第 10 章则面对北方城市链式音变跟 2000 年和 2004 年总统大选的蓝色州①惊人的重叠共现,考察北方城市音变与美国文化帝国主义之间大规模的意识形态联系。第 11 章中提出一些实验证据支持这种与意识形态相互关联的存在。第 12 章观察到目前所说的语言中几乎所有特征都是已完成变化的终点,并且旨在说明如何实现这些终点。

第三部分回到了对语言变化单位的思考,对第 1 卷提出的问题做了更深入的思考。第 13 章是"漂浮在音变表面的词语",重新回到规则性问题,利用 ANAE 的大规模数据库探寻词汇在音变中的作用。其结果支持新语法学派的观点,音变作用于所有带有这个音位的单词,然而仍有少量从一个词到另一个词的波动有待解释。第 14 章提出是否音位变体是比音位更为基本的音变单位的问题,并寻找音位变体链式变化的证据。这种调查的负面结果引导我们估算在音变过程中音位变体的结合力有多强。

第四部分区分了语言变化的传递和扩散。传递被视为儿童作

---

① 2000 年美国总统选举期间,美国的国内媒体开始用红色代表共和党,蓝色代表民主党。以后形成惯例。蓝色州就是民主党支持者占多数的州。——译者

为语言学习者的认知能力的结果:这是在言语社区内部的基本过程,既有稳定性,也有变化的规律性。另一方面,扩散是言语社区之间的,被视为成年人的有限学习能力的结果。因为跟儿童相比,成年人习得语言的方式不那么正规可靠,这样语言接触的结果就不如社区内部的传递那样规则和一致。第15章研究了在地域上彼此分开的社区之间的扩散,第16章是社区内部相互隔离的公共群体之间的扩散。

1.8 英语元音系统和北美英语的主要链式音变

初始位置的子系统

本卷的多数章节都将提到一个或多个造成北美英语方言区域分化日益扩大的主要链式音变。了解这些链式音变的机制和驱动最好的方法是通过子系统,即链式音变一般原理的范围(第1卷,第5—第6章)。图1.1a显示了初始位置的英语元音按照特征决定的组构,现在的音变都是从这里分离出来的[2]。元音分为两大类:长元音和短元音。这种划分是依据独立于语音表现的跨方言的词汇分布:长元音出现在开音节(词尾)位置或闭音节(非词尾)位置,而短元音只出现在闭音节位置。这就是常见的英语音系的二元标记方式:长元音被分为两个莫拉,第二个莫拉是[-辅音,-元音]的滑音。这就得出这个主要的普遍性:没有词的结尾是[+元音,-辅音]的音段。元音的三个子系统按照滑动方向分为两个上滑音集合与一个内滑音集合。[3]此外,它们是由三分的高低维度和二分的前后维度组构起来的。[4] 在不同的方言中,这些子系统的构成会根据短化、长化、双元音化、单元音化,以及子系统之间的合并,而发生改变。子系统内部成分总数的变化使链式音变朝着最大分散的方向发展。

		短元音		长元音					
				上滑音				内滑音	
				前上滑音		后上滑音			
		V		Vy		Vw		Vh	
音节核		前	后	前	后	前	后	前	后
高		i	u	iy		iw	uw		
中		e	ʌ	ey	oy		ow		oh
低		æ	o		ay		aw	oh	ah
高		bit	put	beat		suit	boot		
中		bet	but	bait	boy		boat		bought
低		bat	pot		bite		bout	halve	father

图 1.1a 北美英语元音结构的初始位置

采用/h/符号的内滑长元音标识出在英语语音变化中起重要作用的一个子集。滑音/h/在低元音的语音实现为增加长度,在中高元音实现为内滑音[ə]。[5]

ANAE 的音标符号对于经历过中古英语/iː,eː,uː,oː/这些中、高长元音双元音化的所有英语方言来说都很有用。这种双元音化的主要结果是它们分别进入真正的双元音/ay,oy,aw/子集之中,并和它们一起参加链式音变。这在"南方音变"中最为明显(见下文描述),在美国南部、英国南部、澳大利亚、新西兰和南非,都很普遍。

图 1.1a 的标写方法对于那些没有出现双元音的方言并不适用,如苏格兰语、加勒比英语、传统上层社会的查尔斯顿英语以及带有日耳曼语或者斯堪的纳维亚语言底层的美式英语形式(如东宾夕法尼亚、威斯康星、明尼苏达的方言)。那些带有单元音性长元音的方言具有不同的音系层级,并且不参与这里所述的各种音变,而是朝着另外的方向变化。[6]因此二分标写法不能为所有的英语方言提供初始位置,也不能预测那些转接处(元音到元音的过渡)没有/y/和/w/滑音的元音变化的方向。

图 1.1a 显示的很多对立现象将在以下各章关于音变的讨论中起到重要作用。对北美英语特征的这个框架的一些评论可能在这里会有所帮助。在短元音子集中,后低元音为/o/,尽管多数北美方言中发成不圆唇的[ɑ]。然而,在新英格兰东部、加拿大和西宾夕法尼亚(在与/oh/合并之后)仍保存了最初的圆唇的后[ɒ],我们没有理由认为那些方言也像新英格兰西部一样曾有过不圆唇的变化过程。不圆唇的/o/在第二部分北方城市链式音变的历史重构中起了重要作用。

/iw/和/uw/的对立是 *dew*、*tune*、*tutor*、*suit* 等词的舌冠音后面/y/滑音脱落的一段时间内相对稳定的结果(Kenyon and Knott 1953),这使 *dew*[dɪu]和 *do*[dʊu]相对立。ANAE 显示这种对立只在一部分地区表现比较强;而它们的合并则是在北美大陆范围内/uw/的前化过程的主要组成部分(如第 5 章触发事件表现的情况)。

在具有 r 发音的方言中,Vh(元音+h)子集由有限分布的/ah/和/oh/两大词群组成。/ah/词群的核心是一小部分词(*father*、 *ma*、*pa*、*bra*、*spa*),但是随着大量积累带有"外来 a"的借词(*taco*、*pajama*、*Rajah*、*Fujiyama*,参见 Boberg 1997),现在已经大为扩展。它还包括 *palm*、*calm*、*balm* 之类/l/不发音的词。在新英格兰东部,/ah/又包括南部英式英语带有"宽 a"词群的子集(*half*、*aunt*、*past*)。

在北美很多地区,/o/不与/oh/合并,而是与/ah/合并。[7] 人们会认为,/o/与/ah/合并以及/o/与/oh/合并,都表现了/o/随着语音长度的增加,移入长元音和内滑元音的子集(Labov and Baranowski 2006)。Vh 子集的第三个成员/æh/只有几个单词证明(在一些方言里)它参与了短元音/æ/(如 *have*、*Sam*)与内滑长元音/æh/(如 *halve*、*salve*、*Salmon*)的对立。[8] 这种对立在纽约市和大西洋沿岸中部各州短 *a* 的分化中得到增强,第 16 章和其他章节有详细讨论。在 *r* 不发音的方言中,内滑长元音子集自然会大量扩展,直到包括/ih, eh, uh/(如 *here*、*there*、*moor* 等词)。

图 1.1b 是在图 1.1a 的框架中插入威尔斯(Wells 1982)的词群标签,这种英式传统已为很多读者所熟悉。对于图 1.1a 中的各

音节核	短元音		长元音					
			上滑音				内滑音	
			前上滑音		后上滑音			
	V		Vy		Vw		Vh	
	前	后	前	后	前	后	前	后
高	KIT	FOOT	FLEECE			GOOSE		
中	DRESS	STRUT	FACE	CHOICE		GOAT		THOUGHT
低	TRAP	LOT		PRICE		MOUTH		FATHER

图 1.1b 用词群确定的 ANAE 元音类别(Wells 1982)

词群更为详细的定义和历史,在 ANAE 第 2 章已给出。

音系空间

表 1.1a 中的抽象类别和我们对现在音变的描写之间的联系是通过音系空间实现的,这里的音系空间是用声波共鸣的第一和第二共振峰数值所描绘的。这个空间的外部界限是通过共振峰值的外部极限值定义的,内部组构是通过与外缘的距离定义的。[±外缘性]的维度最初是拉波夫、耶格和斯泰纳(Labov, Yaeger, Steiner 1972)[①]的论著中引入的,其中发现西日耳曼语言的元音系统和音变在前、后两边都显示出外缘轨道和非外缘轨道。在链式音变中,人们发现元音沿着外缘轨道高化,而沿着非外缘轨道低化。第 6 章回顾了这一分析的证据,并在 ANAE 的 130,000 个元音测量值的基础上,通过对 21 种北美英语方言中所有元音平均值的叠加来检验它(见图 6.18)。结论为外缘性定义是基于中元音和高元音的共振峰值,而不是依据低元音的值,时长可能是其中的主要因素。最终结果为图 1.2 中的音系空间的可视图形。

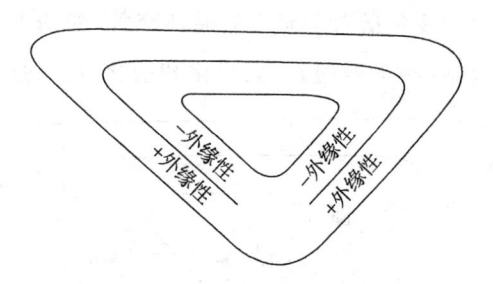

图 1.2 西日耳曼语言音系空间的结构

---

① 即《进行中语言变化的量化研究》,以下称为 LYS。——译者

北美英语各子系统插入音系空间

链式音变的普遍原则(PLC 第 1 卷第 5—第 6 章)以及第 6 章大规模声学分析显示,在初始位置上,长元音子系统位于外缘轨道,而短元音在非外缘轨道。图 1.3 就是把图 1.1 的抽象图式分别插入到图 1.2 音系空间的情形。

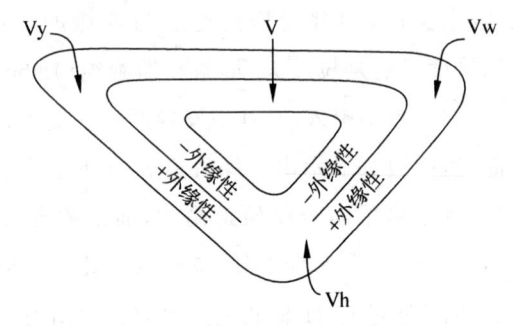

图 1.3 北美英语元音各子系统插入西日耳曼语言音系空间

北美英语的主要链式音变

北方城市音变包括六个元音的循环交替,如图 1.4 所示。北方城市音变包括/æ/的普遍紧化、高化和前化,/o/的前化,/oh/的

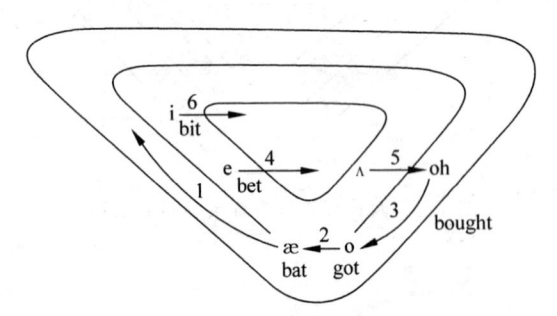

图 1.4 北方城市链式音变

低化和前化，/e/的低化和后化，/ʌ/的后化。[9] 变化最快的情形显示为/e/和/æ/相对位置的逆转，/e/和/o/在前后维度的对齐以及/o/和/ʌ/相对位置的逆转。

北方城市音变中的排序问题还在调查研究中。第 5 章将显示/æ/在纽约州西部的普遍高化是这个音变的触发事件。而纽约州的/o/不圆唇化可能被看作是/æ/普遍高化的前提条件。博贝格(Boberg 2001)指出在新英格兰西南部发现了北方城市音变的几个前提条件。(另参见 ANAE 14.2 节和地图 14.9)

图 1.5 显示的是南方音变，从/ay/的单元音化开始，随后是/ey/音核的低化和后化，以及/e/的紧化、高化和前化。接着是/iy/音核的低化和后化，以及/i/的紧化、高化和前化。[10]

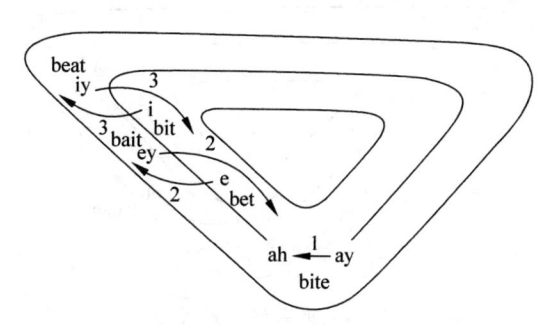

图 1.5　南方链式音变

图 1.6 为加拿大链式音变。开始于后低元音(o)和(oh)在靠近基准元音[ɔ]的后半低位置上的合并。然后是/æ/向央低位置的/a/后化，以及/e/的后化和低化。有些语音系统中，/e/只是后移，因此表现为平行的后化而不是链式音变。[11] 最近的研究已证实，最初发现的/i/低化(和/或后化)也包括在其中。

最先是 ANAE 报告的匹兹堡音变，如图 1.7 所示，对于后低

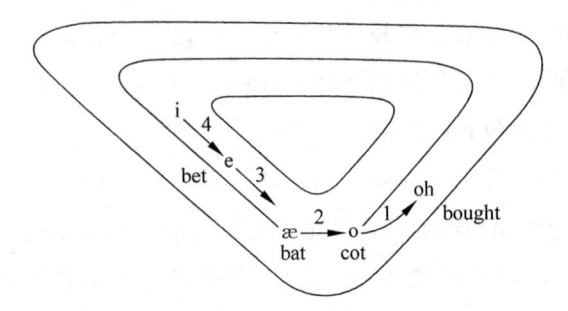

图1.6 加拿大链式音变

元音的合并有不同的表现。跟加拿大音变一样,匹兹堡后低元音的合并也出现在后半低位置,但不是由/æ/填补空位,而是/ʌ/的向下移动。

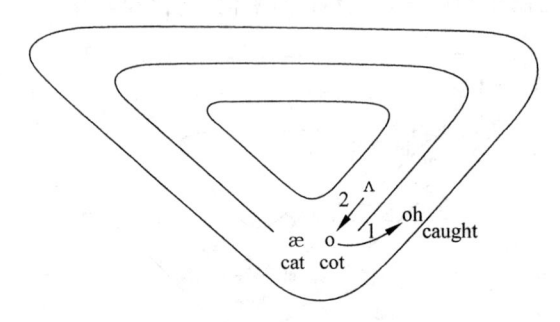

图1.7 匹兹堡链式音变

在/r/前的后元音转移,如图1.8所示,广泛出现在中部和南部地区,一起组成东南超区(ANAE第17—第19章)。它开始于/ahr/高化并后化至后半低位置的[ɔːr],这在费城的各年龄层和社会群体中都已经完成。这个变化之后是/ohr/的高化(它很早就跟/uhr/合并了)。这个音变跟奥德里古尔和朱兰德(Haudricourt and Juilland 1949)与马丁内(Martinet 1955)所讨论的西欧元音最常见的变化模式相类似。在西欧,这类音变通常伴随有/o/和/u/

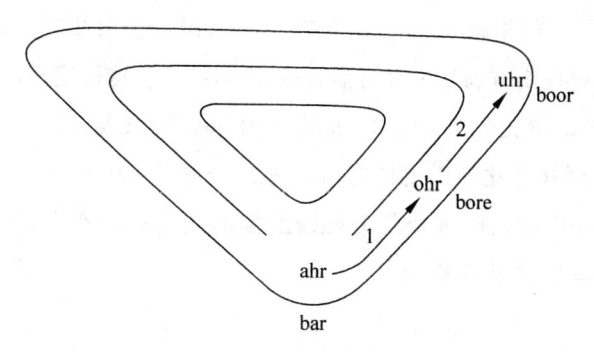

图 1.8 /r/前的后元音转移

的前化。因为北美的方言在/r/之前的后元音都不会前化,/ohr/和/uhr/就全部或部分地合并了。[12]沿东海岸的一批社区有/oh/到半高位置的平行高化,但没有伴随/ah/的移动。

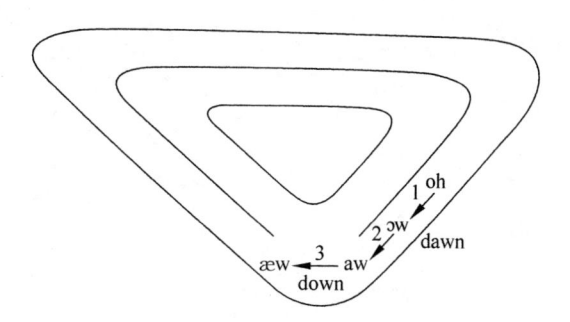

图 1.9 后上滑元音转移

图 1.9 所示的上滑后元音转移是南方特有的现象:对/aw/的前化重新做出音系说明,一般跨越东南超区。它代表了南部发展的逻辑启动,即从长的开元音 *o* 变为上滑后元音[ɔo],而不同于其他地区的变为内滑元音[ɛə]。朝向[ɒɛ]的变化必须是短元音 *o* 在清擦音和后鼻音之前(如 *lost*、*song* 等词中)发生长化之后。在年轻人中,作为音核-滑音相异的形式,圆唇的音核倾向于让位给不

圆唇音核。结果就是[ɑʊ],跟北方/aw/的语音映射相同。然而,双元音/aw/在南方表现为带有前音核[æo, ɛo, eo],这证实在图1.1框架中,初始位置的/aw/音位范畴化为/æw/是正确的。中部地区/aw/的同样变化却不支持将/aw/重新描写为/æw/。

  这些图示反映现今北美英语发生的主要链式音变,为下面各章的讨论提供了参考。

第一部分　跨方言理解

第 2 章　自　然　误　解

　　对日常语言的研究如果没有遇到许多效率低下、沟通错误和误解的现象，就不可能进行得很远，这使我们普遍相信：语言并不如我们所喜欢的那样运作。本章探讨的问题是，进行中的语言变化是不是导致发生误解的主要因素。正如在 LYS（《进行中的音变量化研究》）和本书第 1 卷和第 2 卷中记载的，1960 年代到 1970 年代研究的每一个言语社区，纽约、费城、诺里奇、巴拿马城、底特律、芝加哥都显示出在虚时中充满活力的语音变化。但这并不是自动跟随社区中的代际变化，将使社区成员感到困惑。代际变化表现为在虚时中的系列梯度。这种变化可视为相当于在言语社区的社会阶层、性别和语体这些主要变量中，再增加一个年龄维度。说话人通常不会混淆这些变量。如果他们知道矩阵中一个维度上的值，比如语体，他们就可能根据变量的值得出说话人大概的社会阶层。如果音变正在进行中，他们就可能会考虑说话人的年龄，来调整自己的判断。同样的逻辑也适用于确认进行中的音变涉及的音位类别。

　　近期的研究表明，言语社区成员储存记忆的语词时，会连同说话人的年龄、性别、社会阶层和个人身份信息一起储存。因此，海耶、沃伦和德拉格的研究（Hay, Warren and Drager 2006）表明，听话人对新西兰英语 *fear*/ihr/ 和 *fair*/ehr/ 进行中的合并做出范畴化反应时,会受到这类信息的影响。判断一个带有内滑前元音的发音属于/ihr/类还是/ehr/类的成员时,会考虑设想的说话人年龄和社会阶层的影响。这些发现被认为支持了一种范例理论:情节记忆作为言语感知与产生的基础而保存下来(Pierrehumbert 2002)。事实上,范例理论或许可以解释为什么没有观察到由于进行中变化而导致的"交际的低效"(Weinreich et al. 1968)。

最近的社会语言学研究已经发现有非常广泛的语言事件可能导致产生误解。我们经常会发现一个特定音位的语音表现被完全替换,同一说话人的音位系统中更新的语音形式跟一个、两个甚至三个相邻音位发生重叠。因此,对于纽约市的年轻人来说,*bad* 中的/æh/与 *bared* 中的/eh/重叠分布,跟 *beard* 中的/ih/也是重叠分布的(Labov 1966)。在 1.5 节展示的链式音变显示出许多这样的完全替换。在北部内陆的芝加哥和其他城市,老年说话人/o/的前化已经靠近前低元音/æ/,与邻近的中部地区的/æ/几乎完全相同。在伯明翰和南部内陆的其他城市,/ey/的低化中,最快的已经跟双元音/ay/的位置相同,后者的发音在区域内外都有。对交际效率更为紧迫的挑战出现在北美大陆快速扩展的元音合并:后低元音/o/和/oh/合并;/w/和/wh/界线瓦解;/l/前的元音合并趋势增强。

上述这些发展引出两个问题:

1 同一个语言社区中保守的和变化快的说话人是否能理解彼此的话语?

2 其他语言社区的成员与本地人交际时,是否能理解这些本地形式?

2.1 自然误解例证的收集

对上述问题的一个常见的回应:根据上下文的语境可以解决任何由重叠分布造成的模棱两可的情况(Eliasson 1997)。另一解决办法是找出最小区别词对,测量对立的功能负载量和对立缺失的结果(Martinet 1955),可是金(King 1969)采用一级近似,发现这个方法并不适合。与其从已经完成的变化的作用来论述,不如考察人们如何处理进行中的变化,或许会更有收获,这正是这几卷书的主要策略。作为对进行中的音变的认知影响做出实证评估的第一步,"跨方言理解"[1],项目(the Project on Cross Dialectal Comprehension,以下称为CDC)着手收集日常生活中的误解实例,要求语言学者和语言学的学生们把发现的任何误解的情况都记录在图2.1所示的表格中。

误解
日期 _____
说话人 _____
听话人 _____
方言区 _____
说话人说的话(后续完全复原):
听话人听成的话(误解):

听话人在 ____ 分 ____ 秒后改正了误解
____ 在说话人话语结束之前
____ 因为说话人的反应而发现或产生疑问
____ 通过接下来的话语推论
____ 通过后来的偶然事件发现

图 2.1 CDC 中用于记录自然误解的标准表格

对于这些资料的分析还远未系统化,但从这个颇具规模的资料库中,我们已经能发现一些普遍规律了,这有助于我们更深入地了解日常言语行为。在第 3 章和第 4 章的控制实验中将会对此进行更为系统性的考察。

下文的例子将说明各种不同的纠正方式，使用的惯例在本章全部沿用。冒号引入所说的话语，双箭号⇒引入观察者心中的解释(如果听话人不是观察者，引入的就是听话人事后讲的当时的想法)。除非另外说明，观察者都是第二说话人。冒号后接的是所说的话语。无论是否与误解有关，都要给出每一位参与者的地域背景。起始的 WL 是指作者本人。

2.2 纠正方式

A 在话语结束之前　观察者和听话人经常报告他们在说话人的句子结束之前，不到一秒，就会更正他们最初的误解。

(1) Dana M. [NYC]:[…]in the Sunday Inquirer.
　　Ruth H. [CT]⇒ and this Sunday in choir[She was wondering what choir Dana belongs to.]
　　达娜[纽约市]:[……]在《周日问询报》上。
　　露丝[康涅狄格州]⇒本周日在唱诗班[她想知道达娜是在什么唱诗班。]

(2) John S. [Southern IL]:[…] accountable to the data[…]
　　Debbie S. [Philadelphia]⇒[…]a cannibal to the data[…]
　　约翰[伊利诺伊州南部]:[……]对数据负责[……]
　　黛比[费城]⇒数据的食人族[……]

(3) WL[Northern NJ]:You oughta see Frank's crow when you rub his head.

Gillian S. [Montreal]⇒[problem of anaphora:whose head gets rubbed,Frank's or the crow's.]

拉波夫[新泽西州北部]:当你抚摸弗兰克的头时,你应该看到他的乌鸦。

吉莉恩[蒙特利尔]⇒[回指问题:谁的头被抚摸,弗兰克的还是乌鸦的。]

(4) Claudia M. [OR]:Is Dwight Bolinger a Canadian?

Ruth H. [CT]⇒ Is Dwight Bolinger a comedian?

克劳迪娅[俄勒冈州]:博林格是加拿大人吗?

露丝[康涅狄格州]⇒博林格是喜剧演员吗?

B 通过说话人的反应来观察或提问 最常见的情况是说话人的话语被听为很奇怪或不可理解的内容,经过某种形式的查询,在几秒钟之内得到纠正。

(5) Pat D.:I hated dissecting (frogs and worms) in science so the second time my class dissected I dissected an apple instead, and the time after that I dissected a carrot.

Lois K. ⇒ I dissected a parrot:You dissected a what?

帕特:我讨厌在科学课上解剖(青蛙和蠕虫),所以第二次我的班级解剖时,我只解剖了一个苹果,后来我解剖了一根胡萝卜。

路易斯⇒我解剖了一只鹦鹉：你解剖了一只什么？

(6) Black guy：I feel like ten nails.

　　 White guy：You feel like tin nails.

　　 Black guy：[slowly]No, ten nails.

　　 [observed by Robin S. in Georgia]

　　 黑人：我感觉像十根钉子。

　　 白人：你感觉像铁钉。

　　 黑人：(慢慢地)不，十根钉子。

　　 [罗宾在佐治亚州观察到的。]

(7) Susan M.[CA]：Can I pour us both juice?

　　 Ruth H.[CT]：What's a spoke juice?

　　 苏珊[加州]：我可以给咱们俩都倒上果汁吗？

　　 露丝[康涅狄格州]：发言果汁是什么？

(8) Alice G.[Philadelphia][to WL]：That's a great shirt!

　　 Gillian S.[Montreal]：What do you mean,"grapefruit"?

　　 艾丽斯[费城][对拉波夫说]：这件衬衫真棒！

　　 吉莉恩[蒙特利尔]："葡萄柚",是什么意思？

C 通过进一步的话语来推断　常见的情况是开始时都没感到语用的异常，但随着谈话的进行，发现了误解。通常需要十秒到几分钟来纠正。

(9) Dana M.[NYC]：What are you giving up for Lent?

　　 Caroline H.[UK]⇒What are you giving out for Lent?

第2章 自然误解

Caroline[annoyed]:Pancakes.

Dana:You're giving up PANCAKES?

达娜[纽约市]:你为了四旬斋期放弃了什么?

卡罗琳[英国]⇒你为四旬斋期发放了什么?

卡罗琳[恼怒]:煎饼。

达娜:你要放弃煎饼了?

(10) Charlotte M. [VA]:Every time Robin takes a picture of me she gets a "telephone pole" in the picture.

Maureen S. [PI]⇒telephone call

Charlotte:Yes, she gets a telephone pole in the pictures, even in the living room.

Maureen:Well, maybe she has call forwarding, you know.

Charlotte:Call forwarding?

Maureen:Yes, you know that service.

Charlotte:No, no, telephone pole.

Maureen:Pole? What pole?

夏洛特[弗吉尼亚州]:每次罗宾给我拍照时,她都会在照片中看到一根"电话线杆"。

莫林[项目主持]⇒电话呼叫

夏洛特:是的,她在照片里有一根电话线杆,甚至在客厅里也有。

莫林:嗯,你知道,也许她有电话转接。

夏洛特:呼叫转接?

莫琳:是的,你知道那项服务。

夏洛特:不,不,电话线杆。

莫林:杆子? 什么杆子?

D 通过后来的偶然事件发现　资料库显示有少数情况是在说话过程中都没有发现误解,只是后来才偶然发现,这要过一段时间,有时会很多天以后。

(11) Otto S. A. [NM]: Hit carriage return.

Elise M. [Western MA]⇒caricature: Otto hit the key that I call "ENTER" or just "RETURN," and I thought, "How odd, he calls it caricature."

A couple of hours later, he said it again and I understood it.

奥托[新墨西哥州]:点击回车键。

伊莉丝[马萨诸塞州西部]⇒漫画:奥托按了我称之为"进入"或"返回"的键,我想,"真奇怪,他称之为漫画。"

几个小时后,他又说了一遍,我明白了。

(12) Dr B. [East Coast]: What are all complexities in life due to? Sets.

Amy K. [Madison, WI] ⇒ sex [This made no sense, so I asked a person nearby.]

B 博士[东海岸]:生活中的所有复杂性是由什么造成的? 陈规旧习。

艾米[威斯康星州麦迪逊市]⇒性[这毫无意义,所以我问了附近的一个人。]

(13) Loudspeaker at O'Hare airport: Milwaukee passenger report to the Eastern Airlines counter.

Franz S. [Chicago]⇒lucky [He wonders what was lucky about this passenger. Some time later, the announcement was repeated, and he understood it.]

奥黑尔机场的扩音器广播:密尔沃基的乘客到东航柜台报告。

弗兰兹[芝加哥]⇒幸运[他想知道这名乘客有什么幸运之处。一段时间后,这条消息被重复了一遍,他明白了。]

(14) The following incident is reconstructed from an article in the *Philadelphia Inquirer* on January 18, 1989:

Gas station manager: It looks like a bomb on my bathroom floor.

Robin Corder, dispatcher: I'm going to get somebody [that somebody included the fire department]

Manager: The fire department?

RC: Well yes, that's standard procedure on a bomb call.

Manager: Oh no, ma'am, I wouldn't be anywhere near a bomb. I said I have a bum on the bathroom floor.

[8 firefighters, 3 sheriff's deputies and the York

Co. emergency preparedness director showed up at the gas station to escort the homeless transient out.]

以下事件是根据1989年1月18日《费城问询报》的一篇文章改编而成的:

加油站经理:我浴室地板上的东西看起来像个炸弹。

调度员罗宾:我要找个人来。[包括消防队]

经理:消防队?

罗宾:是的,这是炸弹求助的标准程序。

经理:哦,不,女士,我可不会靠近炸弹。我是说我浴室地板上有个流浪汉。

[8名消防队员、3名警长副手和约克公司常备应急主任出现在加油站,护送这名无家可归的不速客离开。]

E 完全没发现　在极少情况下,谈话双方都没有发现误解,但另外没有参与谈话的第三者发现了他们的误解。

(15) John Baugh reported to Louise Feagin that a non-Texan told a Texan the name of her son was "Ian". The Texan couldn't understand why anybody would name a child something so strange as the preposition IN.

约翰向路易丝报告说,一个非得克萨斯人告诉一个得克萨斯人,她儿子的名字是"Ian",这位得克萨斯人不明白为什么有人会给孩子起个像介词"IN"这样奇怪的名字。

拉波夫在费城南部 D. 家族的家中观察到以下事件。

(16) Rosemarie D.：All right, come to dinner! [carrying out the food on a tray]

WL：You run a tight ship.

Tom D. [Rosemarie's husband]：She makes us slave.

Rosemarie：Why would I want you to leave?

Tom D.：One day, we'll explain it all to Rosemarie.

罗斯玛丽·D.：好吧，来吃晚饭吧! [用托盘端出食物]

拉波夫：你管得很紧。

汤姆·D.[罗斯玛丽的丈夫]：她把我们当奴隶(slave)。

罗斯玛丽：我为什么要你们离开(leave)?

汤姆：哪天，我们会向罗斯玛丽解释的。

例(16)所示的误解是由于费城进行中的音变造成的：闭音节的/ey/高化，与/iy/重叠(第 2 卷第 4、第 5 章)。slave 的元音与 leave 的元音近似，能区分这两个词的辅音/s/又被语音环境中和了。

汤姆：[ʃimeˈɪksəsleˈɪvz]

罗斯玛丽 ⇒ [ʃimeˈɪksəs liˌɪv]

幽默的话语被听为发怒的辱骂。误解产生的愤怒有一段时间积压在表面下，因而双方都没有发现存在误解。

2.3 误解有多常见?

由于此项研究的一个主要目的是判断有多少误解是归因于进行中的音变,以下五种误解类型的分布与我们的研究密切相关(表 2.1)。

表 2.1 误解是怎样发现的

在说话过程中	108
通过直接询问	374
通过事后推理	204
观察后续事件	74
从未发现	17
没有报告	95
总计	872

显而易见,前两种类型 A、B 对交际和理解的损害最小。随着纠正时间拖延的增加,后果会更加严重。从瞬间的反应难以估量这些日常生活中误解的影响程度,因为发现的证据越多,误解就越有可能被发现并纠正。我们怎样才能估算类型 C、D 和 E 的发生频率呢? E 型最为困难。两个人发生误解并各自按照不同的理解继续行事的情况难以估计。汤姆没有意识到罗斯玛丽误解了他的话,所以轻易地以为不值得再费心解释他的玩笑。

上述 872 个观察记录历经 14 年收集而成,平均每周发现一个多一点。这显然不能反映误解出现的很高比率,结果证明,需要相当程度的注意力才能把日常生活中发生的误解记录下来。如果我们要求一些人回想在上一周是否有误解发生,回答通常是否定的。我们集中努力进行这种观察在 1986—1988 年是最突出的,如

图 2.2 所示。观察者带着一叠表格记录误解并不断的提醒说话人，一个人平均每周可以报告 2 至 4 个案例。我们的一位主力观察者鲁思·赫罗尔德（Ruth Herold）在这段时间记录了 60 个误解。收集工作随时间推移以很低的比率继续下去。当然，这些后续的观察可能更多注意那些因方言引发的误解。在收集工作的主要阶段 1986—1988 年统计的比率最能说明问题：在 544 个观察记录中，27% 是方言引发的误解，而整个项目的 869 例误解中，有 235 例是方言引发的。显然，这些数字对因语言变化造成误解的频率给出了合理的评估。

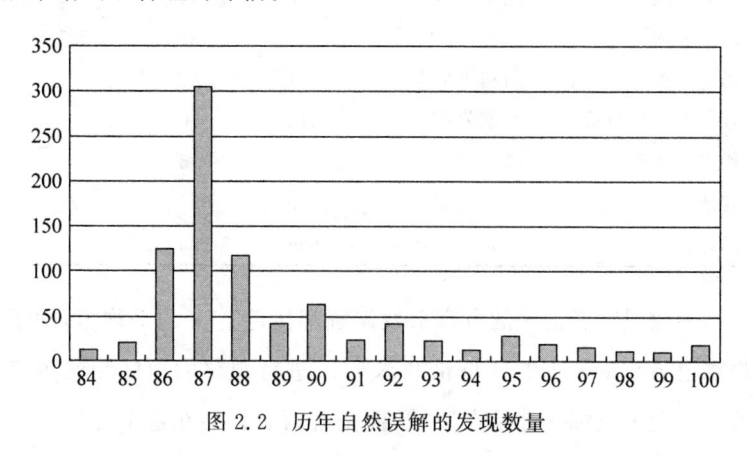

图 2.2　历年自然误解的发现数量

2.4　音变在误解中起什么作用？

我们的记录显示有四分之一多的自然误解可以归因于方言的差异。在进行观察的数年间，这个比例没有变化。有些方言差异是由于稳定的变量，如美式英语有闪音而英式英语没有；但绝大多数误解是来自进行中的音变。方言造成误解的百分比自然会受到观察者对音变兴趣的影响,尽管我们已经全力避免这种偏向。这些主要观察者都是具有良好语音训练的语言学家,如表 2.2 所示。

表 2.2 自然误解语料的主要收集人

	家乡方言	观察总数	方言引发数量	方言引发 %
罗宾·萨比诺	长岛市	137	43	31
吉利恩·桑科夫	蒙特利尔	137	26	19
威廉·拉波夫	北新泽西	123	27	22
鲁思·赫罗尔德	康涅狄格	88	30	34
马克·凯伦	北新泽西	67	14	21
谢里·阿什	芝加哥	63	22	35
汤姆·维奇	加利福尼亚	31	2	6
查尔斯·博贝格	埃德蒙顿	12	10	83
科里·米勒	纽约市	6	3	50
其他		205	59	28
总计		869	236	

多数观察者记录的方言引发误解都接近 27% 的平均值,除了观察记录数量最少的博贝格和米勒。[2] 进行观察的地区当然也有关系。大多数观察都是在费城,但是观察者也会在这个地区以外旅行。做出全局性贡献的是罗宾·萨比诺,她在项目开始不久就转到亚拉巴马州的奥本大学,资料库得益于她对于跟南方音变的说话人跨方言接触的很多观察记录。另一个主要的跨方言接触来源是桑科夫的,地理上相当靠近蒙特利尔地区的加拿大方言,跟拉波夫的新泽西州北部方言的接触。在北美的主要音变中代表北方城市音变的记录最少,但是正如我们将看到的,还是有相当多的记录证明误解来自北方城市音变。

我们可以得出结论:由于方言差异造成的误解比例在25%左右。

2.5 语言方面的误解点

对于每个误解都根据词汇、音系、句法、语用和方言差异所起的相对作用进行分类(即,话语的这个方面对误解是促成它、抑制它,还是不起作用)。图2.3显示这些因素的分布。如上文所述,大约25%—30%的误解是方言差异造成的。但是在总体上,绝大多数情况下语音都是造成误解的主要因素,而(误解的意义)跟语用情景配合不当则是引起听话人的注意并得以记录的最常见的因素。

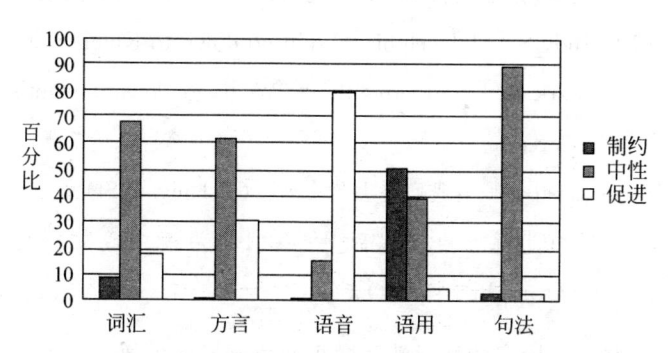

图2.3 与误解相关的五种因素起制约作用、中性作用与促进作用所占百分比

A 同音异义序列句法分析变项　　见上文例(3)、(16)和下面的实例:

(17) Philadelphia newscaster: leaving a third passenger
　　　too dazed to escape.

Ruth H. [CT]:[...] leaving a third passenger two days to escape.

费城新闻播音员：让第三名乘客目瞪口呆（too dazed）］，无法逃脱。

露丝［康涅狄格州］：［……］给第三名乘客留下两天时间（two days）逃跑。

(18) Tom V. [CAL]:[writing down items to buy]Two "c"s in broccoli?

Ruth H. [CT]:What's two-season broccoli?

汤姆［加州］：［写下要买的东西］西兰花单词里有两个"c"（Two "c"s）？

露丝［康涅狄格州］：什么是双季（two-season）西兰花？

(19) Judy S. [Philadelphia]:We'll go down to Knights St.

Mark K. [Northern NJ] ⇒ We'll go down tonight's street.

朱迪［费城］：我们要去骑士大街（to Knights St）。

马克［新泽西州北部］⇒我们将沿着今晚的街道（tonight's street）走。

一些近似同音的情况涉及微小韵律差异的失效：

(20) Robin S. [Long Island City]:They have toucans there.

Lisa B. [Long Island City] ⇒ They have two cans there.

罗宾［长岛市］：那里有巨嘴鸟（toucans）。

丽萨［长岛市］那里有两个罐头（two cans）。

B 一个音段的脱落或插入

(21) Charlotte T. [VA]: I was at Brooks and Company.
Robin S. [Long Island City]⇒at Books and Co.
[She knows Charlotte sells books.]
夏洛特[弗吉尼亚州]：我在布鲁克斯公司工作。
罗宾[长岛市]⇒在图书公司[她知道夏洛特卖书]

(22) WL[Northern NJ]：especially if you travel in twos.
Katie S. [WI]⇒especially if you travel in tubes.
拉波夫[新泽西州北部]：尤其是如果你两个人[twos]旅行的话。
凯蒂[威斯康星州]⇒尤其是如果你乘地铁旅行。

C 听错单个音段　参见上文例(5)、(6)、(12)和(14)。

D 听错一个单词中的两个音段　参见上文例(10)和下面的实例：

(23) Bambi S. [NYC]：What tapes are in the car? WL [Northern NJ]⇒ What keeps her in the car?
班比[纽约市]：车里有什么磁带(tapes are)? 拉波夫[新泽西州北部]⇒是什么让她留(keeps her)在车里?

E 单词层级的错误　参见上文例(4)、(9)和(13)。

F 因音系调整对单词序列的重新分析　参见上文例(1)、(2)、(7)、(8)、(11)和(15)。

在书面上，这些误解产生滑稽可笑的效果。但是对有关的语音部分进一步检查，发现它们常常是由最小语音的匹配错误造成的。比如：

(1') inquirer　　　　　[ɪŋkwaɪɚ]
　　　in choir　　　　　[ɪŋkwaɪr]
(2') accountable　　　 [əkaonəbl]
　　　a cannibal　　　　[əkanəbl]
(7') us both juice　　 [əsboθdʒɪus]
　　　a spoke juice　　 [əsbokdʒɪus]
(11') carriage return [kærɪdʒritɚrn]
　　　caricature　　　　[kærɪkətʃɚ]

(1)中的误解涉及一个央元音的脱落；(2)是因为/aw/的滑音脱落，这是多音节词中很常见的情况；(7)是把齿间音[θ]误听为软腭音[k]；(11)是把硬腭塞擦音听为软腭塞音，加上词尾鼻音脱落。

这些机制中，有的涉及快速语流中形态音位的压缩，这在主要方言的研究中都很常见。还有的涉及句法的重新分析，这一般不是由于方言变化。因此，我们把方言引发的例子与其他例子列成表格，希望可以发现这些误解机制分布的主要差异，参见表2.3和图2.4。

表2.3　方言引发的误解和其他误解的百分比分布

	同音异义词	音段脱落	单音段	双音段	整个词	重新分析	总计
方言引发	2.1	2.1	62.3	15.9	13.4	4.2	100
其他原因	11.3	3.4	31.6	15.9	14.4	22.6	100

第 2 章 自然误解

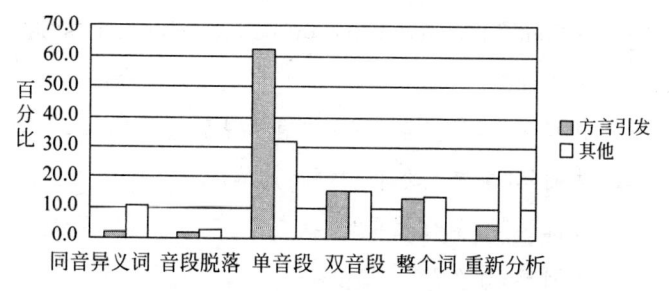

图 2.4 方言引发及其他原因的误解点因素百分比分布图

方言引发的误解和其他误解的机制显然有着极性的差异。方言引发的误解大量集中在单音段类别，而涉及重新分析和跨词界的重组几乎不受方言的影响。

由此得出，绝大多数方言引起的误解都会受到音系特征的影响，而句法引发的误解较少，集中在那些没有特定方言背景的实例中（26 例中有 24 例，卡方 6.00，p＝0.01）。词汇方面的误解在方言引发和其他原因两类中没有显著区别。对于方言引发和其他原因的误解，语用因素是发现误解的重要途径，很少发现有利于误解的语用因素。这儿有一个戏剧性的实例，因为词末 /d/ 的缺失而引发误解。在医学检查的语用上倾向于用 *tender*（疼痛）代替实际说出的 *tenure*（终身职位）。

(24) Resident, examining Gillian: Are you tenured?

    Gillian S. [Montreal] ⇒ tender: Yes.

Resident: For how long?

    Gillian: What?

Resident: How long have you had it?

    Gillian: What do you mean?

Resident: How long have you had tenure?

Gillian[She laughs, and nurse too, who understood "tender"]

住院医生,检查吉莉恩:你有终身职位吗?

吉莉恩[蒙特利尔]⇒疼痛:是的。

住院医师:多长时间?

吉莉恩:什么?

住院医生:你有多长时间?

吉莉恩:你是什么意思?

住院医师:你的任期有多长?

吉莉恩[她笑了,还有护士也笑了,她知道听为"疼痛"了。]

另一个不常见的语用引发的例子是(25)。

(25) Answering machine: You've reached Sam and Ann's. Please leave a message after the tone and we'll call you back.

Atissa Banuazizi⇒Ann will call you back.

电话应答录音:你已经联系到山姆和安的家了。请在铃声后留言,我们会给你回电话。

阿蒂萨·巴努阿齐齐 ⇒ 安会给你回电话的。

在42个语用引发误解的实例中只有9个同时又是方言引起的。这里有一个住在芝加哥的纽约人报告的很好的实例,涉及北方城市的/e/后化为/ʌ/的音变。

(26) Corey Miller[NYC]:Perceived on the Chicago commuter train this morning:"I've got a mutual fund

coming in." This didn't sound so strange, given that many of the people on the train are financial folks. I heard the person clarify to her associate, who also misperceived the utterance, "a mutual FRIEND."

科里·米勒[纽约市]:今早在芝加哥通勤列车上听到一个人说:"我有一个共同基金(mutual fund)即将上市。"这听起来并不奇怪,因为火车上的许多人都是财务人员。我又听到那个人向她的同事澄清,她说的是"一个共同的朋友"(mutual FRIEND)]。她的同事也误解了。

如果这些语用情景的分析是正确的,这就意味着大多数报告为方言引发的误解都被认为是与社会和语言的语境中可能的推论相违背。这当然就是表2.2显示最多的被发现和报告的情况。绝大多数是对当时的情景非常不理解,听话人用一个询问作为回应,如例子(5)—(8)和(27)。

(27) Mark Karan[Northern NJ]: Have a good day at school.

Jeremie[Northern NJ]⇒Have a good day, scum.
What did you call me?

马克·卡兰[新泽西州北部]:祝你在学校(school)过得愉快。

杰瑞米[新泽西州北部]⇒祝你愉快,人渣(scum)。
你叫我什么?

出现误解时,寻求正确理解可能会导致相当大的社会摩擦。这在例(28)和(29)中很明显:

(28) Alice Goffman, 7 years old[Philadelphia]: I want to talk to you about the kitty.

Gillian Sankoff[Montreal]⇒about the cake: You want a piece of it?

Alice: Are you out of your mind?

Gillian: Don't say that to your mother.

Alice: Why would you want to cut the kitty?

艾丽斯·戈夫曼,7岁[费城]:我想和你谈谈小猫(kitty)的事。

吉莉恩·桑科夫[蒙特利尔]⇒关于蛋糕(cake):你想要一块吗?

艾丽斯:你疯了吗?

吉莉恩:别对你妈妈这么说。

艾丽斯:你为什么要把小猫切开?

(29) Leighton W., boss: I'm going home for about an hour kitty-cats.

Shelah, employee⇒take a nap[When someone called for LW, she told him he had gone to take a nap. LW's wife called afterwards and wanted to know, angrily, where her husband was going to take a nap.]

莱顿,老板:我要回家约一个小时,小猫。

沙拉,雇员⇒打盹[当有人打电话找莱顿时,她就说他去打盹了。莱顿的妻子随后愤怒地打来电话,想知道她丈夫是要在哪里打盹。]

我们已经知道任何对误解频率的估计都会低于实际的数字,因为我们的观察注定是倾向于最容易发现的情况。也可以说,不同的或未被发现的误解,无论多么少见,都会给社交结构关系造成巨大压力。

我们现在要转向研究进行中的语言变化中的那些特定的合并、链式音变和其他音变,探讨它们是怎样成为以及在何种程度上成为误解的来源。

2.6 合并的作用

2.6.1 后低元音合并

方言引发的最大的一组误解涉及北美英语的一个主要的无条件合并:后低元音/o/和/oh/的合并,如 *cot* 和 *caught*,*Don* 和 *dawn*。ANAE 显示出这个合并在新英格兰东部、加拿大、西宾夕法尼亚和西部地区占有优势,在中部地区处于过渡状态,在南方只有零星的合并现象(见地图 9.1—9.4)。后低元音合并可以解释 235 例方言引发的误解中的 32 例,占 14%。其中有 10 个涉及同一对单词 *coffee* 和 *copy*。[3]

(30) Carl R. [Boston]: How did the coffee machine work out?

Sherry A. [Chicago][She began a story about her copy machine.]

卡尔[波士顿]:咖啡机是如何工作的?

雪利[芝加哥][她开始讲述她的复印机的故事。]

(31) Gillian S. [Montreal]: We won't save any time to come here for a copy shop.

WL[Northern NJ]: Coffee shop?

吉莉恩[蒙特利尔]:我们不会省出时间来这里找复印商店。

拉波夫[新泽西州北部]:咖啡店?

(32) Gillian S. [Montreal]: Oh! Copy shop! Here it is!

WL[Northern NJ][He looks around for a coffee shop.]

吉莉恩[蒙特利尔]:哦! 复印店! 这就是!

拉波夫[新泽西州北部][他向四处张望寻找一家咖啡店。]

(33) Gillian S. [Montreal]: I wonder if there's a copy place near the airport?

WL[Northern NJ][Why would she need coffee?]

吉莉恩[蒙特利尔]:我想知道机场附近是否有复印店?

拉波夫[新泽西州北部][她为什么需要咖啡?]

(34) David S. [Montreal]: It's time to make the copies.

WL [Northern NJ]: But I've already had my coffee.

大卫[蒙特利尔]:现在该去复印了。

拉波夫[新泽西州北部]:但我已经喝过咖啡了。

(35) David S.[Montreal]:I'll get your copy right away.

WL[Northern NJ][Why is he getting us coffee?]

大卫[蒙特利尔]:我马上把你的复印件交给你。

拉波夫[新泽西州北部][他为什么给我们买咖啡?]

(36) Ann T.[Vancouver]:Do you have the copy key?

Don R.[KY]:Is there a key to the coffee?

安[温哥华]:你有复印钥匙吗?

唐[肯塔基州]:有咖啡的钥匙吗?

(37) David B.[OK]:There is a nice coffee stain on this one.

Mark K.[Northern NJ]⇒There is a nice copy stain on this one.

大卫[俄克拉荷马州]:这上面有一个很好的咖啡污渍。

马克[新泽西州北部]⇒这上面有一个很好的复印污点。

(38) Ruth H.[CT]:These are copied from Maurice Sendak.

Woman[?]:I thought you said you were getting coffee for Maurice Sendak.

露丝[康涅狄格州]:这些是莫里斯·森达克的复制品。

女士[?]:我以为你说你要给莫里斯·森达克买咖啡。

(39) Edward L. [?]: Do you know any place where I
　　　 can get some coffee?
　　　Robin S. [NYC]⇒[...]get some copies

　　　爱德华[?]: 你知道有什么地方可以喝咖啡吗?

　　　罗宾[纽约市]⇒[……]获取一些复印件。

这一系列实例中有几点值得我们注意。copy 和 coffee 不在 /o/ 和 /oh/ 的最小对比词对里。然而,元音间的 /p/～/f/ 区别并不显著。来自加拿大或新英格兰的说话人发音的合并元音是圆唇后元音,因后接唇音影响而提高的圆唇变体,如例(30)—(36)的情形: 这导致来自没有元音合并的方言的说话人自动听为 /oh/。而西部的说话人发音的合并元音通常是不圆唇的,被未合并地区的说话人听为不圆唇的 /o/, 如例(37)。马克随后记下了听错的 coffee 中的 [ɑ] 音质。[4]

这些实例的滑稽意味,在演讲中带来不断的笑声,是讲述的重要部分。[5] 这里涉及的人物都是对后低音元合并有更多了解的语言学家。然而,他们并没有从一再重复的误解中吸取教训,还继续在一次又一次地机械性误解。许多情况下,语用情景明显倾向正确的理解,却没有影响误解的结果。在例(31)、(32)和(33)中,我非常清楚他们在找复印店,并且我已经喝过咖啡,但还是把合并的 copy[kɔpi] 听成了 coffee。

另一个重复误解的系列涉及 Don 和 Dawn 最小对比对。我们收集样品时,有宾夕法尼亚大学语言学系的一位研究生唐恩·苏维诺(Dawn Suvino)和教师唐·林格(Don Ringe)。

(40) Gillian S. [Montreal]: It would be even better if Don could take her to the airport.

WL [Northern NJ] ⇒ Dawn [wondered for some time about how Dawn, who is blind, could take her.]

吉莉恩[蒙特利尔]：如果唐能带她去机场那就更好了。

拉波夫[新泽西州北部]⇒Dawn[想了一会儿，失明的 Dawn 怎么能带走她。]

(41) Mary A. [RI]: I started sneezing in Greek meter and after a while I figured Dawn's dog must've been in there.

Ann T. [CA]: Don doesn't have a dog.

Mary: No, DAWN!

玛丽[罗得岛州]：我在希腊语计量室开始打喷嚏，过了一会儿我想道恩的狗一定在里面。

安[加利福尼亚州]：唐(Don)没有养狗。

玛丽：不，是道恩(DAWN)！

(42) Ann T. [CA]: [at the meeting of new students] Elise spent quite a long time talking to Dawn.

Ruth H. [CT]: What do you mean? [since Don is not a new student]

安[加利福尼亚州]：[在新生会议上]伊丽莎白花了很长时间与道恩(Dawn)交谈。

露丝[康涅狄格州]：你是什么意思？[因为唐

(Don)不是新生]

(43) Sherry A. [Chicago]: I've been talking to Dawn here[…]

Carl R. [Boston]⇒Don Hindle: […] Hindle?

雪莉[芝加哥]: 我一直在和道恩聊天[……]

卡尔[波士顿]⇒唐·辛德尔: [……]辛德尔?

(44) Peter P. [GA]: I'm working for Dawn.

Carol C. [Philadelphia]: Don Ringe?

彼得[佐治亚州]: 我为道恩工作。

卡罗尔[费城]: 唐·林格?

我们是一个小的社团, 大家都熟悉这两个人, 也知道他们的名字同音, 但却不断搞混, 即使语用情景指向正确理解时亦然。这里又是同样, 大部分人是训练有素的语音学家, 却不用他们的语言学情景的知识去避免误解。

我们现在把这些资料用于后低元音合并的普遍机制问题。在赫罗尔德(Herold 1990)提出的有名的模式中, 在接触情况下合并的扩展是有两个音位的说话人对有一个音位的说话人的话语反复误解的结果, 他们尝试把后者不同的音位变体划分为不同的音位范畴。另一方面, 有一个音位的说话人不会犯这种错误, 因为他们不需要以语音差异来区分/o/和/oh/。自然误解的资料合理地支持赫罗尔德的见解。在 35 个涉及合并的实例中, 我们对说话人和听话人的元音合并状态都能够确认的有 25 例。[6] 表 2.4 是说话人和听话人误解的分布情况。

表 2.4 说话人和听话人关于 /o/～/oh/ 误解的分布情况

说话人	听话人	案例数
已合并	未合并	20
未合并	已合并	5
已合并	已合并	0
未合并	未合并	0

符合赫罗尔德模式的误解占 80%。这是一个鼓舞人心的支持。然而,这个结果并没有提出成年人要从误解中吸取教训并要放弃对 /o/～/oh/ 区别的依赖去理解别人的话语。言语感知中的这种变化如何能够使他们孩子在发音中消除 /o/ 和 /oh/ 的区别,仍然是有待回答的问题。[7]

表 2.4 中一个更为突出的事实是在两个都是元音合并的说话人之间和两个都是未合并的说话人之间没有发现明确的误解实例。这让我们确信,合并,即使如 /o/ 和 /oh/ 词群的无条件合并,不是语言社区中误解的主要来源。后低元音合并造成的误解是接触现象,而不是在社区方言中音位对立消失的结果。

2.6.2 *pin/pen* 合并

北美英语有条件的合并中,扩展最为活跃的是 /i/ 和 /e/ 在鼻音前的对立消失,通常倾向于用 /i/,但有时用 /e/。这是南方以及中南部地区的特点,各地的非裔美国人也是如此,在西部地区只有零星出现(ANAE 地图 9.5)。资料集里有 11 个实例,有典型的 *pin/pen* 混淆,有的是在预想不到的位置。

(45) Bank teller [African-American]: You have your Penn ID?

Sherry A.〔Chicago〕:PIN ID?

Teller:Your Penn ID?

Sherry:PIN ID?

银行出纳员〔非裔美国人〕:你有宾夕法尼亚州身份证(Penn ID)吗?

雪莉〔芝加哥〕:PIN 码(PIN ID)?

出纳员:你的宾夕法尼亚州身份证?

雪莉:PIN 码?①

(46) Melissa H.〔TN〕:Every time I say "INsurance"〔…〕

Ruth H.〔CT〕⇒Every time I say "entrance"

梅利莎〔田纳西州〕:每次我说"保险"(INsurance)〔……〕

露丝〔康涅狄格州〕⇒每次我说"入口"(entrance)

这里说话人和听话人的分布跟后低元音合并的情况相似。11例中的 8 例是合并的说话人对未合并的听话人,另有 1 例是相反的情况。还有 2 例都是来自未合并方言的两个说话人之间。

2.6.3　/l/ 之前的合并

ANAE 显示/l/之前的合并有很多种(第 69 页及其后),762 位说话人中有 10% 显示出完全合并,包括/il~iyl/和/ul/~/uwl/,但是地理区域各不相同。在自然误解的数据材料中有 *feelings* 和 *fillings*,*pull* 和 *pool* 之间的误解,反映出进行中的合并;但最常

---

① PIN ID 即 personal identification number,为个人身份识别号码或个人密码,是银行等向顾客提供的可与提款卡配合使用的号码。——译者

见的例子是后中元音和后半低元音间的错位，它们在不同的方言中有不同的语音实现，亚特兰大中部的人会把加拿大的 *bowl* 听作 *ball*，而亚特兰大中部的 *called*，会被加拿大人听成 *cold*。

2.7 链式音变

北美英语分歧的主要根源是链式音变，即元音系统的反向循环转换：北方城市音变、南方音变、加拿大音变、匹兹堡音变、南方后上滑音的音变、/r/前的后元音转移——在 LYS(《语音变化量化研究》)、PLC(《语音变化原理》)(第 1 卷)、ANAE 中所描写的，以及如本卷第 1 章结尾的音系空间当前视图所显示的。链式音变在方言引发的误解中有很好的表现。

2.7.1 北方城市音变

因为我们的主要观察者中没有人来自北方城市音变(NCS)涉及的地区，我们没有想到在发现的误解中，由这个链式音变引起的误解会跟因后低合并引起的误解一样多。然而，所有出现的 22 例误解几乎展示了北方城市音变的五个阶段(图 1.4)。第一阶段是/æ/普遍升高，在清塞音前常会被误解。在这个位置上它会被其他方言的人听为前鼻音，因为这对它们是优势的高化环境。于是当来自锡拉丘兹(Syracuse)的帕蒂(Patty Plum)做自我介绍时，罗宾·萨比诺把她的名字误听为"Candy"。当我问罗切斯特(Rochester)的琳达(Linda Novak)她父亲在哪儿工作时，她回答[kodiək]，我误听为 coding，直到经她多次重复听来才像是更为预期的"Kodak"。

第二阶段是/o/的前化,表现在一些明显的误解中:比阿特丽斯(Beatrice Santorini)听到一位新闻播报员说:"The Eden Expressway is jammed salad."她又听了十几秒钟才弄懂广播实际上说的什么。她还听到一位宾馆工作人员说:"In the morning, we serve complimentary coffee and tea next to the padded plant."另一位在辛辛那提(Cincinnati)长大的语言学家,在奥什科什(Oshkosh)的广播中听到一位工厂的工人说:"The plant doesn't get enough orders to maintain aberrations."广播结束之后她还在奇怪为什么工厂要保持差错(*aberrations*),最终才明白他说的是运行(*operations*)。一位加拿大语音学家听到一位圣路易斯的女生说:"I did the casting for a play."当他问她如何得到那份工作时才明白她是在为一部剧做戏装(*costumes*)。

一位来自堪萨斯的女士记录了她在堪萨斯长大的妹妹和密歇根长大的表弟在讨论把哪些东西放进洗碗机时发生的误解。她不能理解为什么密歇根人要想把无色唇膏(*chapsticks*)放进洗碗机,直到最终明白他说的是筷子(*chopsticks*)。这种短 o 和短 a 的混淆也出现在出版物中。一家密歇根的报纸报道一位当地的政客时说他非常确定谁的"axe would be gored"①,有人可能以为 *axe* 就是固定语中的词,但是这其中至少有一种误解把 *ox* 错当作 *axe*。

这些误解涉及说其他方言的人听错了这些循环变化的元音。我们也有相反的实例,来自北方内陆地区的人对其他人的话语做出错误的归类。苏珊娜(Suzanne Wagner 英国人)在东兰辛②的商店问一位当地售货员:"婴儿睡袋(sleep sacks)在哪儿?"他很快地

---

① gored one's ox 意为惹某人生气。——译者
② 密歇根州首府。——译者

指向婴儿袜(socks)的展柜。两天之后,在彭尼百货公司又发生同样的误解。简(Jane Goodheart)报告:

(47) "Neither my boyfriend Dave nor I are natives to Michigan, and we are not NCS speakers. Dave had the following misunderstanding happen three times in the Lansing area, at two different grocery stores, with two different workers: he asked for 'catfish' and the man behind the counter gave him cod, thinking he said 'codfish.'"

"我的男友戴夫和我都不是密歇根州人,我们也不是讲 NCS 的人。戴夫在兰辛地区的两个杂货店和两个不同的工人发生了三次以下误解:他要的是'鲶鱼'(catfish),柜台后面的人给了他鳕鱼,以为他说的是'鳕鱼'(codfish)。"

北方城市音变的/e/提供了两种不同的误解来源。/e/早期向前低位置低化,跟向相同位置前化的/o/发音产生大量重叠(Labov and Baranowski 2006)。这导致例(48)中的/e/和/o/混淆:

(48) Telephone surveyor[Chicago]:Do you have any pets in the house?

Brian T. [Eastern US]⇒pots[He thought that "pot" was not likely, since everyone has pots and pot= marijuana was too personal; he asked for repetition several times, until understood.]

电话调查员[芝加哥]:你家里有宠物(pets)吗?

布里安[美国东部]⇒大麻(pots)[1][他认为"大麻"不太可能,因为每个人都有壶而大麻则太个性化了。他要求重复几次,直到理解为止。]

另外五个误解反映北方地区的/e/后化,跟老年人和说其他方言人的/ʌ/重叠:Betty⇒Buddy、best⇒bus、Tech Net⇒Tech Nut 和例(49)。在这里人们可以看到语音变化的事实如何导致误解,即使上下文的所有成分都支持/e/的读音:

(49) Laura W.[Madison]:They make Treks in Wisconsin [while pushing bike along and talking about where she got it]

Charles B.[Edmonton]⇒trucks

劳拉[麦迪逊]:他们在威斯康星州徒步旅行[treks][一边推着自行车一边谈论她是从哪里得到的]。

查尔斯[埃德蒙顿]⇒卡车[trucks]

/oh/的低化会导致与其他方言的/o/混淆,但更容易与/ʌ/混淆。/i/的后化和低化在北方城市音变各阶段中最不显眼,出现在把 Hicks 听为 Hex 的误解中。

因北方城市音变造成的 22 例误解中,有 19 例源自外来人对北方城市音变发音的听辨,有 1 例是情况与此相反的例(46),还有

---

[1] pet 义为宠物。"pot"除了有壶的意思,还表示毒品(=marijuana)。——译者

1 例是在北方城市音变社区内部的例(13)。看来,我们观察者的家乡地区是造成缺少北方城市音变区域内部误解的原因,下一章报告的实验会检验它们的普遍性。

2.7.2 南方音变

另一个北美英语元音的主要的循环转换是南方音变,如图 1.5 所示。第一阶段是/ay/的单元音化,并有轻微前化。这个过程涉及若干误解:*right* ⇒ *rot*、*right* ⇒ *rats*、*nice* ⇒ *nots*、*diet* ⇒ *dat* 和 *alibis* ⇒ *alabaster*。显然最常见的模式是对于在清辅音前的单元音化的误解,具有贬义特征的社会标记(除了南部内陆地区)。因此密歇根人最常说的:"Well right now…",就一度被罗宾误解为 "rot now"。另一个相反的例子是把"blond joke"听为"blind joke",都是很容易出现的。

南方音变的第二阶段,/ey/沿着非外缘轨道低化,表现为把 *space suit* 误听为 *spice suit*,这是不太可能的组合。在埃尔帕索机场[①],乔娜·拉波夫听到广播说"the plane was going to be light"(应该是"late")。

短前元音向外缘位置高化,是第三到第五阶段的变化,会出现把 *Glenn* 听为 *grand*,*sped up* 听为 *spit up*,*Ding* 听为 *Dean*,*wings* 听为 *weenies* 的情况。在听迈克尔(Michael Montgomery)讨论多项变数算法(Varbrul)时,罗宾(Robin Sabino)听成"when you make a sale file",但是很快改为"cell file"。

这些南方音变的误解大部分是由纽约观察者罗宾在亚拉巴马

---

① 在得克萨斯州。——译者

收集到的。而她确实发现了在亚拉巴马东南部一个家庭内部出现的误解。南希对她女儿珍妮讲述了一把新梳子,并问道:"Do you want to see it?"珍妮回答说她不想坐下(sit)。这反映了外缘/i/的内滑音的变化,这是南方音变的特征,并将在下一章中起重要作用。罗宾还观察到下面的例(50):

(50) Kevin H.〔Crossville,AL〕:We have no right〔…〕
　　　Christina J.〔Atlanta〕⇒Wehave norat〔…〕
　　　凯文〔亚拉巴马州克罗斯维尔〕:我们没有权利
　　　　(right)〔……〕
　　　克里斯蒂娜〔亚特兰大〕⇒我们没有老鼠(rat)
　　　　〔……〕

　　第三章将提供更多系统的证据,表明南方人如何很好地理解南方音变的输出。史莱德(Sledd 1955)认为与/ay/单元音化相伴的元音前化会形成一个区别性音位,使南方人可以从 *lied* 和 *ah'd* 的元音里区分出 *baa'd* 中的/æh/(如:"The woman ah'd and oh'd")。这就被迫采用了把 *lied* 记为/lahd/和把 *ah'd* 记为/ahd/的标写法。因此,在语言社区内部,*blind* 不会听为 *bland* 或 *blond*,*right* 不会听为 *rat* 或 *rot*。而例(50)则说明 *rat* 和 *right*、*rot* 的区别并不是在南方一直保持下去的。

　　考察涉及单词 *right* 的全部误听的实例可能是很有用的。除了南方人把 *right* 和 *rot* 误听为 *rat*,一个密苏里人把一个纽约人说的 *all right job* 误听为 *wrote job*。例(51)和(52)表明南方地区以外的误解跟元音的单元音化并没有关系。它们都违背了 *write* 和 *right* 同音的情况,这是很久以前就有并且现在已经通用的/wr/与/r/合并的结果。

(51) Alice G.〔Philadelphia〕:I have to do that writing sample.

Gillian S.〔Montreal〕⇒I have to do that right example:?

Alice G.:I have to do like a big-ass writing sample.

艾丽斯〔费城〕:我必须做那个写作样本。

吉莉恩〔蒙特利尔〕⇒我必须做正确的例子?

艾丽斯:我得像个大傻瓜一样做那个写作样本。

(52) Gillian S.〔Montreal〕:Would you help me right the table again?〔referring to an outside table that had been tilted over to drain the water off〕

WL〔Northern NJ〕⇒Would you help me write my paper again?〔Puzzled,he looks for repetition.〕

Gillian S.〔Montreal〕〔repeats.〕

WL〔First misunderstands,and finally gets it.〕

吉莉恩〔蒙特利尔〕:你能再帮我摆好桌子吗?〔指的是一张放在外面为排水而倾斜的桌子〕

拉波夫〔新泽西州北部〕⇒你能帮我再写一次论文吗?〔因惑不解,他寻求重复。〕

吉莉恩〔蒙特利尔〕:〔重复〕

拉波夫〔先是误解,最后明白了。〕

2.7.3 加拿大音变

加拿大英语/e/和/æ/的低化和后化是由/o/和/oh/在后半低

位置的合并所触发的(图 1.6)。这在收集的误解实例中表现为把 *black* 误听为 *block*,在例(53)中显示加拿大的/æ/发音会在所有的类似语境下出现误解。

(53) Ruth H.〔CT〕:〔looking at a bed frame〕What supports the mattress?

Saleswoman〔Canada〕:There's a rack underneath.

Ruth:A rock?

Saleswoman:No,a rack.

露丝[康涅狄格州]:[看着一个床架]是什么支撑着床垫?

售货员[加拿大]:下面有一个支架(rack)。

露丝:一块石头(rock)?

女售货员:不,一个架子。

2.8 费城语音演变

第 2 卷第 4 章、第 5 章曾经展现了费城三种活跃的新音变的详细情况。因为我们的许多观察是在费城进行的,所以人们希望能很好地展现由这些进行中的变化所引发的自然产生的误解。

2.8.1 在/r/前面的后元音变化

费城跟美国很多地方一样,在/ahr/前面的央低元音移至后中位置,同时有/ohr/向后高位置变化,并通常是与/uhr/合并。(图 1.7)这个音变在费城已经完成,在社会阶层、性别或年龄方面没有显著差异(PLC 第 2 卷 134 页)。因此,我们看到外来人会把费城的 *farms* 听成 *forms*,*far* 听成 *four*,*card* 听成 *court*。

(54) Steve N.［Philadelphia］:We better get hold of him soon, because his［dɛːns kɔrd］is going to be filled up.

Gillian S.［Montreal］⇒ dance court［She couldn't figure out what he meant; but after she hung up, realized that he had meant *dance card*.］

史蒂夫［费城］:我们最好尽快找到他,因为他的［dɛːnskɔrd］马上就要满了。

吉莉恩［蒙特利尔］⇒ 舞蹈法庭(dance court)［她不明白他是什么意思;但挂断电话后,她意识到他指的是跳舞卡片(dance card)。］

2.8.2 /aw/的前移和高化

1970 年代,费城保守的老年人发的/aw/是前低音核的/æʊ/。年轻人发音已经变为/ɛo/,并且变得更快的人发音为带有后低滑音的/eə/。康恩对于费城音变的再研究(Conn 2005)表明这种前化和高化在 1950 年代出生的人群中达到最大值,而在年轻人中正在稳步减少。瓦格纳(Wagner 2008)证实了/aw/音变的这种衰退。

我们的资料集显示有 6 例涉及费城发为半高音核的/aw/的误解。通常,前半高音核被确认是这个位置的元音,后圆唇滑音消失。因此/aw/被误听为更高更前的元音/æh/,但是带有只滑移到/ə/的内滑音。于是 *frown* 被听成 *fan*,*ground* 被听成 *grand*。

当 sound 被听成 sales 时,我们注意到圆唇滑音/ɔ/和不圆唇后元音/ɤ/相混(参见下文/l/的元音化)。当 mouse 被听为 mess 时,滑音就完全观察不到了。一个发音充分的滑音可以导致一种重新分析——需要采取更多行动来扭转的误解。

(55) Mother of toddler[Philadelphia]:Get up[off the floor]and sit down!

　　Charles Boberg[Edmonton]⇒ sit day-old[as in day-old bread]

　　蹒跚学步的孩子的母亲[费城]:起来[离开地板]坐下!

　　查尔斯·博伯格[埃德蒙顿]⇒整天坐着[像放了一天的面包一样]

/aw/音变的一个结果是 crown(王冠、花冠)和 crayon(彩色铅笔)同音,这在整个城里都很普遍,甚至包括保守的说话人,在第二个音节采用/oh/起了促进作用。这种相反的误解出现在例(56),说明费城的/aw/可以重新分析为/eyoh/:

(56) Brian K. [Phila suburbs]:You know what else is there[in Easton, PA]? The Crayola Crayon factory.

　　Sherry Ash[Chicago]⇒The Crayola crown factory.

　　布莱恩[费城郊区]:你知道那儿[宾夕法尼亚州伊斯顿]还有什么吗?克拉约拉蜡笔(Crayon)厂。

　　雪莉·阿什[芝加哥]⇒克拉约拉皇冠(crown)工厂。

在例(57)中,我们看到一位费城人同样重复 *crown* 的方式,非费城人会听为 *crayon*。

(57) Laurel M. [Philadelphia][having looked up the name *Stephen*]: Oh, it's from the Greek for *crown*.

Jean F. [Philadelphia]: Right, cr[æw]n.

Kyle G. [Cincinnati]: What? Crayon?

Jean F. : No, cr[æw]n, like a king wears!

Kyle G. : Ohhh, cr[aw]n!!

劳雷尔[费城][查过斯蒂芬的名字]:哦,这是希腊语中皇冠(crown)的意思。

吉恩[费城]:对,cr[æw]n。

凯尔[辛辛那提]:什么?蜡笔(Crayon)?

吉恩:不,cr[æw]n,就像国王戴的那样!

凯尔·G.:哦,哦,cr[aw]n!!

在南部内陆同样有/aw/变化为[eɔ],造成(58)中的误解:

(58) Christine K. [TN]: Laurel leaves were used to make crowns.

Robin S. [NYC]⇒to make crayons

克里斯蒂娜[田纳西州]:月桂树叶用来制作皇冠。

罗宾[纽约市]⇒制作蜡笔

2.8.3 闭音节中/ey/的高化

闭音节中/ey/的高化是费城的一种有活力的新音变。/ey/的高化在很大程度上和/iy/的分布重叠。康恩(Conn 2005)认为这种变化已经持续至 21 世纪。这是例(16)中把 *slaves* 误听为 *leave* 的基础。已经有了更多对费城(eyC)的误解：*eight* 听成 *eat*，*snake* 听成 *sneak*，*fashion mate* 听成 *fashion me*，*train* 听成 *tree*"*n*"。

吉姆(Ron Kim)报告了一个已有多年的误解。1990 年代早期，当地一家摇滚电台常为费城的一家珠宝店做广告，他听为"Robbins Ethan Walnut"再加上广告词"Our name is our address!"多年来他一直记得有个奇怪的街名"Ethan Walnut Street"。1998 年他到费城旧城区 Walnut 街西面散步时穿过第八大街，才看到那家珠宝店的店名"Robbins 8th and Walnut"。

2.8.4 /e/的低化

1970 年代,出现/e/的低化,这是费城元音系统的一个初期变化,是前元音系统按照北方模式而不是中部模式重新组构的一部分,并与闭音节中/ey/的升高相一致。有许多迹象表明在费城这种音变还在进行中,自然误解的资料集证实了这一点。

(59) Hairdresser[Phila]:[...]dress an' everything.
　　　Gillian S. [Montreal] ⇒ grass an' everything.
　　　Hairdresser:I was wearing a silk dress.
　　　Gillian S. ⇒ suck grass[...][She quickly realizes the woman meant silk dress]
　　　理发师[费城]:[……]穿上(dress)所有的衣服。
　　　吉莉恩[蒙特利尔]⇒草(grass)和一切。
　　　理发师:我穿着一件丝绸(silk)连衣裙。
　　　吉莉恩 ⇒ 吮吸(suck)草[……][她很快意识到这个女人指的是丝绸连衣裙]

例(59)跟把 req[uisition] 误听为 rack，以及 Jerry 分别被听为 Jarry 和 Jared 的情况都是类似的。

2.8.5 /l/ 的元音化

在美国很多地区，音节末尾的/l/正在经历元音化。ANAE 中没有描述这个变化，因为电话访谈的记录并不可靠。但其中报告了一些在/l/前面的元音合并，显然与/l/的元音化有很大关系。在这个资料集里有 25 例涉及/l/的元音化，是发生误解的主要因素之一。在音节尾，代表/l/的不圆唇滑音常常被听成圆唇滑音。于是 hold 被听成 who? 而 Bill 被听成 who's；rental 被听成 Reno；Strassel 被听成 Strasso。相反，有不能发出的/l/，导致 go 被误听为 goal，O-negative 被误听为 all negative，omissions 被误听为 all missions，sulking 被误听为 soaking。在音节尾的辅音前面，/l/常常脱落，如 boats 听为 bolts，office 听为 alpha's。数量最多又最引人注意的误解实例出现在两个元音之间，/l/的元音化在费城已经扩展至这个位置，有 13 例是集中在这里发现的(Ash 1982a,b)。[8] 一个主要的范例是 balance 和 bounce 的混淆。实验观察发现：如果顾客走进费城的一家跑鞋商店买"New Bounce"的鞋，他们会毫不犹豫地拿出"New Balance"的鞋。我们在资料集里发现了以下例子：

(60) Jeffrey W.〔Philadelphia〕：〔…〕to see if the payroll sheets balance.

Corey M.〔NY〕⇒ to see if the payroll sheets bounce.

杰佛利〔费城〕：〔……〕查看工资表是否平衡

(balance)。

科里[纽约]⇒观察工资单是否被拒付退回(bounce)。

(61) Larry B. [Philadelphia][speaking to his 4-year-old son Jonathan]:[…]balance.

Jonathan, 4: Bounce. [repeats, and begins to bounce up and down.][observed by Ruth H.]

拉里[费城][对他4岁的儿子乔纳森说]:[……]保持平衡。

乔纳森,4岁:弹跳。[重复,并开始跳上跳下。][露丝观察到的。]

(62) John M. [Philadelphia]: You meet two kinds of people in life, some can balance their checkbooks and some can't.

Mark K. [Northern NJ]⇒bounce.

约翰[费城]:你在生活中会遇到两种人,一种人能平衡他们的支票簿,另一种人不能。

马克[新泽西州北部]⇒(支票)被拒付退回。

44　这种现象不只限于费城:

(63) Mary Ann [TX, travel agent]: There's a small balance due.

Ruth H. [CT]: There's a *what* due? [adds that she had no idea what was intended, it sounded like "bounce" if anything.]

玛丽·安[得克萨斯州,旅行社]:有一笔小额余款到期。

露丝[康涅狄格州]:有一个什么应得的?[她补充说不知道是什么意思,听起来像是"反弹"。]

我们记录了一长串费城人对两个元音之间的/l/的发音误解。一位银行出纳读我的名字"William"听起来像是 WHAM。一个人在电话里说:"Tell him it's Harvey",对方听成 Thomas Harvey。Volleyball courts 听为 Bible courts。一个费城人要买 cooler(冷却机)却被听为是要 Coor(计算机坐标)(这是少数语用情景有利于误解的例子)。spelling 被听成 spine。

人们也发现了对元音之间的/l/反向的误解。鲁思·赫罗尔德在她调查工作过程中询问了一位男人,他父亲出生在宾州东部。已经听过删除元音之间的/l/的很多实例,她听到他说"Williamsburg"(威廉姆斯堡),过了好一会儿她才弄懂那是说的"Waynesburg"(韦恩斯堡)。尽管大多数误解产生在费城人和外地人的交际中,例(64)却是一位外地人记录的两个费城人之间的对话。

(64) Instructor[Philadelphia]: Tell me what this sentence implies to you: "Mr. Williams strode into the office."

　　Student [Philadelphia]: It means he was real casual.

　　Instructor: For *strode*? As in *stride*? Do you know what "stride" means?

Student: I'm sorry, I thought you said "strolled." "Strode" means "forcefully."

讲师[费城]: 告诉我这句话对你意味着什么: "威廉姆斯先生大步走进办公室。"

学生[费城]: 这意味着他真的很随便。

讲师: 对于 strode? 跟 stride 一样? 你知道 "stride" 是什么意思吗?

学生: 对不起, 我以为你说的是"闲逛"(strolled), "strode"的意思是"有力地"。

2.9 r音缺少的与r音丰富的方言

费城的/r/尾有元音化趋势(Myhill 1988), 但是我们数据中来自缺少/r/音的语料主要是从英国、纽约市、非裔美国人等收集的。因而, 一位纽约人会把另一位纽约人说的 *floor* 听成 *flaw*; 并且上纽约州的人会把别的纽约人的 *yarn* 听成 *yawn*。一位非裔美国人的 *carl* 被另一位非裔美国人听成 *call*。我们都知道, 把/r/插入原来没有/r/的地方是经常发生的事。一位纽约人把中亚特兰大的 *autistic* 听为 *artistic*; 另一位纽约人把中部人的 *Aubie's* 听成 *Arbie's*。考虑到/r/与零位的变异, 即使一位中部人也可能会在本来没有音的地方听到/r/。

(65) Jill N. [NYC]: They have a new pawn shop now.

Naomi N. [NE] ⇒ They have a new porn shop now.

吉尔[纽约市]: 他们现在有了一家新的当铺

(pawn)。

内奥米[内布拉斯加州]⇒他们现在有了一家新的色情(porn)商店。

足有三十秒后,这个误解才被后续的事件澄清。

2.10 北美的普遍音变

到目前为止,我们一直在考察地区差异对理解的影响,主要是方言接触的影响。在北美的全部或大部分地区的一些音变会引发误解。在北美的所有地区,短 a 在鼻音前都有不同程度的高化,达到中元音和高元音位置,所以许多地区的 Inn 和 Ann 同音。于是纽约人听费城人说 Ann Arbor 像是 Ian Arbor,南方人听纽约人的 Ian Hancock 像是 Ann Hancock。高内滑音缩短的/æh/常被误听为/i/:

(66) Charlotte A.[VA]:Is Ann coming?
　　　Marybeth L. [Philadelphia suburbs]: Incoming?
　　　Incoming from where?
　　　夏洛特[弗吉尼亚州]:安会来吗?
　　　玛丽贝思[费城郊区]:来了? 从哪里来的?

紧的短 a 也常被听为短/e/。于是,我们可以发现 Canada 听成 Kennedy,pans 听成 pens,bad 听成 bed,grass 听成 bread。

2.10.1 后元音前化

ANAE 第 12 章显示/uw/在整个北美普遍前移,除了新英格兰东部和威斯康星/明尼苏达州①的有限地区。这种前化往往达到音核为[ü]的非外缘前高位置。当后滑音缩短或前化时,这个元音会被误听为/iy/。于是费城人的 *scooter* 被另一位费城人听为 *skeeter*。我们也注意到 *youth* 被误听为 *yeast*,*shoe* 被误听为 *cheese*,以及 *boozey* 被听成 beesy。

在大西洋沿岸中部与美国中部和南方地区,普遍存在/ow/音核的平行前化,前移的音核听起来像一个不圆唇元音。因此费城人的 *Ocean City* 被误听为 *Nation's City*;匹兹堡人的 *phones* 被听成 *films*。鲁思观察到为了听懂费城的 *boat* 所付出的努力:

(67) Philadelphia woman [boarding Piedmont Flight from Philadelphia to Florida]: I'm going down to Lauderdale and then on a boat.

Stewardess[mimicking extreme Philadelphia pronunciation as if it were a place name] Abewte? where's that?

Passenger: A boat.

Stewardess⇒?

Passenger: A boat.

Stewardess[finally understands.]

费城女子[登上皮埃蒙特航班从费城飞往佛罗里达]:我要去劳德代尔,然后坐船。

空姐[模仿费城极端的发音,好像是地名]Abewte? 那是在哪儿呢?

---

① 在美国中北部州。——译者

乘客：一艘船。

空姐 ⇒?

乘客：一艘船。

空姐[终于明白了。]

2.11 自然误解总述

这里收集到的 869 例自然误解，使我们对跨方言理解的性质和程度有了一定了解，但也有明显的局限性。我们只是偶尔记录输入的语音形式，这主要是从说话人的方言背景投射出来的。我们没有跟正确理解相比较的绝对误解次数的信息。这些资料确实给出了方言引发误解的相对数量，尽管我们不能确定观察者的注意力有多大程度偏向于这类实例。这里记录的大多数误解是跨方言的；同一方言的说话人之间的误解相对较少，但这并不是一种受控的对比。

这些局限在第 3 章和第 4 章将会得到纠正，报告关于跨方言理解的一些受控实验。与此相反，从自然误解分析得出的结果将有助于纠正这些受控实验的局限性，受控实验是在一个不可避免地与谨慎的、非本地模式的语言规范相联系的环境中引发回应。自然误解的资料就没有这些作用的影响。当然我们可以设计其他方法来研究误解。我们可以检查录音材料转写文本中的错误，或搜寻社会语言学访谈的录音材料。然而，从以往的经验看来，前者提供的错误太多，而后者就太少了。由于有这些局限，我们这里采用的研究方法就成为一种获取语言变化对认知影响结果的有效方式。

人们普遍认为北美英语的说话人理解其他的北美英语方言不成问题，这里的结果却与此大相径庭。如果我们早先经验的记忆存储可以用来搜索并比较,记忆中谁说了什么,那么就如范例理论所述,我们就不会重复地混淆加拿大的语音变体 *coffee* 和 *copy*。相反,我们通过自己的范畴过滤来听这些话语:在 *copy* 中的[ɔ]被听为 *coffee* 里的/oh/。按照贝利多年来的理念(Bailey 1972),我们构建从一个系统转换到另一个系统的泛方言音系,而这里的结果几乎没有支持这种观念。自然误解的研究显示,最训练有素、知识渊博的观察者却有着一种固执、机械、又可笑的无能。为什么这些误解如此滑稽可笑?这是因为它们表现出我们是自己言语行为习惯的受害者,不能通过有意识的反应来利用我们丰富的知识储藏。我们可以回到观察的资料,这些自然误解中很大一部分来自语言学家,他们的专业能力就在于他们对方言差异的了解。我用第三人称写下这些误解者的情形,而我自己就是这个群体中的重要成员。如果有人能够根据多年的研究和经验建立一种泛方言语法,去解释其他方言的说话人所说的话语,我们应该能够做到。但是我们没有做。

这种对于语言变化导致的认知后果的看法,使我们更加迫切地需要寻找导致这些大规模转换、合并和混淆的驱动力。本卷的第二部分将致力于这个问题。但是,无论是哪种力量在运作,以产生在本章中显示的结果看来,它们都超出了我们的控制范围。如果认为语言变化是自动代理的运作,我们都可以通过对社会变体的操作处理,最大限度地提高我们在交际互动中的地位,那将是令人欣慰的。然而这 869 例对自然误解的观察显示出,在语言互动中,主观意向和实际成效之间有相当大的距离。我们不希望误解他人或者被他人误解,但是,在我们认识到的限度内,却是对于有什么东西打乱了语言的安排而感到一种强烈的沮丧。

第 3 章　元音识别的受控实验

本章将继续研究第 2 章中提出的语言变化的认知后果。第 2 章考察了方言差异在日常生活中的影响，本章将介绍受控实验的结果，这些实验更精确地测量进行中的音变对英语元音音位识别能力的影响。如果 19 世纪的语法学家认为音变对语言的中心功能有破坏性影响（第 2 卷第 1 章）是正确的，那么我们应该发现，进行中的变化对于识别词和词义的干扰不仅发生在言语社区之间，还出现在言语社区内部。

这里报告的实验是由跨方言理解研究项目（CDC）进行的，[1] 这个项目集中考察音变方向完全不同的三个城市：

- 费城，第 2 卷第 4 章和第 5 章描述的活跃的新变化的地点；
- 芝加哥，正在经历第 1 卷中定义的北方城市音变的最大城市；参见 ANAE 第 11、第 14 章和本卷的图 1.4。
- 伯明翰，第 2 卷所定义的南方音变的典型地点；参见 ANAE 第 11 章和第 18 章；以及本卷图 1.5。

为制作本实验的实验刺激音，我们在每个城市都找到可以代表其言语社区中音变前沿的说话人，进行录音。第 2 卷已经发现，语言变化引领者最有可能出现在上层工人阶级和下层中产阶级的向上流动的女性中。1970 年代的语言变化和变异的研究项目（LCV）确认并记录了费城的语言变化引领者，并使用瑞士耐格如

49 (Nagra)开放式录音机和高保真领夹式麦克风为她们录音。为了在另外两个城市取得类似的录音,我们在芝加哥和伯明翰选取当地主要的州立通勤大学,学生多数是当地居民,不少人还是家中第一个上大学的人。这就是伊利诺伊大学芝加哥分校和亚拉巴马大学伯明翰分校。沙伦•阿什在1988年对这两所大学的一年级女生进行了访谈。[2]

3.1 彼得森-巴尼实验

本节标题取自彼得森和巴尼在1952年的著名实验(Peterson and Barney 1952),那是为了测试听话人对单念词语中的元音的识别能力。彼得森和巴尼呈现了在/h_d/框架中的10个元音:*heed*、*hid*、*head*、*had*、*hod*、*hawed*、*hood*、*who'd*、*hud*、*heard*。共有76名不同的发音人,包括男人、女人和儿童。据说大多数人都是讲"通用美国英语",这是美国方言学不再承认的类别,但是,*hod/hawed* 区域的混淆表明,一些人具有后低元音合并的事实。

彼得森和巴尼提出了一个问题,即按照听话人对所听到的元音的理解来确定参照坐标格。一种可能性是,这种坐标格就是他们自己的元音系统,每个说话人产生的元音都被听出来,就像是由听者发出的一样。另一种极端就是泛方言语法的假设,包括听话人已经听到并理解的所有的元音系统(Bailey 1972)。这样的整体结构是跨方言经验结果,或是对于可能发生的变化的一般理解的结果。在这方面,如果存在这种泛方言的能力,音变可能不会严重干扰跨社区的交际。对于一个特定的言语社区,我们可能会问,是否所有成员都会改变他们的参照坐标格,以便包括最新的变化,还是只有那些参与变化的人才这样做。

3.2 重复彼得森-巴尼实验

鉴于彼得森-巴尼的实验数据中缺少方言差异的考虑，CDC项目采用三个方言区的发音人和听辨人重复做了这个实验。其中大多是沙伦·阿什所做的工作，这里给出的很多分析取自阿什（Ash 1988）。我们没有用彼得森-巴尼实验的 10 个 /h_d/ 结构的单词，而选择了在 /k_d/ 框架中的 14 个元音：

短元音	上滑前元音	上滑后元音	内滑元音
/i/ kid	/iy/ keyed		
/e/ Ked	/ey/ cade		
/æ/ cad	/ay/ kide	/aw/ cowed	
/o/ cod	/oy/ koid	/ow/ code	/oh/ cawed
/ʌ/ cud			
/u/ could		/uw/ cooed	

尽管这一架构引入了 3 个非词（cade、kide、koid）和一个商标名（Ked），但优点是在彼得森和巴尼的 who'd 和 hawed 位置上采用了确定的单词 cooed 和 cawed。

在芝加哥和伯明翰的初期工作中，先是请一批本地大学的学生读这 14 个词并录音。所有录音都在一个安静房间进行，使用耐格如 IV-S 开放型盘式录音机以每秒 7.5 周的转速和森海塞尔 415 型定向麦克风录音。从芝加哥和伯明翰的录音中，选出两名在所研究的音变中最为前沿的发音人来录制测试刺激。在费城，是从 1970 年代语言变化及变异研究项目进行的街区调查中选出两名发音人。

图 3.1 显示了六个发音人所发的北方城市音变中六个元音 /i,e,æ,o,ʌ,oh/ 的 F1、F2 位置。[3] 考虑到读词表时会高度注意自己发音的正规性,人们将关注在这样的语音中,北方城市音变的极端转换是否会反映出来。图 3.1 表明事实正是如此。从 *Ccad1* 和 *Ccad2* 的位置表现出芝加哥/æ/的高化和前化,它们出现在其他方言高元音和半高元音的位置。芝加哥/o/的前化可以从 *Ccod1* 与 *Pcad2* 以及 *Ccod2* 与 *Pcad1* 的接近得到证实。芝加哥/e/的低化和后化可以从 *Cked1* 和 *Cked2* 的位置反映出来。北方城

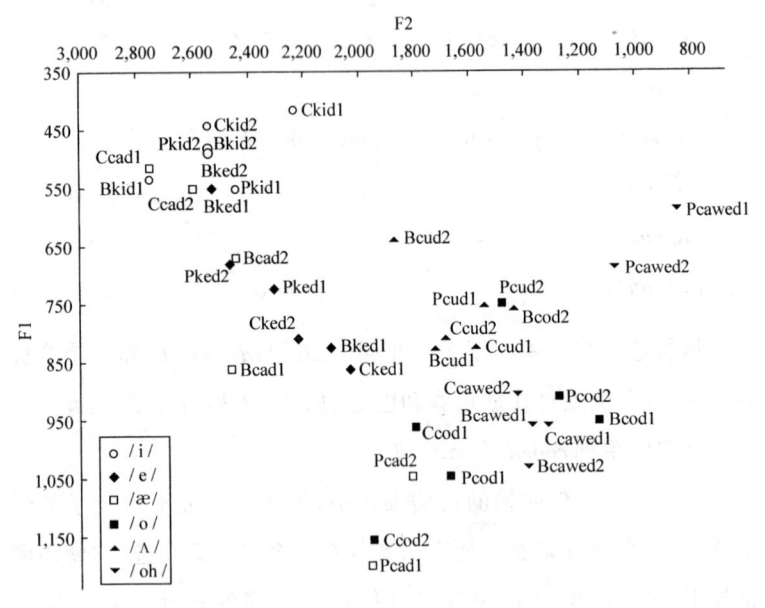

图 3.1 重复彼得森-巴尼实验中 *kid*、*ked*、*cad*、*cod*、*cud*、*cawed* 的元音音核刺激。首字母代表城市名称:P=费城、C=芝加哥、B=伯明翰

市音变的最后阶段——/ʌ/的后化没有出现在图 3.1 的受控发音中。

实验的被试是在所选地点招募的班级群组，测试词按照方言类别分组，每组有 28 个词随机显示。随机的各组分别用一台索尼 WM-D6C 盘式录音机录音并在同一录音机上以耐格如 DSM 扩音器回放。备用答题卷的上方印出那 14 个词。这些词首先由阿什念给被试听，并说明这只是代表她自己的语音，可能会跟被试的发音或录音机放出的发音不同。然后就请被试对于听到录音机的每一项发音都按照答题卷上方的拼写记下他确认的单词。

3.3 识别成功总数

表 3.1 和图 3.2 表明了识别预期音位的成功率。首先是跟彼得森-巴尼实验(Peterson and Barney 1952)的总正确率不同。原实验高达 95% 的正确率一直是引人关注之处，人们对于制定标准化系统的努力常常是根据解读彼得森-巴尼实验数据的成功率水平来判断。而在方言制约条件下重复这个实验得到的总成功率却比较低，只有 77%。来自三个城市的被试的总体表现没有显著差异：三个准确率平均值都接近于 77%。

表 3.1　重复彼得森-巴尼实验中各城市说话人和听话人的元音正确听辨率

	说话人			
	费城	芝加哥	伯明翰	全部
听话人	N=27	N=25	N=42	N=94
费城	**89**	77	64	77
芝加哥	81	**81**	71	78
伯明翰	77	69	**77**	75
全部	82	76	71	77

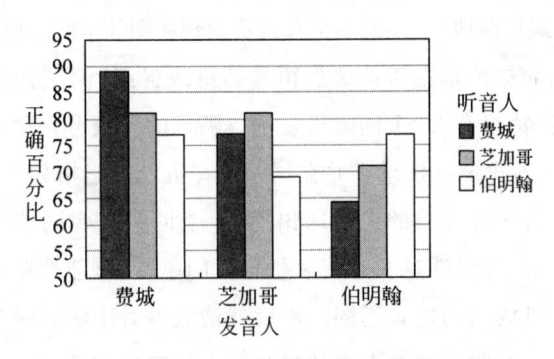

图 3.2 重复彼得森-巴尼实验的整体正确反应率

本地的被试听本地发音要比非本地被试表现更好,如表 3.1 在矩阵对角线的粗体数字所示。每个城市都是如此。除了芝加哥和伯明翰的被试对于伯明翰发音人的识别率差别(71%对 77%)不显著以外,其他所有情况下的 t-检测结果都表明,本地优势是显著的。总的来说,这种本地优势只是中等水平:这个系列中最高辨认率是费城人听费城人的发音,也只达到 89%,远低于彼得森-巴尼 95%的水平。

为了弄清重复实验的成功率为什么这样低,我们需要去检测特定音位刺激的语音表现。

3.4 对于芝加哥说话人的反应

表 3.2 显示被试对芝加哥发音刺激的反应。每个格的数字都是正确识别的百分比;后面圆括号表示倾向于特定音位的误听率高于 15%的情况。误听的模式反映了北方城市音变中的元音转换,如图 1.4 的总图和图 3.1 中实验刺激的语音表现所示。

表 3.2 重复彼得森-巴尼实验中对芝加哥元音的听辨正确率（括号中错误率大于 15%）

元音音位	听辨人正确反应率		
	费城	芝加哥	伯明翰
iy	100	96	90
i	98	80(16 u)	88
ey	72(22 iy)	68(18 iy)	52(30 iy)
e	39(15 æ, 44 ʌ)	40(56 ʌ)	55(36 ʌ)
æ	78	90	60(18 e)
ay	98	92	86
aw	94	94	88
o	78	90	38(38 æ, 13 ay)
oh	11(11 æ, 76 o)	40(54 o)	8(83 o)
oy	98	94	80
ow	61(15 oh)	82	79
u	63(35 ʌ)	74(24 ʌ)	71(23 ʌ)
uw	89	92	85
ʌ	94	96	88
平均值	77	81	69

cad 的高化和前化在芝加哥被试中正确率为 90%，在费城被试中降为 72%（误听为/e/和/i/），到伯明翰只有 60%（误听多为/e/）。通常在北方城市音变完全重读的/æ/中听到的内滑音，只是保持了紧元音（最佳代表是/æh/）和松的前元音之间的区别的一部分效果。[4]

芝加哥的前化/o/在芝加哥被试中识别率较高（90%），而在费城被试中识别率较低（78%），在伯明翰更低（38%）。同等数量的伯明翰被试把芝加哥的/o/听为/æ/，这跟图 3.1 所示的对等情况一致。

芝加哥的/oh/普遍被听为/o/,甚至有54%的芝加哥被试也是这样。这个低化和前化的元音位于费城的/o/和伯明翰的/o/之间。大多数费城和伯明翰被试都把它听成/o/——分别有76%和83%,这可能跟 cod(鳕鱼)比 cawed(鸦叫声)更为常用有关。

最为极端的误听错配出现在/e/。图3.1中,芝加哥 ked 相对较后较低,与/ʌ/组测量值距离较大。然而,大多数芝加哥人都把它听为 cud,这在其他被试中也有相当多的比例。这肯定跟商标名称 Ked 的非词地位有关,是实验设计上的局限。然而,这又与第2章的证据以及切音实验(见下面第4章)相一致:北方城市音变造成/e/和/ʌ/相当程度的混淆。

总体上,表3.2说明了,北方城市音变的元音转换使得说其他方言的人对于芝加哥人所说元音的识别能力受到干扰。

3.5 对于伯明翰说话人的反应

表3.3显示出三个城市的被试对伯明翰人所发元音的识别情况。

最显著的就是识别/e/的一组数字都很低。绝大多数是把伯明翰 ked 听为 kid。通过图3.1可以看到,这是两组说话人对 ked 中/e/的声学表现的一种准确感知。Bked1 和 Bked2 位于 kid 区域的中心,并被大多数被试听为 kid。即使这样,本地被试正确识别元音/e/的数字是芝加哥被试的两倍,是费城被试的四倍。

造成混淆的第二大原因在后低元音区域:cod 中的/o/和 cawed 中的/oh/。对/o/的识别率从39%(费城)到61%(伯明翰)。这跟/o/和/oh/的南方语音表现与其他方言显著偏离的事实相一致:二

第3章 元音识别的受控实验

表 3.3 重复彼得森-巴尼实验中对伯明翰元音的听辨正确率（括号中错误率大于 15%）

元音音位	听辨人正确反应率		
	费城	芝加哥	伯明翰
iy	96	94	96
i	89	82	94
ey	69	78	81
e	6 (80 i)	12 (74 i)	25 (69 i)
æ	65	70	73 (21 e)
ay	43 (20 æ, 24 o)	48 (32 o, 16 ʌ)	51 (15 æ, 14 o, 14 ʌ)
aw	70 (22 æ)	78	81
o	39 (11 ay, 33 oh)	52 (38 oh)	61 (20 oh)
oh	37 (44 aw)	48 (28 aw, 12 ow)	74 (15 aw)
oy	93	100	88
ow	74	94	98
u	76 (19 ʌ)	88	88
uw	76	86	94
ʌ	69 (28 u)	60 (36 u)	76 (23 u)
平均值	64	71	77

者都有相同的后低圆唇音核，而/oh/有后上滑音做标记（图 1.9；ANAE, 地图 18.8）。参看图 3.1, 伯明翰的这两个发音都深入到了[ɔ]区域(Bcawed2 有些央化)。大约有三分之一非本地被试把[ɔ]听为/oh/, 而本地被试听错的人数比较少(20%)。

正如南方上滑后元音转移的模式（图 1.9）预示的, 伯明翰被试与其他被试之间的一个最大差别就把伯明翰的上滑后元音 *cawed* 听为[kaod]。本地人的识别率是 74%, 芝加哥是 48%, 费城仅 37%。大多数北方被试把 *cawed* 中的这个上滑后元音听为/aw/, 这与伯明翰人发的 *cawed* 中/aw/的音核是后/ɑ/的事实相一致。

南方语言中最普遍的特征是/ay/的单元音化。由于这18个词是分块听辨的,所以南方人对南方发音的识别是很明显的。有充分的理由认为,非本地被试会以他们对南方语言的了解而把[ka:d]辨识为 kide。然而,这样做的只有不到一半人。kide 不是英语真词的事实在这里无疑是起了作用,尽管它在印刷品和实验者的阅读中都有明确的标示,并且在芝加哥版本的表3.2中有很高的识别率。在下一章我们将看到,识别南方语音显著特征的困难,延伸到伯明翰说话人即兴言语中的形式。结论就是,我们的被试并没有建立起跨方言理解所必需的泛方言语法的知识基础。

表3.3还显示出对伯明翰/ʌ/的识别相当困难。这反映了ANAE发现的,/ʌ/在北方和大西洋沿岸中部各州是一个相对靠后的元音,而在中部内陆和南方相对靠前,并且这种差别在年轻人中间正在加速发展(ANAE,第11章)。这在三组被试中间差别很小,其中主要的误判就是把预期的非圆唇元音听为好像是圆唇:cud 听成 could。由于/ʌ/～/u/对立在很多人中不显著,[5] 出现混淆也并不意外。但是,这种混淆在芝加哥和伯明翰却完全相反:伯明翰以/ʌ/取代/u/的趋势明显,而芝加哥则是/u/取代/ʌ/。此中缘由有待解释。

3.6 对于费城说话人的反应

表3.4给出了三个城市的被试对费城人发音听辨的正确率。本地和非本地被试之间最显著的差异在于对 cad 中/æ/的反应。这似乎很意外,因为费城的/æ/没有发生紧化和高化(与纽约市不

同）。然而，最近的费城语言研究报告了一种在虚时中的松/æ/后化趋势（Conn 2005），在图 3.1 中 P*cad* 的两个标记都比伯明翰和芝加哥的靠后很多。最重要的是，芝加哥/o/的前化很强，使得费城的 *cad* 和芝加哥的 *cod* 一起出现，两个芝加哥的 *cod* 标记都与费城 *cad* 的标记重叠。结果，32%的芝加哥被试把费城的 *cad* 记作 *cod*。还有 28%的人把这个音听为 *kide* 的变体。这里应注意，北部内陆（芝加哥）方言的常规特征之一是/o/和/ay/音核的一致：两个音都同样前化。

表 3.4　重复彼得森-巴尼实验中对费城元音的听辨正确率（括号中错误率大于 15%）

元音音位	听辨人正确反应率		
	费城	芝加哥	伯明翰
iy	98	98	93
i	96	92	85
ey	72(22 iy)	66(32 iy)	60(33 iy)
e	76	68	62(15 ey)
æ	76(15 o)	32(28 ay, 32 o)	44(32 ay)
ay	93	86	82
aw	87	80	82
o	89	88	82
oh	89	82	76
oy	93	88	80
ow	89	70(18 uw)	68(30 uw)
u	98	96	95
uw	94	92	81
ʌ	98	92	92
平均值	89	81	77

伯明翰被试对费城/æ/的识别也不是很成功：正确率仅有44%。这里大多数错误是把费城的/æ/听为/ay/。这是可以理解的，因为伯明翰单元音化的/ay/向前移动，靠近费城的/æ/。

费城/e/和/æ/的下移也造成对于/e/的辨识困难，在本地被试中正确率仅76%，在非本地被试中正确率更低。

费城的一个活跃的新变化是闭音节中/ey/的高化，与/iy/重叠（第2卷第4章；Conn 2005）。图3.3为 keyed 和 cade 的 F1/F2 位置。费城 cade 的一个标记跟伯明翰的 keyed 非常接近。结果是费城被试有22%把他们自己的 cade 听为 keyed，芝加哥和伯明翰出现这种情况的被试各有三分之一。

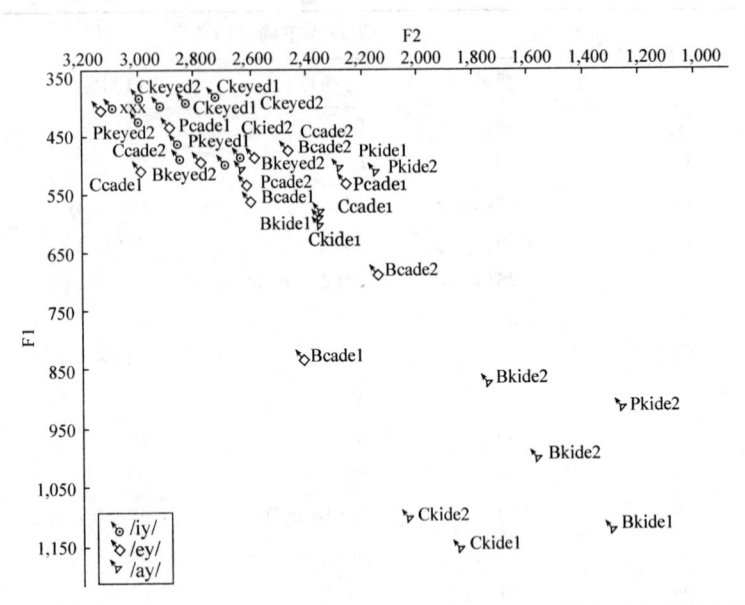

图3.3 重复彼得森-巴尼实验中 keyed、cade 和 kide 上滑前元音的元音音核刺激。首字母代表城市名称：P=费城、C=芝加哥、B=伯明翰

3.7 小结

人们普遍认为,若对发音人方言有更严格的控制,彼得森-巴尼实验将会更有效果。本实验选择三个主要方言区在音变中领先的发音人,限制在北美英语中的方言变异。目的是更进一步探讨第 2 章提出的问题:在英语的更大范围内,进行中的音变对于听辨理解有什么影响?我们采用认真地朗读一个限定的词表,来代替第 2 章中自然发生的误解。这就减少了由于发音错误而产生误解的可能性,同时也消除了变异和罕见语境的影响。考虑到音位对立的基本功能是把不同的词群区别开,如/æ/～/o/,如果这种功能失去作用,那么必须承认,音位对立也就失去作用。

在这三个城市中,每个城市都发现有显著的本地优势。这反映出当一个费城人突然跟芝加哥人接触时,会增加误解的可能性。这些误解可能不会影响总的日常交流。人们通常认为,如果这种跨方言接触多次发生,习以为常,那么听话人就会调整他们的听感辨识系统,来降低误解的概率。第 2 章第(30)至第(39)项误听实例 *copy* 和 *coffee* 表明,这种调整可能不像我们想象的那么容易地发生。

在每个特定实例中,通过对三个城市的六位发音人的单词发音的匹配或错配,解释了听辨识别的本地优势,并且所有错配都可以从第 1 章定义的链式音变的相反方向来解释。而在考虑本地被试的错误率时,音变作用似乎更大。

56%的芝加哥被试将芝加哥的/e/听为/ʌ/;
54%的芝加哥被试将芝加哥的/oh/听为/o/;

74%的伯明翰被试将伯明翰的/e/听为/i/；

48%的伯明翰被试将伯明翰的/ay/听为/o/或者/ʌ/；

40%的伯明翰被试将伯明翰的/oh/听为/aw/或者/ow/；

22%的费城被试将费城的/ey/听为/iy/；

15%的费城被试将费城的/æ/听为/o/。

  费城的错误率比伯明翰和芝加哥都低。但是，费城人和其他人一样，在解读他们日常生活中的言语时也没有达到预期的分数。要记住重要的一点，发音人与被试应来自同样的社会经济群体并且是相同年龄段。[6] 本章的结论与第2章关于跨方言误解方面的发现相一致。这些结论进一步表明音变会降低言语的理解，不论是在言语社区内部还是跨社区之间，都是如此。

第 4 章 切音实验

第 3 章的复制彼得森-巴尼实验表明,在正式的控制条件下,进行中的音变对词语发音的分类造成了多大程度的改变。在美国英语一些方言中已经有充分的证明,当注意力完全集中在单词表和最小对比词对的发音时,音变会被调整和纠正。这种纠正本地语音模式的趋势在纽约市是最强的(Labov 1966),在费城是中等程度(PLC 第 1 卷),在南部很不稳定(Feagin 1979)。另一方面,把朗读词表的发音跟 ANAE 中访谈的即兴话语相对比,发现在被调查的 10 名发音人中,有 7 名在词表中的短 a 高化幅度更大,而没有任何相反的表现(Ash 1999)。[1] 无论我们是否发现有语体性的纠正,说话人往往会以离群值的形式显示出进行中音变的方向,尤其在重读、高度强调的发音中。这种领先的形式可能对跨方言的理解产生相当大的影响。

4.1 切音实验的构建

跨方言理解项目(CDC)设计了一系列切音实验,来检测费城、芝加哥和伯明翰的受试者对费城音变、北方城市音变和南方音变的领先形式的识别能力,实验用词选自方言话语中最为自然的重读形式。当阿什在芝加哥和伯明翰实施复制彼得森-巴尼实验时,她在受试者群体中招募志愿者参加访谈。由于已经发现绝大多数的音变是由向上流动的年轻女性所引领的(Labov 1990, PLC 第 2 卷, Haeri 1996),所以阿什在每个城市的本地大学中选出六七名年轻女性进行社会语言学访谈,并采用各种技术以减少观察的影响(Labov 1984)。阿什访谈的说话人都富于表现力,对本地的风土人情很健谈并且擅于雄辩。采用耐格如 IV-S 立体声录音机和索尼领夹式 ECM-55 麦克风做了高质量录音。

从芝加哥访谈中,阿什为北方城市音变的成分选取了 18 个领先形式的实例。[2] 每个例子的目标元音都取自重读的单音节或双音节词。然后提取更大的话语片段,即含有目标词的短语。最后,提取含有这个短语的整个句子。在伯明翰和费城都按照同样程序进行工作。在最初录音的三所当地大学中,对受试者群体的听辨理解进行了测试。

在每个城市,受试者会首先听到一个给定城市的 18 个单词的发音,要求他们听到什么都如实记下来。用耐格如 IV-S 开放型盒式磁带录音机和耐格如 III 型扩音器放音。使普通教室中各个位置都达到大体相同的清晰度。受试者被告知可能有些发音听起来不像英语的单词,但是他们应该用普通的英文拼写法把听到的音记下来。每个单词播放三遍。这个单词系列都记下来之后,再发给受试者一张印有 18 个空格的白纸,并且请他们记下含有同样单词的短语。然后发第三张纸,列出完整的句子,留下短语的空格。请受试者在空格中记下他们在完整句子中所听到的短语。

第二组实验安排在每个城市的一所本地高中学校进行,那里有向上流动、面向大学的白人学生。在芝加哥,实验在格罗夫河畔的西奥多盖林(Guerin)母校进行。在伯明翰,选中了富尔顿代尔(Fultondale)公立高中,位于伯明翰北部。[3] 在 1990 年的人口普查中,伯明翰有26.4万人,36%为白人,63%为黑人。而富尔顿代尔镇有6,400人,98%是白人,仅1.7%为黑人。在费城的受试者来自费城东北部的私立天主教学校拿撒勒(Nazareth)高中。

4.2 对切音实验的总体反应

图4.1和表4.1显示出六组受试者对三个城市发音人的总体反应模式。主要的影响全都一样:随着语境从词到短语再到句子的上升,识别度也按预期逐步上升。然而,其中的三个意想不到的结果,使语言学家和普通公众通过这种最有效最明显的方式,了解了音变的特殊性质。[4]

第一个意外结果是,各地的单词识别率都很低。把所有各组受试者总合起来,芝加哥音变的正确率仅有18%,费城是24%,伯明翰是26%。

第二个意外的结果是,把整个句子播放给受试者后,错误率还是相当高。当有了整句语境时,多数受试者都能识别那些明显是预期的词。但在芝加哥却仍有33%做不到。下文例(1)是芝加哥发音人的元音前化的 *block*,绝大多数受试者听为 *black*。

(1) 单词:[blæːk]

短语:living on one [blæːk]

句子:Senior citizens living on one [blæːk][5]

费城大学生听到(1)的单词时,听为 *block* 的只有10%;在短语中,正确听为block并在空格里填写"living on one block"的学生增加了29%。但在全句语境下只有32%的受试者改正过来。总之,最终有71%的受试者意识到这个发音人说的"block"跟他们

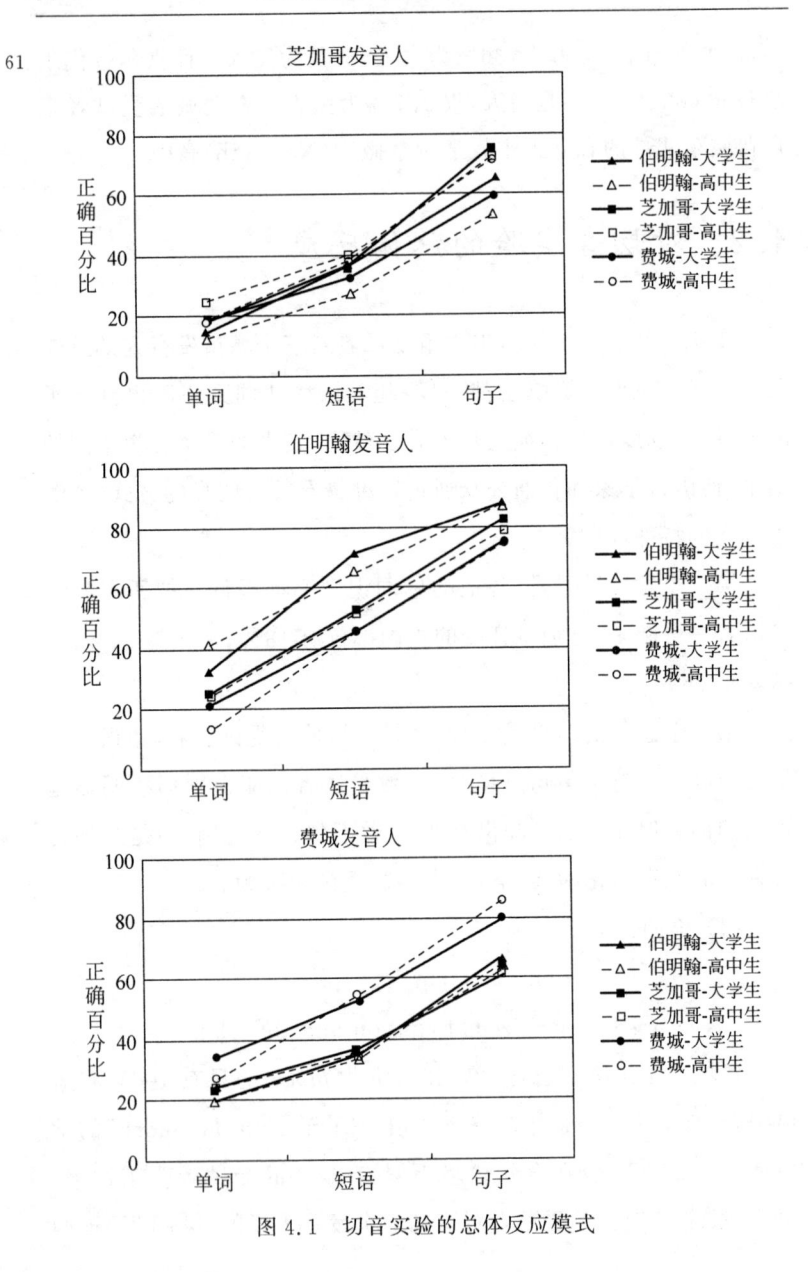

图 4.1 切音实验的总体反应模式

表 4.1 切音条目听辨理解的总正确率

	单词	短语	句子	数量
芝加哥发音人				
伯明翰大学	15	36	66	37
伯明翰高中	13	28	54	45
芝加哥大学	18	37	75	94
芝加哥高中	24	40	73	38
费城大学	17	32	61	30
费城高中	17	38	72	43
所有听辨人	18	35	67	
伯明翰发音人				
伯明翰大学	33	70	87	37
伯明翰高中	41	64	86	45
芝加哥大学	25	52	81	94
芝加哥高中	24	50	78	38
费城大学	21	46	75	30
费城高中	13	45	74	43
所有听辨人	26	54	80	
费城发音人				
伯明翰大学	20	35	67	37
伯明翰高中	19	32	61	77
芝加哥大学	22	36	62	99
芝加哥高中	22	34	61	38
费城大学	33	53	79	31
费城高中	26	54	85	39
所有听辨人	24	41	69	

自己说的"black"是一样的,而仍有 29% 的受试者没听出来。表 4.1 表明,在完整句子的语境下,全部受试者中仍有 33% 不能改正他们最初对芝加哥发音人的误解;而对费城发音人有 31%,对伯明翰发音人是 20%。这个结果支持第 2 章的自然误解,说明方言驱

动的误解会抵挡说话情景的全部语境所提供的解释。

第三个引人注意的结果是,本地受试者相对于外地人的优势很小。在图4.1的每一城市中,人们看到本地两组受试者正确率都比其他受试者高一些。而重要的是,无论音变对跨方言理解的影响是什么,在语言社区成员之间说话时它们并没有根本的不同。虽然第 2 章自然误解的数据大部分出现在跨方言的情况下,而第 3 章和第 4 章的结果却表明,音变对言语社区内部的理解有更为普遍的影响。

对于单词的反应正确率比较低,可能并不都是音变的结果,也许部分原因是众所周知的,人们很难在语流中抽取孤立段而不影响它的可懂度。如果不能清晰识别元音前后的辅音,就会影响对元音的感知,它要借助辅音的过渡段(Cooper et al. 1952)。实际上,由于音段环境的不完全感知造成的错误只有很小的比例。图 4.2 是按照(2)的类别对于全部反应做出的统计数字。

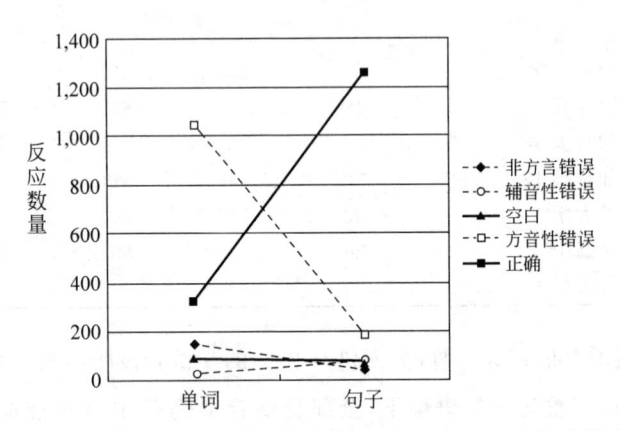

图 4.2 所有芝加哥受试者对芝加哥语音的反应类型的数量统计。说话人:单词和句子。[N=1062]

(2) 方言引发的错误:没有其他音变时在预期的音变方向上的元音误判,例如把 *sacks* 听为 *socks*。

辅音引发的错误:元音正确而辅音错误,例如把 *docks* 听为 *socks*。

其他错误:与音变无关的错误单词,例如把 *besides* 听为 *socks*。

空格:没有反应。

正确:把 *socks* 听为 *socks*。

很明显,方言引发的错误比例远远大于非方言错误的比例:受试者通过预测语音特征的方式对这些领先的形式做出反应。辅音引发的错误非常低,这反映从上下文中提取音节的问题,因为在单词和句子的语境中,错误都是集中在受到进行中的变化所影响的音段上。这种单一音段的错误出现在单词中最多,在句子里相对较少。

4.3 对芝加哥北方城市音变的听辨理解

在切音实验中,芝加哥部分的各个条目根据它们与北方城市音变的六个阶段(见图 1.4)的联系做出(3)的分组。在下面的条目中,单词语境采用大写形式,短语语境采用下加横线。

(3) 按照音变阶段分组的芝加哥切音条目

1. /æ/的普遍高化和前化。这在 *that* [ðiɐt] 中带有滑向央元音滑音的前高元音表现最明显,也表现为 *rafts* [reᵊfts](皮筏)中受到开首 /r/ 和后接辅音丛强力影响的前半高元音。

- Nobody really got scared of THAT.
- Oh we went out on the RAFTS, and we went out where the boats were, and they were circling around us like that.

2. /o/的前化。有三项集中于这个变体：*block*［blæːk］、*socks*［sæks］和 *locks*［læ[>]ks］。

- Y'hadda wear SOCKS, no sandals.
- Old senior citizens living on one BLOCK.
- Oh yeah, he went in the LOCKS; and he got stuck in there; and they had to tow him out.

3. /oh/的低化和前化。见于 *off*［ɒf］(离开)和 *talk*［tɑk］(讨论)。

- To top it OFF, her nephew came on the trip also.
- We had all these conversations and TALKS about it.

4. /e/的后化和低化。后化表现在 *steady*［stʌ[<]di］和 *better*［bʌrər］中；低化出现在 *head*［hæd］、*said*［sæd］、*met*［mæt］和 *red*［ræd］中。其中，/e/的低化表现跟 *block* 和 *socks* 的/o/在同一区域，只是稍前和稍短些。

- And I didn't know there was such a thing as an air pocket, and we kept going up and down in the air, and uh you get to a point where you're STEADY for a while and there's this massive drop.
- Mostly I write, I write BETTER than I do anything else.
- The light is shining into his eyes, and they looked RED.
- I dreamed about somebody that I later MET, a couple

of times, like in my last year of high school.
- My mother corrected me the other night and I don't know what I SAID.

5. /ʌ/的后化。这在 busses [bɔsəz] 中听得最清晰,几乎所有受试者都听为"bosses"。
- I can remember vaguely, when we had the BUSES with the antennas on top.

6. /i/的低化和后化。这在 rich [rətʃ] 和 sick [sæk] 中可听到。在 hit [hæt] 中还有一个很低的 /i/。
- They were obnoxious; they didn't speak French; they were all RICH and scummy.
- But I never get sea-SICK; and I love the ocean.
- He made bathtub gin here, and they used to have a maid and a telephone, and then, they repeated prohibition and then the depression HIT; so it was lean times.

图 4.3 显示 CDC 项目中芝加哥系列的 18 个单词的音核所在位置。此外,图 4.3 还表现出 saying [seˌɪn] 和 grain [griːn] 中 /ey/ 较高的位置,这是北方方言的特点。
- Well the way he died, he had a heart attack, he was shoveling GRAIN, down at the docks, I think.
- And you say, "I believe in baby blue eyes," and then sooner or later after SAYING it so many times you see two blue eyes[...]in your arms.

北方城市音变最为古老和显著的特征就是短 a 在所有语境中普

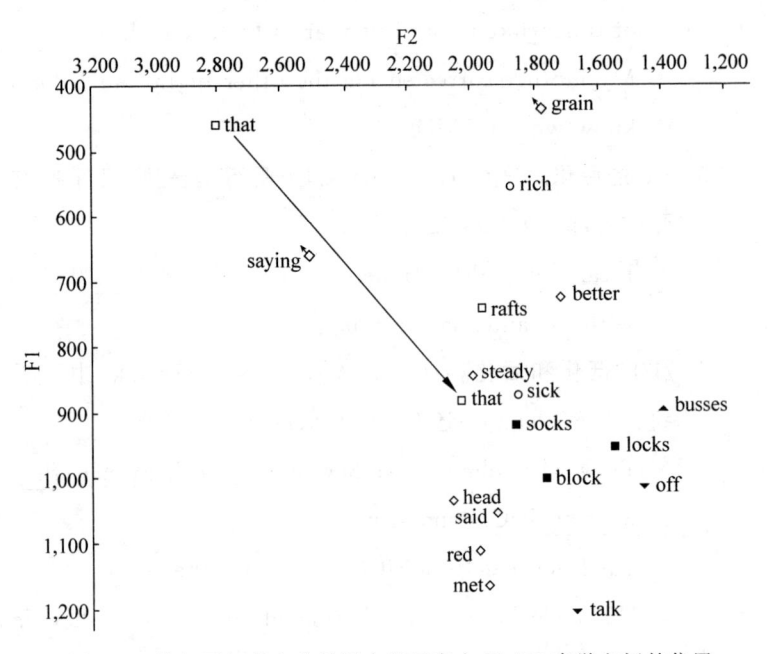

图 4.3 芝加哥切音实验单词中的元音在 F1/F2 声学空间的位置

遍高化,可达到许多邻近方言在鼻音前高化的同样程度。最为极端的例子是 1968 年的一次考察录音[ðiɐt]中的内滑高元音。其中第二莫拉不是一个央内滑音,而是跟第一莫拉同样时长的前低元音。[6] 常常被听为"the act""the fact"或"to be at",反映出音节构成的改变,可能成为第一莫拉达到基准元音[i]之后下一步音变的备选项。

图 4.4 显示对这个元音听辨的强大的本地优势。两组芝加哥受试者在短语和句子的语境下都显示出显著的优势($p < 0.0001$)。这里我们也注意到芝加哥高中组的优势超过大学组,在句子语境中的差异在 0.05 水平上是显著的。

第 4 章 切音实验

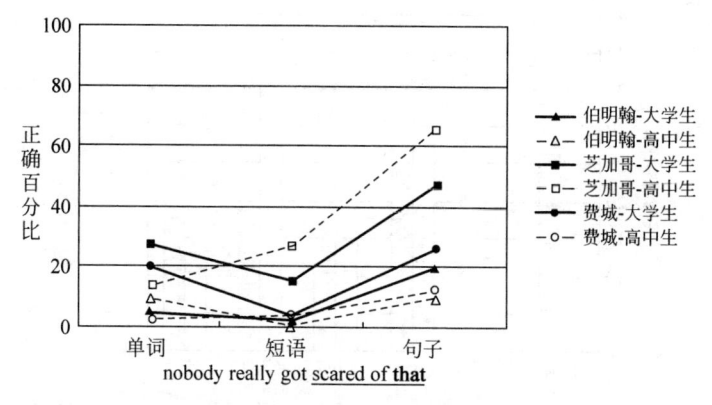

nobody really got <u>scared of that</u>

图 4.4 芝加哥 *that* 中 /æ/ 的高化和裂化的切音反应

为了更好地理解这种本地优势,我们可以对比费城和芝加哥高中组在短语中反应的分布情况。图 4.5 分别显示了正确反应;元音正确但辅音错误(*scared of dad*, *scared of cats*);听为两个连续音位 /iyæ/(*scared of the act*, *scared of the ice*);听为一个前高元音 /iy/(*scared of bees*, *scared of the*······);空白(没有写或?)以及其他情况的百分比。这两组之间最大的差别是芝加哥的正确反应率很高而费城很大一部分没有反应。两市的受试者把这个裂化元音听为两个音位的百分比大体相同。我们只能假设,给出正确反应的芝加哥受试者听到了元音裂化,但把北方裂化纳入自己语音系统的人会自动将它转换为 /æ/ 音位。费城人没有反应的占很大比例,这反映出相反的情况:他们几乎全都不熟悉在清塞音前出现的北方裂变。费城人在句子语境下也没有显著改进:正确率仅从 4% 上升至 12%。

图 4.6 显示北方城市音变第二阶段的 *block*、*socks*、*locks* 的前化,也表现出明显的本地优势。图中本地高中生远远超过本地大

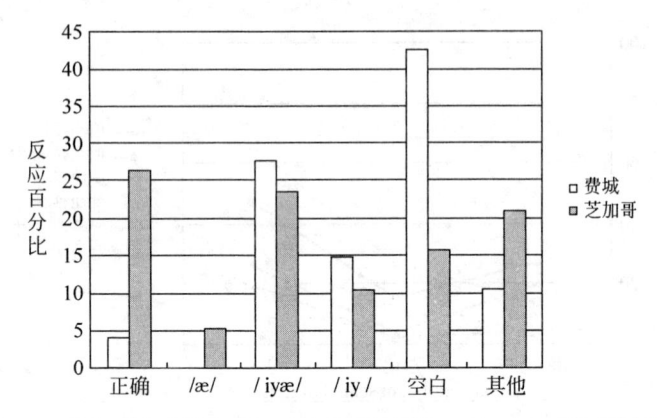

图 4.5 芝加哥和费城高中组受试者对短语"scared of that"的不同反应

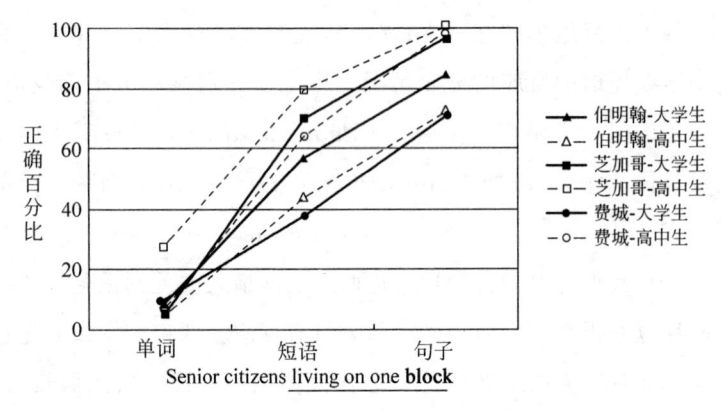

图 4.6 对于芝加哥 *block* 中/o/前化的切音反应

学生。这种差别在单词语境最大,随着芝加哥人达到最上限而减弱。另一方面,伯明翰高中组有 29% 不能接受把"block"发为[blæːk],费城大学组有 27% 同样也不能接受。

图 4.7 表现出类似的模式;绝大多数受试者把前化的 *socks* 听为 *sacks*。芝加哥高中组在单词语境识别率相当高(34%)。*sock* 的模式与 *block* 很不一样:短语语境提供的信息很少,以致从单词到

短语的识别率持平。芝加哥高中生对辨识自己方言特征形式的优势再次显现出来。尽管芝加哥大学组在句子语境识别率高达 83%,但是在单词语境识别 *socks* 的只有 11%,还不到高中组的 1/3。

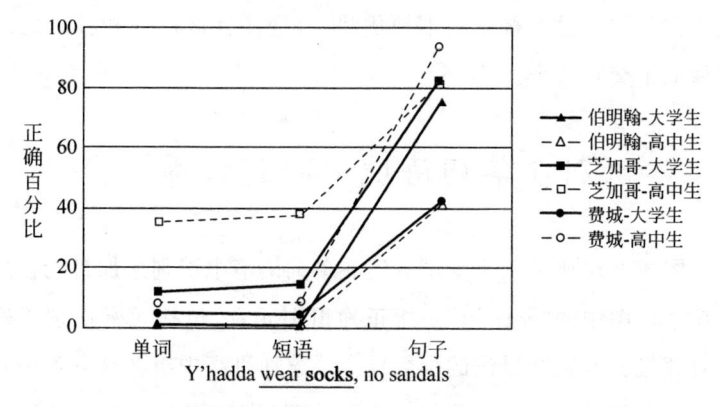

图 4.7 对于芝加哥 *socks* 中 /o/ 前化的切音反应

表 4.2 是对芝加哥发音人正确反应的一个回归分析。影响最大的因素当然是受控语境的负作用:单词和短语比句子数值小很多。本地优势只是在芝加哥高中组有少量表现,而芝加哥大学却

表 4.2 对于芝加哥发音人的全部反应的回归系数①

因素	回归系数	概率
短语	-34.9	<0.0001
单词	-52.6	<0.0001
芝加哥高中	8.2	0.038
不成对的	7.7	0.009

---

① P 值(probability)即概率,反映某一事件发生的可能性大小。统计学根据显著性检验方法所得到的 P 值,一般以 P<0.05 为显著,P<0.01 为非常显著,其含义是样本间的差异由抽样误差所致的概率小于 0.05 或 0.01。如表,在单词和短语语境下,P 值都是小于 0.01 的,即本地优势显著。——译者

没有。表 4.2 显示的芝加哥十八个条目中有十个表现出本地优势，而在大学组和高中组都有表现的只有很少数。高中生在十八个条目中的八项超过大学生，而大学生仅在两个条目上占先。这表明在芝加哥没有普遍的本地优势：音变使社区内部和社区之间都降低了交际效率。

4.4 识别在单词语境中的芝加哥音变

图 4.8 对比了六个受试者组在单词语境中识别芝加哥元音的成功率。图中的"correct"是指正确识别元音，包括元音识别正确却对邻接辅音判断错误的少数反应。芝加哥高中组在这五项中有三项显著超过大学组。我们还看到，费城高中组对三个元音识别占优势。总体看来，反应的共同点远大于不同点。其中一个与众不同的反应是芝加哥高中组对前化的 /o/ 正确率高达 37%：几乎

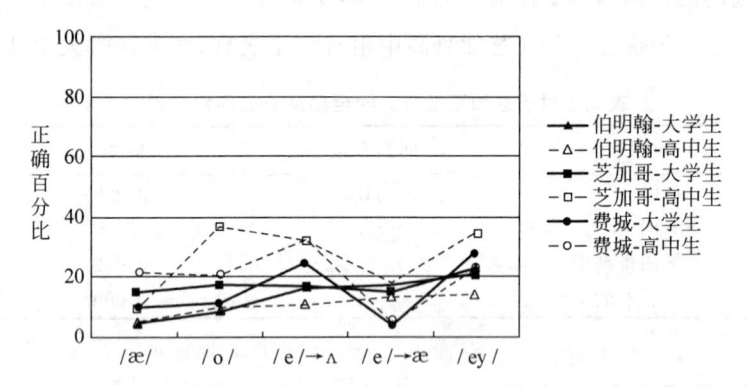

图 4.8 按城市和学校识别单词语境的元音正确率。/æ/ = *rafts*, *that* 的平均数，下同；/o/ = *socks*, *block*, *locks*；/e/→ʌ = *better*, *steady*；/e/→æ = *met*, *said*, *red*；/ey/→ *saying*, *green*

第 4 章 切音实验

是排在第二位的组正确率的两倍。

图 4.9 给出在句子语境中的相应表现。这里，芝加哥和费城高中组的优势已消失，我们看到本地的两组在前两项中的较大优势。费城高中组在五项中有四项为最高分。而伯明翰高中组却完全是处于下风。

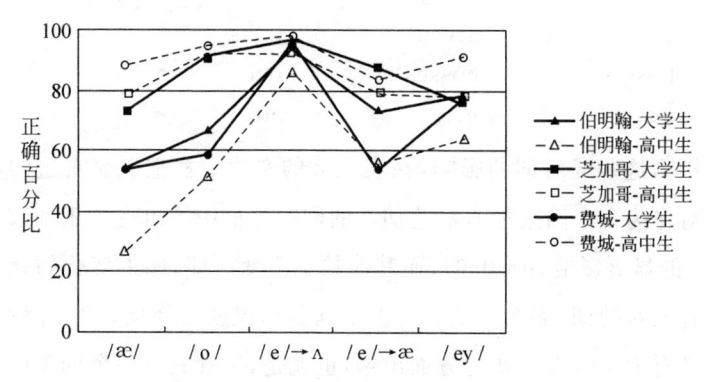

图 4.9 按城市和学校识别句子语境中单词的正确率。(横坐标的分类同图 4.8)

4.5 词汇成对的作用

在单词语境的切音实验中，尽管告诉受试者如果不能听出是哪个词就可以只记下听到的音，可是受试者却首先尽力给出词。于是有些受试者会把 *locks* 记为"blatts"或"blatz"；把 *rich* 记为"broch"；有一个把 *that* 记为"dias"。当元音向别的音位转变时，如果有一个成对的词带有那个音位，听话人理所当然会倾向于听为那个音位。下面左边九个条目有常见的成对的词，右边的九个却没有。

成对			不成对		
block	→	black	rafts	→	?
socks	→	sacks	that	→	?
locks	→	lax	seasick	→	?
better	→	butter	rich	→	?
steady	→	study	off	→	?
grain	→	green	talks	→	?
busses	→	bosses	red	→	?
met	→	mat	hit	→	?

为检测这些成对词的影响，在表 4.2 的左边一栏把上表右边的不成对作为一个因素加入对芝加哥的回归分析中。出现了正系数为 7.7 的显著影响，$p<0.01$，而其他数字不变。即，如果变化的元音没有成对的词，那么受试者辨识单词的错误就会降低 7%。然而，还是有大多数人会在这方面出错，也就是，尽管只有一个词项可以选择，他们也拒绝把变化的元音赋予预期的词群。这些受试者常常会听成不同音段环境的其他词项。例如，受试者听到 rich 中又后又低的元音，不是记为不常见的 wretch（可怜的人）或 retch（反胃），而是记为 bread、words 或 road；对于 rafts（木筏），最常见的反应是 rest（休息）和 arrest（逮捕）。

4.6 对伯明翰南方音变的听辨理解

从现在开始，我们将只考虑单词和句子的语境表现。短语语境中的听辨理解，是根据提供的上下文数量以及它跟预期词的认同程度，每一个词项都各有不同的。例如，语境"____-watchers"很大程度是指向单词"weight"，而短语"I did not ____"指向"buy"的

第 4 章 切音实验

程度却不是很强。图 4.10 给出伯明翰切音实验中十八个词项的声学测量值。表现出南方音变的各个阶段。这些元音有很多表现出复杂变化，用数字标出同一元音的两个或三个点的测量值。

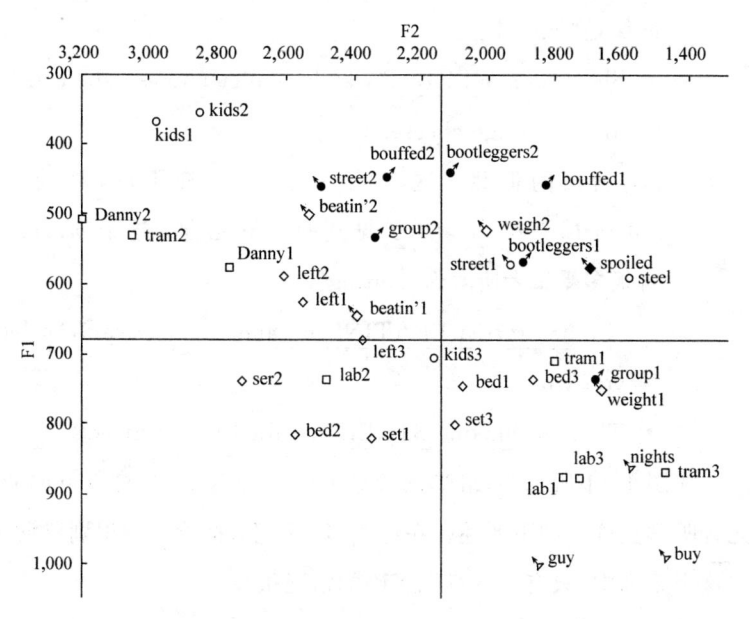

图 4.10 伯明翰切音实验中单词的元音在 F1/F2 空间中的位置。数字代表元音变化轨迹的各阶段

1. **/ay/的单元音化**。图 4.10 的右下方有 *buy* 和 *guy* 中/ay/的纯单元音表现，它们没有成对的词，这跟清辅音前的"night"不一样，大多数受试者把它听为"nice"。

    - And I knew the GUY.
    - I did not BUY any kind of Hawaiian print.
    - If he works NIGHTS at the STEEL plant, then he'll come in and sleep a coup of hours, then go work all day.

2. **/ey/音核的低化。**这个元音沿非外缘轨道向/ay/的方向下降。它在 *weight1* 中出现于中线以下,受词首/w/的影响发生央化,然后滑向终点 *weight2*。多数受试者听这个词像是"white"。

   • She's on a <u>WEIGHT</u>-watchers diet now, so she eats a lot of cottage cheese.

3. **/iy/音核的低化。**这个元音与/ey/一样下降,如同在 *beatin'1,2* 和 *street1,2* 见到的上滑元音。这个 *beating* 对很多受试者听着像"baiting"。

   • No, he started <u>BEATIN'</u> me and then he said, "I let you win."

   • There's <u>this one STREET</u>, called Broad Street.

如图 4.11 所示,六组受试者对于南方音变 1—3 阶段单词的元音听辨正确率如下所述。在绝大多情况下,都能正确识别单词;在这个系列中,只有元音辨识正确的情况很少。

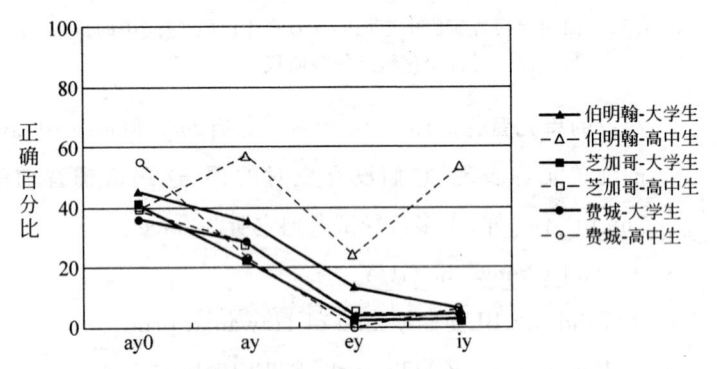

图 4.11 按城市和学校对伯明翰的南方音变前三个阶段切音实验单词语境的元音正确率

图 4.11 展示了伯明翰高中组对其他各组的超常优势。尽管伯明翰大学组比其他组的正确率更高，区别却都不显著。而高中组与其他组在/ay/、/ey/和/iy/的区别显著性水平都是 $p<0.00001$（由卡方检验法得出）。

4. **短/i/的高化、前化和紧化。**这是出现在图 4.10 左上方，从 $kids1,2$ 的内滑元音到 $kids3$。伯明翰受试者一致听成"kids"，而芝加哥受试者常听为"keys"或把词首的软腭音错听为唇音，如"P.S."。

- I was with a bunch of KIDS.

5. **其他短前元音的南方裂变。**/e/和/æ/经历了"南方裂变"(ANAE 第 13 章)，音核前半段相对较低较松，后半段为高而紧的滑音再回落，到离原来不远的位置。这可以从图 4.10 的 $set1,2,3, bed1,2,3, left1,2,3, lab1,2,3, tram1,2,3$ 中找到轨迹。裂变在 $left$ 中表现温和，在 set 中表现较强，常常被听为"say it"。多音节 $Danny$ 的内滑音被截短，元音常被听为/iy/："dainty、Zany、Danish"。

- Yes, and everybody's so upSET.
- "Melanie's downstairs." "No she's not, she's in the BED."
- Where the LEFT-hand keys are? Those are numbers too, and you have...
- My biology class didn't have a LAB.
- Like DANNY says some things like...
- Last time I went to Albuquerque it was in March, and there was snow, and we rode the TRAM.

6. **/uw/的普遍前化。**这是整个美洲大陆正在进行的过程，

/uw/音核从后高位置移到央元音之前。南方常常附加一个到[ü]的前滑音(ANAE 第 12 章)。这可以参见图 4.10 中 *group1*,*2*,*bootleggers1*,*2* 和 *bouffed1*,*2* 的轨迹。这些词都滑向前高位置,常常被听为不圆唇的/iy/、/ey/或/i/。

- Every once in awhile you hear about some BOOTleggers.
- You know, their hair all BOUFFED out.
- If you want to see a diversified GROUP sit in UAB cafeteria.

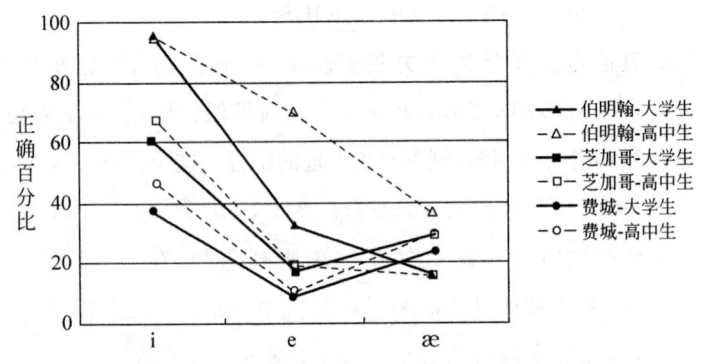

图 4.12 各城市及学校对伯明翰单词语境下短前元音裂化的切音实验的正确率

图 4.13 显示,对第二项和第三项的反应有很大的本地优势。伯明翰的两组显著地远高于其他组,正确率接近 100%,而其他四组都只在 50% 左右。

表 4.3 给出了两个项目的结果,这两个项目与我们一直在考虑的链式音变有很大不同。第一个是/i/和/iy/在/l/前的合并。这个合并最初发生在南方的紧音位置,"fill"听着像"feel"。但现在很多地区这个合并发生在松音位置,因此对那些还保留区别的

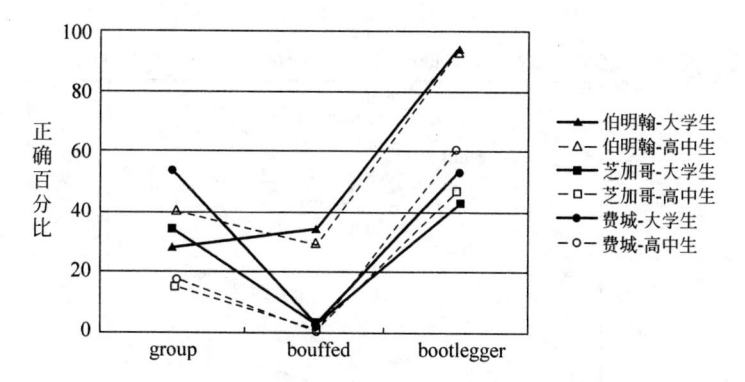

图 4.13 伯明翰单词语境下/uw/前化的切音实验正确率

人会把 *feel* 听为 *fill*，甚至在南方也是如此。（LYS，Di Paolo 1988，Di Paolo and Faber 1990）。

表 4.3 各城市及学校对伯明翰单词语境下 *steel* 的切音实验的正确率

伯明翰大学	5
伯明翰高中	4
芝加哥大学	2
芝加哥高中	0
费城大学	0
费城高中	0

- If he works NIGHTS at the STEEL plant[…]

这个/i/和/iy/在/l/前的合并在伯明翰已经接近完成。ANAE 的地图 9.7 显示五个受试者中有三人对/i/和/iy/的发音和感知都是"相同"，仅一人做出清楚的区分。图 4.14 是一位 67 岁的伯明翰老妇人/i/和/iy/的分布情况，语音样品包括即兴谈话和最小对比词对。总体的合并是很明显的。

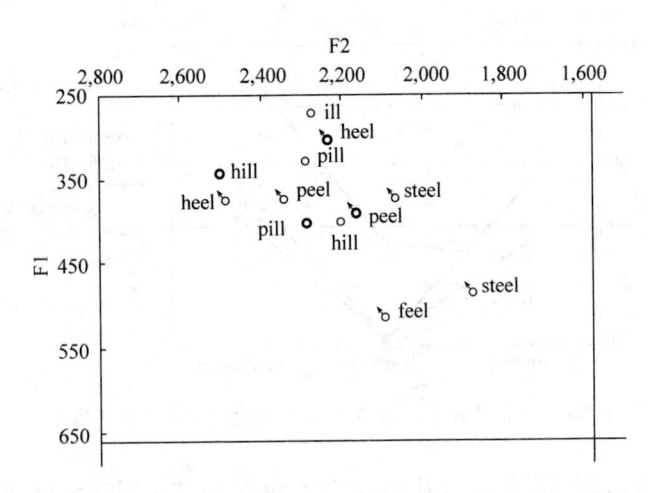

图 4.14　贝尔的元音系统中/i/和/iy/发音的分布。67 岁[1995],伯明翰市测试样品 340。加粗图例为最小对比词对

由于在伯明翰合并接近完成,考虑到 *still* 和 *steel* 都是人们熟悉的词,我们预期本地受试者在单词语境下会有 50% 的正确率。结果却大不相同:几乎每人都把发出的[stil]听为 *still*,而且在各组之间没有显著差异(见表 4.3)。部分原因是词频问题:*steel* 在布朗语料库中仅记录 45 次,而 *still* 则是 782 次。在图 4.14 中,*steel* 在分布区后下端,这有利于那些保留差别的受试者把它听辨为松元音。不管怎样,对于发生合并的伯明翰受试者和没有合并的其他城市受试者,判断结果都没有显著差异。

表 4.4 中的下一个词项涉及双元音/oy/,它跟/ay/一样经历了单元音化,本例是在最有利的位置——在/l/之前。

77　· Everybody says that only children are SPOILED.

这一词项的结果明显不同于其他各项,而跟表 4.3 对 *steel* 的反应

方向相反。这是唯一的本地受试者正确率为 100% 的词项。非本地受试者的分数相差较大,高中组和大学组得分相同。

表 4.4　各城市及学校对伯明翰单词语境下 *spoiled* 切音实验的正确率

伯明翰大学	100
伯明翰高中	100
芝加哥大学	70
芝加哥高中	71
费城大学	57
费城高中	55

这正是我们从一种静态的情况下所期望的结果,本地社区成员完全适应本地方言,而外地人则处于劣势地位。这说明了一个事实,我们的大多数结果跟这种预期都有很大的不同。

对于大学生来说,本地优势是可变的;对于高中生来说,本地优势更为一致。高中生的优异表现出现在十个项目中的八个,没有结果指向相反的方向。

表 4.5 对伯明翰跨方言理解的本地优势做出总结。*group* 跟 *bouffed* 和 *bootlegger* 因开首 *ruw* 和 *uw* 的对立而彼此区分,使结果迥然不同。大学组的本地优势相当不稳定;而高中组表现更为一致。高中组在十个词项中有八个表现出优势,没有一个结果指向相反方向。

表 4.5　伯明翰音变在单词语境下的本地优势;++为强优势;+为中等;−为无优势

	ay0	ay	ey	iy	i	e	æ	ruw	uw	oy
大学	−	−	+	−	++	+	−	−	++	++
高中	−	+	++	+	++	+	+	−	++	++

4.7 对费城音变的听辨理解

费城音变不同于伯明翰和芝加哥的链式音变，链式音变使元音轮换到跟其他方言没发生转换的元音相同的语音位置。而费城音变的特点是把音质转变到一个极限位置，跟外地受试者所熟悉的发音大不一样。这里的元音变化已在第 2 卷第 4 章详细讨论：其中的四个与在元音之间的 /l/ 元音化一起，作为跨方言理解研究的刺激项。

1. **/ay/ 的加拿大式高化**。1970 年代，/ay/ 在清辅音前央化是费城的一个活跃的新变化，也是男性主导的两个变化之一。音核的后化和圆唇是工人阶级中年轻男子的特色。跨方言理解项目中采用了一位男性说话人的发音：

    - Well ridin' my BIKT [boˆɪk] on a rainy day, and the brakes never work when you have hand brakes.
    - They stopped at a red LIGHT [lʌɪt].
    - [...] that go out lookin' for a FIGHT [fɔɪt].

2. **(æh) 的高化和前化**。跟许多其他地区一样，费城人在闭音节的鼻音前有紧 /æ/。费城人的极端形式是一个前高音核后接一个内滑音，常常使外地人难以听辨。

    - That's why HALF [hiːəf] of the things, I don't kown, I can't understand how they sell them!
    - In fact, that girl got beat really BAD [biːəd] with a chain and they put her in the hospital for that.
    - The hospital nowadays, they want you to have at least

HALF [hɛːəf] of it down before you go *in* the hospital.
- There's a BAND [beːənd], and they have like beer, and whiskey sours.

3. **(aw)的高化和前化。** 1970年代的老费城人把/aw/发为/æo/；年轻的费城人把音核移动到外缘的前半高位置，并把滑音目标指向[ɔ]。
   - We have HOUSE [hɛːos] parties like we had a pollyanna party here.
   - She used to have eh a very LOUD [leːɔd] voice.
   - Well years ago, people around here were too PROUD [preːo<d] to get it.

4. **闭音节中/ow/的前化。** 跟美国中部和南方的普遍情况一样，费城的/ow/音核大为前化。它的发音完全是不圆唇的，所以，当音节压缩时，就常被误听为不圆唇前元音。
   - Like, I'll tell you, MOST [mɪs] of them talk about their families.
   - Yeah MOST [mɛ⁾st] of them are steady 'cause we have all trucking companies up there.

5. **/l/的元音化。** 正如第2章指出的，费城有一个/l/元音化的特别扩展，自由地适用于元音之间的位置。这是发生误解的一个主要来源。
   - About the woman who lived in a house, they were CALLIN' [kɔːɪn] her the old witch.
   - So she took a RULER [ruʊr] and smacked my hands.

• Before I had the baby I feel down the CELLAR [sɛːɜʳ] steps, 'n' she was right there to help me.

费城发音人切音实验的全部结果,单词语境显示在图 4.15,句子语境在图 4.16。总体模式很清楚。伯明翰和芝加哥没有区别,而费城显示出很强的本地优势,除去接近零或 100% 的几个变量。

这个结果表明,费城的本地优势比芝加哥和伯明翰都更大一些。图 4.1 首先显示出了这一点。图 4.4、图 4.10 和图 4.11 显示的本地优势不如图 4.13—图 4.14 和表 4.6 的表现更有一致性。城市之间的这种差异很有可能跟它们不同的音变特点相联系。芝加哥、伯明翰涉及链式音变,这里领先的年轻人发的一个特定元音会跟保守的老年人说的另一个元音相重叠。于是,在芝加哥 89 名大学生中有 73 人把 *socks* 听为 *sacks*,与此相比,费城 31 名大学生中有 28 人是这样;差异并不显著。而在伯明翰 37 名大学生中有 36 人记为 *sacks*,这个结果与芝加哥受试者相比,具有在 0.05 水平上的差异。

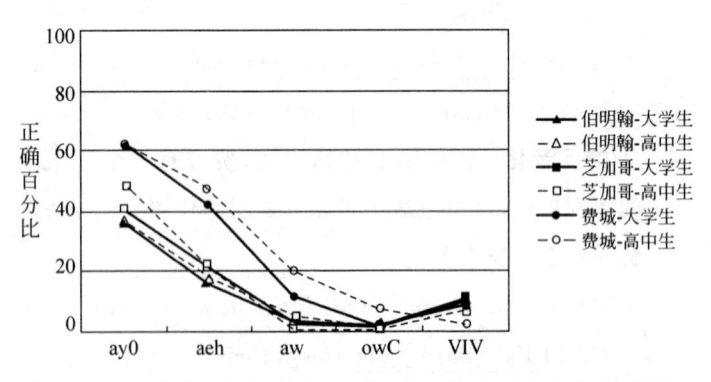

图 4.15　按城市和学校对费城单词语境下五个音变的正确辨识率

表 4.6　费城比其他城市受试者对费城发音人的听辨优势卡方检验显著性

	ay0	aeh	aw	ow	VIV
单词	0.001	<0.001	0.0003	略	略
句子	略	0.02	0.002	<0.0001	<0.0001

　　费城的音变不是链式音变,而是系统中个体成分突发的语音变化,这会使即兴谈话中的听辨尤为困难。在图 4.15 和图 4.16 中,(æh)变量表现出显著的本地优势。看一看外地人对这些元音识别困难的主要来源,也许对我们会很有教益。在费城,有关的紧元音跟松元音具有音位性区别(Ferguson 1975,Labov 1989b),这个事实并非必然相关,因为短/a/的高化和前化在芝加哥和伯明翰的音位变体分布中也能找到。图 4.17 把费城女发音人说的句子中测试项 *bad*、*band*、*half* 的重读音核的测量值标示出来。我们可以看到,在外缘区的前上方有紧密的一串五个音位:*beat* 的音核/iy/,*beer*、*cheer* 的音核/ihr/,*chain* 的音核/eyC/,*down*、*thousand*、*sours*、*how*、*proud* 的音核/aw/,*bad*、*band*、*baskets*、*half* 的紧音核/æh/。所有这些元音都比 *this* 中的松音核/i/更高更靠前,因而,

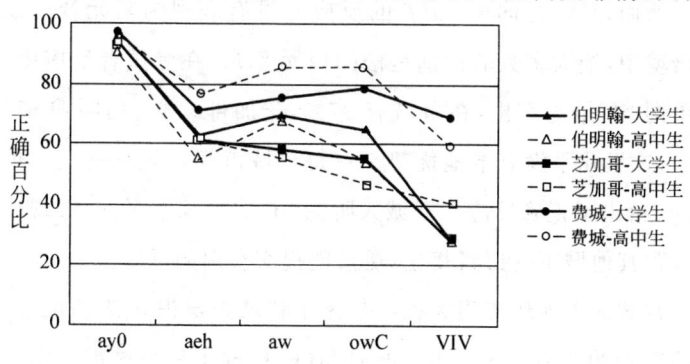

图 4.16　按城市及学校对费城句子语境下五个音变的正确识别率

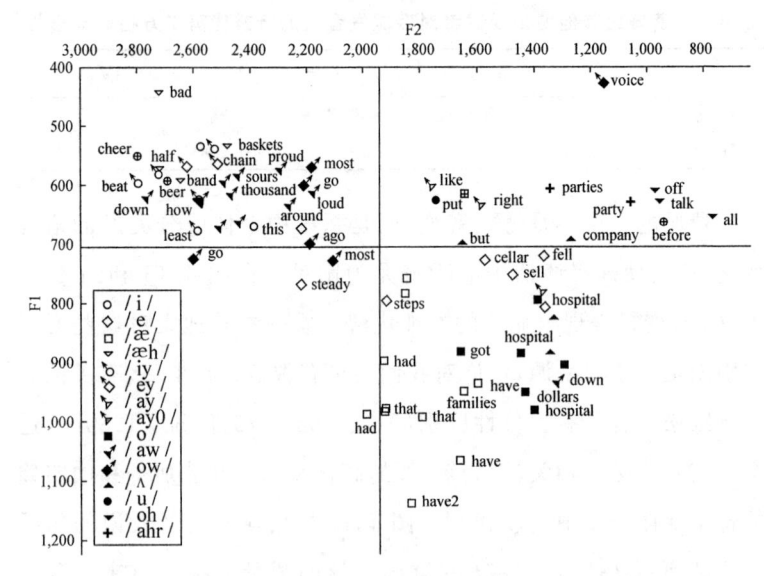

图 4.17 切音实验中费城女性发音人所说句子中的重读元音

这些单词的语音听起来好像是以/i/开始的。这个开头的紧元音要比 this 中的松元音明显更高、更前,接近于单词 go、most 中的不圆唇音核/ow/。

然而,对切音词项 half 的反应并没有表现为紧元音。在单词语境中,绝大多数的识别是松的短元音 i。在受试者反应中,听为单词"if"最为突出:在费城有 37%,芝加哥 52%,伯明翰 67%。然而,这里几乎没有本地优势。在每个城市都是只有一人对单词"half"给出了正确反应。费城人听为"if"的出现率更低,表现出费城人跟其他城市受试者相比,更可能提交空白的反应。

费城的本地优势很大程度是出于费城人辨识 bad 和 band 中紧的短 a 的能力。图 4.18 的(a)和(b)展现了三个城市大学生的反应比率。在左图(a),很明显地费城人识别能力最强:费城人的

第 4 章 切音实验

正确率是 94%,而芝加哥为 58%,伯明翰为 46%。芝加哥和伯明翰受试者的主要趋势是把 band 的高化紧元音听为半高松元音/e/,跟 bend、fend end、pen 的元音一样。显然这是把紧的短 a 听为松元音,尽管元音起始位置比紧的前高元音/iy/还要高。我们可以把这种情况归于在北美英语中的普遍趋势:把内滑元音识别为短元音,而不管内滑音有多长。实际上,band 的元音很长,有 534 毫秒。但是,如图 4.19 所示:band 的音核是一个前高元音,[82]

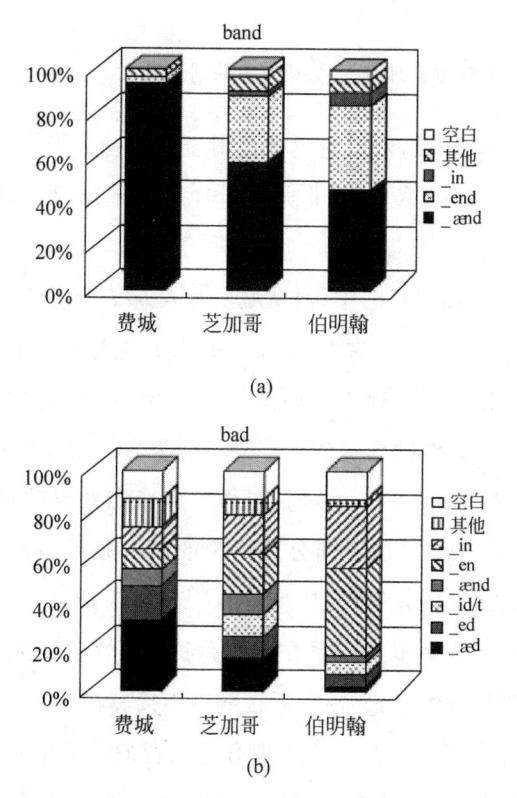

(a)

(b)

图 4.18 切音实验对单词语境的 band 和 bad 的反应

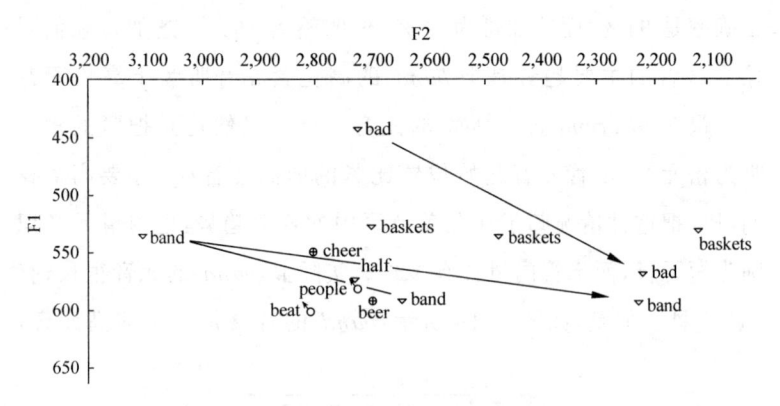

图 4.19 费城跨方言理解 CDC 研究中的刺激音 *bad* 与 *band* 的语音轨迹

接近于 *beer* 的音核,然后它迅速内滑至央元音。于是它一律被听辨为松元音——音位上是半高或有时是高元音,跟 *thin*、*in*、*pin* 中的元音一样。

在图 4.18(a)和(b)中,对费城发音人 *bad* 的反应模式为这个图增加了另一个特征。费城人对 *bad*(及其他与 *bad* 同韵的词)听辨正确率远远高于外地人。即使如此,正确率也只占总数的一小部分(32%)。大约同样多的人(26%)听为后面带鼻音的词(*and*、*band*、*ben*、*den*、*din*、*thin* 等)。在语言演变和变异项目的主观反映测试中,紧/æh/曾是受到公开评论的主要条目,费城人常常把 *bad* 和 *Camden* 的元音说成"刺耳的鼻音 a"。前高紧音核跟前鼻音变体比其他音更多地联系在一起。我们再次注意到,这种紧的内滑形式只是分配给松音核,后接或者不接鼻辅音。

芝加哥受试者把 *bad* 听为带有鼻辅音的趋势更强(45%),尽管/æ/后面带口音和带鼻音之间的差异在美国北方城市比其他任何地方都小。这种趋势在伯明翰是压倒性的(71%)。伯明翰的短

a 系统是连续性的。后接鼻音时最为高化和前化,而后接浊辅音时也会在相同方向有相当大的变化。我们很可能会得出这样的结论:费城在口辅音前面的紧/æh/发音时,鼻腔通道明显打开。

这些本地优势的模式跟其他的费城领先形式情况相反,那是每个人都很难识别的。在图 4.15 中,各组识别单词语境中闭音节/ow/的正确率都不超过 6%。仅有两名费城受试者把两个 *most* 发音中缩短的不圆唇/ow/听为/ow/,三个城市的绝大多数受试者都听为 *miss*、*missed*、*mist* 中的短/i/音核。在图 4.16 中,这种在单词语境下听辨困难的情况却转变为句子语境下强大的本地优势。尽管如此,我们仍发现费城 32 名大学生中有 9 人把/ow/听为/i/,他们把 *I'll tell you most of them* … 标写成 "I'll tell you listen",或 "I'll tell him you missed him"。

尽管 *most* 的发音是完全重读,但它是一个容易弱化的功能词,这也可以解释它的滑音缩短。这对图 4.14—图 4.16 中最后一项 *callin'*、*ruler*、*cellar* 中/l/在元音间的元音化并不适用。没有一组受试者对这些词在单词语境的辨识率超过 10%。非费城人在句子语境的正确率也没超出 40%。这些结果跟对 *balance*、*cooler*、*spelling*、*Tell him*、*volleyball*(第 2 章第 59—63 项)自然误解的增加是相吻合的。在单词语境,费城 32 名大学生中有 20 人把 *cellar* 听为 "sorry",4 人听为 "sir"。他们把 *ruler* 猜为各种不同的形式:"roar、more、walk、work、wall、roll、roy、boy、rural、raw",仅一人听为 "ruler"。在短语语境,32 名大学生中有 20 人把 *took a ruler* 听成 "took a walk",4 人听为 "to the wall"。孤立单词 *callin'* 常被听成 "coin" 或 "point"。在句子语境,31% 受试者对 *they were callin' her* 感觉难懂。32 人中有 9 人把 *callin'* 听成

corner，记为"on the corner"。错听为 *corner* 跟这个词在费城发生异化相吻合，如 *quarter* 一样，第一个/r/按规则元音化了。

这些结果证实了先前提出的，两个元音之间/l/的元音化在费城还远低于社会觉察水平，尽管它已经深深植根于社区音系的实际使用中。

4.8 切音实验回顾

CDC 项目切音实验的结果表明，语言交际功能受到美国北方城市音变、南方音变和费城音变的严重干扰。在这些调查的某一处出现的本地优势是令人鼓舞的，因为它证实了实验的最初推动力，是关注一个城市的说话人理解另一个城市音变输出的能力，那种音变对他们来说是陌生的，并深深扎根于另一个语言社区。如果另一社区的成员识别这些领先的变化形式有明显更好的能力，那是因为他们在与同龄人的日常交际中经常地使用和辨识这些领先的形式。

同时，这种本地优势是有限的。只是不到一半的测试词项有显著性，而这都是人们本来预期会出现本地优势的。这不仅是进行中的新音变，而且已确立的本地特征也是如此，如/ay/的单元音化。在许多情况下，本地受试者也不能识别发成[ga:]的 *guy*，而这正是他们自己正常发音中的主要形式。如果本地优势在任何地方都很强，那么我们就可能得出结论：音变对语言交际功能的干扰只限于在跨方言的交际中。然而，音变引发的混淆却是以同样方式，既影响非本地人，也影响本地人。

对于音位类别的感知，已有一个模型可以预测更强的本地优势。皮尔罕伯特（Pierrehumbert 2002）提出的范例模型认为，标示出的语音的感知实例存储在情景记忆中，带有语音细节和社会信息。海耶、沃伦和德尔格（Hay, Warren and Drager 2006）调查了新西兰人对正在合并的两个元音/ihr/和/ehr/的识别能力。受试者的判断受到说话人的年龄和社会阶层的显著影响。储存记忆单词发音的年龄信息，应该可以让社区成员理解音变的领先形式，就像他们认识的年轻人平常的发音一样。我们预期这些久居本地的听话人比几乎不了解本地音系的外地人有很大的优势。如果我们的受试者已经把他们的日常经验储存起来，并能随时取用，那么为什么本地人的优势没有更强大？

要弄清这个问题的一个途径是考虑高中生胜过大学生的语境的数量——参见图4.4、图4.6直到图4.10。最为引人注意的情况在图4.6、图4.7中，在单词语境下本地大学生远远落后于高中生，然而一旦提供更大的语境，大学生就会恢复原来状态。看来大学生不能识别他们自己的语言模式是由于大量接触竞争性模式的结果：与年长学者的保守模式以及非本地人更接近广播标准模式的接触过多。实验本身是在学术环境中安排实施，在那里不欢迎使用方言形式。我们的实验实施者沙伦·阿什在三个城市进行实验说明的时候都使用她保守的芝加哥方言，没有/æ、o、e、a、oh/变换的领先形式的特征。所有这些因素都会有助于解释为什么本地优势有这样的局限性。

有人也许会把单词语境下的错误率比较高归因于实验方法的问题。我们通常不会听到从语流中抽取出来的孤立的单词。但这种方法却是测试系统的音系有效性的适宜方法，其中，单一区别特征的替换应该足以触发对单词、短语和句子的理解。[7]

此外,切音实验的结果与研究自然误解得出的跨方言理解的观点是一致的。方言差异会引起混淆,而语言变化使混淆复杂化。甚至那些最熟知跨方言关系的人,也不能把这些知识应用在快速的日常交流中。从这些研究中得出的对于说话人和听话人的观点,跟感觉敏锐者的观点相去甚远,据说他能监控、存储和检索以往经验积累的方言信息。相反,这里的说话人和听话人给人的印象是个头脑更为简单的人,他们的反应以当时的显著类别所支配,听到了自己预期听到的内容。

　　考虑到处理方言差异的机制有局限性,我们还是回到关于语言变化原因这个一直令人困惑的问题上来。

第二部分　语言变化的发展史

第 5 章　触 发 事 件

本卷的前几章专门考察语言变化的认知影响。这种追求的部分原因是想要解决在第 2 卷曾讲到的达尔文悖论。这里复述如下：

> 物种进化与语言演化在形式上是相同的，然而，后者缺少前者的基本机制。

这种基本机制当然是自然选择。不管我们对语言演化的机制有什么看法，很明显，人类语言已经演进了传递信息的能力，可以超越时间的古今和空间的远近。[1] 为在目前进行中的音变里确定自然选择的同源性，我们必须找到一种机制，通过这种机制，创新的形式可以增强或至少保持传递真值信息的能力。我们在第 2—4 章对音变的认知影响的研究中，可能已经发现处理音变作用的一般能力，或许是以一种泛方言音系的形式，对于每个新变体予以适当的解释。但是，在第 2 章的自然误解和第 3、第 4 章的跨方言理解项目的实验研究中，我们都没有发现这种机制。相反，我们发现人们对新形式多次发生混淆，甚至与他们自己发音相同的形式也同样出现混淆。这些结果只是强化了第 2 卷第 1 章所回顾的 19 世纪主导的对音变的负面看法。音变确实干扰语言作为信息传递工具的主要功能。无论是我们的演化论观念还是社会语言学取向，都拒绝接受先前那种把音变归因于懒惰、粗心和无知的看法。那么是什么力量引发、塑造并驱动了在第1卷和第2卷中描述的全面的语言变化呢？本章就是试图回答这个问题的一系列努力的第一章。

5.1 因果关系链中的弯道

人们普遍认为，音变研究的核心是寻求变化的原因。这就是我们通常对音变的解释。尽管我们想把支配整个语法的普遍原则应用于这项研究，人们也明白，在梅耶（Meillet 1921）之后，没有一种普遍原则可以解释这种偶然的变化过程，其中特定的变化在历史上特定的时间开始和结束。研究驱动问题要求我们在细节中寻找共性。

然而，追求任何特定变化的原因，经过进一步思考，可能会让我们陷入一种令人厌烦且永无休止的循环之中。不用说，一种语言的任何特定状态都是它先前状态的结果，并依此类推——回溯到我们的知识承载的时间限度。因此，如果这一章的标题是指语言事件，它需要一些正当理由来说明。在无休止的因果链中，语言的每一个状态都是下一状态的触发事件。即使在一个特定系统中没有明显的变化，也会有系统本身的原因：前一阶段达到的平衡状态。正如马丁内（Martinet 1955）所说，当变化发生时，不断演变的系统反映了一系列早期的调整，在时间上呈螺旋式倒退。

我想为"触发事件"的概念辩护，认为这一系列前因后果并非平稳顺利地一脉相承。相反，如图5.1所示，触发事件所在的因果关系链存在着弯道。在拐弯处还会有进一步的因果关系链,但它们常常与最初研究的推动问题相互垂直。一个非语言的例子也许能说明这一点。

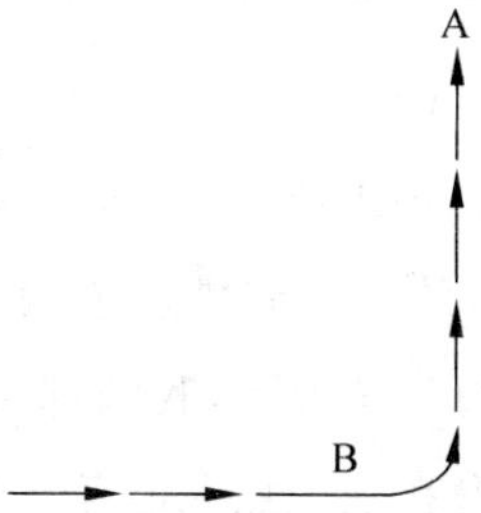

我们都对远古时期哺乳动物的进化感兴趣,在这个因果序列中,在白垩纪和古近纪之间 K-T 界线层①,发生了恐龙、蛇颈龙、沧龙和大多数其他种群的灭绝。是什么导致了这次大灭绝呢?路易斯(Luis)和沃尔特·阿尔瓦雷茨(Walter Alvarez)最初在 1980 年代提出的理论得到最有力的支持:K-T 灭绝是一颗小行星撞击地球的结果。

图 5.1　因果链中的拐弯

> 尽管确切的灭绝机制尚未确定,但所有的数据,包括灭绝比率、恢复的性质、存活的模式等,都与小行星撞击的灭绝假说相一致。(Fastovsky and Sheehan 2004)

小行星撞击地球的假设如果一直得到人们的支持,就为导致哺乳动物在进化过程中占优势的触发事件提供了一个令人满意的答案。那么小行星和地球相撞的原因又是什么呢?这是关系到人类未来的一个极为重要的问题,它将受到这种潜在事件的巨大影响。然而对于这个问题的探寻,并不能进一步说明生物进化的晚期历史。在这种情况下,触发事件是许多其他历史事件的共同结果,而这一系列相关的历史事件与我们最初的问题没有联系。我们所研究的语言变化的一个触发事件,可能确实是一个较早期的

---

① K-T 界线即白垩纪—古近纪界线。是富含铱的黏土层。地质年代大约在 6,500 万年前,地球上这段时期发生了大规模物种灭绝。——译者

语言事件,它代表着历史发展的一个终点,同时也是我们探索的一个目标。

链式音变是研究因果序列和探寻触发事件的自然主题。在第1章的1.5节描述了六个这样的链式音变,涉及二至六个事件。在每种情况下,我们都可以设定链式音变中的一个最早的事件。尽管在这一点上还有一些不确定性,我们还是可以在每种情况下提出问题:先前是什么事件导致了链变中最初的因素?

根据马丁内的观点,我们也许会认为这种触发事件一定是冲击语言进程的外来事件,就像诺曼人入侵或是第二次世界大战,即语言自身领域以外的事件。对于某些链式音变,情况确实如此。但是其他链式音变的因果关系链中,显然有语言的转弯,并且我将会论证,有一些纯语言性质的触发事件。对它们的解释需要有一套不同的原理,作用于它们引发的变化。

然而,首先可以证明,语言链中的转弯是链式音变的本质特征。事实上,如果没有这种方向的转变,就很难支持链式音变这个概念。

先考虑最简单的链式音变。

(1) B→A→

这里的 A 是离开成分,B 是进入成分。[2] 其中可能存在因果联系:如果 A 移开是因为 B 先靠近 A 使安全边界缩减;或者 A 先移开使安全边界增加,所以 B 朝 A 方向移动。然而,这种链式音变事件可以有另一种解释。A 的移动也可以推广扩展到 B,正如一个作用于前元音的变化会推广扩展到相对应的后元音,而安全边界不需要发生任何相关变化。在下面的(2)中,如果 A 是元音 /e/,在元音空间里从中移向高,B 是低元音 /æ/,在下面由低移到中,人们会说 A 和 B 的移动具有因果关系。但这也可以设想为一个单一的表达式,如(3):所有前元音的开口度都降低一度的表达式。不管因素 C 怎样作用使元音/e/开口度变小,它也会同样作用于元音/æ/,所以因果关系应为(4)而不是(1)。

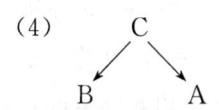

(2) A　e→i

　　　B　æ→e

(3) α 开口度→α-1 开口度/＿＿[+前部]

(4)　　　　C
　　　　 ↙　↘
　　　　B　　A

然而,如果 A 和 B 是不同类型的语言进程,选项(4)就不适用了。因此,在南方音变中(图 1.5),A 是/ay/的单元音化,B 是/ey/音核的低化和央化(ANAE 第 18 章),如(5)所示。在 A 中,/ay/是从上滑前元音子集移到内滑长元音子集,而 B 则完全是在上滑前元音集集内部的一种调整。

(5) A　ay→ah

　　　B　ey→ay

这里我们必须承认这是相当于类型(1)的链式音变,因为 A 和 B 的行为不能够统一在一个单一的过程中。其中因果关系看来很清楚:/ay/从上滑前元音系统离开,导致系统根据公认的最大分散原则重新调整,元音在子系统内趋向于等距分布(Martinet 1955, Liljencrants and Lindblom 1972, Disner 1978, Lindblom 1988)。[3]
图 5.2 总结了这两种情况的特点:子系统内部的普遍移位,子系统间的序列移位。

这里不讨论应用于链式音变的因果解释类型。在探寻触发事

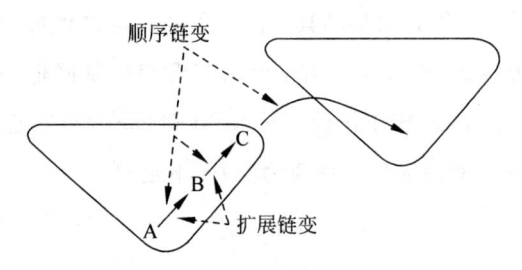

图 5.2 子系统内和子系统间的扩展链式音变与顺序链式音变

件的过程中,人们可能会采取目的论的立场,就如同马丁内(Martinet 1955)或雅可布森(Jakobson 1972)那样,认为说话人会改变元音以尽量减少误解。或者,可以把这些相互联系的移动归因于误解对于语言学习者概率匹配的机械影响(第1卷,第20章)。因果关系的证据可能来自时间顺序、地理迁移或是内部关联(ANAE第14章、第18章)。然而,事件的顺序对目前的讨论至关重要:我们处理的是一个拉链还是一个推链,这是寻求触发事件的决定性因素。

5.1.1 英语元音子系统

链式音变的大部分逻辑包括离开和进入子系统的移动。在第1卷、第2卷全书使用的二分标写法,在 ANAE 有最详细的发展,目的就在以连贯和系统的方式来描述这些子系统。图1.1列出北美英语的四个子系统:短元音、上滑前元音、上滑后元音和较小的内滑长元音集合。这种标写法描述的不是任何一个方言的对比,而是描述可以从中推导出各种现代方言的初始位置。从这个意义上说,所有的各个单位都是历史词群,与威尔斯(Wells 1982)提出的词汇关键词相当。[4]

马丁内(Martinet 1955)提出的最大分散原理和保持安全边界的原则在子系统中起作用。第 1 卷第 9 章提供了自然误解的数据(本卷第 2 章的数据与此相同),其中显示混淆的发生主要是在同一子系统的成员之间,而不是在跨子系统的成员之间。例如:/i/和/e/之间比/e/和/ey/之间有更多的混淆,/ey/和/ay/之间比/ay/和/aw/之间有更多的混淆。[5]

5.2 加拿大链式音变的原因

加拿大链式音变最初在图 1.6 出现,这里再现于图 5.3。它涉及三个方面:/o/的后化和高化,/æ/的后化,/e/的低化和后化。

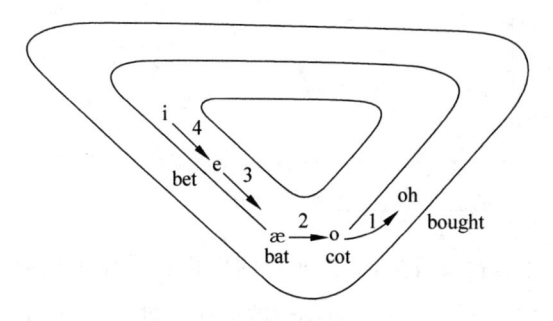

图 5.3 加拿大链式音变

这种链式音变最早是克拉克等人在 1995 年根据 16 位大学生念词表的情况做出描述,此后又被一些有关加拿大英语的其他研究所证实(ANAE 16 章, De Decker and Mackenzie 2000, Boberg 2005, Hollett 2006, Hagiwara 2006, Roeder and Jarmasz 2009)。这是加拿大英语方言在 ANAE 中最一致的标志,它也是界定北美英语(包括大西洋州以外的加拿大所有点)加拿大区域的等语线的基础。[6] 图 5.4 比较了加拿大方言区链式音变涉及的元音跟全部其他区的元音共同均值的情况。在 ANAE 中/i/没有明显差异,尽管其他研究发现有后化或/和低化。加拿大的/e/明显比共同均值低,并且/æ/的差别更为明显。加拿大的/o/比共同均值要靠后得多。

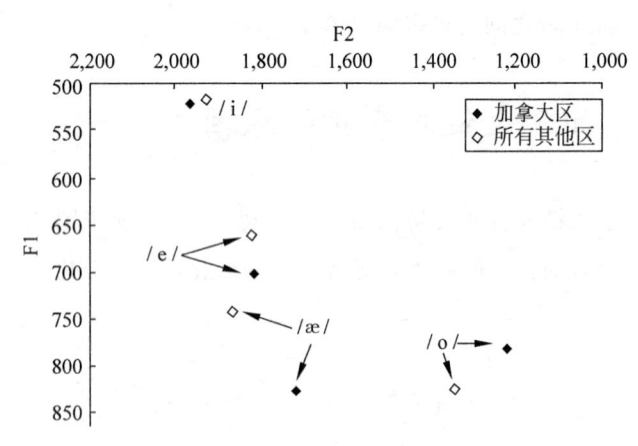

图 5.4 加拿大区[数量=25]与所有其他方言区[数量=414]的加拿大链式音变元音均值

从一开始就很清楚,短前元音的低化和后化是回应在加拿大已经确立的后低元音/o/和/oh/的合并,如 *cot* 和 *caught* 或是 *Don* 和 *dawn*。我们从音系的角度应该把叠置的元音分配到哪个子系统中呢?结论要由音系事实来决定。最初的短/o/是在闭音节,不能出现在重读的词尾位置,合并后的元音在开音节和闭音节中都可以出现:即,单词 *cot* 的元音和单词 *caw* 的元音现在是同一个音位的变体。尽管两个元音在合并过程中都可能改变位置,[7]而这次确实是/o/移到内滑长元音子系统中,而不是/oh/移到短元音子系统中。图 5.3 把加拿大链式音变嵌入具有现代西日耳曼

第 5 章 触发事件

语特征的音系空间中,外缘区包围着非外缘区。按照第 1 卷的第 5 章和第 6 章中提出的链式音变原理,紧或长元音音核沿着外缘轨道上升,松或短元音音核沿着非外缘轨道下降。从短元音子系统到长元音子系统的转变显然是一种朝向外缘轨道的运动,如图 5.3 所示。[8] 而后,剩余的短元音沿着非外缘轨道重新调整它们的位置,达到最大分散状态。

后低合并与加拿大音变的时间关系跟合并前的因果关系是一致的。如上所述,最早报告/e/和/æ/音变是在 1995 年。加拿大的后低合并的报告文章在此前很早就发表了(Scargill and Warkentyne 1972;Gregg 1957)。钱伯斯(Chambers 1993:11—12)引用关于合并的文献来源是在 19 世纪中叶。

加拿大音变和后低合并的地理分布也跟推断的因果关系相一致。这里我们看到了嵌套关系,它在方言地理学应用于历史排序中具有重要作用。图 5.5 标示出 ANAE 中符合加拿大音变的声学标准的发音人的地理分布(灰色符号),并画出等语线界定的区域,在区域内这些符号占有优势。等语线的同质性——符合标准的说话人在区域内的比率——是 0.84。每 25 个满足条件的加拿大人中有 21 人在等语线内,这是比加拿大元音高化(ANAE 第 15 章)更为可靠的对加拿大方言的定义。然而,一致性——显示出在等语线内符合这种特征的说话人比率——相当低。这是因为无论在哪里出现后低合并,都是同样的力量在起作用。加拿大音变和后低合并之间的蕴涵关系是很明显的,60 位显示加拿大音变的说话人中,只有 3 人能把/o/和/oh/区分开。在图 5.5 中,重要的关系是加拿大音变等语线被严格包含在后低合并的等语线之中。后低合并延伸到更为广阔的地区,覆盖美国的西部、西宾夕法尼亚和

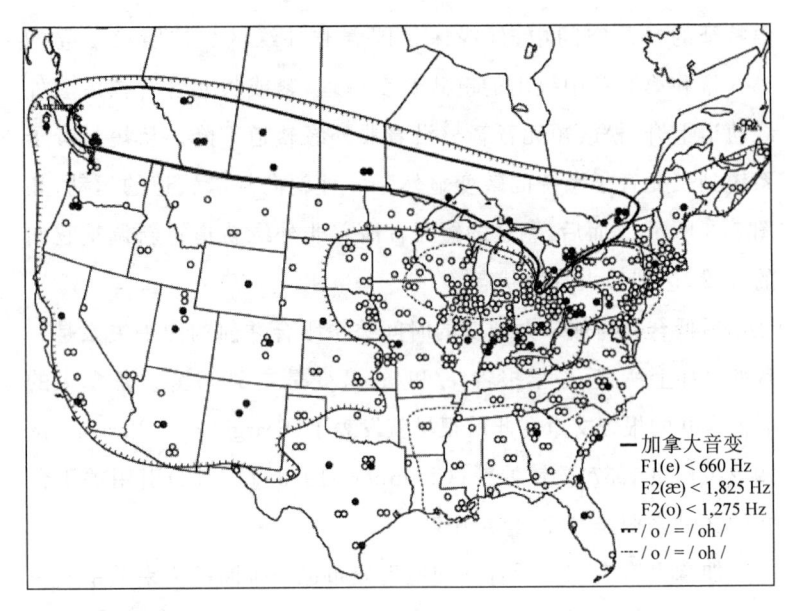

图 5.5 后低合并等语线内的加拿大链式音变。灰色符号＝满足加拿大链式音变的三个条件

新英格兰东部地区。在最小对比词对的测试中,有 123 名说话人的/o/和/oh/发音相同,其中只有 60 人表现出/e/和/æ/的后化。同时,在后低合并的其他地区,确实有少数说话人出现加拿大音变:西部 12 人;西宾夕法尼亚 5 人;得克萨斯 4 人,有报告说这里的合并在进行中(Bailey et al. 1991);中部地区有 7 人,这里合并一般是在过渡中。[9] 然而,在几个虚线的等语线区内只出现了两个灰色符号。它们勾画出合并阻力最大的几个区域的轮廓:北部内陆、大西洋中部沿岸各州和南部。有两个南方城市例外:亚特兰大和达勒姆,它们受到中部内陆的强烈影响。

因而,时间和空间的证据都表明后低合并是/æ/后化的先决条件,并且跟/e/的后化和低化相伴随。[10] 后低合并使/o/移出短元音子集,成为加拿大链式音变的触发事件。

5.3 匹兹堡链式音变的原因

ANAE 报道了匹兹堡市的链式音变,最初在图 1.7 出现,这里再现于图 5.6。

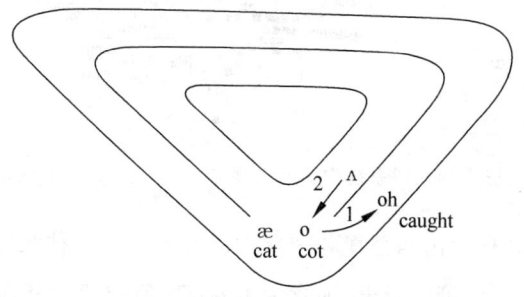

图 5.6 匹兹堡链式音变

后低元音的合并在匹兹堡已经根深蒂固,这跟加拿大的情况一样。但是在匹兹堡,/ʌ/音位在后央中元音位置沿着非外缘轨道下降,而/æ/音位还保持在前低位置。图 5.7 给出了这种下降变化的详细情况,这是 1996 年访谈的一位 35 岁的匹兹堡男子的元音系统。左侧是短元音 a 后接鼻音的变化情况:带鼻音尾的词上升到中和半高位置,而所有其他词都密集在前低位置。后元音中,/o/和/oh/清楚地合并为同一个后半低元音,这跟加拿大的情况一样。大多数/ʌ/词例发音都位于/æ/和/o/～/oh/之间。在/n/前面的/ʌ/特别低(如 *sun*、*mother*①、*fun*、*months*);其他方言区的被试一般都把 *duck* 的发音听为 *dock*。

---

① *mother* 词中没有/n/。这个词可能是误写。——译者

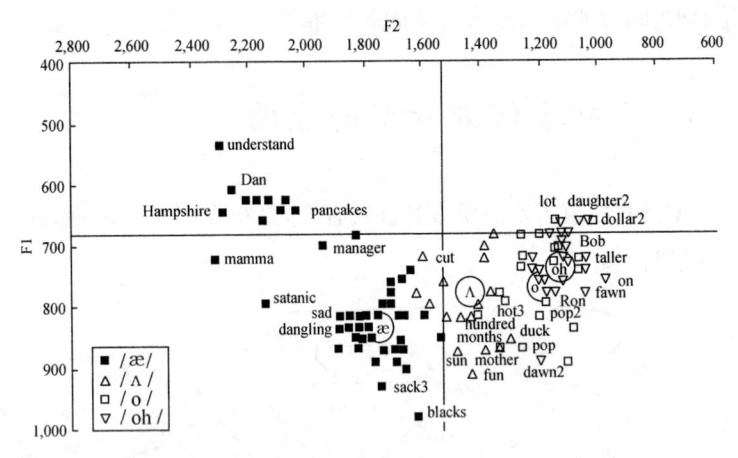

图 5.7 肯尼思的元音系统中的匹兹堡音变,35 岁[1996],测试样本 545

图 5.8 标示出匹兹堡和加拿大以及另外十八种北美方言的低元音平均值。[11] 可以看出,加拿大的/æ/均值位置比其他方言明显靠后,而匹兹堡的/æ/是在正常的前低位置。[12] 在右侧,加拿大和匹兹堡的/o/和/oh/都显示在后半低位置的合并(加拿大的两个词例发音实际上是重合的)。在图中心,匹兹堡的/ʌ/均值比其他方言都低很多,与/o/的一般分布相距不远。

这种后低合并对于匹兹堡音变显然是具有条件作用的事件,就跟它对于加拿大音变的作用一样。然而,这里同样的原因却有着两种不同的结果。在语言变化原因的探求中,同样的原因具有相同的或相近的作用才是合理的。可这里因/o/后移跟/oh/合并而出现的空位,为什么会由/ʌ/去填补而不是由/æ/来填补呢?

在北美英语的音变中,另外还有这样由两个相邻音位去竞争填补一个空位的实例。[13] 有人会以为这两个音位有着相等的概率,

第 5 章　触发事件

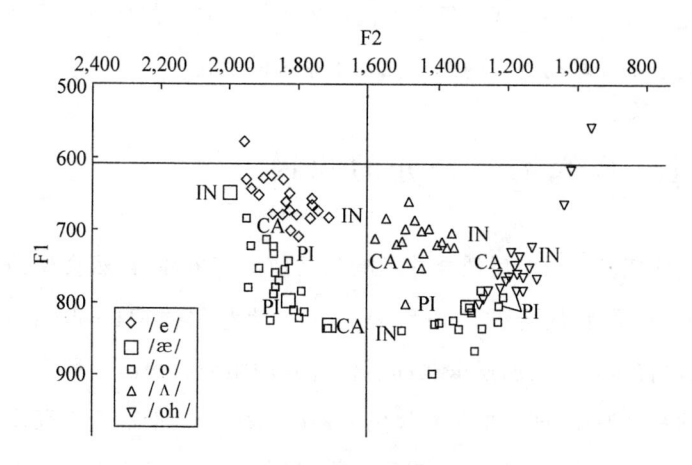

```
        F2
2,400 2,200 2,000 1,800 1,600 1,400 1,200 1,000 800
```

图 5.8　ANAE 中 20 种方言的低元音平均位置。
[CA]表示加拿大链式音变,[PI]表示匹兹堡链式音变、[IN]表示北方城市音变

最后结果由哪个音位填补了空位,只是偶然的机遇。实际这些选择实现的概率并不相同:有六十个社区的例证显示为加拿大链式音变,而显示为匹兹堡链式音变的只有这一个城市。[14] 为了说明匹兹堡音变的独特性,需要考虑匹兹堡方言的另一个特征:/aw/的单元音化。匹兹堡的 *down*、*town*、*south*、*out* 和 *house* 中的元音发音为央低位置的长单元音,跟/ʌ/有部分重叠。不过,/aw/和/ʌ/却不会发生混淆,因为单元音化的/aw/时长是/ʌ/的两倍,即使最长的/ʌ/也比不过最短的/aw/(ANAE:273 页)。有一种假设认为,低化的/ʌ/是匹兹堡人对元音系统的结构进行改变的结果,其中/ʌ/被重新分析为/a/,跟长元音/ah/相对应的短元音。这就形成下面几组长短的对立 *down*～*dun*、*about*～*but*、*howl*～*hull*,发音为/dahn/～/dan/、/baht/～/bat/、/hahl/～/hal/。如果这种抽象的重新分析有进一步的证据支持,那么后低合并与/aw/的单元

音化二者似乎都是匹兹堡音变的触发事件。它们都是一个词群从其他子系统移动进入内滑长元音子系统的变化。

5.4 后低元音合并的原因

我们已经弄清后低合并影响到其他语言事件，自然会想到这样的问题：后低合并的原因是什么？赫罗尔德（Herold 1990，1997）曾对宾夕法尼亚东北部后低合并的驱动力提出一种令人信服的社会原因，即大批东欧移民涌入煤矿社区。然而，至今还没有对于合并的底层作用建立起语言学机制，并且我们这里的调查需要一种更为普遍的解决方案。我们必须说明在北美大陆多数地区和苏格兰那些各种各样的元音系统中，/o/和/oh/合并之前的情况。然后再看为什么/o/和/oh/之间的区别会这样轻易地消失？如果对这个问题能有一种语言学答案，那么后低合并就不是我们所寻求的触发事件，而只是因果链中的一环。

最初的想法是把区别的功能负担作为合并的原因。找到/o/和/oh/的最小区别词对是不成问题的。我们可以按(6)的样式列举出相当的数量。

(6) cot	caught	cock	caulk
rot	wrought	tock	talk
tot	taught	odd	awed
sot	sought	nod	gnawed
cotter	caught her	cod	cawed
dotter	daughter	mod	Maud

Don	dawn	sod	sawed
yon	yawn	Sol	Saul
pond	pawned	moll	maul
fond	fawned	collar	caller
hock	hawk	holler	hauler
stock	stalk	odd ability	audibility

然而,这些分散的最小区别词对掩盖了/o/和/oh/分布中奇特的偏移现象,这可以在表 5.1 中看到。几乎所有/o/和/oh/的对立都出现在五个舌尖音(/t/、/d/、/s/、/n/、/l/)和一个非舌尖音(/k/)前面,表中用粗体标示。/o/在/z/前面的情况只限于特别的词项,或是元音间的/s/发为浊音的单词。在表 5.1 的下半部分,/oh/有六种语境完全没有出现,/o/也不出现在词末位置。

表 5.1 有三组带/oh/的词是斜体的。这些是在清擦音和鼻音前面带/o/的词,在美国英语中发为紧音,这个同样的核心语音条件运作了大西洋沿岸中部的短 a 和英国的宽元音 a[①] 的紧化过程(Ferguson 1975, Labov 1989b)。[15] 这种紧化过程通常是通过词汇扩散进行的(包括词尾/g/的单词),产生了大量的方言差异,却不会大幅增加/o/和/oh/的对立。总体上有六种环境下一方或另一方只有很少的术语、口语或特殊词项,因此就是十二种语境为边缘性对比,并且找不到最小区别词对。[16]

---

① 宽元音,即后低长元音。——译者

表 5.1 /o/ 和 /oh/ 的对比分布

	/o/	/oh/
舌尖音		
t	cot, tot, hot, got, dot	caught, bought, taut, fought
d	odd, hod, god, sod	awed, hawed, gaud, sawed
s	toss, moss, floss, cost, loss	sauce, exhaust, caustic
z	(Oz, positive)	cause, clause, hawser, pause, paws
n	don, Ron, pond	dawn, awn, yawn, lawn
l	doll, moll, collar	all, tall, maul, caller
非舌尖音		
p	hop, pop, top, sop	- - - - -
b	rob, hob	(daub, bauble)
tʃ	Scotch, botch, watch	- - - - -
j	lodge, dodge, Roger	- - - - -
g	log, hog, cog, dog	(auger, augment, augur, August)
k	stock, hock, clock	stalk, hawk, talk
f	(boff, toff)	*off, doff, scoff* (cough, trough)
θ	(Goth)	*cloth, moth*
ʃ	(gosh, bosh)	(wash)
ð	(bother)	- - - - -
ʒ	- - - - -	- - - - -
m	bomb, Tom, prom	- - - - -
ŋ	(pong, Kong)	*strong, song, wrong, strong*
#	- - - - -	*law, saw, flaw, thaw, claw*

回顾这个词群的历史形成过程,会有助于考察这种奇特的分布的由来,图 5.9 对此做出了概括示意图。

第 5 章 触发事件 143

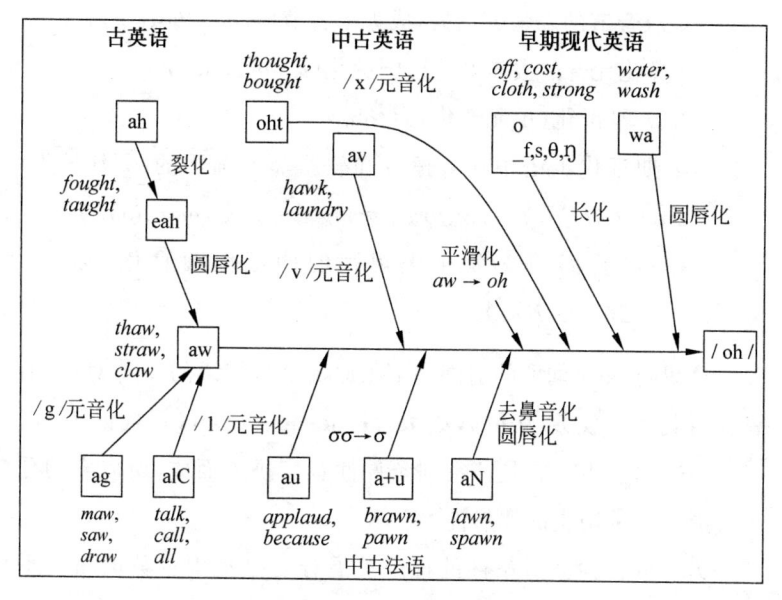

图 5.9 长开元音 o 词群的历史发展

按照从左向右的顺序，在图解中显示出以下各项：

1 古英语中最初的双元音 /aw/（*thaw*、*straw*、*claw*）；
2 经历早期中古英语音变，古英语 /aw/ 的增补情况：
   a. 在带有前置 /x/ 复杂词尾的动词过去式中，/a/ 的裂化和圆唇化（*fought*、*taught*）；
   b. 在复杂词尾中 /l/ 的元音化和圆唇化（*talk*、*call*、*all*）；
   c. 词尾 /g/ 元音化成为 [ɣ]（*maw*、*saw*、*draw*）；
3 通过 /v/ 的元音化对于中古英语 /aw/ 的增补（*hawk*、*laundry*；后者借自中古法语，见下面 4）；
4 来自中古法语借词的新 /aw/ 的增多：
   a 原来的后上滑双元音（*applaud*、*because*）；

b 双音节的/a+u/消失,成为单音节(pawn、brawn);

c 鼻化元音的去鼻音化并圆唇化(lawn、spawn);

5 /aw/平滑化(单元音化)为/oh/;

6 早期现代英语中在清擦音和软腭鼻音前面的/o/延长为/oh/(cloth、off、loss、lost、strong、song、wrong、long);

7 在/w/后面的/a/发生无规则的词汇性圆唇化(water、warrant、walrus)。

这里对/aw/词群的追溯并不跟原始日耳曼语的/aw/对应,后者在古英语中实现为 e:a,如 le:af、he:ap、de:aw(现代的 leaf、heap、dew)。由于它是一系列条件性音变拼凑而成,所以它的分布可能是一种历史的偶然性。

为后低合并创造条件的推广扩展音变是把中古英语/aw/平滑化为/oh/。[17] 这一定是先于/o/在清擦音和鼻音前的紧化,因为这些平滑化的词还参与了这个词群的后续变化过程。我们还可以论证它也一定是早于元音大转移对后元音的运作完成发生的。通过这个过程,中古英语的 u:变为双元音/aw/。/aw/的平滑化使/o/和/oh/比邻并存——只靠时长区分的两个后半低元音,二者的对立有两个不稳定因素。首先,在英语和许多其他语言中,没有伴随音质差异的元音长度区别往往会消失(Chen and Wang 1975)。第二,对立的不稳定性出现在表 5.1 中二者的分布高度偏移。在这种情况下,除非有音质差异的支持,它们之间可能的结果就是合并。这种/o/和/oh/之间的音质差异确实在图 5.5 用等语线的虚线标示的三个地区出现了:(1)新英格兰西部和纽约州的/o/非圆唇化和前化;[18](2)从普罗维登斯到巴尔的摩的东海岸方言的/oh/高化到半高位置;(3)南方地区的/oh/恢复成为后上滑元音。[19] 在这些地区之外,有的后低合并已经完成,有的音变正在进行。由此可以得出结论:/aw/平滑化为/oh/,造成长 o 和短 o 的并存,这是后低元音合并的触发事件。

图 5.9 所描述的其他事件跟后低合并有什么关系呢?/aw/词群源于词的末尾,在这个位置上没有短/o/的对立。后来的变化大都是以词尾的/l/、/g/、/x/和/v/在不同语境下的元音化为条件。它们造成了有限的对立,在一定程度上阻碍了合并;我们可以说,正是由于没有了其他辅音制约的音变,才有利于合并的进行。

如果/aw/的平滑化是后低合并的触发事件,并且最终引发加拿大音变和匹兹堡音变,那么我们不禁要问,它是否有一个相关的前身。我认为/aw/的平滑化必定是在元音大转移之前。假定这个音变是拉链,但是也可能是一个推链。/u:/作为下降的双元音 [ʊu]→[əu]→[au]→缩小了在 *out*、*south*、*down* 中/aw/[ɑu]的安全边界,这在某种程度上推动它向[ɔ:]的转移。如果情况是这样,我们就必须把探求扩展到元音大转移的触发事件,这个问题已经有许多讨论(Luick 1903;Martinet 1955;Stockwell and Minkova 1997)。这里没有足够的证据来探寻这种联系,只能强调一系列语言触发事件可能已退隐到遥远的过去。无论如何,我们没有理由相信这些链式音变是因任何一个外部事件的干预而产生。

5.5 /uw/的前化

在上面的两例研究中,后低合并被视为发起了元音系统的后续变化,这些变化是各子系统保持等距空间或最大分散趋势的反应。我们来考虑一个似乎与先前基于这些原则的解释不一致的音变。这就是/uw/的前化,一个覆盖北美大陆90%地区的进行中的音变。其中涉及的各种语音形式如(7)所示。

(7) ʊᵘ→ʉᵘ→üᵘ→ ü
    ↘
     ɪᵘ

马丁内(Martinet 1955)提出的一种解释是目前公认的链式音变的一般原理:后元音前化。[20]他认为/u/和/o/多次重复发生前化,是元音系统前后对称的倾向跟声门上的声腔不对称的事实相矛盾的结果,声门上的声腔后部的发音空间比前部小。因此,前化是解决后元音过多的压力的结果。明确地说,当一个元音系统通过某种语言变化过程发展出四级高度的后元音时,前化就会发生。奥德里古尔和尤兰德(Haudricourt and Juilland 1949)把这种逻辑应用于西欧的大量音变中,每一个实例都证实了马丁内的预测。拉波夫(Labov 1991)定义了三种主要的英语方言,认为其中第三种方言以后低合并为特征,将会较为稳定,并且会阻碍在中部和南部地区占有主导优势的/uw/和/ow/的前化。

图 5.10 表明 ANAE 已完成的数据并不支持这种预测。灰色点代表的说话人发的舌尖音后的/uw/在中元音位置之前,如 *do*、*too*、*two*、*soon*、*noon* 等,即,第二共振峰均值大于这个归一化系统的中值 1,550Hz。这个群体占被调查总人数的 89%;在 ANAE 的 439 位发音人中只有 49 人例外。而且这 49 人都集中在两个狭小而有限的区域,即新英格兰和明尼苏达-威斯康星。总体上,新英格兰东部对/uw/和/ow/的前化是保守地区,这种表现与我们从这里的后低合并所得出的预测相一致。明尼苏达-威斯康星地区的后低合并表现出相当大的变异。但是对于其元音系统的保守

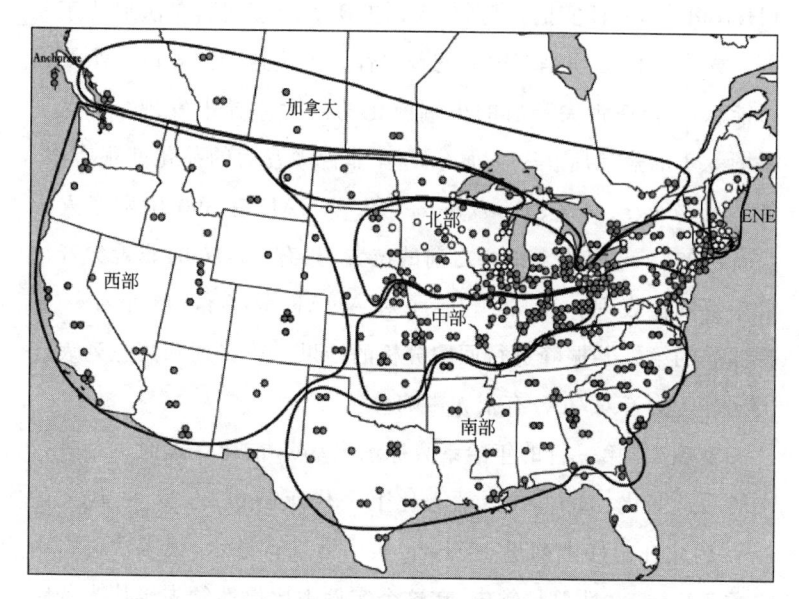

图 5.10　舌尖音后/uw/的前化。灰色点:F2>1,550Hz

性(后元音/uw/和/ow/通常是单元音),应考虑有较强的斯堪的纳维亚语和日耳曼语底层的影响。(Allen 1973)

如果不考虑这两个地区,显然/uw/在其他地区都发生了前化:中部内陆地区、大西洋沿岸中部各州、南部地区,还有最重要的已经完成后低合并的三个地区:加拿大、西部地区和宾夕法尼亚州西部。因此,没有理由认为这种遍及大陆的大规模前化是后元音过度拥挤的结果。

尽管用结构方法寻求北美英语/uw/前化的原因在这个实例中似乎没有成功,可是我们能够从另一个方向对它的原因进行结构的探索。因为/uw/的前化在北美的分布如此广泛,我们不太可能只在一个具体的人口迁移中找到触发事件——就像赫罗尔德

(Herold 1990)证实的,讲斯拉夫语的矿工迁移到宾夕法尼亚东北部。先发事件必须是有很大的普遍性。解决这个问题的一个线索可能从/uw/在舌尖音后的极端前化的巨大差异中发现——这正是图 5.1 的焦点所在——而/uw/在非舌尖音后的前化就很有限,如 *roof*、*boots*、*coop*、*food*、*move* 等。ANAE 有 390 位发音人舌尖音后的/uw/前化至中心之前的位置,只有 130 人的非舌尖音词群中有同样表现。表 5.2 包括了对 ANAE 全部 4,747 个/uw/发音样品的第二共振峰进行回归分析的结果。第二列和第三列表现出词首舌尖音对/uw/有很大影响。

表 5.2[22] 第一行的年龄系数标示出/uw/前化在虚时中是进行中的活跃变化。每一代说话人比上一代年龄小 25 岁,一代人的/uw/前化在总体上前进 101Hz。表中第二行显示,跟多数进行中的音变一样,女性总是领先,在这个实例中比男性领先半代人的距离。在内部制约中,词首舌尖音的作用突出为 480Hz,比其他任何因素多出两倍以上。这意味着,一般说话人发舌尖音后的/uw/第二共振峰平均值为 1,800Hz;在非舌尖音后的平均值在 1,300Hz 左右,位于后元音和央元音之间。

对英语元音受后接语境的影响大于前置语境的一般规律来说,这种词首舌尖音的优势作用是一个引人注目的例外。[23] 对词首舌尖音推动/uw/前化的趋势做出解释并不困难,这是一种广泛存在的作用。在伦尼格(Lennig 1978)对巴黎法语进行中音变的分析中表现得十分明显。梅尔彻特(Melchert 1983)追溯赫梯语第二人称单数代词 $zi:g$[tsi:g]是来自原始印欧语的 $^*tu:$,经过在舌尖辅音后面前化的条件音变,随后又有/t/的腭化。[24] 舌尖辅音的第二共振峰音轨一般是接近 1,800Hz,于是后接的/uw/就需要

表 5.2 所有北美英语中/uw/和/ow/的 F2 的回归系数(/l/前的元音除外)[21]

	/uw/[N=4,747]		/ow/[N=6,736]	
	回归系数	概率	回归系数	概率
常数	1,547		1,386	
社会因素				
年龄＊25 岁	−101	<0.0001	−24	<0.0001
女性	42	<0.0001	46	<0.0002
语音因素				
词首				
舌尖音	**480**	<0.0001	94	<0.0001
软腭音	181	<0.0001	43	<0.0001
流音	151	<0.0001	—	无
阻塞音＋流音	164	<0.0001	—	无
唇音	104	<0.0001	−70	<0.0001
鼻音	−54	<0.0020		
词尾				
无尾辅音	—	无	31	<0.0003
舌尖音	70	<0.0001	—	无
鼻音	−193	<0.0001	−101	<0.0001
擦音	−137	<0.0001	−21	0.0023
塞音	−89	<0.0001	−39	<0.0002
浊音	40	0.0095	—	无
后接音节	—	无	−75	<0.0001

从这个音轨快速过渡 1,000Hz,下降到音核第二共振峰。这将会从发音的角度支持提高这个元音的第二共振峰。如果/uw/前化的音变开始运作,舌尖音后的变体将会先于其他变体。然而 480Hz 这种作用的程度,超出了人们对于语音驱动作用的预期范围。

评估/uw/的舌尖音作用的一个方法是比较它对后中元音/ow/前化的影响。这个平行的变化过程不像/uw/前化那样广泛,可在中部、南部和大西洋沿岸中部各州都是进行中的活跃变化(ANAE,第 12 章)。表 5.2 右侧报告了/ow/的年龄系数。为确保语音作用的可比性,尽管接近半数的人没有活跃的前化,还是把北美所有的地区都包括进来。由于进行中的音变放大了语音的作用,因而/ow/的年龄系数普遍较低。

一般来说,对/uw/和/ow/的外部和内部的影响都在同一个方向。兴趣点在于前置舌尖音的系数跟其他因素对/ow/作用的关系。与/uw/的这个系数比其他任何作用都大 2.5 倍的同时,/ow/的这个系数却跟其他语音影响相当,并且小于后接鼻音的影响。假如前置舌尖音对/uw/跟对/ow/的作用是同样机制的结果,我们将预测只会多出 20%,因为最靠后的/ow/第二共振峰跟舌尖音轨之间的距离只比/uw/多出 20%:1,000Hz 对 800Hz。由此得出这个机制不可能解释/uw/的 480Hz 舌尖音系数:这似乎是一种音系的影响,而不是发音的作用。

音系作用的猜测使我们考虑到上升的双元音/yuw/词群的联系,从历史的角度来说,这一词群跟下降的/uw/词群有相当大的差异。/yuw/词群有各种不同的来源(Jespersen 1949,3.8)。

- 古英语 iːw,如 *Tiːwesdæg* "星期二"
- 古英语 eːow,如 *eːow* "你"(复数、受格/与格)
- 中古法语 iu,如 *riule* "规则"
- 中古法语非重读 e+u,如 *seur* "可靠的"
- 中古法语 u,如 *rude*
- 中古法语 ui,如 *fruit*

第 5 章 触发事件

- 中古法语 iv,如古法语 *sivre*→中古法语 *sewe*"控告"

在早期现代英语中,除了这七种来源之外,还有跟中古英语相区别的第八种:

- 古英语 eːa,如 *deːaw*"露水"

尽管一些学者曾认为这个元音相当于法语的圆唇前元音[y],叶斯柏森却认为它一直是一个上升的双元音[ju],ANAE 记为 /yuw/。在现代方言中,除了英格兰的诺福克和其他一些地区,一般在唇音和软腭音后还保留着滑音/y/(Trudgill 1974b,1986)。在北美,舌尖音后的滑音一直处于变化状态。在许多城市中,它成为高雅话语的标记,并且随着前面的不同语境而改变:在/t/后面出现滑音/y/的可能性最大,如 *tune*;而在/l/和/r/后面可能性最小,如 *lewd*、*rude*(它包括在标准发音中,在今天的英式英语中,也常常被删除)。[25]

/yuw/词群的发展与这里研究的问题有紧密联系。在目前的北美英语中,历史上在舌尖音后的/y/滑音,除了 *tune*、*dew*、*suit*、*stupid* 之外,几乎都消失了。在 20 世纪中期,库拉斯和麦克戴维(Kurath and McDavid 1961)在南方地区发现这个舌尖音后的滑音分布广泛,而北方特有的形式是[ɪu],不圆唇前元音向后高目标值移动(参见 Kenyon and Knott 1953,他们一般把这个元音记为[iu])。这个元音的表现形成图 1.1 中/iw/与/uw/的对立,最小区别词对有 *dew* 和 *do*、*lute* 和 *loot*、*tutor* 和 *tooter*。ANAE 第 8 章考察了最小区别词对 *dew~do*,也图示出两个词群在即兴言语中的表现。图 5.11 表明二者的区别在北美地区已经基本消失。它主要局限于南方两个特定地区:一是北卡罗来纳州中部,还有墨西哥湾沿岸各州的小城市。只是偶然发现滑音/y/的痕迹。

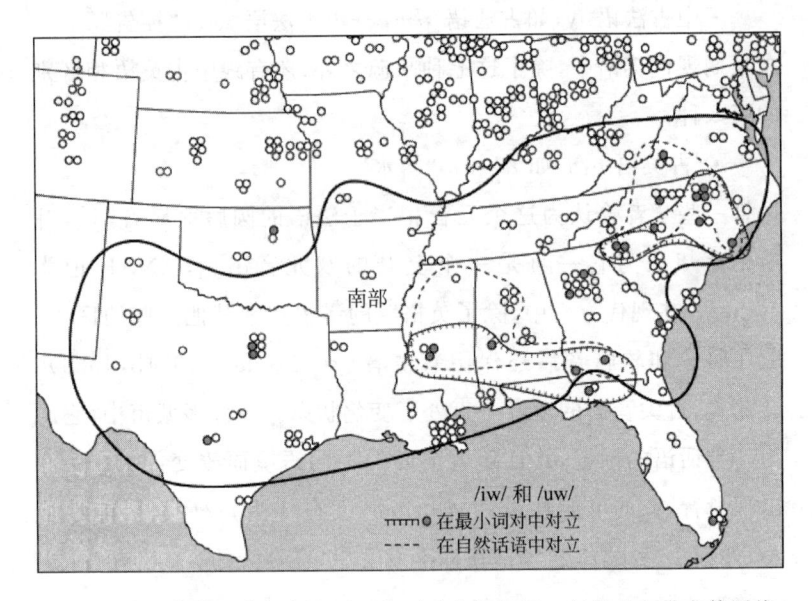

图 5.11 北美英语中保留/iw/～/uw/对立的地区。灰色点和带点等语线
表示在最小区别词对测试中/iw/和/uw/听说都对立的发音人。
虚线等语线是自然语言中/iw/和/uw/在听感测量上有显著区别
的社区。南部的实线等语线内表示阻塞音前/ay/单元音化的地区

当然,这种合并只是发生在舌尖音后面,因为对立也是只存在
于舌尖音后。在其他语境中这种区别并非元音本身发音的区别,
即,*beauty*/byuwtiy/和*booty*/buwtiy/之间的区别不是决定于元
音音质,前者的元音靠前是与/y/邻接的结果。舌尖音后的合并
则是通过在那些语境中/uw/的前化来实现。只有当这个合并完
成后,把音位/uw/捆绑在一起的力量(见第 8 章)才会导致非舌尖
音后面音位变体的前化。

图 5.12 显示的是关于/uw/和/ow/的前化,最保守方言区(罗
得岛普罗维登斯)的一位发音人的后高元音。(在这个图和下面几

个图中，/Tuw/代表舌尖音后的/uw/，/Kuw/代表非舌尖音后的/uw/。)这里所有元音的平均值都在央后位置，包括 *stupid* 和 *Tuesday* 中的/iw/。非舌尖音后的元音更靠后，离/l/前的元音基准位置(不包括在/Kuw/平均值的计算中)不远。

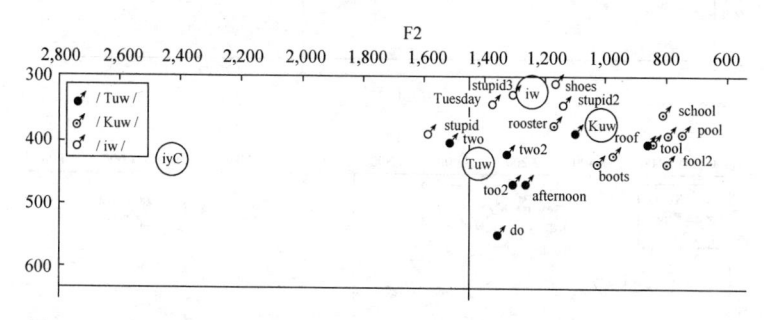

图5.12 罗得岛普罗维登斯一位保守发音人的后高上滑元音：亚历克斯，42岁[1996]，测试样本474

图5.13显示了三种不同模式中更为领先的前化形式。5.13(a)是北部、加拿大和西部地区的典型情况，表现的是艾伯达省一位发音人的元音/uw/和/iw/。/Tuw/的平均值超过2,000Hz，远超过央元音的基准1,550Hz，并且/Tuw/和/iw/没有区别。但 *roof*、*boots* 等词中的 Kuw 的平均值在中央靠后位置，低于1,400Hz。表5.2中语音的回归系数480Hz实现为500Hz的差别。图5.13(b)是来自肯塔基州列克星敦市发音人的后高元音，展现了完全前化的系统，/iw/、/Tuw/和/Kuw/在前高圆唇位置时无法分辨，在/l/之前时比/uw/偏前约900Hz。图5.13(c)是来自北卡罗来纳州夏洛特市发音人的高元音，他们保持着/iw/和/uw/之间的不同。*new*、*dew*、*Tuesday*、*Duke*、*shoes* 中/iw/紧密聚集在平均值为400,2,094Hz的区域，而/Tuw/词群在493,1,798Hz区域出现了同

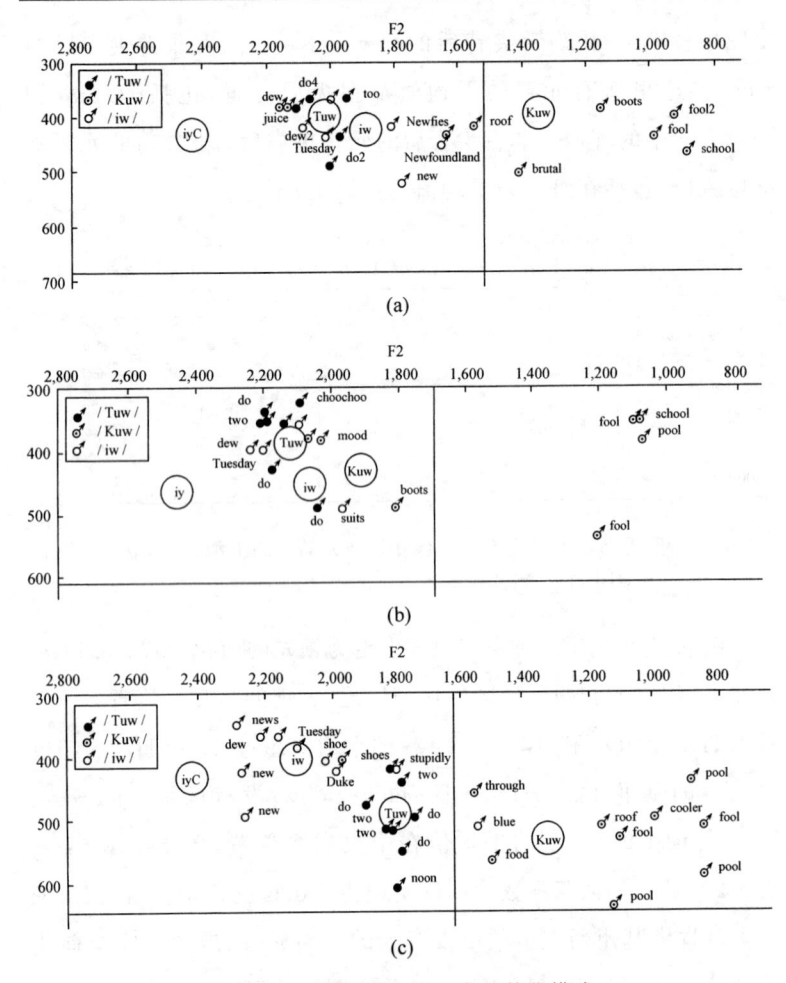

图 5.13 三种后高上滑元音的前化模式：
a. /uw/在舌尖音（Tuw）和非舌尖音（Kuw）后的区别：布伦特，25 岁 [1997]，艾伯达(加拿大西部的一省)，埃德蒙顿；
b. /iw/和/uw/在前化位置合并：费伊，34 岁 [1995]，肯塔基州，列克星敦，测试样本 283；
c. 保留/iw/～/uw/的区别：马修，45 岁 [1996]，北卡罗来纳州，夏洛特市，测试样本 483

样的密集汇聚。F1 和 F2 都有 0.001 水平的显著差异。/Tuw/处在央元音稍微靠前的位置说明/iw/和/Tuw/的区别是通过阻止/Tuw/的前化来实现的。换言之,/iw/和/Tuw/的合并与/Tuw/的完全前化是联系在一起的。

表 5.3 按地区对非/l/前的/uw/的 F2 进行回归分析。所有系数的显著性在 $p<0.0001$ 水平

	样品数	F2(uw)平均值	年龄 * 25	舌尖音起首
中部	580	1,713	−107	442
南部	1,107	1,703	−86	141
新英格兰东部	116	1,584	−244	456
大西洋沿岸中部	190	1,534		
西宾夕法尼亚	161	1,529	−119	338
西部	468	1,520	−76	362
加拿大	521	1,492	−155	469
北部	1,062	1,359	−83	514

表 5.3 对比了 8 种主要北美英语方言中/uw/的 F2 平均值、年龄、舌尖音起首的系数。地区平均值表明南部和中部地区音变最快,北部最慢。负年龄系数显示出,除了大西洋沿岸中部外,所有方言都有虚时中的变化,但在年龄梯度的差异较大。虽然南部地区的前化较快,但年龄系数却很低,最明显的是,南部地区舌尖音起首的系数仅是其他方言的一小部分。还不到音变同样较快的中部方言系数的三分之一,这反映了南部保留/iw/~/uw/区别的趋势。

在图 5.13(b)中,尽管/iw/没有跟/Kuw/一致的音位变体,/Kuw/的完全前化反映了/iw/和/uw/都合并为一个整体。这种合并的

音系效果相当于/o/和/oh/的合并以及(在下面的讨论中)/o/和/ah/合并的音系影响。

图5.14用一张图追溯了这些变化发展的历史,可以看到/yuw/词群的来源以及在前化的过程中最终与/uw/合并。这跟后低合并一样,并不存在外部触发事件,而是内部一系列长期相互关联的变化。又跟/oh/一样,历史事件导致了/iw/和/uw/之间高度偏移和边缘对比。这里认为/uw/前化的触发事件是/iw/~/uw/区别的崩溃。这种区别是舌尖音后的滑音/y/脱落的结果,这是现代英语中"外缘性音位"很多删除现象之一(Vachek 1964)。[26] 对这个滑音脱落原因的进一步考察似乎也不太可能有助于对北美/uw/前化的理解。

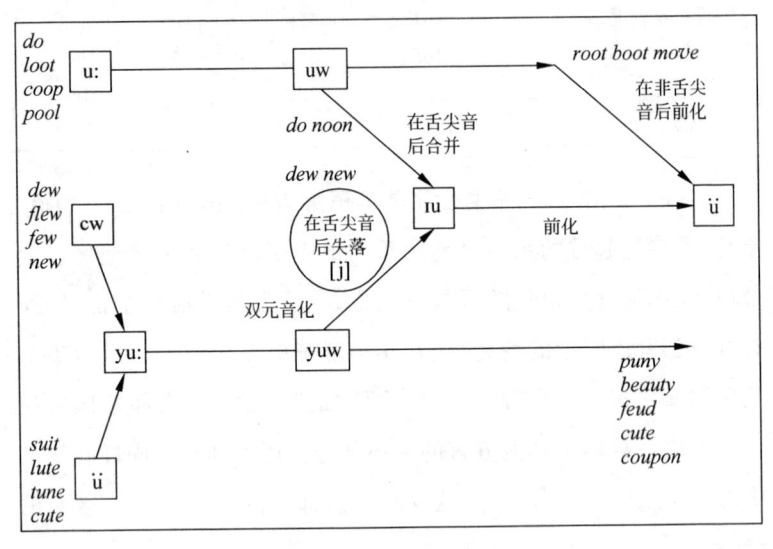

图5.14 /uw/的发展

5.6 北方城市音变

北方城市音变最初在 1972 年 LYS 中进行了描写,许多学者(Labov 1991,Eckert 2000,Gordon 2001)对它的各个阶段进行溯源并对链式音变的原则做了考察和探索。ANAE 第 14 章提出北方城市音变是指北部内陆地区的优势元音系统。这个地区面积约为 88,000 平方英里,有近 340 万人。考虑到从古英语一直到 20 世纪,英语短元音系统都保持相对稳定,这种短元音的轮换确是一个独特的发展。

图 5.15 重现了图 1.4 中展示过的音系空间中的事件顺序。虽然某些点还有待商榷,但整个事件的建构比较清晰。[27] 我们从后往前来考虑这一顺序。在图 5.15 中离我们最近的事件是第 6 阶段:元音 /i/ 的后化,我们认为这是在 /e/ 后化之后的阶段。第 5 阶段:元音 /ʌ/ 的后化和圆唇化,使北部内陆的人在说 *bus* 时像其他方言中的 *boss*。这似乎是先前两个事件的联合反应:一个是由于元音 /oh/ 低化使后面安全边界增加,另一个是由于元音 /e/ 向元

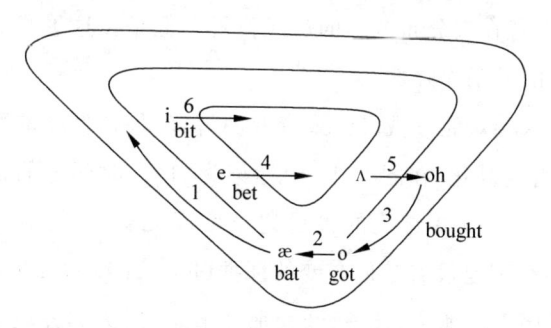

图 5.15　北方城市音变

音/ʌ/的区域后化而使前面安全边界减少,因此北部内陆的人们发 desk 好像其他地区的 dusk。元音/o/的前化引起了元音/oh/的低化,而前化的/o/通常被看成是去填补由于元音/æ/前化和高化而造成的空位。

在上述解释中缺少一个因果关系:是什么原因导致/e/的低化和后化?如 5.3 节中对于匹兹堡音变的讨论所述,一个元音从子系统中退出,可能会吸引相邻的两个不同的元音都来填补空位。在这个例子中,早期的证据表明/e/首先下移,进入/æ/空出的央低位置,同时/o/前移,造成北部内陆许多人/e/和/o/的大量重叠(Labov and Baranowski 2006)。尽管这种重叠仍在继续,但在后来的几十年里,主要趋势是/e/的后化,并影响到/ʌ/(Eckert 2000)。[28]

图 5.8 展示的是 1990 年 ANAE 记录的当时的情况,表中标记出北部地区与其他十九种方言的低元音平均位置的不同。在北部地区元音/æ/比其他地方的元音/æ/(不包括鼻音前的发音)更高更靠前。还有一个相应的变化是元音/o/的平均值比任何元音都靠前。菱形所代表的北部内陆的元音/e/比其他方言更靠后,元音/ʌ/的发音在它分布范围的后缘位置。但是在这里我们没有发现元音/oh/的明显降低。

根据这种对北方城市链式音变的解释,最初发生的事件显然是/æ/的普遍高化,在图 5.15 中标记为"1"。时间上的证据也支持这一解释。1960 年代的最早记录发现元音/o/的前化和元音/æ/的高化,但是没有其他音变的证据(Fasold 1969,LYS)。地理证据的排序不像加拿大链式音变那样清楚,因为北方城市链式音变的复杂性,需要把它的地理轮廓建立在成对的音变关系之上。[29]

然而毫无疑问的是,元音/æ/的普遍高化是北方城市链式音变的触发事件。本着我们目前的调查理念,我们会问,又是什么触发了/æ/的高化呢?

尽管短元音 a 的高化在北部内陆地区很普遍,但是这在英语世界中都是独有的现象。没有一种其他的英语方言表现出如此普遍的紧化和高化,甚至影响了功能词 that 和多音节词如 athletic、attitude 等的读音。其他方言短 a 的高化都可以把鼻音前的元音跟其他元音区分开,但是这种区别在北部内陆通常不明显。根据对北美元音/æ/F1 的分析,图 5.16 显示了这种普遍高化的独特性,分成四个"自然分割"范畴。[30] 黑色的圆圈表示最低的 F1 分布范围,从 445Hz 到 684Hz。自然分割算法自动地把北部内陆地区隔离开,包括北美五大湖[31] 沿岸的城市、纽约州伊利运河沿岸的城市、芝加哥-圣路易斯走廊沿线的延伸段,以及一些散布在上南部区域的说话者。虽然几乎所有讲北美英语的人都在特定语境中把/æ/高化和前化,但是在这个特定区域的一个历史进程消除了所有的语境,这个过程可以表示为(8):

(8)[+低,+前]→[+紧化]

这种现象的地方性,即集中在北方内陆地区,使我们的研究转向识别参与这个音变的说话人和他们方言中的短 a 紧化条件。

北方城市音变在 ANAE 的纽约州西部,显示了一系列从东到西排列在一条线上的城市:斯克内克塔迪、锡拉丘兹、罗切斯特、布法罗。[32] 18 世纪新英格兰殖民者发现这些地方时它们还只是小村庄,19 世纪初期伊利运河开凿后,这些地方发展为大城市(图 5.17)。伊利运河开通了一条到西部的水路,连接了纽约和五大湖地区。[33]

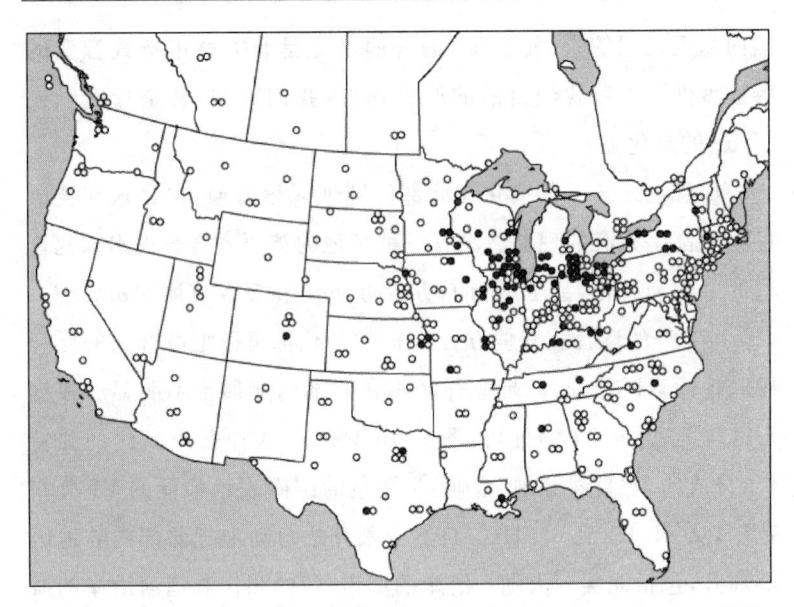

图 5.16 /æ/ 的 F1 平均值自然分割图(四种范围),445Hz 至 684Hz 的幅度(不包括鼻辅音前的元音)

这条运河于 1817 年开凿,1825 年完工,给纽约州带来了巨大的经济利益。在运河开凿之前,从纽约到布法罗每吨货物的运费是 100 美元,运河开凿之后,同样的货物运费下降为 10 美元(McKelvey 1949a)。运输成本的大幅下降促进了西部移民和整个北部内陆地区农业的发展。

新鲜的农产品和大量的小麦被运到了东海岸的大城市,与此同时,消费品被运到了西边地区(McKelvey 1949a,b)。城市也随之迅速发展。1812 年战争结束的时候,罗切斯特有居民 331 人,大部分是新英格兰人。运河的开凿需要大量的劳动力,大批的爱尔兰移民到达罗切斯特,他们把罗切斯特的一部分称为都柏林。从 1820 年到 1830 年,罗切斯特市的人口从 1,507 人涨到 9,207

图 5.17　伊利运河经过的城市(McKelvey 1949b)。罗切斯特公立图书馆许可转载。

人(McKelvey 1949a)。由于大不列颠、爱尔兰、德国等地移民的到来,新英格兰人所占的比例逐步下降(1845 年占 10%,1855 年占 5%)。

纽约州的主要城市,除宾厄姆顿和埃尔迈拉外,都位于伊利运河建立的贸易通道沿线,从纽约市到奥尔巴尼,经过斯克内克塔迪、尤蒂卡和锡拉丘兹,到罗切斯特和布法罗。今天,在离伊利运河 25 英里的范围内,有纽约州北部近 80% 的居住人口。图 5.18 显示,从 1820 年到 1930 年,罗切斯特的增长呈对数增长。但与 1810 年至 1830 年门罗县以及附近 7 个县的人口增长相比,这种惊人的增长幅度就显得很小了,后者的增长在 1850 年达到高峰。这是打破首批有效定居原则所需的十倍增长(Zelinsky 1992)。这个原则表明:第一批到达某一地区的定居者为后来的移民确立了文化模式。这就像赫罗尔德(Herold 1990)记录的宾夕法尼亚州东北部煤矿城镇的人口爆炸性增长的类型,这是当地后低元音合并的触发因素。但是伊利运河和北部内陆的移民远远大于向阿勒

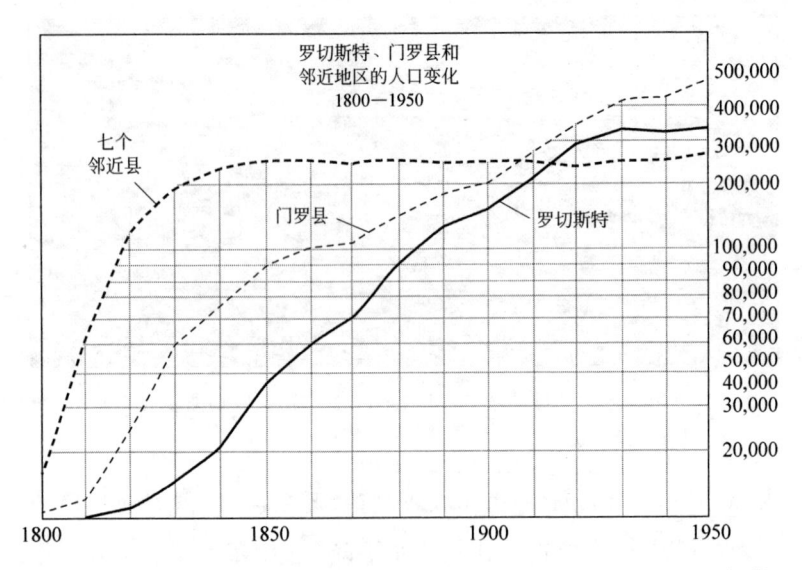

图 5.18　纽约州西部 1800—1950 年人口增长 (McKelvey 1949a)。罗切斯特公立图书馆许可转载

格尼高原煤矿城镇的移民,它是一场大规模的社会运动。这种更大和更多样的移民构成了纽约州北部的人口,这里至少涉及四种短 a 系统:

1 鼻音系统。通常认为纽约州北部最初的定居者来自新英格兰。目前在新英格兰,短 a 词群分类的证据表明,鼻音系统占主导地位,所有在鼻音前的 /æ/ 都发生紧化,其他情况下则不发生 (ANAE 第 13、第 16 章)。

2 鼻音系统结合宽元音 a 模式。来自新英格兰东部的移民把一组短 a 变量的词分配给宽元音 a (aunt、can't、half、past 等)。

3 短 a 分化系统。纽约市作为重要港口和伊利运河的入海口,重要的贸易运输、货物和旅客都会来往于这里。纽约市的短 a

分化为两个音位,紧化发音由音节尾的浊塞音、清擦音和前鼻音,以及许多语法和词汇的条件制约。(Trager 1930,1934,1942;Labov 1989b;ANAE,第13章)。

4 凯尔特语底层。我们也必须考虑有大量爱尔兰式英语的说话人突然混合进来的影响,其中短 a 通常处于前低或央低位置。

这种方言混合的最终结果往往是形成一种柯因内语(共同语 koine)(Trudgill 1986:107—110),涉及方言趋平(清除有标记的变体)和简化。这些混合型短 a 系统有三种简化模式:(a)没有紧化,如在蒙特利尔或普遍在英国;(b)鼻音系统;(c)所有短 a 的普遍紧化,如上文(8)中提到的。在纽约州发生的就是第三种简化模式。虽然我们不能确定这种音变是何时发生的,但似乎最有可能发生在19世纪前三十年人口剧增期间,以及这个系统在向西不断扩张并输出到五大湖地区之前。

图5.19是北方城市音变向西扩展的地图。黑色圆点(黑色的等语线)表示那些遵循北方城市音变 UD 准则的人,即元音/ʌ/比元音/o/要靠后得多(ANAE,第11章、第14章)。[34] 对这些人来说,北方城市音变第2阶段和第5阶段的共同影响颠倒了其他方言中元音/ʌ/和元音/o/的前后关系。当/o/向前移动时,/ʌ/向后移动,因此元音/ʌ/的F2均值低于元音/o/的F2均值。在整个北部内陆地区这些黑点和这里界定的一致。在这个地区的西南部,也就是从芝加哥到圣路易斯附近有五个黑色的圆点,这是北方城市音变的扩散现象,在第15章中会详细讨论。从大西洋沿岸中部到东岸,有四个连在一起的灰色圆点,这是一个动态区域。除此之外,UD准则的分布没有例外:这是北美英语方言研究中最整齐的分区。[35]

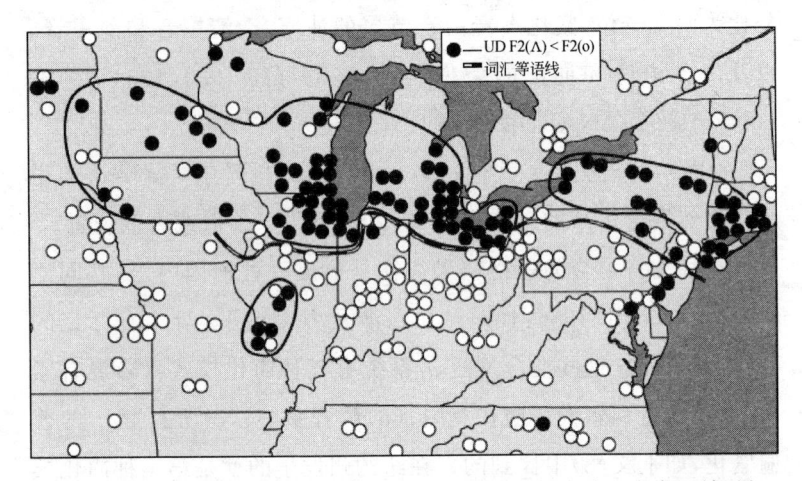

图 5.19 根据 UD 标准,北方城市音变扩展到北部内陆五大湖区域,黑点和黑色等语线标出/ʌ/比/o/靠后的说话人。有黑白条纹相间的等语线是根据《美国地区英词词典》(DARE)数据区分北部和中部的词汇线

另外,北方城市音变的南部界限与黑白相间的等语线一致:北部和中部地区的分界线,这是基于卡佛(Carver 1987)的十三个词汇对立项界定的(例如:北部的 *darning needle* 和中部的 *snake feeder*、*belly-flop* 与 *belly-buster*、*stone boat* 与 *mud boat*、*sawbuck* 与 *trestle*、*blat* 与 *bawl*)。这条北部-中部界线向西延伸,从纽约州经过俄亥俄州西部的保护区南部,靠近印第安纳州的北部边界,然后向南包括伊利诺伊州北部三分之一的地区。

北方的词汇特征主要是农村词语,其中好多词语对今天的城市居民来说,是过时的和陌生的。它们直接反映了19世纪中期北部内陆地区的农业活动:清整土地、建造石墙和房屋。但是,如上所述,北方城市音变的最早证据可以追溯到1960年代。如果语言触发事件发生在19世纪上半叶纽约州北部的人口激增期间,那么

第 5 章 触发事件

在语言学家注意到之前,它的影响一定已经持续了一个世纪。如果我们推算/æ/的高化达到目前水平所需的时间,这并非是不可能的事情。当/æ/移动到外缘轨道时,最初的紧化实际上具有降低/æ/的效果,即 F1 升高,[36] 从目前对进行中音变的研究中可以预期,从低到半高位置的高化将需要三代。[37] 如表 5.4 的年龄系数所示,今天这个地区/æ/的高化已经达到最大值。这个年龄系数是通过对北部内陆 63 位发音人的元音进行回归分析得出的(ANAE,表 14.6)。即使在 $p<0.10$ 显著性水平上,年龄和/æ/的 F1 高度也没有相关性。这表明高化过程已经持续了一段时期,并已达到极限值。

表 5.4 北部内陆发音人[N=63]元音样品中北方城市音变的五个成分在回归分析中的年龄系数。所有的数据都显示年轻发音人倾向于音变

	年龄系数	概率
/æ/的第一共振峰	—	—
/o/的第二共振峰	-12	<0.05
/oh/的第二共振峰	-24	<0.001
/e/的第二共振峰	68	<0.001
/ʌ/的第二共振峰	17	<0.10

这里提出的特定假设是,元音/æ/普遍高化的触发事件是 19 世纪前半叶纽约州西部地区形成的一种柯因内语(koine)现象。这个事件是一系列偶然的历史过程造成的结果,因而继续探究其语言的来源,并不会增进我们对北方城市音变演化的实质性理解。这就是说,我们继续研究新英格兰西部的方言,这个地区是说英语的移民最初的定居点,那里可以找到北方城市音变很多成分的早

期形式(Boberg 2001)。这根火柴是开凿伊利运河的人们划着的,但是燃烧的木材是在新英格兰种下的。

5.7 触发事件总结

本章开始就提出了,要清晰地证明链式音变的因果特征,需要在语言因果链中有弯道的转折点。事实证明在北美英语进行中的语音变化中,有许多这样的转折点。它们通常涉及从一个子系统中移除一个元音,并把它插入到另一个子系统中。在语言子系统中我们定义了链式音变和最大分散原则(详见第 6 章),有赖于语言子系统这个概念,我们对复杂的英语元音系统的发展有了进一步理解。子系统之间的合并在这些发展中起着非常重要的作用。子系统真实性的证据既来自音系空间的分布,也来自语音类别的分化,其中区分语音表现和音系作用的能力是至关重要的。

把遇到的一些触发事件与一系列其他触发事件相联系,可以沿着没有明显的断裂的因果链,追溯语言不确定的历史。后低合并与长开元音 *o* 词群非同寻常的组构相联系,这一词群几百年来一直是英语不稳定的一个根源。另外两个例子在事件的连续性中显示出明显的非连续性。/uw/ 的前化似乎是由古怪的 /yuw/ 词群中舌尖音之后的前滑音脱落而触发的;我们追踪了这个脱落的后果,但是追溯它的前身似乎没有成果。最终,以开凿伊利运河为中心的社会和经济的动荡,造成了尖锐的语言和社会的非连续性,触发了 20 世纪北部内陆地区创新性链式音变。我们当然可以探究这种新方言的混合前身,但是很显然,在 19 世纪前三十年,纽约州西部诞生了一个新的语言世界。

从某种程度上说，这些发现是由英语十六个音位的元音系统的复杂特征决定的，这在世界语言的元音目录分布中是很丰富的。在这里构成的子系统所起的重要作用，在更常见的五元音语言中很难再现。但是，在含有鼻化元音、声门化元音、紧喉元音、长元音和短元音或重读和非重读子系统的语言中，不难找到其他类型的元音子系统的层级结构。布拉德利(Bradley 1969)描述了彝缅语支的阿卡语中，声门调和开-声调子系统内部与子系统之间复杂的链式变化(第1卷，第5章)。拉脱维亚方言中有一系列使人目眩的链式变化，跨越内滑音、单元音、上滑音和短元音等子系统(同上)。英国凯尔特语早期历史的特征是链式变化，它跨越了长元音、短元音、单元音和双元音子系统(McCone 1996)。当然，这种层级结构在辅音系统中更为常见。

新世界的方言学为研究进行中的语言变化提供了极好的机会。我在这里按发生顺序记录的事件是新的语音变化，写入前沿的空白中。当我们追溯它们的来历时，遇到了旧世界的方言学和语言接触，在那里，有几个世纪以来不断累积的层次间的相互影响。记录模糊不清，多次重叠，但值得我们去研究破译。追溯历史的原貌是令人振奋的，而且这也有助于知道：我们从哪里来。

第6章 支配原则

6.1 制约问题

  这一章讨论在一个或另一个方向上制约变化的原则。有了这样的原则，我们就可以预测，对于一种语言的状态 A，如果发生变化，状态 A'会是什么样子。在形式语法中，这就相当于区分"可能的"和"不可能的"变化。尽管这些原则中有许多已得到大量数据的有力证实，但是它们并没有这样的绝对性质。它们指的是语言社区的演变方式，其中，基本认知能力与身体能力和文化实践相互作用。在正确的文化架构下，很少有不可逆转的一般模式。我们的原则使我们了解什么是正常的、一般的和典型的；但是试图用它们来定义不可能的事情，必然会遇到反例。

  受到这些原则支配的变化，可以称为"不可逆转"或"单向的"变化。我更倾向于第二种说法，因为它并不意味着"不可逆转"所代表的绝对性质。单向变化可以逆转方向，尽管很少发生这种情况，但却是很有意义的，因为它们让我们能够寻找特殊的环境，让事情往相反的方向发展。

  1972 年在 LYS 中已经提出了一些支配原则，并且其中有的已经在第 1 卷的第二和第三部分中做了详细说明。因为本卷涉及的是进行中的语音变化,而大多数北美英语进行中的变化几乎全是语音和音系变化,因此这些支配原则大部分都是有关语音变化的。但是近年来,寻求单向变化原则在语法化的研究中也非常活跃(Heine and Kuteva 2005,Hopper and Traugott 2003,Haspelmath 2004)。除了特定动词的单向性(主要动词＞时态/体/语气标记,名词性位置＞格)外,语法化的单向性一直是人们关注的焦点。已经有一整卷书都是致力于这个问题的研究(Fischer et al. 2004;特别参见 Ziegeler 2004)。

本卷的讨论是通过对正在进行中的语言变化的研究,根据实时或虚时研究得到的知识作为指导的。这些变化几乎都是语音的,这里探讨的支配原则是语音的特征。

6.2 合并的(不)可逆性

第 1 卷第 11 章中提出了合并不可逆转的理由,加德在关于斯拉夫语屈折变化的文章中明确阐述了这一原则:

> 在一种语言中实现而在另一种语言中不为人所知的合并,总是语言创新的结果。创新可以造成合并,但不能逆转合并。如果两个词通过语音变化而变得相同,那么就永远无法通过语音手段加以区分。(Garde 1961:38—39)

我称之为"加德原理"的认知基础是十分清晰的。它取决于语言符号的任意性。合并的反转相当于重新学习每个词条的最初义项分配,将合并后的类别分配给两者中的任意一方。尽管个人可以与未合并的方言有密切接触,并通过关注周围人的言语达到这一结果，但整个言语社区都这样做是不可能的。

加德原理的对立面出现在第二方言学习者习得音位分化的研究。PLC 第 1 卷第 18 章回顾了佩恩所做的外州父母的子女习得费城短 a 的研究：34 名儿童中只有一个完全学会了核心模式。我们对这种现象的解释是，词汇分布不同于简单的语音输出规则，必须从父母那里获得。然而值得注意的是，有一个儿童确实习得了费城模式。当研究逆转预期方向上的其他变化实例时，我们发现个体变异是这一过程中独有的特征。

加德原理不需要用更多遵循它的音变记录的广泛支持。历史记录中已有大量的合并，它们都是已知的不可逆转地完成的，并有许多音变正是沿着从未合并到合并的路径进行的。而数目小得多的音位分化机制也已经有很多的讨论（通过失去波利瓦诺夫条件因素的二次分裂，[1] 词汇借用），自然分离不在其中。[2] 在测试合并的不可逆性时，首先要寻找证据，证明第二方言学习者个人是否能够获得母语方言中没有的区别。

英格兰北部的元音 /u/ 和 /ʌ/ 的对比一直是人们关注的焦点，因为社会地位的向上流动与把 *put*、*bush*、*full*、*bull* 发成 /u/ 和把 *putt*、*but*、*gull*、*bulk* 发成 /ʌ/ 的能力相关联。《人生七年》系列节目从孩子们 7 岁开始每 7 年拍摄一次，记录他们对人生变化的不同感悟，桑科夫（Sankoff 2004）从中选取了两名受试者，报告了他们习得这一区别的情况。尼古拉斯 7 岁时对这两个音的发音是完全合并的，但是到 35 岁，他在威斯康星州生活了 14 年后，除 *some* 和 *much* 以外，都发成了展唇的 /ʌ/。来自利物浦的尼尔 7 岁时表现出一种混合的模式；但是，在接触了苏格兰和伦敦的其他方言之后，他在说话时始终如一地把二者区分开。两人都没有任何矫枉过正的迹象。看来有些成年人是可以把如此庞大的词汇量分开的;[3] 问题是整个语言社区是否都能这样做。

在北美英语元音系统中,我们发现了两个挑战加德原理的例子。

6.2.1 /r/前的元音子系统

与以前的考察相反的两个合并例子是有关北美英语中在/r/前面的元音。与第1章提到的四个元音子系统不同,它们构成了独立的子系统。[4] 图 6.1(a)起始的部分显示了/ohr/和/ɔhr/的区别,反映在 *hoarse* 和 *horse*、*mourning* 和 *morning*、*cored* 和 *cord*、*ore* 和 *or* 等对立中。这种区别在1950年代除了中部内陆地区以外的北部和南部都很普遍(Kenyon and Knott 1953, Kurath and McDavid 1961)。ANAE 中的地图 8.2 显示出,现在语音中有这种区别特征的说话人只是散布在新英格兰东部、印第安纳州和伊利诺伊州的南部、南卡罗来纳州和墨西哥湾。当这种区别特征消失后,以前的系统就变成了只区别前/后的系统,符合图 1.1 中主要的元音子系统的情况,图 6.1(b)是现在北美英语大部分发音人的语音系统。

6.2.2 圣路易斯的 ahr/ɔhr 逆合并

图 6.1 所示的通常情况并不是在北美任何地方都能见到。有一种不同的模式,即/ɔhr/和/ahr/合并,而/ohr/还是保持独立的模式,已经在三个地区发现:犹他州(LYS, Bowie 2003)、得克萨斯州东部(Bailey et al. 1991)和圣路易斯(Murray 1993, Majors 2004)。鲍威(Bowie)对早期犹他州英语的研究表明,合并现象发

(a)

音核	音节尾/r/前的元音 Vhr	
	不圆唇	圆唇
高	ihr	uhr
中	ehr	ohr
低	ahr	ɔhr

高	beer	boor
中	bare	bore
低	bar	or

(b)

音节尾/r/前的元音 Vhr	
前	后
ihr	uhr
ehr	ohr
	ahr

beer	boor
bare	bore
	bar

图 6.1 音节尾/r/之前的元音

生在那些出生于19世纪中期的人群中,并在以后的五十年里,合并的力量有所增强。而犹他州已有报告(Cook 1969,Lillie 1998)指出,合并正在减少,倾向于/ahr/与/ɔhr/之间的区别,以及/ɔhr/与/ohr/之间的合并。据普遍报道,传统的圣路易斯方言显示出/ahr/和/ɔhr/的稳固合并(后中位置,而不是得克萨斯州的央低位置)。但是有很多资料显示,在年轻人中,这种合并正在让位于周围地区的模式:/ahr/和/ɔhr/的分离与/ɔhr/和/ohr/的合并(Murray 2002)。我们可以通过对ANAE里的四位不同年龄圣路易斯发音人的声学分析来研究这种逆合并的机制,这些发音人的元音系统如图6.2—图6.5所示。电话采访主要是关注这个地区的元音系统。引导发音人分别说出 hoarse 和 horse、mourning 和 morning、card 和 cord、barn 和 born 等单词,然后作为最小对比词对发音并加以判断。[5]

第 6 章 支配原则

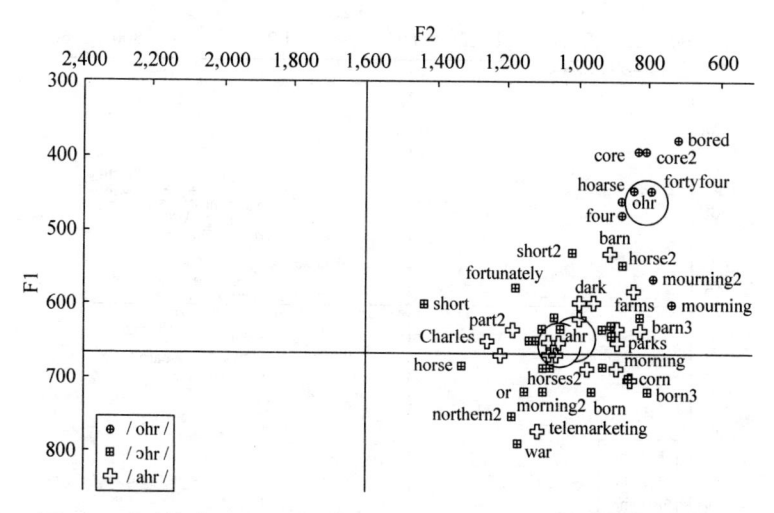

图 6.2 朱迪发的 /r/ 前面的后元音,57 岁[1994],密苏里州,圣路易斯,测试样本 109

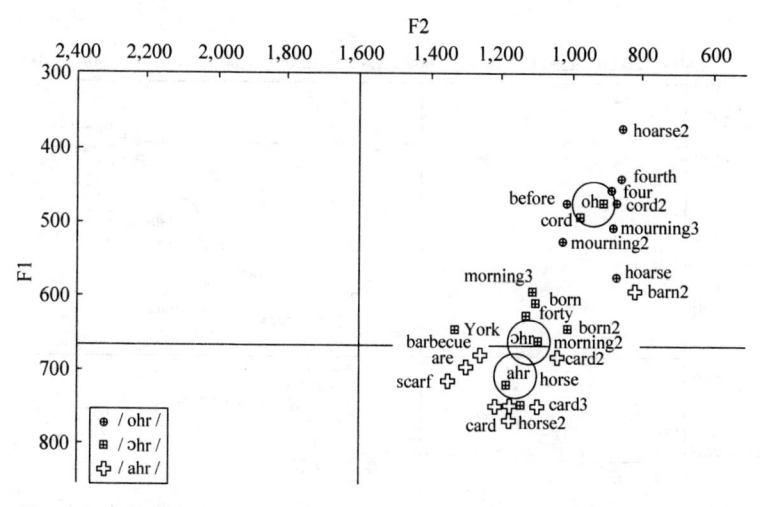

图 6.3 乔伊斯发的 /r/ 前面的后元音,53 岁[1994],密苏里州,圣路易斯,测试样本 167

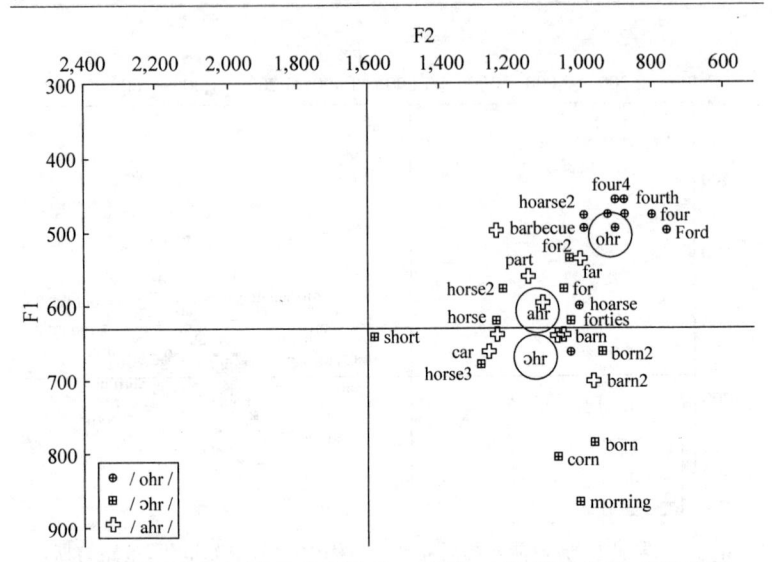

图 6.4　马丁发的 /r/ 前面的后元音，48 岁[1994]，密苏里州，圣路易斯，测试样本 111

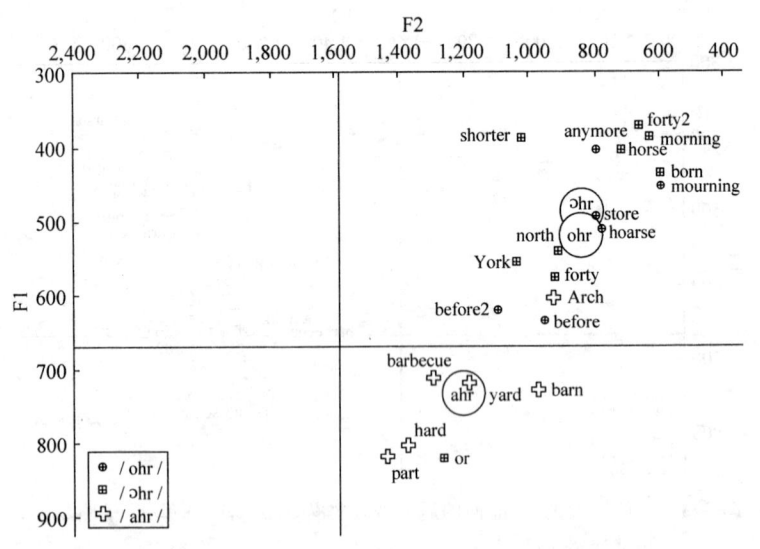

图 6.5　罗斯发的 /r/ 前面的后元音，38 岁[1994]，密苏里州，圣路易斯，测试样本 161

图 6.2 中的朱迪是其中最年长的发音人,合并似乎保持了词汇忠实度。右上角的/ohr/元音只有两例 mourning（哀悼）与/ɔhr/和/ahr/合并的分布重叠,但与 morning（早晨）的两例（都来自最小词对）完全分离。最小词对 hoarse（嘶哑）和 horse（马）也可以很好地区分开。barn（谷仓）和 born（出生）的关系很好地证明了/ahr/和/ɔhr/的合并,其中 barn 的两例都高于 born。[6] 总的来说,正如所料,引导受试者说出的诱发形式集中在元音空间的外缘位置;/ohr/的明显分离与/ɔhr/和/ahr/的合并也是自发形式的特点。在最小词对测试中,朱迪判断出 hoarse 和 horse、mourning 和 morning 听起来不同,barn 和 born 听起来一样。分析者的听感证实了这一点。

图 6.3 所展示的是第二位受试者乔伊斯发的同一组元音,乔伊斯比第一人小四岁。从图中可以看出/ahr/与/ɔhr/明显合并,而与/ohr/分离。mourning 位于/ohr/的主要聚集区。然而,单词 cord 显然是/ohr/组的一部分,与分布在底部/ɔhr/和/ahr/区的 card 发音相距很远。在最小词对测试中,乔伊斯和朱迪一样,认为/ohr/和/ɔhr/不一样,但是听起来/ahr/和/ɔhr/很接近。分析者同意她的观点。

第三位是小五岁的马丁,元音等级的分布保持不变,但距离更近(图 6.4)。前两位发音人/ohr/和/ɔhr/的 F1 相差 200Hz,但是在马丁的发音中相差 160Hz。马丁判断认为/ohr/和/ɔhr/的发音是"相近的",但是他还是把/ahr/和/ɔhr/听成"一样的"。[7]

罗斯是四人中最年轻的一位,比马丁小十岁,图 6.5 表明她的 Vhr 系统完全改变了。无论是她说的话还是她的判断都可以分辨出/ohr/和/ɔhr/,而/ahr/单独隔离在低位上(平均 F1 高出 250Hz)。

罗斯还有传统圣路易斯方言的残留：arch 出现在中元音位置，以及最值得注意的是，属于/ɔhr/类的 or 出现在低位中。[8] 图 6.5 中的 19 个单词中有 2 个单词属于听错单词，这表明词汇识别错误率约为 10%。

幸运的是，这一系列圣路易斯逆合并的图示都是集中在发生变化的年龄段。两位年长的发音人证实，传统的圣路易斯语音系统曾经是一致的，只是偶尔出现/ahr/和/ɔhr/的识别偏差。第三位发音人表现出语音近似，特拉吉尔和福克斯克罗夫特（Trudgill and Foxcroft 1978）把它定义为合并的机制。第四位发音人表现出桑科夫和布隆多（Sankoff and Blondeau 2007）在蒙特利尔法语中发现的/r/从舌尖到小舌的突变重组类型。从整个生命周期中跨年龄的语言变化得出的结论是，成年人不可能做到像图 6.5 那样的根本性调整。很可能罗斯在青春期或更早就受到这种变化的影响。

第四位发音人与前三位的反差使我们相信，有关圣路易斯 card/cord 逆合并的另类报道是可信的，请加德见谅。合并的单向性的主要论点在于，逆合并需要逐个词的重新学习，换言之，这是通过词汇扩散而不是规则音变引起的变化。在圣路易斯音变显示出/ohr/和/ɔhr/的近似中，我们可以看到规则音变运作下的音位目标正在进行合并。但是，从/ɔhr/和/ahr/分离所显示的词汇不规则性来看，我们可以识别词汇扩散的机制。在下一次考察逆合并的时候，一定要注意这个问题。

6.2.3 查尔斯顿 fear/fair 的逆合并

我们在许多英语方言中都发现了/ihr/和/ehr/合并的证据，

因此 *fear* 和 *fair*、*hear* 和 *hair*、*beer* 和 *bear* 变成同音异义词：这种现象发生在东英格兰（Trudgill 1974b）、纽芬兰（Wells 1982）和新西兰（Gordon and Maclaglan 1989）。对正在进行的新西兰合并的进展和机制已经有相当详细的研究（Holmes and Bell 1992，Maclaglan and Gordon 1996，Gordon et al. 2004，Hay et al. 2006，Shibata 2006）结果与加德原理相当一致。这种合并一直被认为是南卡罗来纳州查尔斯顿及其邻近地区方言的一个特点（Primer 1888，O'Cain 1972，McDavid 1955，Kurath and McDavid 1961）。这些早期的报告表明存在相当大的变异。库拉斯和麦克戴维说"*ear* 有时和 *care* 押韵"（Kurath and McDavid 1961:22），合并通常被描述为一种遗留特征，让位给区分。如果这种情况与合并的可逆性有关，那么必须弄清早期阶段是否存在完全合并（见注释3）。

巴拉诺斯基对查尔斯顿社区的研究，在一个社会分层样本中涉及100名受试者，对/ihr/和/ehr/合并给予了相当大的关注（Baranowski 2006，2007）。巴拉诺斯基选择了南卡罗来纳州博福特的警长麦克蒂尔的演讲，作为老查尔斯顿方言的原型。我在1965年采访过他。图6.6显示了麦克蒂尔的/ihr/和/ehr/元音。中间位置的合并非常明显，图中内嵌的T检验表证实了两个元音没有任何差别。

巴拉诺斯基对整个地区进行了最小词对测试，结果见图6.7。在图6.7中，"0"代表完全合并（发音和感知上"相同"），"2"表示具有一致区别（发音和感知上"不同"）。最年长的两个年龄段的发音人显然是/ihr/和/ehr/合并在一起的，而50岁以下的发音人则有着明显的区别，图中50到79岁之间的曲线呈现一个急剧的斜坡。毫无疑问，/ihr/和/ehr/两个音合并的情况已经发生了逆转。

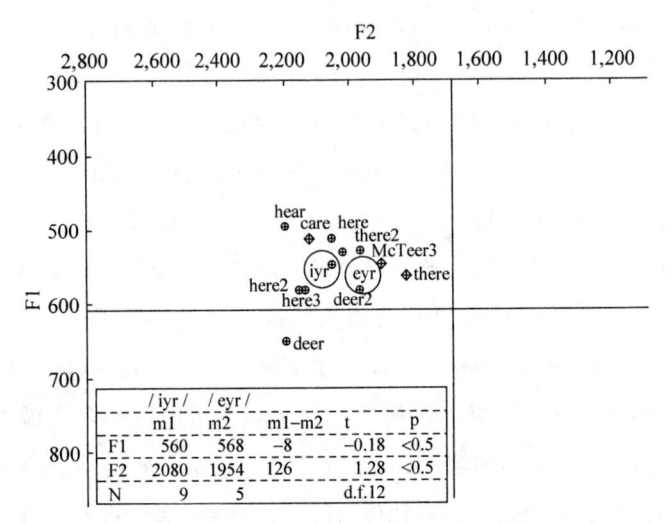

```
            F2
  2,800 2,600 2,400 2,200 2,000 1,800 1,600 1,400 1,200
300
400
                      hear
500                      care here
                         there2
                            ⊕ McTeer3
                    iyr  eyr    ⊕there
                  here2
F1                     here3 deer2
600
                  ⊕ deer
700
              /iyr/    /eyr/
              m1      m2    m1-m2    t      p
800       F1  560    568    -8     -0.18   <0.5
          F2  2080   1954   126    1.28    <0.5
          N    9      5           d.f.12
```

图 6.6 麦克蒂尔发的/ihr/与/ehr/,南卡罗来纳州,博福特[1965]

图中表示 *beer/bear* 的虚线是通过最小词对测试得到的线性回归线。*fear/fair* 和 *beer/bear* 两组词明显地遵循着相同的"S"形逆转模式。通过对数转换两者都得到一条直线,r^2(决定系数)大于 0.99(Baranowski 2007,图 6.26—图 6.27)。

巴拉诺斯基对于个体发音人的调查显示出了查尔斯顿合并现象的一些特殊特征,其中在老年人中存在相当大的变化。一位 90 岁妇女的 *beer/bear* 和 *fear/fair* 两组词已经完全合并了,但是,她在即兴谈话和最小词对测试时却能对 *here* 和 *hair* 做出明显区分。同样,一位 85 岁的男性也是这种情况,但其他人却表现为完全合并。

代际之间会有突然的变化,这再次表明,儿童可以在一个有着稳定的/ihr/~/ehr/合并的家庭中长大,并且进入成年时又能够把这两个音明显区分开。巴拉诺斯基介绍了这个例子:一个 82 岁

第 6 章 支配原则

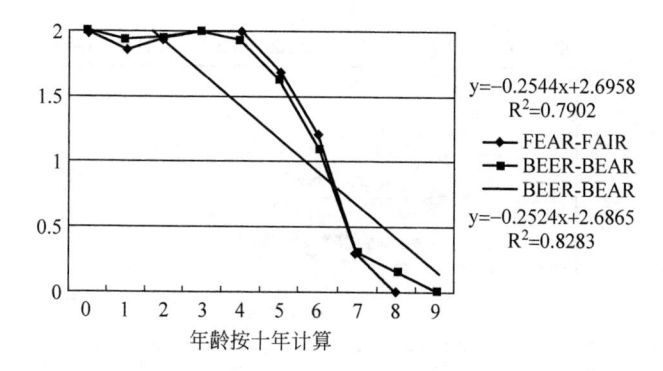

图 6.7 通过两对最小词对展示的南卡罗来纳州查尔斯顿地区/ihr/～/ehr/的逆合并(Baranowski 2006,图 6.25)。宾夕法尼亚大学许可转载

的妇女对于/ihr/和/ehr/两个音没有任何区别,而她 58 岁的女儿只在 here 和 hair 一对词显示出合并。[9]

查尔斯顿发音人也表现出在一定程度上意识到对立及其变异性,而不只是关注于一两个词项的语音位置。这在巴拉诺斯基和一名 42 岁的下层中产阶级妇女之间的交流中表现得非常明显。其中斜体词的 F1/F2 位置标示在图 6.8 中。

> beer2 和 bear2,[停顿,微笑]听起来不一样,尽管有些人认为……好吧,beer3 是你喝的东西,而 bear4 是动物,[但是]有些人如果他们听我说 bear3,认为我在说 beer4。这种事经常发生。[如果你说什么?]如果我说的是 beer5,他们认为我在说[或者如果我说 bear5,他们认为我在说]beer6,就像这种喝的东西。[……]由于某些原因,我知道当我说 bear6,他们会认为我说的是 beer7,而我说的并不是 beer8。(凯西,42 岁,南卡罗来纳州查尔斯顿)

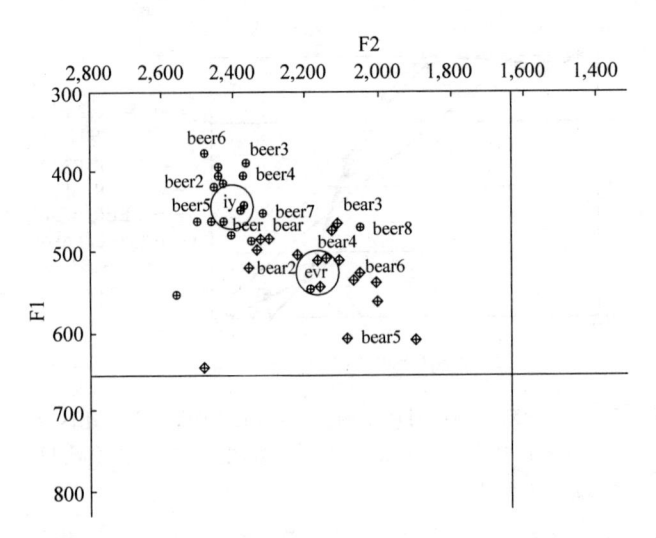

图 6.8 凯西(42 岁)发的 *beer-bear* 例词,南卡罗来纳州,查尔斯顿 (Baranowski 2007,图 6.41)。美国方言学会出版许可转载

最初标为 *beer* 和 *bear* 的最小词对离得非常近,随着对区别的讨论进一步深入,两个目标词分开得越来越远,直到最后 *beer*8 的发音反而落到了 *bear* 组的中间。

凯西对这一问题有敏锐的意识,但总的来说,还不能说合并在这个城市有很强的社会评价。查尔斯顿音变的一个很不寻常的特征是,这个地区的音变与社会阶层和性别无关。巴拉诺斯基的回归分析也没有发现这些因素对音变有影响。这与其他查尔斯顿音变形成对比,比如/ow/的前化,在上层阶级中占主导地位。在这种意义上,/ihr/和/ehr/的合并不是社会评价的结果。

这两个逆合并的例子似乎大大削弱了加德原理。另外,我们发现逆合并还伴随着一定程度的词汇量变。但在考虑如何进一步修订这一原理之前,我们可以转向合并不可逆性的空间方面——

赫佐格推论。

6.3 北美地区合并的扩展

如果合并是不可逆转的,那么它们就不会在地理上收缩,而只能从一个地区扩展到另一个地区。这是赫佐格对于加德原理进行推论的逻辑基础,最初的说明来自战前波兰北部的意第绪语中两次合并的地理浪潮相遇的结果:四个音位合并为一个(Herzog 1965,Weinreich et al. 1968)。

ANAE 为北美英语中的八种合并现象提供了一种地理的视角。其中三种显示了迅速的扩张,差不多都已完成。*dew* 和 *do* 等词中的/iw/和/uw/的合并程度如图 5.11 所示(基于 ANAE,图 8.3)。类似的模式在 ANAE 中还有 *which* 和 *witch* 等词中的/hw/和/w/的合并(ANAE,图 8.1),以及前面讨论过的/ohr/与/ɔhr/的合并(ANAE,图 8.2)。对于上面的这三种合并现象,合并地区从 20 世纪中叶 PEAS(《大西洋沿岸各州英语发音》Kurath and McDavid 1961)所记录的一些有限的地区(主要是美国中部地区)扩展,如今覆盖了美国东部的大部分地区以及其他的大陆地区。没有任何迹象表明这些合并有发生逆转的趋势。

在 *Mary*、*merry*、*marry* 等词中的/ey/、/e/、/æ/在元音之间的/r/前面的条件合并,覆盖了美国大陆的大部分地区,似乎表现相当稳定。在从普罗维登斯到费城,这三个词在发音上都各不相同,在这个地区保持不变,而周围的东海岸地区还保留着 *merry* 和 *marry* 之间的区别(ANAE,图 8.4)。[10]

6.3.1 *pin*/*pen* 合并

在美国南方各州,有大量关于鼻音前的/i/和/e/合并的报道(Brown 1990,Bailey 1997)。贝利和罗斯(Bailey and Ross 1992)的研究提出,1875 年以前出生的人中有/i/和/e/音的区别。[11] ANAE 发现了合并在南方地区(通过塞音前的/ay/单元音化来界定的)几乎是完整的。在最小词对测试时,143 个发音人中只有 12 人可以把 *pin* 和 *pen*、*him* 和 *hem* 两组音做出明显的区分。[12] 从图 6.9 可以看出 *pin* 和 *pen* 合并已经明显超出南方地区,向俄克拉荷马州和南部的堪萨斯延伸,并且到达了印第安纳中部的胡热尔,佛罗里达北部也包括在其中。在 *pin* 和 *pen* 合并新扩

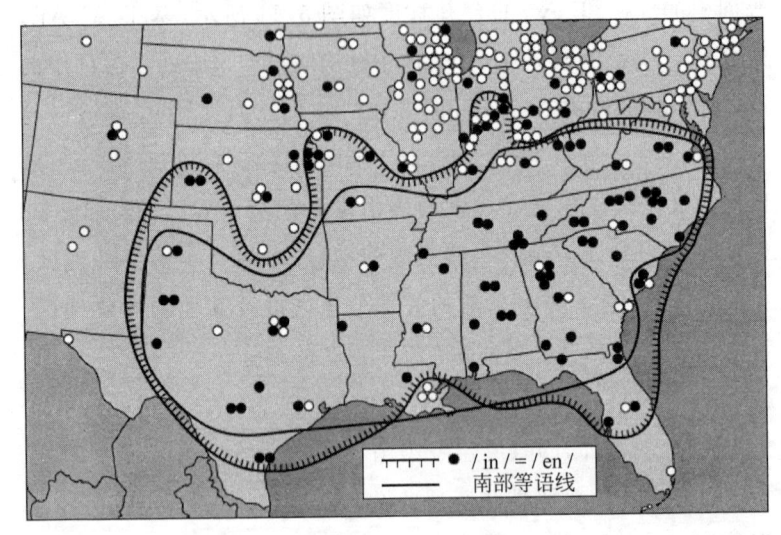

图 6.9 *pin*、*pen* 合并对南方地区以外的扩展。(ANAE,图 9.5)通过阻塞音前的/ay/单元音化等语线界定南方方言区。实心点:最小词对测试中/in/=/en/

展到的地区进行测试,46个人中只有5个人能够对鼻音前的/i/和/e/有明显区分。在几乎没有南方特征的查尔斯顿地区,pin 和 pen 的合并正在进行,并且在最年轻的一代人中已经完成了这种合并。

图 6.10 显示对于北美主要方言区的/in/和/en/合并做最小词对测试得到的发音和感知的平均值。数值 0 表示人们在发音和感知上一致的"相同",2 表示一致的"不同"。

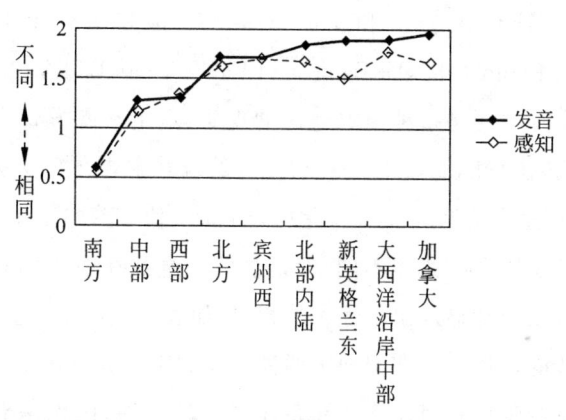

图 6.10 各地区对于/in/～/en/区别发音与感知最小词对反应的平均值。0=一致"相同"的反应;2= 一致"不同"的反应

在图的左边,美国的南方地区为合并发展最快、最一致的地区。它的两个相邻地区,美国的中部地区和西部地区是中间值,反映了合并的扩展。在图 6.10 中,受合并影响的方言区,对发音和感知的反应是相同的;但是,在图的右边离南方最远的四个方言的感知平均值稍低,这表明人们是边缘意识到 pin 和 pen 可以"相同"。然而,pin 和 pen 的合并不像其他的南方特征那样具有社会意义。ANAE 第 18 章报道了南方音系中的某些成分在一段时期

正在减少。与北方城市音变不同,南方音变正好是与城市的规模逆相关。另一方面,*pin/pen*合并与城市规模直接相关(2分制量表中每百万人0.42水平,p<0.0001)。

6.3.2 /l/前的语音合并

在美国的犹他州、新墨西哥州和得克萨斯州,一系列社会语言学调查发现了两种新的合并现象:在 *fill* 和 *feel* 中/i/和/iy/在/l/前合并;相应地在 *full* 和 *fool* 中后元音/u/和/uw/在/l/前合并(LYS,Di Paolo 1988,Di Paolo and Faber 1990,Bailey 1997)。前元音的合并主要是一种南方地区的现象,集中在南方音变发展比较快的地区(ANAE,图9.7)。后元音的合并主要在宾夕法尼亚州的西部,那里音节尾/l/的元音化也处于最大值(ANAE,图9.6)。尽管有地理位置上的诸多不同,但是这两种合并在最小词对测试中反应的分布中却显示出了惊人的相似,如表6.1所示,他们显然有近乎一致的数据。对北美地区两种合并的回归分析显示,每25岁就有2分制量表超过1个单位的增长。这表明,区别是老年人的主要特点,而合并是年轻人的主要特点。因此,/il/和/iyl/的合并完全独立于在虚时中减弱的南方音变。这两种合并也显示出与教育程度有着相当大的负相关。

表6.1　ANAE最小词对数据中/l/前的/i/~/iy/、/u/~/uw/合并的回归系数。
2=不同;0=相同。p:* <0.05,** <0.01,*** <0.001

	/il~iyl/	/ul~uwl/
年龄 * 25岁	1.15**	1.12**
教育程度	0.468***	0.232*

虽然我们没有关于/l/之前合并的实时数据，但有充分理由相信，它们是正在扩展的现象，与接近完成的/hw/～/w/、/ohr/～/ɔhr/和/iw/～/uw/合并相对比，有着截然相反的生命历程。

6.3.3 后低合并

在北美英语音系中，/o/和/oh/的后低合并代表了最重要的地理划分，对音系的其他部分有着诸多影响。新英格兰东部（LANE，《新英格兰语言地图集》）(Kurath et al. 1931)从1930年代开始，东宾夕法尼亚（PEAS，《大西洋沿岸各州英语发音》）(Kurath and McDavid 1961)从1940年代开始，西部和加拿大从1970年代初开始，都有可靠的记录（Scargill and Warkentyne 1972, Terrell 1975）。

ANAE通过最小词对和近似最小词对测试（*hot/caught*; *Don/dawn*; *sock/talk*; *dollar/taller*）以及声学测量即兴谈话的分布来研究后低合并。图6.11是ANAE中各地区在发音和感知的平均值，形式与图6.10类似。在图上看出，北美方言似乎分为

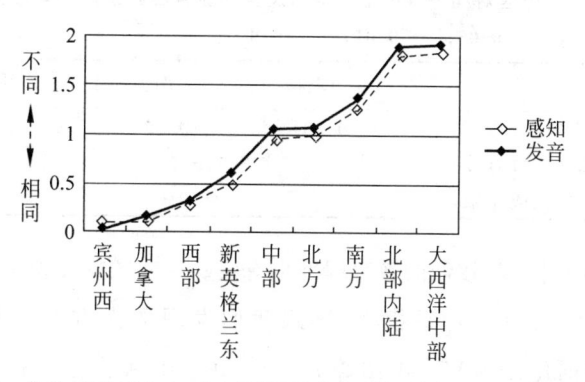

图6.11 各地区对于/o/～/oh/区别发音与感知最小词对反应的平均值。0＝一致"相同"的反应；2＝一致"不同"的反应

三类。左边的四种方言一直是报道为合并的区域,包括西宾夕法尼亚、加拿大、新英格兰西部和东部。中间的方言处于过渡阶段,在北部内陆以外中部和北部,/o/和/oh/在发音和感知上通常被判断为"接近"。右边三个方言的音系结构拒绝合并,南方的/oh/有一个向上的滑音,北部内陆的/o/明显靠前;在大西洋沿岸中部/oh/明显上升。我们还注意到,南方地区朝向过渡方言移动。另外,除了合并最为强烈的地区,感知数值略低于发音数值。

像大多数合并一样,/o/和/oh/的后低合并没有形成显著的社会语言学变量。一系列回归分析发现,在任何地区都没有显著的性别影响,除南方以外的教育程度和城市规模都没有影响(见表6.2)。然而,南方却是另一番景象。它显示出一个强大的正年龄系数(与图6.11一致),表明年轻人是最有可能合并的群体。像在 *pin/pen* 合并中一样,我们发现城市越大,数值越低:合并是一种城市现象。

表6.2 各地区对/o ~ oh/最小词对反应的显著回归系数。等级:0—2。p:* <0.05,** <0.01,*** <0.001

	中部	南方	西部
年龄* 25 岁	0.23**	0.29***	0.15*
城市人口(以百万计)		−0.16*	
教育程序(完成年限)		0.06**	

它同时也与较低的教育程度也有关。这些数据反映了大城市退出显性的南方音系模式,这跟我们发现的南方音变和/l/前/uw/的前化(ANAE,第18章)一样。在这个例子中,/oh/的后上滑音是显著特征。当这个后上滑音脱落时,合并必然会随之而来,因为/o/和/oh/在 F1/F2 图中的位置几乎是一致的。

第 6 章 支配原则

我们在这方面主要关心已合并地区和未合并地区之间的边界是否稳定。图 6.12 以 ANAE 的图 9.4 为基础,叠加 PEAS 边界线、ANAE 边界线以及我在 1968 年对长途电话接线员调查的 *hock* 和 *hawk* 对比研究(OH68)。[13]

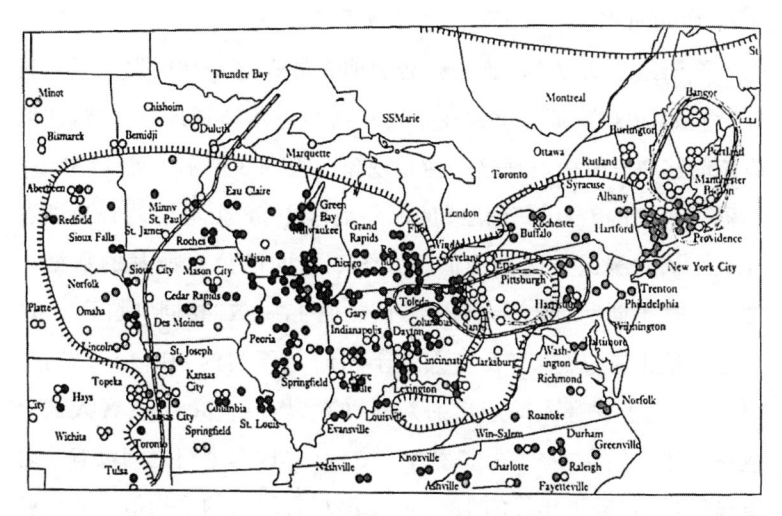

图 6.12 后低合并对比:1950 年代(PEAS:灰色条纹等语线);1960 年代(OH68 调查:黑色条纹等语线);1990 年代(ANAE:带方向的等语线)(ANAE,图 9.3)

图 6.12 显示,在 PEAS 和 OH68 中,合并仅限于新英格兰东部,但在 1990 年代的 ANAE 数据中,合并扩展到了新英格兰西部。此外,在 OH68 中合并已扩展到西宾夕法尼亚的东部和西部,在 ANAE 中进一步扩展到西弗吉尼亚。艾恩斯(Irons 2007)的研究报道了在肯塔基州东部的进一步合并。如上文所述,南方地区通常表现出通过后上滑音脱落而合并的趋势(Feagin 1993)。在中北部各州,可以观察到合并从加拿大向南延展。然而,在图 6.12 中有一个地区,与人们预期的实时模式正好相反了。假如

合并是从西部地区扩展过来的,那么1990年代西部地区后低合并的边界线应该在1960年代边界线的东部;但是,正好相反,它位于西部。在明尼苏达州达科塔和内布拉斯加州的南部地区有相当大的一些区域,是OH68线位于ANAE边界线的东边,后低合并似乎从1960年代到1990年代已经减弱了。

  等语线预期位置的逆转是否表明合并在这一地区发生了逆转呢?假如是这样,那么就像在圣路易斯和查尔斯顿地区那样,我们应该能够在虚时中发现这一逆转现象。表6.3展示了处于ANAE等语线东部的OH68等语线的那些地区中36个电话调查受试者在最小词对测试中的平均值。如图6.7的巴拉诺斯基的数据一样,一致"不同"赋值2,一致"接近"赋值1,一致"相同"赋值0。这里分别给出了"感知"(发音人关于相同与不同的判断)和"发音"(分析者关于发音人的产出的判断)的平均值。36个发音人被分成三个年龄组。在51—75岁和41—50岁这两个组之间没有显著差异。然而,最为年轻的18—30岁组却有较低的平均值。T检验显示这种差异是偶然造成的,概率分别是感知为0.08和发音为0.01。因此,我们可以得出结论,OH68对于电话接线员的调查(他们的本地居民身份没有电话调查对象那么明确)并没有成功地确定当时合并的实际地理边界。合并在这个边界地区,跟在其他地区一样,似乎正在向前推进。

表6.3 图6.12的地区最小词对测试的平均值,OH68等语线在ANAE等语线的东部

年龄	听辨	发音
51—75	0.84	1.16
31—49	0.92	1.25
18—30	0.61	0.59**

第 6 章 支配原则

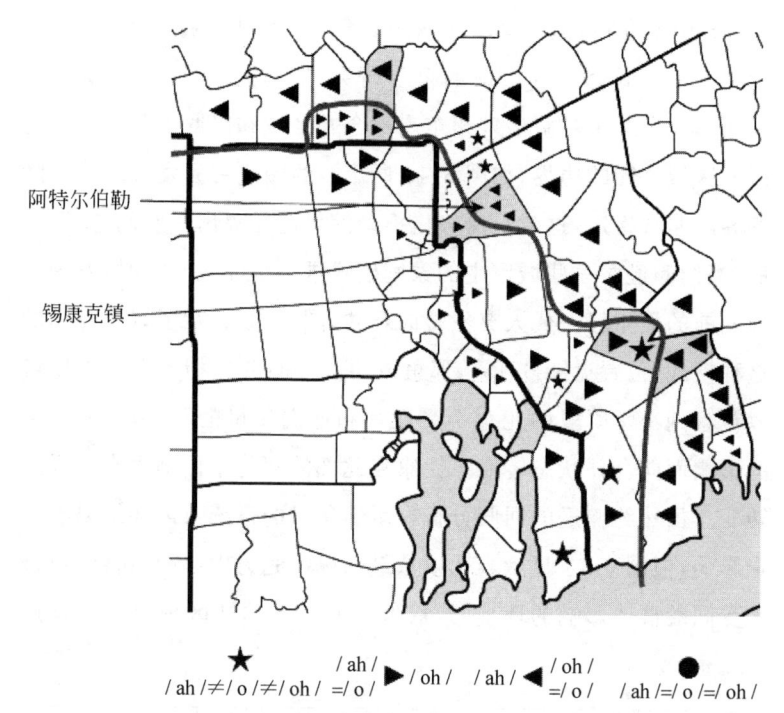

图 6.13 新英格兰东南部后低合并边界（Johnson 2010，图 6.5）。美国方言学会出版许可转载

在费城举行的 2008 年"分析变化的新方法"（NWAV）会议上，有 5 篇论文集中讨论了后低合并问题，在那里讨论的所有案例中，都有迹象表明合并现象的扩展。[14] 在印第安纳波利斯，可以发现中部地区过渡阶段的"接近"特征进一步向前发展着，逐渐向近似合并靠近（Fogle 2008）。在迈阿密，同样的过渡阶段进一步向前发展，年轻的发音人近乎合并。（Doernberger and Cerny 2008）。在宾夕法尼亚州伊利市，埃瓦尼（Evanini 2009）发现，在匹兹堡的影响下，朝向中部地区的转变伴随着一种前化的合并形式，这在

PEAS 中不存在,但是又跟匹兹堡的合并音位不一样。

关于后低合并的最新的重要研究是约翰逊的研究(Johnson 2010),他追踪了马萨诸塞州东南部合并区域和以罗得岛为中心的区分区域之间的边界,如图 6.13 所示。约翰逊首先发现跨越代际的界限非常稳定,这就给赫佐格推论的普遍性提出一些问题。[15] 然而,当约翰逊对一些城市中的家庭模式进一步深入研究时,发现青春期前的最年轻一代人突然转向合并,图 6.14 显示了锡康克镇的这种模式(位置见图 6.13),那里成年人之间差异相当大。人们可以观察到小学阶段的儿童不受性别和他们父母的/o/和/oh/分合的影响而向合并状态转变。锡康克北部的阿特尔伯勒也有同样的转变。虽然约翰逊的回归分析显示出父母的系统对最终结果有一定影响,但图 6.14 显示当儿童从最初以家庭为中心的语言学习进入受同龄群体影响的环境时,后低合并扩展的社区现象就会作用于儿童。

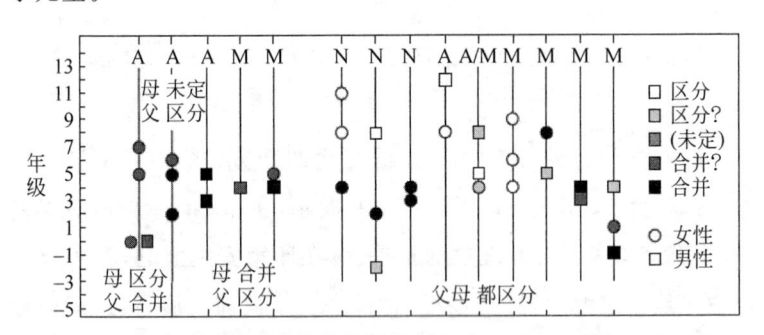

图 6.14　锡康克后低合并的跨代际发展(Johnson 2010,图 6.5)。N＝北锡康克;A＝中锡康克;M＝南锡康克。本转载得到美国方言学会出版许可

这些主要的音变发生在语言边界地区,并且为赫佐格推论提供了进一步的支持。尽管这种语言边界线在几代人中间都是稳固

的，但目前的变化正在沿着后低合并的方向进展。约翰逊同样也考虑了可能朝向合并的趋势是一种普遍现象，与地理因素无关；他发现在罗得岛的一些说话人就有音变的情况。然而，在社区的层次，这些都没有发展成为像图6.14中表现的，向合并进展的移动。约翰逊特别注意了一种假设：变化的动力来自于从完全合并了的大波士顿地区向锡康克-阿特尔伯勒地区迁移的一些家庭。但是他的研究中只是有限的数据支持这个观点。他的表5.7显示在阿特尔伯勒南部地区，父母具有合并特征的百分比远远大于锡康克地区，然而推动合并最强的力量却在锡康克，那里的儿童中具有合并特征的移民父母的百分比并没有增加。

6.3.4 加德原理再评价

圣路易斯和查尔斯顿这两个反例使我们对于加德原理以及赫佐格推论重新进行评价。如果我们考虑到查尔斯顿/ihr/和/ehr/合并的边界，或者划定圣路易斯/ahr/和/ɔhr/合并的边界，就会很清楚地看到，这些等语线没有扩展，而是收缩为零。这些例外跟正常合并的扩展有什么不同呢？

北美英语音系的一般模式是，地区方言越来越多样化，而那些与个别中等规模城市相关联的方言正在让位给地区方言。我们所发现的两个逆合并的例子就与城市方言向地区性转换有关。*card/cord* 合并的逆转是传统的圣路易斯方言普遍替换过程的一部分，近似于北部内陆地区的北方城市音变（见第15章）。与此类似，*fear/fair* 合并的逆转是传统的查尔斯顿方言被东南部地区模式取代的一部分（Baranowski 2007）。[16]

这里所讨论的合并规模的大量扩展，是独立于任何特定的方言的。which/witch、four/for 和 dew/do 的对立一般出现在北部和南部，与单个城市的音系无关。pin/pen 的合并同整个南方地区相联系，而不是与任何一个特定城市有关，并且它的扩展已经超出南方以外。尽管在 ANAE 的地图上，fill/feel 和 full/fool 的合并展示出区域集中性，这已经在许多不同的地区得到可靠的报告。事实上，合并扩展超出地区边界之外的趋势，是 ANAE 划界的基础，即不使用合并的等语线来界定北美英语方言。

因此，加德原理的例外在这里可以被描述为，在替换过程中与一种方言相关联并被确认的合并。这并不是要低估把一个合并的词群再分离为两个成分的难度，一旦失去了它们的历史身份，就很难再找回了。第 9 章对于驱动力量的探索将试图解决这个问题。

还有一个问题是如何解释这样的事实：有些城市方言幸存下来，而另一些则消亡了。最为突出的与一个城市相关联的方言是纽约市的方言。尽管本地白人使用这种方言的人口已经下降，低于城市人口总数的 50％，但却没有什么证据表明这种方言的衰退和替换。纽约市电话调查的受试者保留了方言的传统特征，正如 19 世纪末以来所报道的那样。[17] 费城方言有更为详细的历史记录，它在基本结构上显示出类似的稳定性：短 a 分化，在/r/之前的后元音链式音变，/ohr/和/uhr/的合并，ferry 和 furry 的近似合并，pal、pail 和 Powell 的合并，crown 和 crayon 的合并。可以追溯到 1970 年代的一个音变，/aw/的高化和前化，现在已经开始衰退（PLC，第 2 卷；Conn 2005）。而其他的音变，(eyC)的高化和前化，(ay0)的后化和央化，则继续向前发展。波士顿方言一直被认为是新英格兰东部的一个中心，没有迹象表明它会被其他地区的模式所取代。[18]

第6章 支配原则

人口规模似乎是决定一个城市方言生存的决定性因素。表6.4列出了这里讨论的七个城市1990年的人口规模及其都市统计区域(MSAs)。人口超过50万的城市方言似乎是稳定的,而人口较少的城市方言则不稳定。这些小城市"方言损耗"的数量和类型各有不同。查尔斯顿方言的整体布局在最近几十年里发生了根本性变化(Baranowski 2007)。博贝格和施特拉斯尔(Boberg and Strassel 2000)报告在辛辛那提特殊的短 a 模式已经逆转,而倾向于中部地区普遍的鼻音模式。圣路易斯已经失去了最显著的音系特征,/ohr/和/ɔhr/的合并,而从芝加哥引入了北方城市音变的大多数成分(Labov 2007)。在所有这些中等规模的城市中,匹兹堡非常倾向保存本地方言的特征。它的主要模式——/aw/的单元音化,在那些1950年以后出生的人中有一些磨损(Johnstone et al. 2002),但是匹兹堡也表现出一种新的链式音变,为匹兹堡音系特有的变化(本卷第5章)。正如约翰斯通等的研究(Johnstone et al. 2002)所表明的,匹兹堡高度的本地语言观念意识可能是一种支持性因素。

表6.4 七个城市的都市区域和城市人口

	城市人口规模	都市统计区域
纽约市	8,643,437	7,380,906
费城	1,585,577	4,952,929
波士顿	574,283	3,263,060
圣路易斯	396,685	2,548,238
匹兹堡	369,879	2,379,411
辛辛那提	364,040	1,597,352
查尔斯顿	80,414	495,143

尽管主要的地区方言继续在分化,普遍的趋势是将小城市的方言吸收进周围地区的语言模式。在这一方面,北美英语的趋势与许多西欧的方言很相似(Thelander 1980)。我们这里遇到的两个逆合并的例子就是地区性吸收机制的一部分。[19]

合并的三种机制:语音近似、词汇互换和两个类别突然统合为一类(Trudgill and Foxcroft 1978,Herold 1990,1997)。逆向的分化过程似乎需要词汇重组,重新一个词一个词学习这些区别,到目前为止,圣路易斯和查尔斯顿的词汇不规则现象为此提供了一些证据。一代成年人不太可能全部都这样做。在这些案例中,词汇变异的数量有限,这是由于具有一个音位系统的母语者跟有两个音位系统的年轻人在早期的接触所致。移民儿童的临界数量对于这种逆转来说,可能要大于推动后低合并扩展所需的比例(Yang 2009)。

6.4 链式音变的支配原则

在链式音变领域音变支配原则的发展已经采用最实质的形式,即,在一系列以因果关系联结在一起的变化中,保持区别的数量(Martinet 1955;LYS;PLC,第1卷第5章)。从这个意义上说,链式音变是第6.3节中讨论的合并的补充,这在定义上减少了区别的数量。然而,许多复杂的系列变化既涉及合并也包含链变;正如我们将看到的,合并引发链变或者合并跟随链变都是常见的。第5章提出了如何区分链式音变与平行音变或推广扩展音变的问题,并得出结论:当涉及的变化有不同的性质时,链式音变的因果特征最为明显。

图示(1)给出了确认链式音变的方法,在(1)中 A 是"进入"成分,B 是"离开"成分。

(1) A→B→

时间顺序是本质问题。在一个拉链中,B 先移动;在推链中,A 先移动。如果 A 和 B 同时移动,这就会成为一种推广扩展音变的证据——不是第 5 章意义上的链式音变。

现在普遍接受拉链的存在,但是推链是否存在仍然是有争议的问题。把音变看作是一组二分特征规则的改变(Halle 1962),推链是不可能的,因为这相当于合并。链式音变的一种可能的支配原则是,所有的链式音变都是拉链,这与马丁内的在模式中填补一个空位的概念是一致的。马丁内(Martinet 1952)把西罗曼语元音间的辅音弱化解释为一种推链:

(2) /pp tt kk/ → /p t k/ → /b d g/ →/β δ γ/

(但请参见 Cravens 2000 和 2002:69 及其后的研究,证明浊化在非双音化之前)。在第 1 卷中,瑞典语的模式 3 链变(Benediktsson 1970)被引为推链的证据——由短/a/的延长引起,随之发生/a:/的后化和高化。(参见 Hock 1986:157)

推链是否存在(以及它们是否合理地频繁出现)是我们对音变本质设想的一个重要问题。推链预设音变发生在一个连续的音系空间内,这一空间的安全边界有可能会缩减或者扩展。接下来的链式音变原则的讨论取决于对这个问题的回答,因而最重要的是,看看过去十五年来积累了哪些证据。

人们普遍认为元音大转移是由高元音的双元音化引起的拉链(Martinet 1955)。但同样多的学者同意卢伊克(Luick 1903)支持推链的看法,卢伊克指出(在英国北部)/o/前化而没有高化时,/u:/的双元音化并没有发生。鲁兹的文章"第一次推动"(Lutz 2004)发现了甚至更早的/æ:/和/ɔ:/高化作为启动变化的证据。

对于进行中音变的一些最有成效的工作集中在新西兰前元音移位(3)的发展上(Woods 2000,Lau 2003,Gordon et al. 2004,Trudgill 2004,Langstrof 2006):

(3) /i/→/ɨ/
　　↑
　　/e/
　　↑
　　/æ/

戈登等(Gordon et al. 2004)关于新西兰英语起源(ONZE)的项目利用了1948年新西兰无线电广播节目对早期定居者的录音资料。认定了/i/后化到央中位置是一个相对较晚的变化。对新西兰英语早期(Woods 2000)和中期(Langstrof 2006)的研究表明,这种音变是一种推链,即,/e/的高化先于/i/的后化。兰斯特罗夫进一步论证,/æ/的高化是这一过程的最早阶段。

如图1.4和图5.15所示,普遍接受的北方城市音变的顺序包括第1—3阶段由/æ/普遍高化引起的拉链作用。然而,第4和第5阶段的顺序表明,/e/朝向后方的/ʌ/移动是在/ʌ/后移之前。第1卷第6章基于有限数量的发音人提出了一些推链的证据。ANAE的数据中包括62名来自北方城市音变活跃的北部内陆地区的发音人,年龄处于14至78岁之间。图6.15是四个年龄组之间的/e/和/ʌ/第二共振峰的平均差异。如果存在一个拉链,这种差值将会从开始一直增加到结束。但是数据显示出一种相反的趋势:平均差异从最年长组稳步下降到最年轻组,表明两个元音之间差距最小。[20] 这有力地证明了推链在北方城市音变中更强的运行机制。

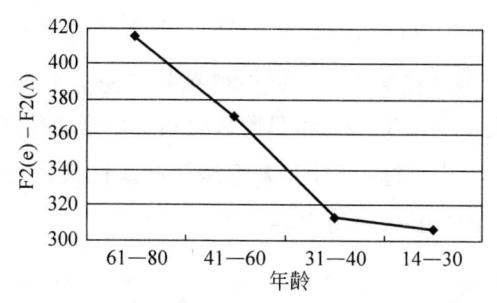

图 6.15 北部内陆不同年龄组的 63 个受试者/e/和/ʌ/第二共振峰的平均差异

越来越多的推链证据支持这样一种观点:链式音变跟合并一样,都是在一个连续的多维度音系空间中运作。通常用来表现这些进展机制的 F1/F2 图当然不能完全描述这个空间各种维度的特点。正如我们将看到的,时长是元音音位对立和对比的一个显著特征,它与圆唇和元音轨迹的动态方向一起,定义各种元音子系统。

考虑到拉链和推链都可能存在,可以对于因果关系的机制和性质提出一些问题。这里提出的一般理论是,一个元音为回应另一个元音的变化而变化,是语言学习过程的机械性结果(参见 PLC,第 1 卷第 20 章)。考虑到音位的正态分布,具有特征的安全边界,落入相邻音位主分布区的离群值,不会像其他词例发音一样被一致确认,因此对语言学习者计算平均值的影响较小。图 6.16a 表现了这种情况。在第 I 阶段,在正常的安全边界条件下,在音位 A 中间的音位 B 的离群值会有一定倾向被误认为 A,因此对语言学习者识别为 B 的发音库的贡献小于其他的词例发音。由此计算将得出目标平均值,比如 1,560 Hz。这是邻接音位对离群值的常规保守效应,有助于音位系统的稳定性。在图 6.16a 的第 Ⅱ 阶段,音位 A 已经前移,留下了相当大的空白。结果,同样的离群值就更可能被识别为 B,所以会有助于改变目标平均值,也许到 1,570 Hz。第 Ⅲ 阶段是语言学习者的产出,他会对准 1,570 Hz 作为目标平均值,无论是否有离群值,因此把 B 的主分布转为以 1,570 Hz 作为中心。

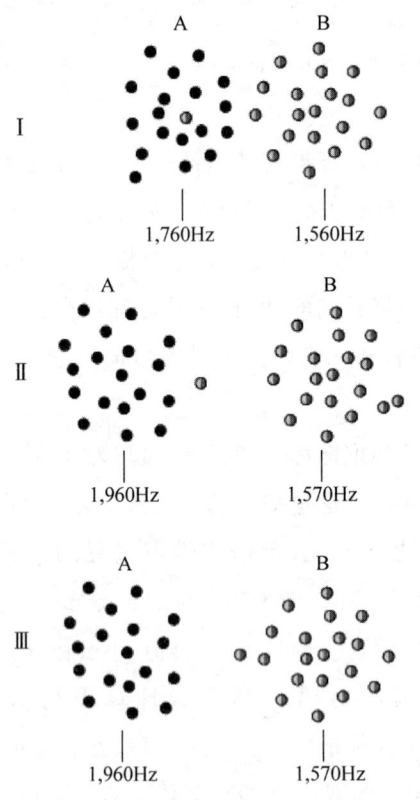

图 6.16a 拉链模型,显示相邻音位移走,结果留出空位的模式

图 6.16b 是相应的推链机制,第Ⅰ阶段代表相同的稳定开始,在 A 的分布内有一个 B 的离群值。然而,第Ⅱ阶段与拉链的第Ⅱ阶段完全不同。A 和 B 之间安全边界的减缩导致相当多的重叠。在这里,A 的一些发音的可识别性降低,就是那两个用圆形轮廓的标记。结果,第Ⅱ阶段的语言学习者计算出的目标平均值略高

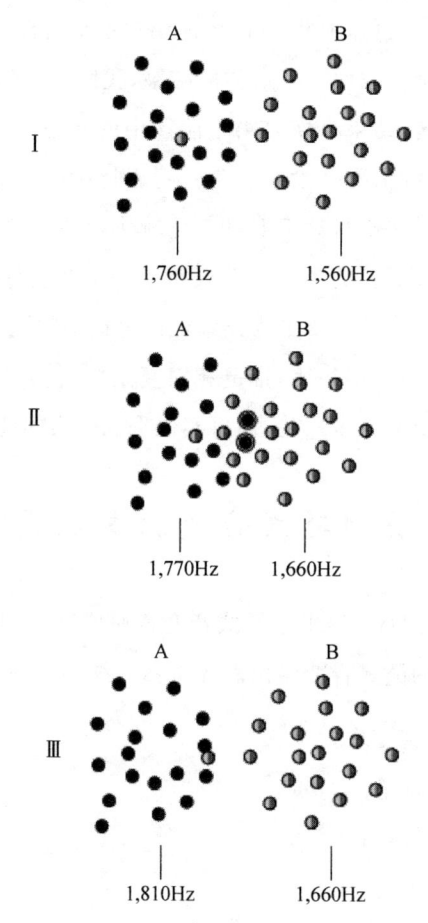

图 6.16b 推链模型,显示向相邻音位移动,导致重叠发音的数量增加

于第Ⅰ阶段的实际平均值,比如1,810Hz,而不是1,770Hz。连续重复第Ⅱ阶段的最终结果见第Ⅲ阶段:恢复正常的安全边界,A的F2的平均值比B的F2平均值高出200Hz。

显然,推链的机制比图6.16a中的拉链的机制更加复杂。但是在这种机制中,没有直接的答案来解释,为什么带圆圈的A标记被识别的频率较低,而相邻的B标记却不是这样。如果A和B的重叠在可识别性方面产生对称的结果,我们会看到A和B的平均值对称地倒转,结果将恢复第Ⅰ阶段中的状态。北方城市音变的讨论表明,这种情况并没有发生。对于持续的不对称现象的解释表明,在一个推链中,对于B的变化较快的词例发音,比A的较保守的发音有着更多的预期。这表明了一个社会标记的过程,将在关于"驱动力"的第9章更为详细地讨论这个问题。

无论如何,与拉链相比,推链相对复杂些,使我们预期拉链在历史记录中出现得更多一些,而事实似乎也确实如此。

6.5 子系统内链式音变的支配原则

1972年,在LYS提出了链式音变普遍原则,这是对历史材料中可以收集到的链式音变做出总体考察的结果。

[1]在链式音变中,
a. 长元音高化;
b. 短元音低化;
c. 后元音前化。

1b规则分为两种情况:短单元音和上滑双元音的短音核。英

第6章 支配原则

语的元音分为长元音和短元音,不仅仅是基于它们的历史发展,还考虑到它们在现代方言中依然存在的音段配置分布情况。正如第1章所讨论的,无论音变怎样影响了英语短元音的物理实现,它们都不能在重读的词末位置出现。对进行中音变的描写,已经证实了采用元音松/紧的特征非常有效,比元音长/短区别更能预测目前元音的音系行为。在南方音变的过程中(图1.5),短前元音变紧,长元音的音核变松。这些音接下来遵循[2]中的链式音变规则:

[2] 在链式音变中,
a. 紧音核高化;
b. 松音核低化;
c. 后音核前化。

尽管[2]的重新阐述更为有效,但是没有一种普遍认同的方法或物理量度能够确定任何给定的元音是紧还是松。众所周知,紧音位与对应的松音位在几项物理维度上相对立。紧化伴随时长的增加,内滑音的发展,以及能量随时间的分布。潜在的假设是,发紧元音比松元音需要更多的肌肉能量。但是,肌肉运动的测量,难以用于详细研究进行中的变化。[21] 一个更为精确实用的方法是测量外缘性,定义为靠近元音两个共振峰维度的空间中分布的外包络。对于英语和其他现代西日耳曼语,人们可以定义一个音系空间,在元音分布的前后区域都有外缘轨道和非外缘轨道。对于这些系统,我们推导出[3]中的原理:

[3] 在链式音变中,
a. 紧音核沿外缘轨道高化;
b. 松音核沿非外缘轨道低化。[22]

在第1卷中,这个表述是根据发音位置进一步发展的,在这里前后维度与开闭维度一致,不需要第三个原则。因为本卷将涉及大规模声学测量的结果,会换个角度考虑前-后的移动。

外缘性概念的应用,对于探究英语双元音的变化非常有帮助。在历史记录中,双元音的紧音核和松音核不容易区分;但在进行中变化的研究中,声学测量根据它们与音系空间外缘极限的距离,可以很清楚地区分双元音的音核。

6.5.1 重新界定外缘性

第1卷第6章我们使用了更符合进行中音变的声学测量方式发展了链式音变原理,这里再次看一下其框架,见图6.17(a)。此处的外缘性是根据F2的极端值定义的。之后这一框架进一步修订把F1的极端值也包括在内,形成图6.17(b)中的同心框架。

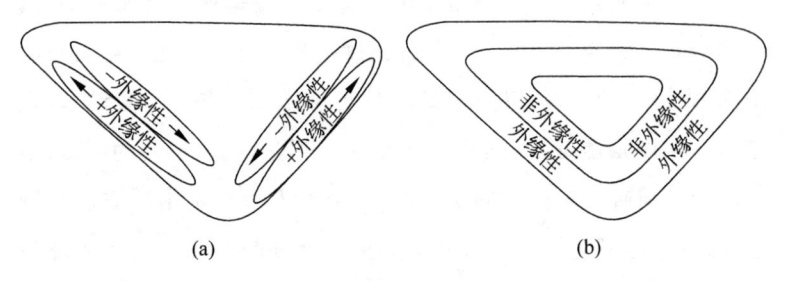

图 6.17 第1卷的外缘性定义的两个框架;(a)只有F2;(b)包括F2和F1

问题仍然是,有多少证据可以证明这两种外缘性定义中的任何一种是对链式音变的制约。LYS和PLC第1卷中引用的单个元音系统,没有提供足够的数据来给出一个确定的答案。现在,ANAE提供的大量元音测量数据中,我们可以获得足够的证据。这包括对来自439个英语说话人(年龄在12岁到85岁之间)的

13万个元音的声学分析,代表了北美英语地区所有人口在5万以上的城市。使用涅利(Nearey 1977)的对数平均算法对各个系统进行标准化,成功地消除了声道长度的差异影响(ANAE,第6章,第39—第40页)。图6.18不是试图绘制13万个元音或每个说话人各元音的平均值,而是标出了ANAE第11章中界定的21种方言中每个元音的平均值。[23]

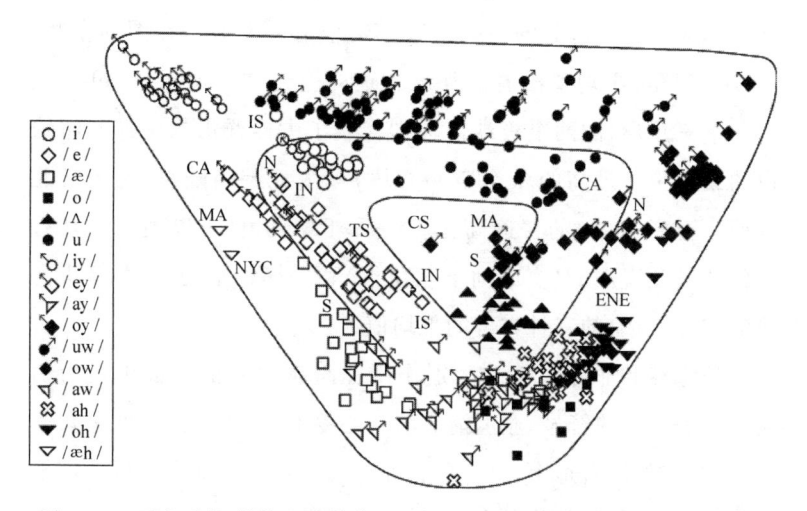

图6.18 元音系统 外缘和非外缘区域,据ANAE数据重新定义。ANAE中21种方言的元音标准化平均值(数量:439),带有非外缘轨道显示。CA=加拿大,CS=查尔斯顿,ENE=新英格兰东部,IN=北部内陆,IS=南部内陆,MA=中大西洋地区,N=北方,S=南方,TS=得克萨斯南部,NYC=纽约市

在图6.18中,区分外缘和非外缘的内部界线叠加在元音分布上。松的高元音和中元音位于非外缘区内。/i/(空心圆)的平均值紧密地聚集在非外缘区左上角;短/e/(空心菱形)的平均值分布在从半高到半低的轨道上,全都在非外缘区内。在后部的非外缘

区,是与它们前后对应的/u/(实心圆)和/ʌ/(实心三角)元音的平均值。F1 的极端值和非极端值的差别也有助于区分外缘性/uw/和非外缘性/u/,以及外缘性/iy/和非外缘性/i/。/uw/(带右上箭头的实心圆)在整个前后维度上都有分布。[24]

　　另一方面,短元音或松元音/æ/和/o/,不能以 F1 值跟/ah/和/oh/,或跟/ay/和/aw/的音核相区分。所有的低元音在 F1 维度上形成了无法区分的一簇,只以 F2 值分隔开来。在图的左侧,可以看到/æ/平均值沿着前外缘轨道向上延伸。紧元音/æh/(空心向下三角形)的两个极端值分别代表了大西洋沿岸中部和纽约市的紧音位。最高的/æ/(空心方块)标为北部内陆:这是定义北方城市音变的/æ/的普遍高化。在后外缘轨道,可以观察到具有高化的紧元音/oh/(实心向下三角形)和一簇密集的/oy/(箭头向前的实心菱形)的三种方言的平均值。

　　外缘性和非外缘性的区别作用在跨越边界的词群中最为明显。代表/ey/的符号(左上箭头的空心菱形)从半高到半低呈长条状,有些在外缘轨道上,另一些在非外缘轨道上。加拿大的/ey/平均值最高,显然是外缘性的。北方和北部内陆的/ey/平均值几乎一样高,都是非外缘性的。非外缘性的概念在追踪南部音变的发展方面具有最大的解释价值(第 1 卷第 6 章;ANAE 第 11 章,第 18 章)。一旦进入南方音变,那些南方的松音核就会沿着非外缘轨道下降。标着 IS(南部内陆)的/ey/符号是南方音变发展的领先者,而且它的位置非常接近标着 IN(北部内陆)的后化和低化的/e/,它在北方城市音变中同样地下降。得克萨斯州南部(TS)的/e/在非外缘轨道上紧随其后。

　　南方音变的另一方面是短元音的紧化,这在南部内陆也是最领先的。南部内陆/i/的平均值由标记为 IS 的空心圆表示,位置比其他圆圈都高,并且已跨界进入外缘区。

在图 6.18 中另一个跨越了外缘/非外缘界线的元音类是/ow/(右上箭头的实心菱形)。在后外缘区可以看到北方和新英格兰东部,以及一组其他保守方言的平均值(参见 ANAE 第 12 章)。在/ow/经历前化的过程中,音核移向非外缘区,并稳定地到达中央区(中大西洋、南部),甚至接近前非外缘位置(查尔斯顿)。因此,/ow/的前化跨越过了外缘/非外缘的界线,与原理[2]和[3]无关。这种/ow/的前化独立于任何链式音变,本质上是对/uw/前化的平行响应。

在图 6.18 中,外缘性是高元音和中元音的属性,而不是低元音的属性。在音变过程中,低元音可能上升至半低位置并获得外缘性,也可能下降至低的位置而失去这种属性。看待这个过程的另一种方法是按照斯坦珀(Stampe 1972)和多尼根(Donegan 1978)的观点,把外缘性看作增加元音色彩和特性的一种手段,或用他们的术语说,是增加元音色度的方式(参见 PLC,第 1 卷第 6 章)。另一方面,因降到低的位置而失去外缘性,会导致声音增加响度。

6.5.2 低元音时长的作用

低元音的紧松区别不是靠 F1 值或者是开口度,而是似乎与其他特征有关,最主要是时长。拉波夫和巴拉诺斯基(Labov and Baranowski 2006)研究了北部内陆的短/e/和短/o/在前低位置上的大量重叠。这种重叠是两个元音都移向因/æ/高化而腾出的空位的结果。虽然有很多样本占据相同的 F1/F2 空间,但时长

50毫秒的平均差异就能使/e/与/o/明显地区别开。对照实验表明,时长为50毫秒的差异足以产生识别率的根本变化。较长的值倾向于/o/,较短的值转向/e/。

前一章中提出,北方城市音变是由/æ/和/o/的紧化引发的,在图5.15中表示为从[-外缘性]向[+外缘性]轨道的转移。本节表明,外缘性并不能区别低元音,因此低元音的紧化很可能是以时长的增加而实现的。

在匹兹堡,时长在区分低元音中起着更大的作用,在那里,单元音化的/aw/与/ʌ/在F1/F2空间重叠。匹兹堡的/aw/与/ʌ/之间有相当大的F1差异,但时长之间的差异更大。单元音的/aw/平均时长为208毫秒,而/ʌ/的平均时长只有98毫秒。这是6个标准差的差异,最短的/aw/与最长的/ʌ/之间没有重叠。

在进行中的单向变化发展中,外缘性的作用是北美英语中一种特殊的实现,即第1卷第5章首先提出的更普遍的长短元音的对立。关键的一点是,这些链式音变的支配原则只在子系统内部运行,并且只有当子系统中的成员发生变化时才会触发起动。

6.5.3　F2感知的局限性与外缘/非外缘区别的不稳定性

方言学的符号标写法中一个最引人注目的现象,是高低维度与前后维度之间的差异。许多方言地图集的标注高度差别的记录多达16种,使用五六个字母,如[i, ɪ, e, ɛ, æ]或[i, é, e, è, á, a],还有表示某个等级高一点或低一点的附加符号。无论一个人是否能一致地达成可靠的十六种差别,这大致相当于在F1 300至1,000Hz的范围,或区别度略低于50Hz分辨力。另一方面,方言地图和论著对前后维度的区分却很少超出三种,这对应于F2 2,800到600Hz

的范围，即区别度高于 700Hz。前后特征的附加符号也很少使用，因而符号单位不超过七个，或区别度为 300Hz。

使用对数或巴克标度可以缩减前后的距离，但不能消除这两个维度之间的差距。费拉纳根（Flanagan 1955）研究孤立共振峰之间刚刚觉察到的差异表明，F2 的阈值并不比 F1 的阈值大多少，但是在连读语音中，人们对 F2 差异的感知能力远小于 F1。在人们不能识别出自己发音差异的近似合并中，绝大多数只是涉及沿 F2 方向区分的元音（第 1 卷第 12 章）。这就是纽约市的 *source* 和 *sauce*、阿尔伯克基（LYS）和盐湖城（Di Paolo 1988）的 *fool/full*，以及费城 *ferry/furry* 近似合并的特征（Labov et al. 1991）。第 1 卷第 13 章回顾了一些来自英语和其他语言历史的自相矛盾的报告，这些报告可以通过以下的一般观察结论来解决：当两个音位的 F2 区别小于 200Hz 时，它们将被认为"相同"，但它们可能在语言社区中保持各自不同的历史。因此，18 世纪的 *lion* 和 *line* 被同时代的观察者记录为"相同的"，但在随后的几个世纪中却走上了各自不同的道路。

因此，外缘和非外缘轨道的定位可以区别元音的历史和轨迹，但是单靠它本身还不足以维持稳定的音位区别的物理差异。

6.5.4 北美英语元音子系统的变化

第 1 卷第 9 章提出了一些支配元音从一个子系统转移到另一个子系统的一般原则。接下来的章节将逐步跟踪一些英语链式音变的进展，所有这些链式音变都是由子系统的变化引起的。回顾这些变化的范围并且考虑它们是单向还是双向的，或许很有用处的。

世界上的语言中有许多不同类型的元音子系统,英语只有其中的一部分。英语没有鼻音系统,没有紧喉发声,没有喉部的挤喉元音,没有声调子系统。北美英语具有的四个元音子系统如图 1.1 所示,图 6.19 中包含了这四个子系统。这当然是一种音位展示,处于比图 6.18 的声学音位图更抽象的结构层面。每个子系统组织为相互垂直的离散特征层:[±高],[±低],[±前]。正如第 1 卷第 9 章所指出的,每个子系统都聚集了日常言语中最容易混淆的成员。本章考察的链式音变的原理和机制主要适用于 V、Vy、Vw 或 Vh 子系统。在图 6.18 中,大部分 Vy、Vw 和 Vh 子系统都位于外缘轨道上,因为它们都是外缘性音核。尽管 /ay/ 的音核与 /ah/ 基本重合,但只要上滑音 /y/ 保持不变,就不会与 /ah/ 相混淆。然而,有些 /ay/ 的发音会与 /ey/ 混淆,而另一些会与 /oy/ 混淆,即使它们并没有参与进行中的变化。

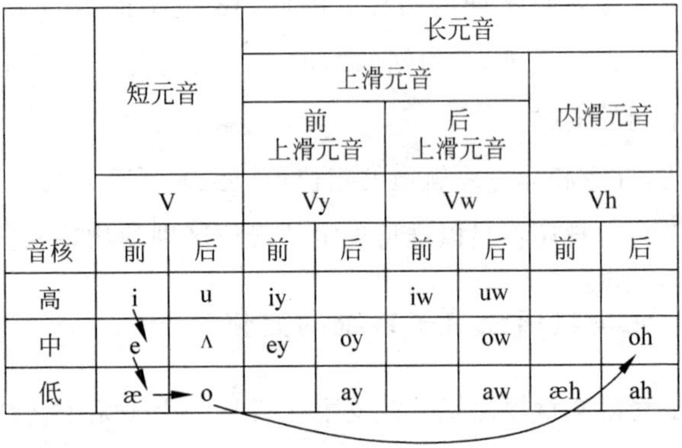

	短元音	长元音				内滑元音	
		上滑元音						
		前上滑元音		后上滑元音			
	V	Vy		Vw		Vh	
音核	前	后	前	后	前	后	前	后
高	i	u	iy		iw	uw		
中	e	ʌ	ey	oy	ow		oh	
低	æ	o		ay		aw	æh	ah

图 6.19 北美英语子系统,有加拿大链式音变叠加

区别 Vh 和 V 的内滑音,实际上并不像标记 Vy 的滑音 /y/ 或标记 Vw 的滑音 /w/ 那样具有区别性。这是上一章所述的不稳定

性的基础：在北美英语中，内滑音和短元音可以自由交替。因此，除非进一步加强 *bomb*/*balm*、*Tommy*/*balmy*、*have*/*halve* 的对立，否则它们之间的区别将趋于消失。

图 6.19 是把图 5.3 和图 5.4 所示的加拿大音变叠加在抽象元音系统上。由子系统 V 到 Vh 的单向箭头表示/o/和/oh/的合并。因此，音位/oh/没有成为 V 子系统的成员，V 子系统只出现在闭音节位置，但是/o/类已经成为/oh/类的一个组成部分，/oh/是出现在开音节位置(*law*、*flaw*)。这种发展与 V 子系统中相应的反应是分不开的，V 子系统现在缺少一个后低成员。作为回应，/æ/向后移动，按照上文讨论的拉链机制运作。因此/e/也向后和向下移动。在加拿大音变的各种报告中(Clarke et al. 1995, De Decker and Mackenzie 2000, Boberg 2005, Hollett 2006, Hagiwara 2006, Roeder and Jarmasz 2009；参见 ANAE，第 15 章)，后化和低化是否占优势存在很大差异。

值得注意的是，现在北美英语所有子系统的变化都涉及朝向 Vh 子系统的移动：
  a. 南方地区/ay/的单元音化：/ay/→/ah/；
  b. 匹兹堡/aw/的单元音化：/aw/→/ah/；
  c. 加拿大、西部地区、西宾夕法尼亚和新英格兰东部的后低合并：/o/→/oh/；
  d. 北部内陆/æ/的普遍高化：/æ/→/æh/。[25]

这些变化都是单向的，也就是没有观察到反向的音变。没有观察到从低位单元音无条件地发展出上滑音。[26]

到目前为止，我们的讨论都是关于无条件的变化。对于有条件的子系统变化，比如/r/之前的元音，误解显然是集中在子系统内部。*far* 和 *for* 或 *for* 和 *four* 的混淆比 *four* 错听为 *phone*，显然更容易发生。如图 6.1 所示，在元音前/r/之前的元音形成了一个独立的子系统，因为/r/对元音的语音影响使得 Vhr 子系统中的哪个元音与其他子系统中的哪个元音相配已不那么重要，换句话说，不论 *four* 中的元音与 *flow* 对应还是跟 *flaw* 对应，情况都是一样。

在北美很多地区，/r/前面的后元音的链式音变都很活跃（ANAE，第 18、第 19 章）：

/ahr/→/ohr/→/uhr/

(*bar*→*bore*→*boor*)

这似乎是由/ohr/和/uhr/的合并触发的，不是因 Vhr 子系统的成分离开而触发的。

随着/r/的元音化，Vhr 系统与 Vh 系统合并，产生了深远的结构性影响（Labov 1966）。尽管就/r/而言，变化的趋势正在向另一个方向发展，但目前进行中的/l/元音化在很多地区都很活跃。它正在产生新的结构效应，即在匹兹堡的 Vw 系统中，*go*[gεo]与 *goal*[go:]的语音对立，或者在费城的同音异义词 *pal*、*pail* 和 *Powell* 的语音对立，如上一章所述。

6.6 支配原则的支配效果如何？

我们可以用两种不同的方式来判断到现在为止所制定的这些原则的价值。一方面，可以根据它们所解释数据的比例来评价。ANAE 提供了 12 组[①]北美英语合并的数据，如(4)所示：[27]

---

① 实际列出的是 13 组。——译者

第 6 章 支配原则

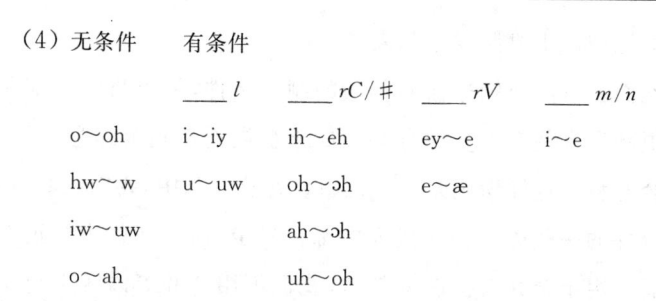

(4) 无条件　　有条件

	___l	___rC/#	___rV	___m/n
o~oh	i~iy	ih~eh	ey~e	i~e
hw~w	u~uw	oh~ɔh	e~æ	
iw~uw		ah~ɔh		
o~ah		uh~oh		

这些合并中有两项显示出可逆性的证据,这似乎占总数相当大的比例(12 组中有 2 组)。另一方面,可以考虑合并扩展的大量地理证据,这在一定程度上影响了 ANAE 所研究的 326 座城市。我们在两个社区中,发现差异在扩大;总体上,我们至少发现了一些合并在扩展的实例。

当我们考虑到链式音变原理的一致性时,证据就更加有利了。在 LYS 最初的表述中,似乎有几个反例可以用于短元音的降低(例如新西兰的/e/)和后元音的前化(例如北方城市音变中的/e/)。规则[3]预测/e/将沿非外缘轨道下降,图 6.18 显示,这就是/e/在北部内陆的平均位置:标有 IN 的菱形在非外缘轨道上明显下降。[28] 根据朗斯托夫对新西兰链式音变中/e/高化的研究(Langstrof 2006),我们现在知道这个短元音的时长增加,表明当/e/沿着外缘轨道向上移动时,转为紧音类别。就原则[3a]而言,链式音变中从来不会出现紧元音低化的反例。

评价一般原则的第二种方法是,它们在多大程度上,可以被我们对语言行为的其他原则所解释,并与之相适应。合并的单向性在这方面得分很高,因为它与语言符号的任意性以及我们对语言学习能力的认识相联系。链式音变原则是另一回事。对于规则[3]进行的解释主要是漫谈式的和有争议的,[29] 但还没有与我们所知道的元音产生机制联系起来。

我们也可能要知道任何普遍的制约条件,是否与代际变化的持续更新和进展有关。说合并倾向于扩展而不是收缩是一回事,但说合并将会这样做则是另一回事。在这一章中,我们已经看到,后低合并的一些边界在几代人中都很稳定,而另一些边界正在迅速削弱。由于合并有扩展的趋势,我们不用合并等语线来定义区域的边界。但这种趋势实际上并不是驱动合并的力量。

在[3]项的普遍原则中,我们更不可能找到链式音变背后的驱动力。一个子系统一旦因为失去或者获得一个成员而受到干扰,我们就可以认为,子系统成员之间已确立的距离最大化趋势将会推动链式音变沿着预定路线移动。但是我们必须再次引用梅耶的观点(Meillet 1921),没有一个普遍原则能够解释音变的波动和偶发过程。

我们将在第 9 章和第 10 章回到驱动力的问题。但在此之前,我们必须更仔细地研究导致分化的路径。考虑到我们对一个触发事件的结果及其后来趋向的理解,关键的问题仍然是:相邻方言是怎样选取不同的方向,从而变得越来越不一样?

第7章 分岔路口

7.1 分岔路口的概念

第1章把解释语言变化的问题分为两类。一种是解释长期分离后存在的平行发展,这是在比较南半球英国殖民地英语中遇到的问题(Trudgill 2004)。另一种是解释从来没有分离的邻近方言的不同发展,这是北美方言研究中常见的情况。本章将探讨第二种类型的实例,并描述导致北美方言区域差异增加的分岔路口的共同特征。

按照第5章的逻辑,确认触发事件是回溯影响某一特定方言中一系列变化过程的最后阶段。当我们确认触发事件时,我们就找到了分岔过程的根源,否则,所有的邻近方言会走向相同的因果路径,并且不会有方言差异的问题需要处理。如果触发事件是两个种群人口的地理分界,那或许就不存在需要解释的问题,因为随机变异和漂移很可能解释了随后出现的多样性。但是ANAE显示了世代相邻甚至几个世纪以来生活在一起的人群之间的清晰界限,而几乎没有物理或社会的交流障碍。我们没有理由怀疑布龙菲尔德适应原则的普遍性,如第1章的[1]所引的那样。那么,相邻的方言是怎样发生分化而不是融合的呢?本章和下一章将会以两阶段模型的形式对这个问题做一般性解释,即,双向变化之后是单向变化。

7.2 方言分化的两阶段模型

图 7.1 展示了这个两阶段模型。在第一阶段是双向变化的发展,取决于分岔路口的存在,其中不稳定的语言状况可能会以两种(或更多)方式之中的一种得到解决——这通常似乎是一种等概率的选择,其中很小的力量就可能导致语言系统走上这条路径或那条路径。这种很小的力量也可能导致一种方言走上跟它相邻方言不同的路径。考虑到图 7.1 中 A 和 B 的不稳定的波动,一群说话人可能选择 A 形式,而另一群说话人则可能选择 B 形式。

这种同样平衡的情况导致双向变化,即朝向一方或另一方的波动,这通常要持续相当长的一段时间。分岔路口的存在本身并不会导致分歧,因为在相邻方言之间的不断接触中,适应原则可能导致对立在一个或另一个方向上得到解决,并最终趋于一致。因此,A 形方言可能转为 B 形,B 形方言可能转为 A 形。

当选择 A 或 B 结构的结果触发了上一章的单向原则驱动下的进一步变化时,就会发生持久的分歧,这种变化不会轻易逆转。在音变的领域内,它们可能是链式音变、分化或者合并。

本章将举例说明图 7.1 的上半部分,并举例说明英语历史上的双向变化,从古英语到影响北美英语的当前变化。下一章将讨论图 7.1 下半部分的发展,其中在单向变化中可以选择更多的实例。

本章将探讨英语历史上两个波动性音变:前低短元音 /æ/ 和后低短元音 /o/。它们涉及英语元音系统中的轴心,在很大程度上

第 7 章 分岔路口

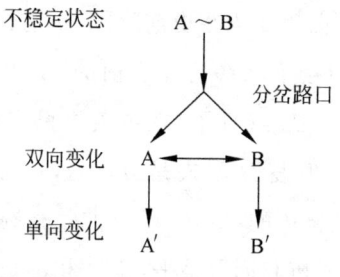

```
不稳定状态      A ~ B
                 ↓
              ↙   ↘      分岔路口
双向变化    A ←———→ B
           ↓        ↓
单向变化    A'       B'
```

图 7.1 分化的两阶段模型

决定了北美英语方言的动态。在这两个实例中,语音实现的范围都相当大:对/æ/而言,从[i:ə]到[a];对/o/而言,从[u:ə]到[a]。在这两个实例中,都有音位对立的争议:/æ/是否与/æh/相区别, /o/是否与/oh/相区别。乍一看,这两个实例具有明显的前后两方面的对称性。可实际上,前域和后域的表现是完全不同的,并且在英语历史上也是以不同的方式演变的。

7.3 短 a 的前化和后化

这里要考虑的双向变化涉及前低元音/æ/和央低元音/a/的交替。

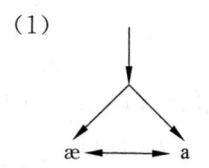

(1)
```
        ↓
      ↙   ↘
    æ ←———→ a
```

最初的前化

英语属于西日耳曼语支,继承了原始日耳曼语的后低短元

音 *a，古英语和古弗里斯语在史前阶段 *a 前化为 *æ（盎格鲁-弗里斯语的亮音），但接下来在后元音前的 *æ 又逆转回到 *a。因此原始日耳曼语的 *dag（日子）在古英语里实现为 dæg（比较古高地德语的 tag），但复数形式是 dagas，古英语的 fæder（"父亲"）对应于古高地德语的 fatar 以及古撒克逊语的 fadar。后续的变化，以及重新分析和词形整平，使 a 和 æ 成为区别性音位。

中古英语的后化

在古英语后期和中古英语初期，/æ/ 向后移动到央低的 [a]，甚至到后 [ɑ] 的位置，从 æ 到 a 的拼写形式变化可以看出。当时有相当大的方言波动，瓦尔德（Wyld 1936:110—112）对它的解释如下：

> 古英语 æ 的拼写一直保留在西萨克森和诺森布里亚，以及梅西亚的部分地区，而在早期肯特方言中，它已经上升变为 e。[……]同一时期中部地区的文本却一律都是 a。[……]14 世纪初期以后，纯南方文本也出现了 a，使真正的南方类型走向消亡。北部和中部的 a 类型成为主导，最终遍及全国[……]。

早期现代英语的前化

在现代，以广泛的方言分化为特点，[æ] 的回归又是一个缓慢的过程。瓦尔德对这段历史总结如下（如上:163—164）：

> 就语法学家的证词而言，16 世纪"最纯正的英语"中一直保留着古老的后元音。不过，可以肯定的是，这个音在这之前就早已经形成了。[……]在莎士比亚的《维纳

斯与阿多尼斯》里面对 *scratch*～*wretch*，*neck*～*back* 的押韵中可以很好地确认这种前化的发音。前化类型似乎是被缓慢地引入标准语言中，直到 16 世纪末才被完全接受[……][æ]一旦建立，就保持不变了。

英国最近的后化现象

瓦尔德发现短 *a* 仍旧保持不变，因为[æ]尚未成熟。在他那个时代保守的英语标准发音（RP）中，短 *a* 经常发成[ɛ]，但最近在受过教育的群体中，流行趋势是把[ɛ]发成[æ>]的后化。这一点在哈林顿等（Harrington et al. 2000）研究伊丽莎白女王从 1950 年代到 1980 年代生日讲话中元音的变化有很清楚的显示（图 7.2）。

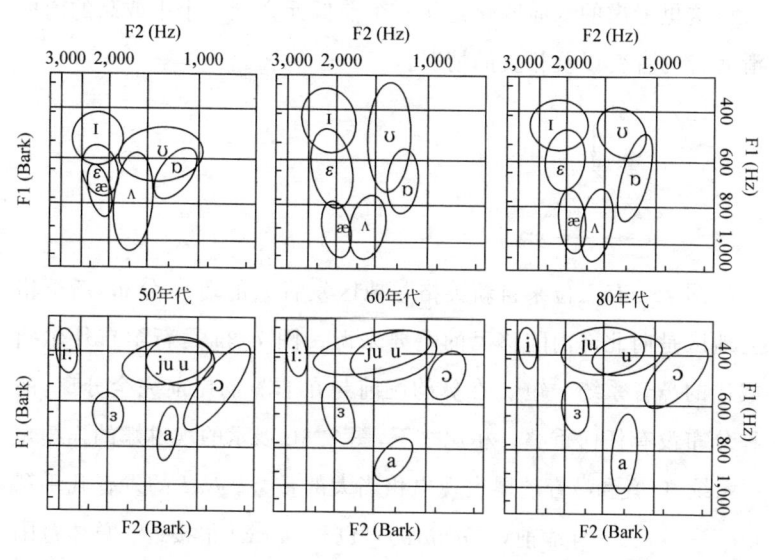

图 7.2 伊丽莎白女王的短 *a* 后化（Harrington et al. 2000）。哥伦比亚大学出版社许可转载

1950年代/æ/和/e/的重叠在1960年代改换为前低位置的/æ/,元音/æ/的F2平均值从1950年代约2,200Hz降低到1960年代约2,000Hz再到1980年代的约1,900Hz。

北美的波动现象

上述的短 a 在英国实现的变化,以范围更广的短 a 模式出现在美国。在第5章关于触发事件的讨论中,北方城市音变与纽约州西部形成的短 a 型共同语现象有关,这是1817—1825年伊利运河修建期间,伴随人口膨胀而导致各种短 a 系统混合的结果。5.6节列出了四种这样的系统。其中纽约市短 a 系统的分化将不在这里考虑,其原因我们会在第15章说明。[1]

这里考虑的双向变化是从一个前低元音到一个中或高的前内滑元音的音变以及相反的情况:

(2)

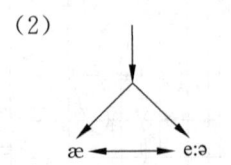

$$æ \leftrightarrow e{:}ə$$

图7.3有三位来自新英格兰地区发音人的短 a 分布,新英格兰地区是向北部内陆移民的主要来源。图7.3a是新罕布什尔州戴比的鼻音系统。短 a 在鼻韵尾前与在非鼻韵尾前完全分离,两种分布没有任何重叠。相比之下,图7.3b展示的埃琳娜的连续短 a 系统,口音和鼻音韵尾表现出相当大的重叠。*bad* 的发音几乎和 *Dan* 一样高、一样靠前,而 *bathroom* 也和 *canvas* 很接近。总体范围没有7.3a那么大,但是很多语音因素制约着特定词例的位置。词首阻塞音加流音产生了最低最靠后的发音,比如 *black* 和 *slack*。

第 7 章 分岔路口

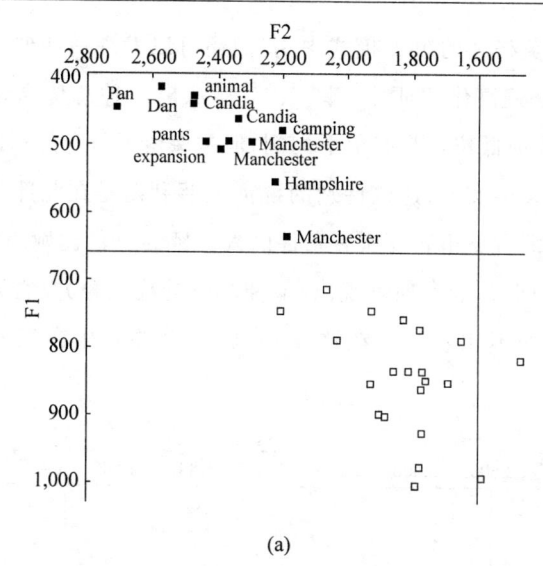

(a)

图 7.3a 戴比的短 a 鼻音系统,34 岁[1995],新罕布什尔州,曼彻斯特,测试样本 726

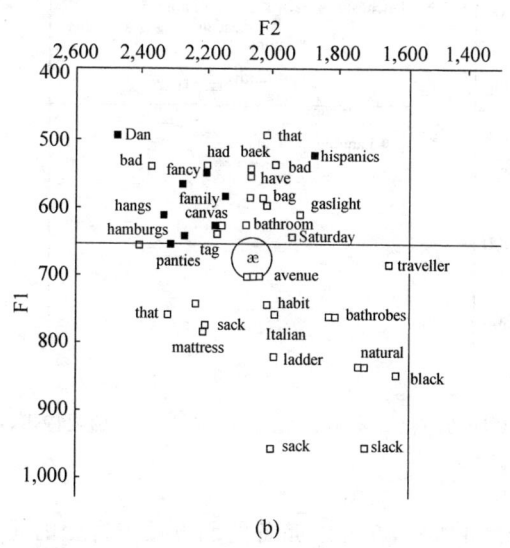

(b)

图 7.3b 埃琳娜的连续短 a 系统,70 岁[1995],马萨诸塞州,斯普林菲尔德,测试样本 437

在新英格兰的短 a 模式中,我们还可以发现一些似乎是北部内陆/æ/普遍高化的征兆。图 7.3c 显示出一种总体高化到半低的位置,在前低位置没有留下词例,但是保留了鼻音前和口音前发音的分离。事实上,这位特别的说话人菲利斯是在北部内陆之外唯一满足北方城市音变所有条件的人。她的短 a 比她的短 e 更高更靠前。[2] 同时,菲利斯表现出/o/和/oh/的稳固合并,否则就跟北方城市音变不相容了。在这一实例中,合并发生在极其靠前的位置。

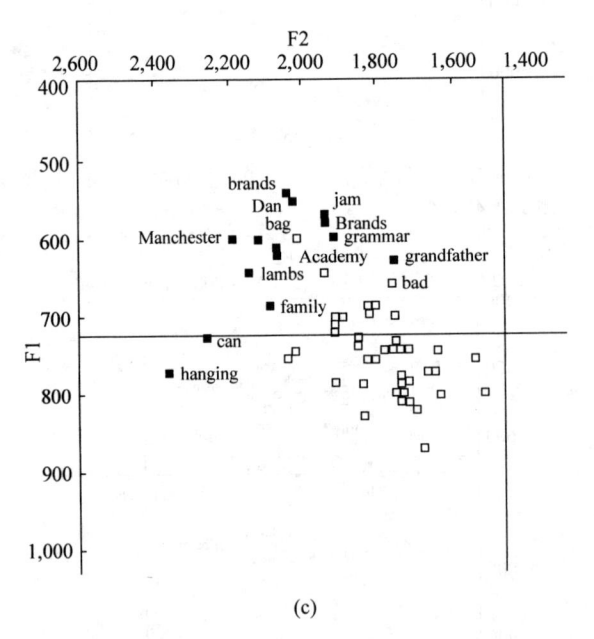

图 7.3c 菲利斯的高化短 a 鼻音系统,53 岁[1995],佛蒙特州,拉特兰,测试样本 434

如图 7.3d 所示,在发展完备的北方城市音变的元音系统中,连续高化的鼻音系统可能与短 a 形成对比。对威斯康星州基诺沙的马莎来说,鼻音前和口音前词例的分布几乎没有差异。这两种类型都在半高和半低位置混合,只是鼻音前的发音略微靠前。

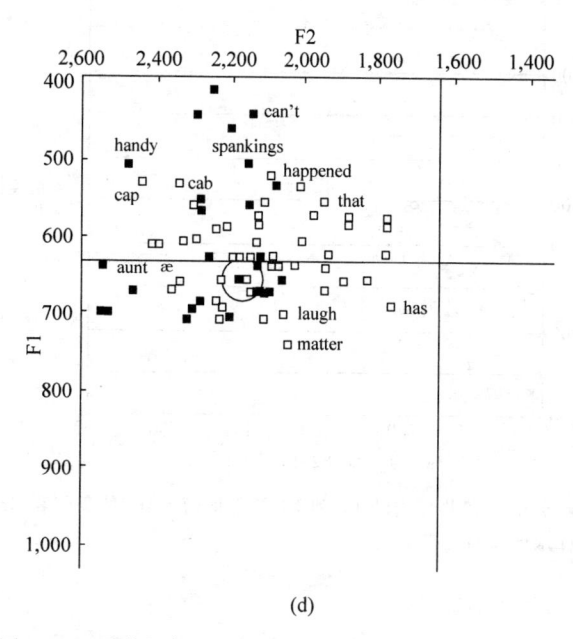

图 7.3d　马莎的高化短 a 系统,28 岁[1992],威斯康星州,基诺沙,测试样本 3

图 7.4 显示跨越新英格兰和北部内陆的短 a 系统整体的范围,描绘了鼻音前和口音前的 F1 在纵轴上的平均差异,以及相应的 F2 在横轴上的平均差异。新英格兰说话人用空心方块表示,北部内陆用实心方块表示。标注了图 7.3 中四个说话人的位置。戴比位于鼻音系统分布的正中位置,马莎在北部内陆的端点位置,鼻音前和口音前的音位变体差异很小。连续高化的鼻音系统在重叠区。

正如在第 5 章的讨论中看到的,当/æ/保留在前低位置时,它

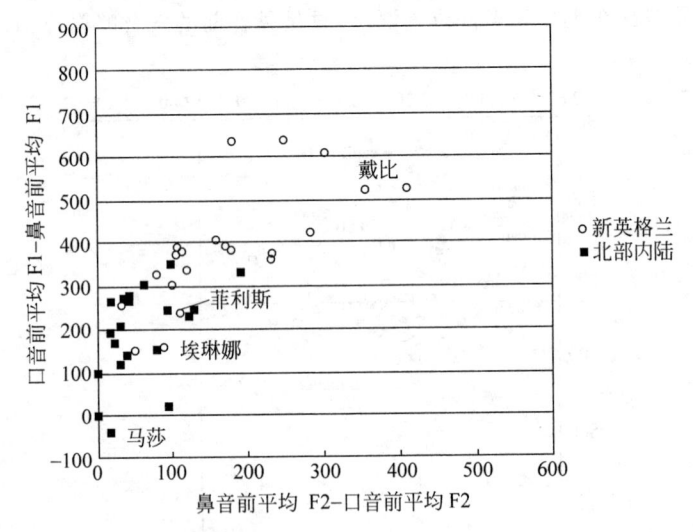

161 有可能后化到央低位置。(另见第 8 章)

图 7.4 新英格兰和北部内陆 F2 和 F1 的平均值差异,鼻音前和口音前短 a 样本的区别

7.4 /o/和/oh/对立的分化发展

　　第 5 章追溯了加拿大和匹兹堡的两个链式音变中,短元音 o 和长开元音 o 分布高度偏移的对立,这是由于一系列历史事件造成的,而这些事件并没有内在的联系。这种偏移的对立为所有北美英语方言共同继承下来,但是并不是所有的方言都发生后续的合并。ANAE 第 11 章首先确定了在大西洋沿岸中部、北部内陆和南方这三个地区,这些词群的合并受到了抵制。这些抵制的地区后来的发展涉及几种途径。

7.4.1 不圆唇的/o/

变化途径的第一个岔口是/o/的圆唇或不圆唇的实现,从[ɔ]到[ɒ]再到[ɑ]。/o/的圆唇形式一直是在新英格兰东部占主导地位,直接反映了这个方言主要起源自埃塞克斯(Fischer 1989)。在美国,文字拼写改革者迈克尔·巴顿首先发现了不圆唇的/o/(Barton 1830)。巴顿1798年生于纽约州达奇斯县,但是他走遍新英格兰和蒙特利尔,教授和推广他发明的拼音字母表。巴顿发现他自己纽约州方言中,短 o 并不是韦伯斯特所描述的后半低圆唇元音,而是不圆唇的低元音,不是靠后而是更接近央元音。一方面,他发现约翰·沃克的方案"把 not 中的 o 和 far 中的 a 相区别"是多余的。另外,他还跟佛蒙特州的伯纳普争论说,"all 中的 a 和 of 中的 o 是不同的。"巴顿描写的不圆唇[ɑ]成为美国北部、大西洋沿岸中部,以及中部和西部内陆的标准形式。当这个不圆唇的[ɑ]和 father、spa、bra、pa、pajama 这一类词语中的/ah/音位合并时,最好表示为/ah/,因为这一类整个包括了重读的开音节元音,并且跟短元音子集有不同的音位配列。

然而,[ɔ]和[ɑ]的关系并不是单向的。[3] 尤其是在鼻音前,/a/圆唇化是一种普遍的形式。在古英语的许多方言中,鼻音前的短 a 写成 o,比如 monn、begonn 等——这种圆唇的发音后来随着拼写恢复为 a 而又逆转。图恩(Toon 1976)给出了西撒克逊语中鼻音前的 a 这种逆转的量化和词汇数据,先是从 a 到 o,后来受到梅西亚方言的低化影响又回到 a。现在[ɒ]和[ɑ]之间的波动是英语方言中常见的变化,[ɒ]是标准语言中占统治地位的显赫形式,而不圆唇[ɑ]则出现在如诺里奇(英格兰东部诺福克郡首府)这样的本地方言中（Trudgill 1972，1974b）。但是特拉吉尔指出，这种语言变化会沿着两个方向进行。在萨福克郡的本地形式是圆唇[ɒ]，特拉吉尔发现这种发音被跟萨福克本地模式接触密切的工人群体越来越多地引入到诺福克社区。/o/和/oh/后低合并的音位在很多地区（新英格兰、西宾夕法尼亚、加拿大）发音为后半低圆唇元音。

因此，与[ɑ]和[ɔ]一样，/o/和/oh/的语音差异不足以阻止这两个音位合并成一个单独的后低元音。不圆唇的/o/是一个可以追溯的变化分岔路口。例如丁金（Dinkin 2009）最近对纽约州的研究表明，即使在北方城市音变运作的时候，/o/的不圆唇化也可以逆转。1960年代后出生的纽约州西部的年轻人表现出央元音/o/后移的明显趋势，这个趋势在北部内陆的西部没有出现。

尽管合并的普遍趋势是在扩大，但是后低元音的合并还不是所有北美英语方言都会出现的前景。ANAE第11章发现三个抵制这种合并的区域：大西洋沿岸中部、北部内陆和南方。这三个地区中每个区域都有不同的语音发展。

图7.5给出了参与这些发展的普罗维登斯、纽约市和大西洋沿岸中部方言（费城、威尔明顿和巴尔的摩）元音的共振峰平均值。在从马萨诸塞州福尔河到巴尔的摩这一条狭窄的中大西洋沿岸走廊内，/oh/上升到这样的程度，在ANAE的标准化图形中F1小于700Hz。这个半高圆唇元音（实际上在纽约市成为高元音）比/ah/更高更靠后，后低不圆唇元音/ah/是源于/o/和 *father* 词群合并的结果。如图7.5所示，纽约市/oh/的后化和高化与/ohr/的平行移动有关，后者处于/r/前面的后元音链式音变中。在图中/ohr/上升到高元音位置，并与/uhr/发生合并，如在 *poor*、*moor*

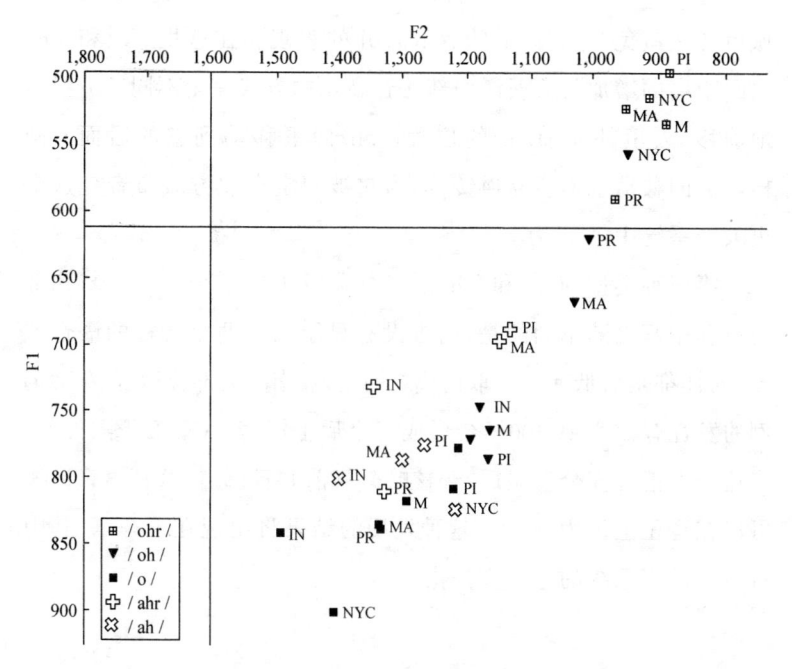

图 7.5 与/ohr/及美国东北部方言的后低元音/o/、/ah/、/ahr/有关的/oh/的高化。IN=北部内陆;M=中部地区;MA=大西洋沿岸中部;NYC=纽约市;PI=匹兹堡;PR=普罗维登斯

中(图 7.5 中未显示)。

(3) /ahr/→/ohr/→/uhr/
/ oh /→

因此,这个区域中/oh/的后化和高化是系统性链式音变的一部分,遵循紧音核沿着外缘轨道上升的单向原理(第 6 章 3a)。如图 7.5 所示,在大西洋沿岸中部方言区,/oh/和/ahr/的音核密切相关。在这两种情况下,/o/和/oh/之间的距离都在稳步增加,作为单向元音移位的一部分,这是不容易逆转的。

图 7.5 还显示了/o/在北部内陆(IN)的前沿位置,这是北方

城市音变避免/o/和/oh/的后低合并的表现。在这里，/o/和/oh/之间距离的增加与大西洋中部元音高化的方式完全不同：/o/强烈地前移，去填补先前/æ/的位置，/oh/向下移动到它的后面。同样，/o/的移动也不容易逆转，因为它被固定在北方城市音变这个更大的系统中。[4]

　　第三种类型的/o/和/oh/语音分化发生在整个南方。与北部内陆和中部内陆不同的是，南方没有显示出这两个音核的语音差异，同样都是后低元音。取而代之的是，在南方大部分地区，/oh/词例的发音有20%到100%会形成一个后上滑音（ANAE，图18.8）。当这个上滑音充分发展后，音核略微靠前并且圆唇，这种语音形式可以在音位上记为/aw/。这种发展的结果将出现在下一章，其中将讨论语言系统的进一步分化。

第8章 分　　歧

第7章通过图7.1中的两阶段模式展开了对音位分歧的讨论，然后重点讨论构成前半部分的双向变化。本章将集中讨论模式的第二步：直接导致分歧的单向变化。目的是提出一个有助于研究其他语言和社区音变分歧的一般模式。

8.1 连续的和离散的界限

分歧不仅仅意味着分化。在一个大的区域内，由于某一特定的变化开始于其中的一个地区，因此可能会不断积累一些小的差异。《英语方言调查》(Orton and Dieth 1962—1967)中描述了这样一种音变模式，即起源于英国东南部的元音大转移的差异性发展。[1] 这里将要讨论的分歧是一种更离散的类型，它是在明显的边界两侧朝相反方向移动的语言变化的结果。

必须注意的是，方言学家对他们划定的边界往往缺乏信心。典型的例子就是卡弗对从《美国地区英语词典》中收集词汇证据的总结：

> 语言变异地图仅仅是一种现象的静态表现，而它最显著的特征是其流动性。它是一种几乎无缝的织物，覆盖着大地。一个人从威斯康星州的苏必利尔向南旅行到

亚拉巴马州的莫比尔,他会意识到有不同的语言模式,但是他无法说出沿途在哪个地点发生了语音变化。[……]因此,接下来的并不是对美国地区方言的确切描述,因为这样的描述是不可能的。这仅仅是抓取流动的语言河流的一次尝试。(Carver 1987:19)

我之所以详细地引用这段话,是因为它是如此雄辩;关于方言边界连续性的类似陈述在文献中随处可见(另参见 Chambers and Trudgill 1980；Kretzschmar 1992,Davis 2000)。近期的一些处理方言边界的方法涉及连续体的数学描述(Heeringa and Nerbonne 2001),这是运用布龙菲尔德适应原则的典型结果,因为说话人之间是互相影响的(见第 1 章,[1])。这种连续体可能是方言整平过程中导致普遍趋同的阶段。

这里要讨论的分歧情况有不同的特点。它们在相邻区域的音系中表现出明显的分化,结构上相关的等语线紧密成束。

8.2 北部/中部地区边界

北美音系中最深刻最突然的划分就是北部和中部方言区之间的界线,这在第 5 章讨论北方城市音变向西延伸时首次做出描述。在这里,我们看到北部/中部的词汇边界和北方城市音变的 UD 度量标准的重合。在图 5.19 中,ANAE 定义的北部/中部边界,与库拉斯在美国东部词汇标准中定义的北部和中部之间界限的延伸是重合一致的(Kurath 1949)。这种词汇边界是这个地区定居历史的文化反映(见图 10.4)。

如图 1.4 和图 5.15 所示,北部和中部之间的分歧程度需要对所涉及的一组元音的旋转程度进行评估。ANAE 对地理模式的探索发现,比起单个音变的测量,北方城市音变中的相关标准为同质性和一致性给出更合理的测算方法。图 8.1 列出了 ANAE 中应用的四个系统测量标准。

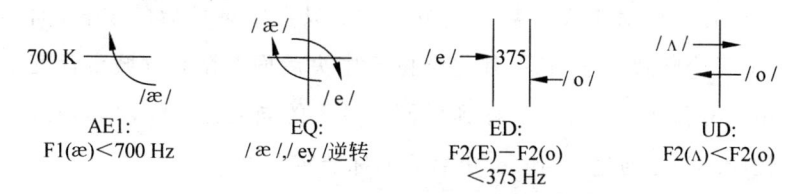

```
    /æ/              /e/→|375        /ʌ/
700 K↘              ↙                ←|
    ↗/æ/         ↘/e/      |←/o/       |→/o/
  AE1:            EQ:         ED:          UD:
F1(æ)<700 Hz   /æ/,/ey/逆转  F2(E)−F2(o)   F2(ʌ)<F2(o)
                              <375 Hz
```

图 8.1 北方城市音变进展的四个标准

1. **AE1** 这是唯一不涉及两个音位关系的标准。它涉及北方城市音变的触发事件:/æ/的普遍高化。需要注意的是,这里只包括口音前/æ/的平均值。在北美英语的许多方言中,/æ/在鼻音之前高化到半高位置,而北部内陆的一个显著特征是在口语和鼻音之前的均值有最小差异。700 Hz 的数值产生了 AE1 的最大同质性(0.84)。[2] 在用于 ANAE 的标准化系统中,700 Hz 通常对应的是感知为高元音还是中元音的分界。同样的值也用来区分相应后元音的高化程度:/oh/的 F1 平均值低于 700 Hz 的说话人限于沿东海岸从普罗维登斯到巴尔的摩的狭窄地带。

2. **EQ** 在保守的北美方言中,/e/比/æ/更高更靠后,如国际音标表显示的基准元音位置。北方城市音变中/æ/的普遍高化伴随着/e/的低化和后化,因此它们由测量 F1/F2 平均值得出的相对位置是相反的。

3. **ED** 对于大多数北美方言来说,/e/是前元音,/o/是后元音。在标准化系统中,所有方言中/e/的 F2 平均值是 1,927 Hz,而

/o/的平均值是 1,302Hz；相差 625Hz。随着/e/的后化和/o/的前化，这种差距就缩小了。在北部内陆，/e/和/o/的 F2 平均值分别是 1,707Hz 和 1,491Hz，相差仅 216Hz。北部内陆的 ED 标准得出最高的同质性(0.87)，这个差距应小于 375Hz。

4. UD 对于大多数北美方言，/ʌ/只在中央稍后的位置，而/o/无论圆唇或不圆唇，都完全位于中央后面。在北方城市音变中，/o/移动到前面，/ʌ/移到后面。最大的同质性(0.87)和一致性(0.85)是通过/ʌ/比/o/更靠后的标准实现的。

图 8.2 表明 ANAE 界定的 21 处北美方言的北方城市音变中四个元音的平均值的位置，北部内陆做了标注。北部内陆和其他所有方言的最大不同出现在/æ/的前高(AE1)、/e/的后化、/o/的前化(ED)和/ʌ/的后化(UD)位置。可以看到/æ/比/e/更高更靠

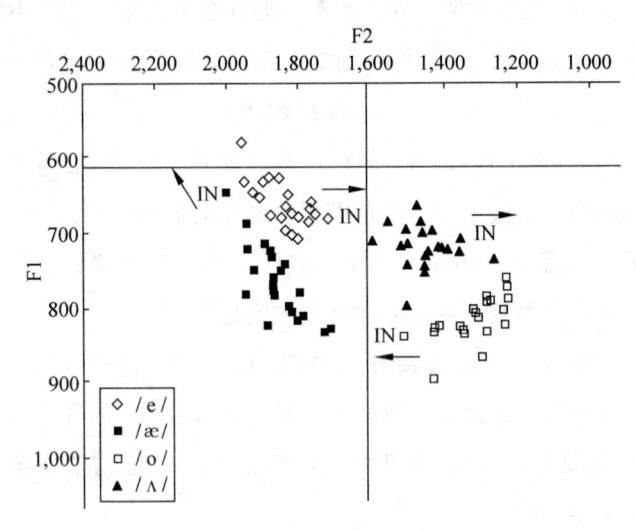

图 8.2 北部内陆在北方城市音变中的四个元音的平均位置和其他 20 个北美方言的关系。IN＝北部内陆

前(EQ)。

图 8.3 画出了北部内陆四条重叠的北方城市音变的等语线，即把 AE1、EQ 和 ED 和图 5.19 的 UD 四条等语线叠加在一起。最初在图 5.19 中出现的词汇等语线也包括在这里。这四条北方城市音变的等语线分别沿着不同的路线到北部内陆的东部和西部，但是它们在北部/中部的边界上几乎是完全重合的。AE1 这条线向南下降从而包含了印第安纳州的韦恩堡，有一些变化出现在宾夕法尼亚州的东北部。除此之外，这些线沿着这个深层的分界重合，把内陆地区和中部城市分隔开。

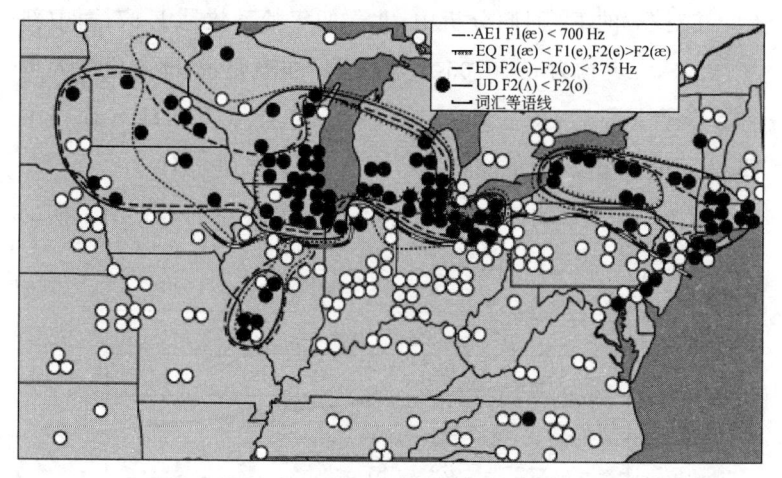

图 8.3　北方城市音变的测量与北部/中部边界重合

宾夕法尼亚州西北角的伊利市尤其值得一提。词汇边界明显地把伊利市包含在北部范围里，而在北方城市音变的标准中只有 ED 包含了伊利市——并且只是每两个发音人中有一个是这种情况。1950 年代的词汇和语音数据表明，伊利是一个始终如一的北方城市；它是唯一在过渡时期转变归属的社区。北方城市音变从来没

有在 *cot* 和 *caught* 中表现出后低合并。而伊利市有合并，表明其中有匹兹堡模式的影响(ANAE:205)。埃万尼尼(Evanini 2009)对伊利市这种反常的历史和背景进行了一些详细的调查。

北部/中部边界与北美英语音系的另一个深层划分相联系：/ow/的前化。/ow/音核的前化在北部受到强烈抵制，而在中部却得到大力推动(见图10.3和ANAE第12章)。这种/ow/与/ʌ/移位的相互关系，反映了整个美国东半部对音核/o/和/ʌ/的确认。

北部和中部的分歧最明显地表现在元音/ʌ/跨年龄段的发展上。在对/ʌ/的F2回归分析中，北部的年龄系数是1.37，而中部为-2.43，二者均为p＜0.05水平显著。也就是说，北方说话人越年轻，元音越靠后：每下降25岁，预期F2会降低34Hz。而在中部，情况正好相反：每下降25岁，预期F2会增加53Hz。[3]

图8.4是北部内陆和中部的/ʌ/与年龄关系的散点图。横轴

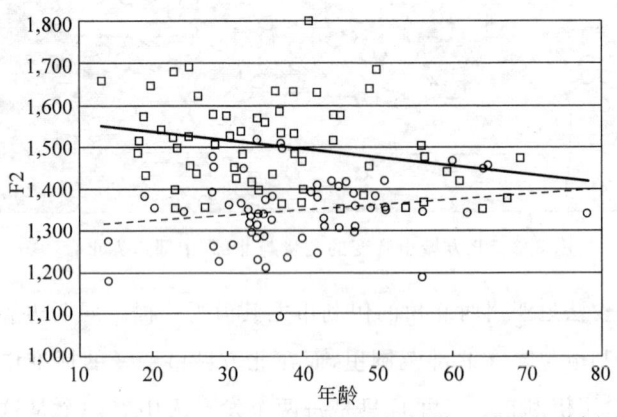

图8.4 北部内陆和中部不同年龄/ʌ/的前化和后化的分歧

表示发音人的年龄,纵轴表示/ʌ/的第二共振峰。两条拟合线表示两个区域的普遍趋势。对于北部内陆来说,发音人越年轻,第二共振峰频率就越低,元音就越靠后。中部正好是相反的:发音人越年轻,第二共振峰频率就越高,元音也就越靠前。没有比这更显著的分歧的实例了。对于最年老的发音人来说,两个元音是相同的。而对于20岁及以下的发音人来说,完全不一样。

8.3 跨越北部/中部边界的交流

根据最初在第2卷第1章中引用的布龙菲尔德的密度原则,对于北部/中部边界上明显的方言差异,一个可能的解释就是,这个边界是交际网络不连续性的自然产物:

> 定居地、村庄、城镇的居民[……]彼此相互交谈,而不是跟外地的人交谈。当一种说话方式的革新在一个地区传播开来,这种传播的界限必定是沿着口语交流网络中的一些薄弱的边线,这些地形线就是城镇、村庄和定居地之间的边界。(Bloomfield 1933:426)

对每日平均交通流量的研究表明,这种预测适用于美国东部的大部分方言边界,包括穿过宾夕法尼亚州的北部/中部边界(Labov 1974)。

最近基于一个更大的数据库进行的交流研究证明了这一点。蒂曼等人(Thiemann et al. 2010)根据美国897万张钞票的流动情况建立了人口流动的代理网络,这是由wheresgeorgecom提供的在线账单跟踪研究收集的。这个链接美国3,109个县的网络是由流量矩阵 W 定义的,矩阵元素 w_{ij} 计算 i 城和 j 城之间的账单交易数量。其中出现的主要交流模式如图 8.5 所示。这里我们也看到,纽约州西部的城市主要和纽约市交流,从芝加哥到北方和中部的主要联系是平等的。

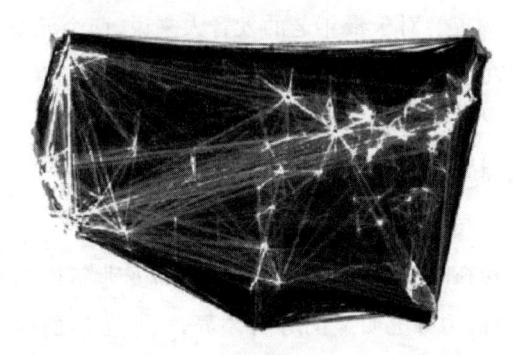

图 8.5 代表多维人口流动指标的网络图,图解 3,109 个城市间钞票的流量 w_{ij}(Thiemann et al. 2010,图 1)。经作者允许复制

图 8.6 显示了蒂曼等人基于这些钞票流通模式,在国家地图上绘制的美国东北部的交流边界。北部/中部边界的宾夕法尼亚部分再次重现。但是中西部更大的中部地区并没有与北部分离。相反,有较小的边界向北和向南延伸,把较大的北部/中部地区划分为几个东西向的分区,与北部/中部的等语线相垂直。

因此,我们面临最初在第 1 章[2b]中描述的情况,在下文中重述为[3]:

[3]"当两个言语社区持续地相互交流,就会产生语言的趋同,于是任何程序的分歧都需要做出一个解释。"

那么,导致邻近地区之间如此惊人的分歧的机制是什么呢?

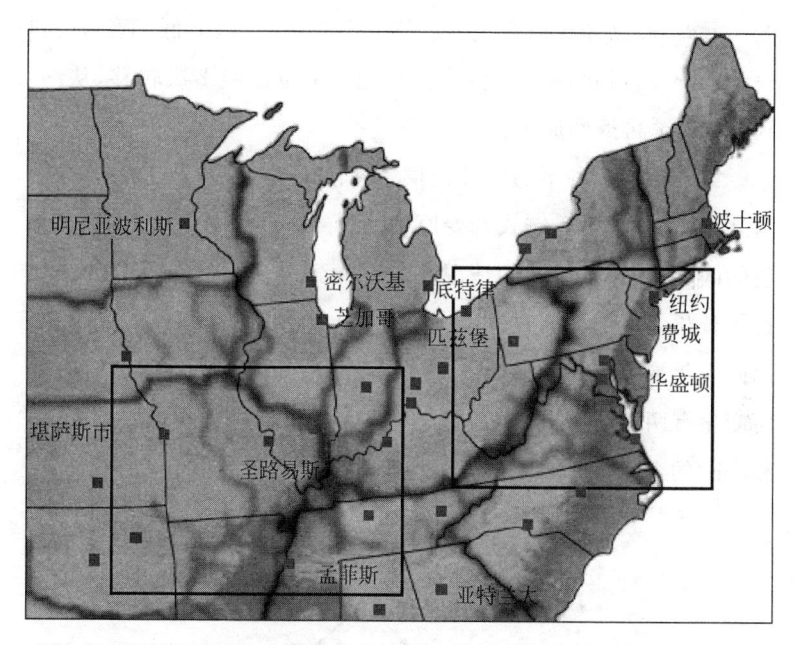

图 8.6 美国东北部的实际区域和边界。线性叠加计算后的地图出现整体上的显著边界。密集度反映边界的重要性(Thiemann et al. 2010,图 2)。经作者允许复制

8.4 分歧的两阶机制

前一章介绍了语言分岔的概念：在不稳定的情况下，语言在两个可能的变化方向之间做出选择。考虑到这个同等平衡的选择，任何数量的微小而偶然的因素都可能导致初始差异。这些选择是双向和可逆的：相同的群体可以在这些选择之间来回移动。

第 7 章指出，英语发展史上，低元音曾参与了许多不稳定的情

况。元音/a/已经在语音上前后移动不止一次,从前低元音[æ]到央元音[a]然后再回到原位。类似地,/o/也已经多次转移,从/a/到[ɒ]到[ɔ]再返回原位。

第 6 章为这种不稳定性提供了理论依据。低元音并没有标记为外缘性,它也不受链式音变原则的制约。在这一章中,我们感兴趣的问题是,这种波动的情况是怎样导致相邻方言的永久分离和持续分化。图 7.1(此处复制为图 8.7)中提出的两步模式指出,当双向变化被单向变化所取代时,将发生这种分离。在音系领域,单向变化有两种类型:链式音变与合并。我将首先检验后低元音/o/和/oh/的合并,然后回到定义北部/中部边界的链式音变。

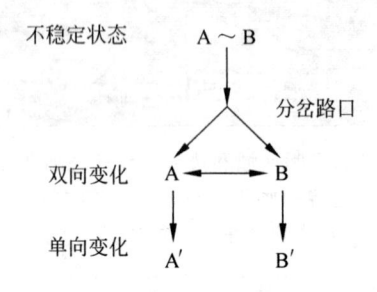

图 8.7 方言分化的两阶模型

8.5 单向变化:后低元音的合并

长开元音 o 和短开元音 o 的合并是发生在北美英语音系中主要的无条件音变,是区分北美方言的两个主要因素之一(Labov 1991)。第 5 章预测这一合并的触发事件是一系列的历史性事件,导致了高度偏移和不稳定的长的开元音 o 类的出现——与短的开元音 o 只有长度区别的后圆唇元音。

解决这种不稳定局面的一个办法是/o/和/oh/的后低合并。如第 6 章所示,这是一个覆盖了北美 50% 说英语地区的解决方案。图 8.8 中的箭头表示合并范围从新英格兰东部扩展到西部,从宾夕法尼亚西部向西南扩展到西弗吉尼亚和肯塔基州,从加拿大向南扩展到明尼苏达州,从西南向东扩展到得克萨斯州。新英格兰下半部分的箭头对应于约翰逊(Johnson 2010)报道的马萨诸塞州东南部最近的扩展。此外,丁金(Dinkin 2009)发现后低合并正在扩展到与新英格兰相邻的纽约州北部,并正在渗透到纽约东部,这些地区深受北方城市音变的影响。鉴于这种合并的总体趋势是扩展,人们可能会得出结论,它最终会消除方言之间的分歧。

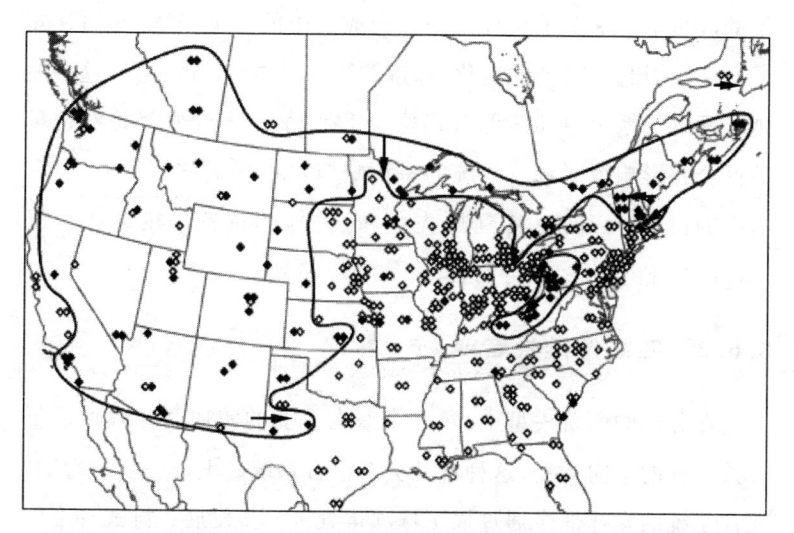

图 8.8 北美英语/o/和/oh/后低合并的扩展趋势。黑点＝发音和听感上所有音位变体都发生合并。箭头表示 20 世纪后半期扩展的方向

8.6 后低合并对英语元音系统的影响

8.6.1 加拿大链式音变

后低元音合并是第 5 章概括的一系列触发事件的可能结果之一,但它本身就是导致英语元音系统产生各种进一步变化的触发事件。图 1.6 展示了后低合并引发的加拿大音变。像其他最初的音变一样,后低合并是跨子系统的转移(图 6.19):/o/从短元音的子系统移动到内滑长元音的子系统。与/oh/合并后,/o/获得了处于开音节位置上出现的音位变体,这样它就不再是短元音子系统的成员了。这个子系统失去六个成员中的一个,然后开始在短元音之间引起一系列的变化,都遵循第 6 章中讨论的原则,这些原则支配着子系统内部的元音移位。于是,加拿大音变就是对这种后低合并影响短元音子系统的一种响应:/æ/向后移到原先由/o/占据的位置,/e/向下移到原先由/æ/占据的位置。在某些情况下,/i/表现出与/e/平行的移动。

8.6.2 匹兹堡链式音变

在分化的两阶模型中,每一个双向音变的实现会导致像后低合并一样的单向音变,这种合并会对语音系统产生进一步的影响。元音系统的多样性会通过以下选项得到进一步发展。链式音变的机制取决于短元音子系统中移除/o/产生的影响。但是,如图 1.6 和图 1.7 所示,有两种可能的后果。后低成员移除之后,将是一个相邻成员的移位,或者是/æ/,或者是/ʌ/。第 5 章已经展示了第二种选择是怎样在后低合并呈现不连续地理分布的一个地区进行的：宾夕法尼亚州西部。

图 5.8（在这里复制为图 8.9）是 ANAE 的低元音 /æ/ 和 /ʌ/ 的方言平均值绘图。匹兹堡的 /ʌ/ 与所有其他方言相比，明显在较低的位置。另一方面，匹兹堡的 /æ/ 完全没有表现出加拿大的 /æ/ 靠后的特征。

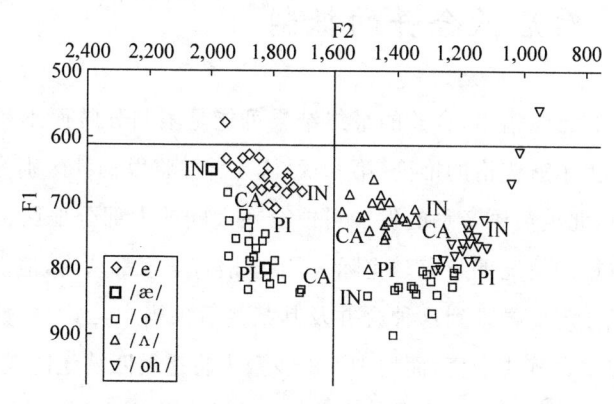

图 8.9 ANAE 21 个方言低元音的平均位置，加拿大音变标记为[CA]，匹兹堡音变标记为[PI]，北方城市音变标记为[IN]

显然，后低合并是匹兹堡音变的先决条件，就像加拿大音变一样。然而，在这里，我们有相同的原因，却有两种不同的影响。在寻找语言变化的原因时，似乎有理由期望同样的原因会产生类似的效果。/o/ 后移与 /oh/ 合并留下的空位，为什么是 /ʌ/ 而不是 /æ/ 来填补这个空位呢？

在北美英语音变中，还有另外两个相邻的音位竞争以填补空白的情况。[4] 有人或许会说，在所有这些情况下，两个竞争者中的任何一个去填补空位的可能性都是相等的，这只是一个机会的问题。然而这些选择并不具有相等的概率：如前所述，有 60 个社区都表现为加拿大音变,只有一个城市是匹兹堡音变。我们在上文中假设(第5章,第96—97页),匹兹堡低化的/ʌ/是作为跟/ah/对应的短元音,/ah/即单元音化的/aw/。这种单元音化是匹兹堡方言的一个显著特征,在北美其他地方都没有发现,因此,它充当了/ʌ/低化的第二个触发事件,而不是触发/æ/的后化。

8.7　对后低合并的抵制

上文已经指出,合并的最终结果可能是限制分歧而不是增加分歧。由于赫佐格的推论(第6章)认为合并将以牺牲区别为代价而扩展,北美英语音系的发展可能会在大陆的大部分地区被后低合并占据的情况下结束。实际上,很多语言学家都认为,他们的曾孙后代注定要融入到这种合并及其某些后果当中:绝大多数人将遵循加拿大链式音变,而地理上的少数人将遵循匹兹堡链式音变。这一可能性得到了相当大的支持。加拿大的音变在加拿大是相当一致的;但是,我们可以从 ANAE 的地图 11.7 中观察到,在电话调查的西部 106 名发音人中,有 10 人也符合这种音变标准(F2(o)<1275,F2(æ)<1825,F1(e)>660)。尽管匹兹堡音变基本上只限于匹兹堡这座城市,但它和后低合并一起,在西弗吉尼亚也有一些扩展的迹象。然而,有一些证据表明,对后低合并的抵制是美洲大陆几个大区的一个基本特征。ANAE 在图 11.1 中,对于北美方言的初步分析首先对这些地区做出了展示;图 8.10 中提取了其中的显著特征。

在第 7 章讨论的双向变化中,/o/和/oh/的不稳定关系伴随着许多波动,使这一对元音在任何波动点上,都可能受到单向合并过程的影响。而在这方面，还有其他三个过程使得合并不容易发生，或者完全阻止合并。它们都是增加/o/和/oh/之间语音距离的方式。

1. 第一种过程就是/oh/高化到半高位置。在沿东海岸的狭长地带，/oh/高化到F1平均值低于700Hz的位置。[5] 这个地区从罗得岛的普罗维登斯到马里兰州的巴尔的摩。在对纽约市的早期研究中(Labov 1966)，高化的/oh/受到修正，没有/æh/的高化那么广泛。在东北地区的其他地方，高化的/oh/不是一个很明显的特征，但它是西部人对东海岸方言的一个显著的识别标志。在这个地区没有发现后低合并。

目前还没有证据表明这种高化是从何时开始的。在最早的纽约市方言记录中并未提及(Babbitt 1896)。1960年代，/oh/在虚时研究中表现出一个倾向，这与它作为一个进行中的变化而不断高化是一致的。

高化的/oh/只在美国东海岸以外的一个地区发现，这就是新奥尔良市。新奥尔良方言/oh/高化的特点是受到纽约市广泛影响的证据之一。尽管这种影响可能采取了许多可能的途径，但最明确的文件表明，19世纪新奥尔良的一些家族和纽约市棉花银行家之间，存在着广泛的互动和通婚联盟(见第15章)。

2. /o/和/oh/语音区别的另一种形式是/o/的前化。这反映在图8.1中，作为北方城市音变的ED标准：减少了/e/和/o/之间的前后差距。如图1.4所示，/o/的前化通常被认为是北方城市音变的第二个阶段，这是对/æ/普遍高化的一种回应。但从历史角度看，它必须联系到前一阶段：上一章讨论的[ɔ]到[ɑ]的非圆唇化。这种非圆唇化扩展到北部内陆以外：东部沿海具有/oh/高化的地区，中部，一般的北部，以及西部。[6] 因此/o/的非圆唇化可以看作是北方城市音变的一个先决条件（见第 7 章中关于巴顿发现这种非圆唇化的讨论）。无论如何，北部内陆特有的/o/前化的进一步发展，是抵制后低合并的必要条件，因为在西部，非圆唇的/o/并不妨碍这种合并。

第 6 章中发现，低元音的移位不受链式音变的单向原则的支配，因为低元音不具有外缘性。丁金最近在纽约州发现了/o/的普遍后化(Dinkin 2009)，这进一步说明了/o/的双向性特点，无论是在北方城市音变完全控制的地区，还是在其边缘地区，都是这样。对于 1960 年代出生的人来说，这种后化现象似乎是突然发生的。在边缘地区，/o/的后化伴随着对/o/～/oh/最小区别词对的识别减弱。因此，丁金发现，北方城市音变对后低合并的阻力并不像 ANAE 所说的那么大，也不如东海岸/oh/高化的抵制那么强。在北部内陆西部较大的地区没有发现/o/的后化，也没有发现北方城市音变的影响。

3. 南方方言区通常在 F1/F2 空间显示为/o/和/oh/位置相同，但是通过后上滑音[ɔo]区别开来，这一音核通常发为非圆唇的[ɑo]。图 8.10 显示了这种特点在南方的分布，那里双元音化在很大程度上与南方方言等语线的定义是共同延伸的：在浊塞音之前的/ay/单元音化（图 5.11 中的实线）。

从/oh/到非圆唇的发音[ɑo]，意味着音位符号转换为/aw/。然而，在图 1.1 中，/aw/保留为后上滑元音的标写符号，如 *out*、*south*、*down* 等等。在整个中部和南部，/aw/的音核位于中央的正前方，如[æo]和[ɛo]，在鼻辅音之前尤其是这样；而在北部方言则正相反，这个音核位于中央的后方，如[ɑo]。这种语音分化本

第 8 章 分歧

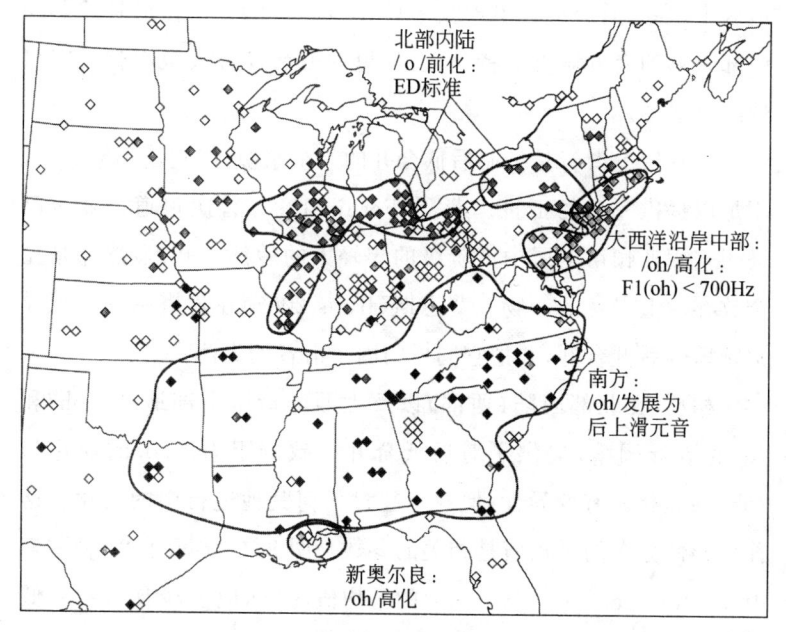

图 8.10 北美抵制后低合并的地区

身,通常不足以成为改换音位标写的动力,但是南方/oh/的非圆唇[ɑo]与/aw/的前元音[æ]之间的联系,确实提供了这样的动力,产生了链式音变(1)。到目前为止,我们一直在考虑的子系统转移包括长上滑元音子系统的增加,这是一个反向过程,增加了 Vw 子系统的成员。

(1) 南方方言区的后上滑元音转移:

/oh/→/aw/→/æw/

尽管它在链式音变(1)中的位置很稳固,但是后上滑音的可变性极大。如 ANAE 的图 18.8 所示,后上滑音出现频率为 50%—100%的区域只比南部内陆稍大一点;而在图 8.10 所示的大部分地区中，当时后上滑音出现频率只有 10%—20%。在最具北部和中部影响的南方城市亚特兰大，那里的五名发音人根本就没有出现后上滑音。

尽管后上滑音是抵制后低合并的一个来源，但它还不够稳固，不足以提供完全的抵抗。费金（Feagin 1993）首次报道了亚拉巴马州安妮斯顿市上层中产阶级的年轻人的后低合并；显然那是完全放弃后上滑音的产物。艾恩斯（Irons 2007）在肯塔基州发现异常频繁的后低合并，并把它同样归因于滑音的失落。

相反，在北部内陆（西部）以及大西洋沿岸中部地区，/oh/和/o/的语音调整，提供了对后低合并一致的阻力。/o/的前化与/oh/的高化具有变异性，但并不超过任何其他进行中的变化。这种变异性分布的平均值是相关的参数。图 8.11 显示了 21 种方言中/i/、/e/、/æ/、/o/、/ʌ/、/oh/的平均值，并标记了涉及抵制后低合并的地区。

人们可以从图中观察到/oh/高化的三种程度：在大西洋沿岸中部为半低，在普罗维登斯为中央，在纽约市为最极端的半高位置。纽约市（NYC）/oh/和/o/之间有很大距离是这种方言的典型特征。北部内陆（IN）的/oh/标记分布在/oh/的主分布区的上端。

北方城市音变的运作对北部内陆/o/的非常靠前的位置、北部内陆/æ/的极端位置，以及/i/和/e/后化都是很明显的。另一方面，在 F1/F2 平面上，南方的/o/和/oh/没有区别，标为 S 的/o/和/oh/两个元音的平均值，F1 和 F2 都重合了。

由于这些语音变化和转换，使预期的后低合并的扩展受到阻碍。正如上一章所回顾的，在约翰逊对新英格兰东部和普罗维登斯之间边界的研究中，主要的发现就是它的长期稳定性。这就是

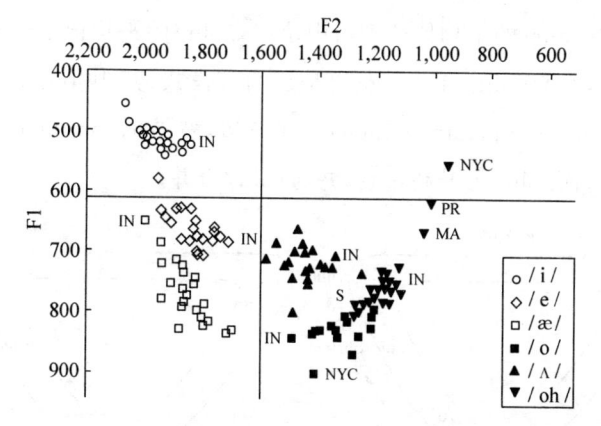

图 8.11 /o/与/oh/之间的距离表示后低合并的阻力，[IN]表示北部内陆，[S]表示南方和具有/oh/高化的方言：[NYC]表示纽约市，[MA]表示大西洋沿岸中部，[PR]表示普罗维登斯

人们对普罗维登斯的/oh/高化的预期。但是合并在年轻人的代际传播以及纽约州/o/的后化，使得后低合并的长期前景成为一个悬而未决的问题。

尽管本卷主要关注的是北美的音变，但这里需要注意的是，/oh/的高化是英格兰东南部的基本机制。尽管英语的标准发音继续以长度来区别/oh/与/o/，但是那个地区最流行的方言中，/oh/的发音已经从半低的[ɔ]提高到基准元音[o]。

8.8 通过链式音变进一步分化

在东海岸上/oh/的高化，还有着沿后外缘轨道的进一步发展，这也有助于把这些元音系统与其他元音系统区分开来。当纽约市的/oh/沿外缘轨道从半高到高元音上升时，在/r/之前的子集也发生了平行的链式音变。图 8.12 显示了在/r/前的元音是如何上升的，/ahr/的平均值达到后中位置，/ohr/的平均值上升到高元音位置，并与/uhr/合并。左边是纽约市模式，其中/oh/上升到高位，与/ohr/平行(Labov 1966)。在右边，费城的/oh/稳定在中元音位置，而/ohr/上升超过它，并与/uhr/合并。

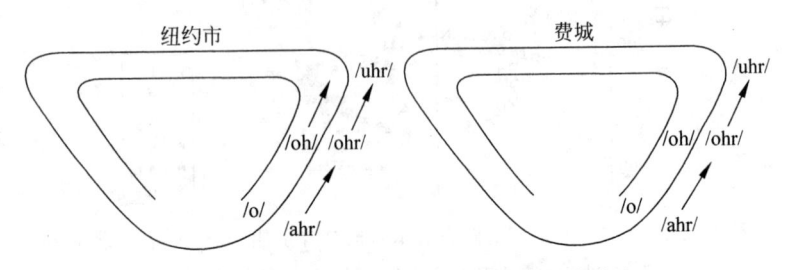

图 8.12 纽约市与费城/r/前的后元音链式音变

图 8.13 描述单个发音人的相同过程：上图是 ANAE 中，纽约市的四名受试者之一，下图是费城的四名受试者之一。很明显，纽约市的/oh/上升到了/ohr/和/uhr/的高位。一个/uhr/的标记嵌入在高元音群之中：单词 *mature*，F1 为 477Hz，F2 为 821Hz。

在费城，/ahr/的高化明显更为领先，而/oh/在中元音位置保持稳定。我们看到，/ahr/与/oh/的音核明显重合；这可能有助于费城/oh/的稳定性。在 1970 年代进行的"语言演变和变异" (LVC)项目的研究中，/oh/在虚时中没有表现出显著性系数，但是/ohr/却是有的(PLC 第 2 卷；Conn 2005)。/ohr/现在已经像在纽约市一样达到最高位置，与/uhr/合并。因为在任何北美方言中都没有/r/之前的/u/或/uw/前化的情况，所以如果中元音达到高元音位置，必然会发生这种合并。

因此，东北沿海地带/oh/的升高伴随着沿后外缘轨道上的其他音变，使这些方言将沿着其自然发展的路径进一步前进。

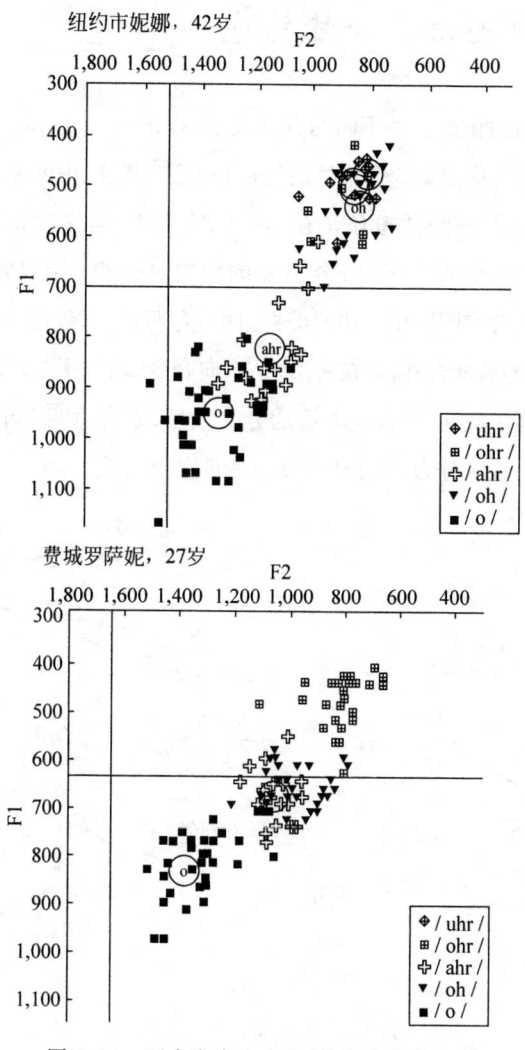

图 8.13 两个发音人在 /r/ 前的后元音变化

8.9 北美语言分歧总览

本章所讨论的各种不同的分化发展,在图 8.14 以单一图表进行了总结。它考虑了第 5 章描述的传播在不稳定状况中的发展:无论是在元音空间的外缘轨道还是在非外缘轨道上,偏移对立中的/o/与/oh/都是很相似的。[7] 从图下端开始的情景包括了一个双向音变:/o/的圆唇化或者非圆唇化。在北美方言中,有两种选择:在图 8.14 的左边,是单向的后低合并;而在右边,是双向音变,增加了/o/和/oh/之间的语音距离。我们看到,在左边的分支之后,方言由两个单向音变中的一个进一步区分为:加拿大音变或者匹兹堡音变。

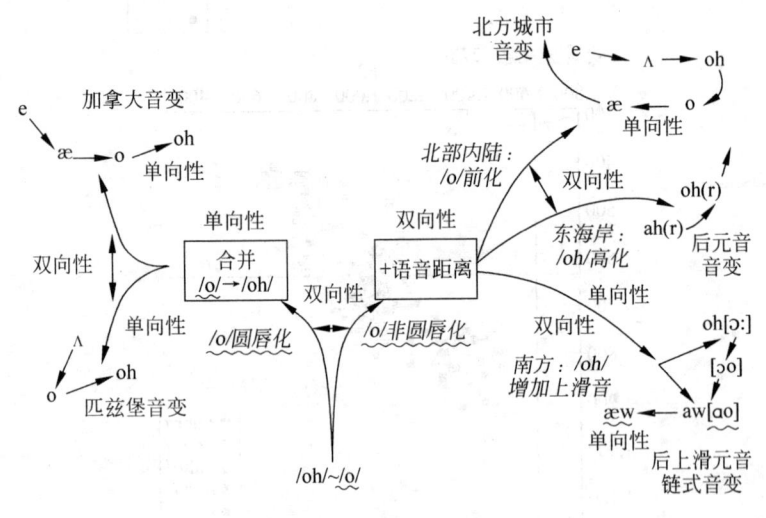

图 8.14 北美英语分化的发展

右边的分支显示出更复杂的分化。/o/和/oh/之间的语音距离可以通过三个音变中的一个来增加,这三个音变都是双向的。

一个是/o/的前化,这触发了一系列音变;另一个是/oh/的高化;第三个是增加后上滑音。我们知道,后上滑音的发展可能又会随后失落,正如第 5 章中英语长开元音 o 的早期历史,以及目前南方方言的发展所证明的。这些双向音变仍然保持双向性,直至所涉及的元音参与到链式音变中,因为音核移动到外缘轨道上,并被锁定在第 6 章论及的单向机制中。

链式音变的单向性不能被认为是绝对的。如上所述,丁金(Dinkin 2009)在北部内陆的东部发现/o/的前化逆转的例子。伦尼格(Lennig 1978)指出,在来自上层中产阶级的社会压力以及作为/a/~/ɑ/合并的结构性结果,法语巴黎方言中/a,o,u/的轮换过程可以逆转。ANAE 发现,与这里讨论的其他方言的发展相比,南方音变正在整体衰退,而/oh/的后上滑音磨损就是衰退的一个征兆。然而,链式音变并不能自由地在两个方向之中变换,因为它们受到第 6 章所述的支配原则的制约。孤立的音变也同样受这种影响,只是以一种概率的方式,允许更大的波动和更多的例外。

方言分歧传播树形图的基本特征,是双向音变和单向音变的交替。如果所有的音变都是双向的,那么考虑到布龙菲尔德的适应原则,相邻方言之间就不会出现分化。相反,如果所有的音变都是单向的,邻近的方言之间也不会出现分化,因为每个局部区域对于基本相同的制约条件的反应都是一样的。因此,图 8.14 是图 8.7 的详细说明。道路上存在有分岔路口,是 A 和 B 永久分化为 A′和 B′的前提条件。

第9章 驱 动 力

到现在为止，我们已经考虑了北美语言变化的认知后果、制约变化路径的触发事件和支配原则，以及相邻方言之间日益不同的路径。所有这些因素都与我们努力理解语言变化的原因相关。第2章到第4章根据变化的明显运作失调，强调了这项任务的紧迫性。作为对音变原因的一个回答，第5章让我们知道"音变是怎样开始的"。第6章我们解释为什么音变会朝着一个给定方向进行：因为它不能走另一条路。第7章和第8章解释了遵循相同支配原则的音变如何使邻近方言朝着不同的方向发展。本章将提出另一个或许是更基本的问题：为什么要寻找有效的驱动原因。是什么力量推动了语言变化的持续进展？

尽管第7章中的触发事件是历史上特定的偶发事件，但问题仍然是，持续不断的语言变化是否可能是普遍因素的结果——一种先天而又永久的不稳定性。其中一个普遍的运作因素是子系统内最大化分散的趋势，从而在最初由触发事件的单向性决定的方向上产生音变（Martinet 1955，Liljencrants and Lindblom 1972，Lindblom 1988）。第二个因素是最小努力原则，在第1章中简要讨论过。尽管最少的努力是辅音弱化过程中的一个重要因素（Bybee 2002），但它与北美方言多样性的元音移位和交替并不直接相关，因为这些都是在完全重读的音节中实现的，并且经常涉及辅音的强化——强度、难度和时长的增加。第三个因素是(子)系统平行对应的成员之间类推扩展音变的趋势,这通常被视为一种规则简化的形式。那么问题是,这样的重新调整过程是否解释了这些现象,或者是否有证据表明还有其他因素,可以解释进行中的音变的速度、方向和社会分布。

这种类型的普遍原理可以预测,音变一旦启动,它将以统一的方式在言语社区中传播。[1] 有人认为,最小的努力原则对一部分人的影响大于另一部分人(Kroch 1978),但这并没有得到证实。无论如何,在概率匹配过程的驱动下,最大分散的趋势似乎不太可能有区别地应用于不同社会群体的儿童。

这一点需要参考第1卷第1章中首次引用的梅耶的观察。由于语言变化不是一成不变的,而是基本上是零散的,因此,没有一种普遍原则能够用来解释语言变化的驱动力:

> 我们能够解释语言变化的唯一变量是社会变化,其中语言变化只是结果。[……]。我们必须确定哪种社会结构对应于一个给定的语言结构,以及怎样从总体上把社会结构的变化转化为语言结构的变化。(Meillet 1921:16—17)

过去半个世纪的社会语言学研究,发现了与特定语言结构相联系的各种社会结构。我们将依次考察每一种联系,从最明确的到最有问题的。

9.1 规范的引进

自上而来的变化显然是社会因素作用于语言的结果。我们通常会意识到自上而来的变化,因为它涉及从地位最高的社会阶层向下传播的高声望特征。但这并不是一个充分的标准,因为上层阶级有可能成为系统内变革的始发中心。自上而来的变化(语言系统)意味着新元素是从某种外部语言或方言中引进的。因此,纽约市的(r)是从 r-发音的方言中引进的(Labov 1966);蒙特利尔法语的小舌音(r)是从魁北克的其他方言以及欧洲法语引进的(Sankoff and Blondeau 2007);阿拉伯语(q)是从古典阿拉伯语引进现代方言的(Abdel-Jawad 1987;Haeri 1996)。自上而来的语言变化通常涉及语言的表面性和孤立性;如前一章所述,我们很少能够从中了解到造成方言分歧历史的系统动力。

9.2 本地影响

关于语言变化社会动因,一个常见的参照点是马撒葡萄园岛上作为本地认同标志的元音央化程度研究(Labov 1963)。马撒葡萄园岛是一个小型的言语社区,包含许多更小的社区(奇尔马克 Chilmark、盖伊角 Gay Head、埃德加镇 Edgartown)。说话人/ay/和/aw/的央化程度与在岛上定居的积极或消极倾向有关。需要注意的是,人们普遍接受本地认同是一种驱动力的原因,是由于社区内部存在着对比。具有相似社会特征的发音人在央化程度上的差异归因于他们对当地居住的定位不同。[2] 哈森(Hazen 2002)在关于北卡罗来纳州非裔美国青年使用三个变量的研究中,也使用了类似的当地身份的对比度,把"扩展"认同和本地认同相对比。当地语言社区使用一种语言形式本身,并不一定是用这种形式来标记或维护本地身份的,尽管情况可能真的是这样。为了使本地认同成为语言变化动因中的一个有意义的因素,我们需要在本地认同程度与这个音变的进展程度之间建立一种相关性。

本地认同当然可以是公开的。一旦一种语言特征上升到足够高的社会意识水平,并成为一种固定的成见,它可能会受到习俗化和污名化的双重影响。约翰斯顿等(Johnstone et al. 2002)描述了公众对匹兹堡方言的一些特征的高度关注,例如/aw/的单音化。纽约市是这种非系统污名化的一个极端例子(Labov 1966)。那里的大多数中产阶级说话人有意识地试图以不规则的词汇方式降低/æh/和/oh/的发音舌位,而这个系统的其他方面,如/oy/的高化,则保持不变。毫无疑问,社会力量能够通过这种方式改变语言,而上一章所讨论的南方方言中/oh/后上滑音的失落可能就是这种类型的例子。另一方面,后低合并和其他合并——北方城市音变、加拿大音变、匹兹堡音变,以及/r/前面的后元音转移——都是发生在低于社会意识水平的地区。任何社会认同的影响都是无意识的,就像在马撒葡萄园岛的情况一样。

此外,增强社会意识也有可能使方言稳定下来,使其不受方言整平的影响。北卡罗来纳州奥克拉科克和邻近地区的外滩方言的说话人长期被定型为:"喂饲者"(hoi toiders)(LYS, Wolfram 1999),得到了北卡罗来纳州立大学研究小组的这种支持(Wolfram 1994)。这种对本地身份的明确诉求可能会导致语言的变化;但它并不能使我们了解造成方言差异的最初因素。

9.3 社交网络与社群团体

对于马撒葡萄园岛和奥克拉科克等乡村语言社区的研究,可能会涉及数百人的语言模式。在探寻社会力量对语言的影响时,

187 人们可能会转向更小的社会单位：社交网络（Moreno 1953）和社群团体（Lave and Wenger 1991，Wenger 1998）。米尔罗伊对贝尔法斯特的研究发现，在多元密集网络中的参与者，保留了方言特征，没有受到方言整平的影响，而与网络外部的弱联系则促进了这种整平效果（Milroy and Milroy 1978，Milroy 1980）。第 2 卷第 10 章采用了社交网络研究费城自下而来的音变。社会测量参数与语言变化的进展程度相关。交际指数 C5 把音变的引领者确定为社区内接触密度最高的说话人，同时也是社区外接触比例最高的说话人。弱联系在这里的影响与贝尔法斯特的不同：弱联系不是促进当地方言的整平，而是作为影响更广泛社区之间变化的渠道。图 9.1 显示了在费城南部克拉克街（Clark Street）的一个社会网络图，这是一个由家庭和朋友组成的意大利裔上层工人阶级群体，位于中心的核心人物在交际指数 C5 和闭音节中/ey/的高化方面都处于领先地位。

188 对社交网络中语言变化最深入研究的是埃克特（Eckert 2000），她在底特律郊区高中考察了北方城市音变的发展。图 9.2 来自于埃克特对北方城市音变的详细研究，显示了两个极性青少年社会群体（乔克斯和伯闹茨）与性别的相关性。在埃克特的社会结构分析中（Eckert 1989），伯闹茨指那些逃避和拒绝成人主导的制度和规范的年轻人；相反，乔克斯通过遵守这些规范来寻求进步和成功，沿着教育路径向上流动。[3] 纵轴为每个阶段评为领先的发音样本平均百分比；横轴展示了北方城市音变的五个阶段，如图 1.4 和图 5.15 所示。

第 9 章 驱动力

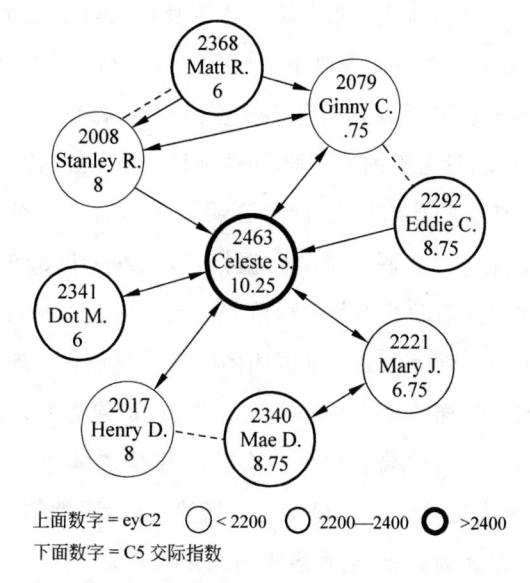

```
         ┌─────────┐
         │  2368   │
         │ Matt R. │
         │    6    │
         └─────────┘
              ↓
    ┌─────────┐      ┌─────────┐
    │  2008   │      │  2079   │
    │Stanley R│─────→│Ginny C. │
    │    8    │      │   .75   │
    └─────────┘      └─────────┘
              ↘    ↙         ↑
           ┌─────────┐    ┌─────────┐
           │  2463   │    │  2292   │
           │Celeste S│←───│Eddie C. │
           │  10.25  │    │  8.75   │
           └─────────┘    └─────────┘
           ↗     ↓    ↘
  ┌─────────┐           ┌─────────┐
  │  2341   │           │  2221   │
  │ Dot M.  │           │ Mary J. │
  │    6    │           │  6.75   │
  └─────────┘           └─────────┘
       ↑                     ↑
  ┌─────────┐    ┌─────────┐
  │  2017   │    │  2340   │
  │Henry D. │───→│ Mae D.  │
  │    8    │    │  8.75   │
  └─────────┘    └─────────┘
```

上面数字 = eyC2   ○ <2200   ○ 2200—2400   ◯ >2400
下面数字 = C5 交际指数

图 9.1 南费城克拉克街社交网络中的影响流动图。箭头表示那些回答了"你的朋友住在哪里?"这一问题而被记住名字的人。圆圈上面的数字:/eyC/的 F2 平均值。圆圈下面的数字:交际指数 C5(与街区的接触密度,以及与街区以外的接触比例)。虚线:家庭关系

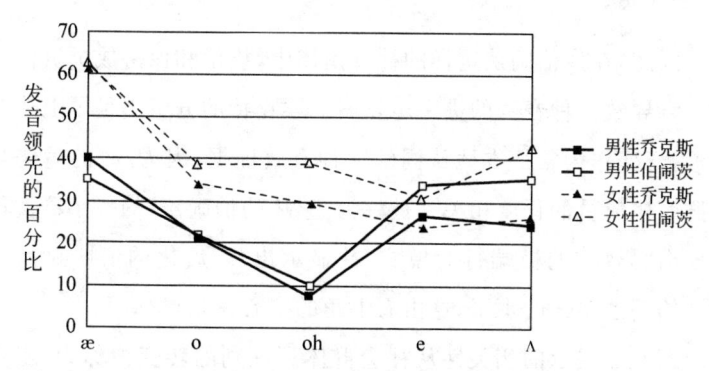

发音领先的百分比

	æ	o	oh	e	ʌ

图例:
- ■ 男性乔克斯
- □ 男性伯闹茨
- ▲ 女性乔克斯
- △ 女性伯闹茨

图 9.2 底特律一所高中北方城市音变的五个阶段的发音百分比,按团体成员和性别划分(Eckert 2000)

按照图5.15的顺序,北方城市音变晚近的阶段显示在右侧:/e/与/ʌ/的后化。这些都与高中学校的社会类别相关:伯闹茨的数值显著高于乔克斯,而性别差异不显著。然而,在较早的三个阶段中,情况却相反:社会类别不显著,而性别是一个主要的区分因素。

埃克特把这些数据作为证据,证明音变是由当地青少年的社群团体采用并与其相联系的。在温格(Wenger 1998)的框架中,伯闹茨模式包括活动的参与和形象的一致。成员可参与并学习在庭院中游逛和吸烟等活动。社群团体成员的具体化是通过诸如穿牛仔裤的款式这样的物化事实来完成的,这是埃克特详细描述的模式。/e/和/ʌ/的极端后化可能会被看作是团体成员资格的表现,以及显示成员身份的一种方式。当然,这是隐性知识,而不是显性知识。正因为如此,它才表现为大量的重复。

一般来说,被视为物化的更为抽象的表达方式需要更加积极和具体的参与,才能保持而不是降低它的意义。
(Wenger 1998:67)

因此,在像伯闹茨这样的社群团体中,显示和保持成员资格的压力将导致一种音变的进一步发展。埃克特的分析满足了上述的要求,音变作为象征本地认同的一种有效证据;因为/ʌ/的后化与社群团体成员的程度相关。被称为"累坏的伯闹茨"的一小群女孩表现出"累坏"的极端行为模式,并显示出/ʌ/后化的值明显高于女性伯闹茨整体的水平,这由右上角的空心三角形标示。

图9.2展示的相关性从社会群体到性别的转变被称为"埃克特进程"。这是一个非常重要的发现,我们在讨论语言变化的驱动力时将尝试从几个方面来解释它。

观察社会变异的人种学方法，超越了对给定变量的"伯闹茨"等类别标签的赋值范围。人们非常强调个人作为施事者在评判其社会地位方面的作用（Eckert 2000，Mendoza-Denton 2008）。变异的社会意义在于它在评判社会成员资格中的价值。埃克特（Eckert 2000）的第 1 章对个人与群体关系中涉及的微妙问题进行了详尽的阐述，并有力地论证了个人作为社会变异的基本单位。

从个体变异的研究中，我们可以学到很多东西，了解个体如何利用复杂的群体变异结构来唤起不同的社会认同。为了有力地说明这一点，我们必须超越对个人行为的描述，去观察一个人是怎样从一种社会状况转变到另一种社会状况的。

辛德尔对卡罗尔·迈耶斯的研究就是这样做的（Hindle 1980；见 PLC，第 2 卷：439—445）。他绘制了费城人卡罗尔·迈耶斯（Carol Meyers）的元音系统图，描绘了她从旅行社办公室回到家里与家人共进晚餐，然后又与密友玩桥牌。在第 2 卷中，图 13.9 展示了从一种语境到另一种语境的频繁的语体转换，图 13.10 显示了（aw）的发音从办公室到桥牌游戏的转换是怎样映射到整个社区在虚时中的变化。[4]

因此，我们必须认识到，个体确实在利用语言变量的语体转换，及时地最大限度提高自己的社会地位。考虑到个体对社会语言变量的操控，我们可能会问：北美英语语言变化的总体方向是否可以被视为个体认同行为的累积性结果？尽管这些关于个体变异的观点可能很有见地，但本章接下来将考察一些现象，这些现象不容易被面对面的互动研究所解释，需要认识到在个体操控之外有更大的社会力量在运作。

无论我们采用的是社交网络还是社群团体的构建，本研究的

190 核心问题是确定导致群体内增量的压力。第 2 卷第 10 章讨论了"影响力的二阶流动传播"模型,源自卡茨和拉扎斯费尔德发起的扩散研究(Katz and Lazarsfeld 1955)。核心发现是,信息与影响力并不是均匀地流向一个群体的所有成员,而是主要流向少数有影响力的人或意见领袖,然后再由他们影响他们的同龄人,如图 A 所示:

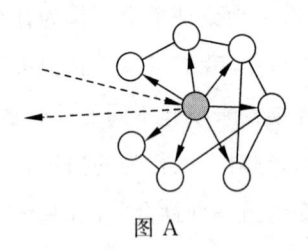

图 A

图 A 与图 9.1 的一致性是显而易见的。塞莱斯特(Celeste)是社会测量中的"明星":她的 C5 交际指数为 10.25,显示出很大程度的影响力来自于群体之外,如图 A 所示。这也表明,为了追寻音变的驱动力,我们必须超越本地群体,这是对来自更大社区的影响做出的回应。虽然我们已经看到,音变会受到面对面交流结果的影响,但我们必须从整个社区的角度出发,考虑那些没有面对面接触的人之间的共性。现代社会已经创造了言语社区,在社区里,人们直接接触的只是一小部分人。然而我们发现,在这个更大的言语社区中,参与音变的模式非常有规律。

9.4 社会经济阶层

20 世纪下半叶,对大型城市言语社区的研究发现社会分化的常规模式,其中与语言行为相关的社会范畴就是社会经济阶层

(Labov 1966,1980,Cedergren 1973,Trudgill 1974b,Weinberg 1974,Haeri 1996,Sankoff et al. 2001)。为了获得一个言语社区的代表性样本,这些研究对随机抽取或部分随机抽取的个人进行了访谈,这样就排除了他们相互之间的直接接触。这通常涉及分层随机抽样,其中所关注的社会群体被赋予平等的代表性,这与他们所代表的人口比例无关。[5] 把发音人定义为属于这样一个社会阶层群体的特征,并不是因为他们之间的相互接触,而是因为他们在权力、地位、财富和象征资本等方面,在一般衡量标准上具有相似性。研究这样大的群体的一个好处是,它使人们能够接触到大规模的语言模式,这些语言模式定义了整个语言社区,并最终定义了语言。个体随机抽样的一个缺点是,它不能让我们迅速接触到发挥语言影响的动态性家庭或本地网络。

费城语言变化与变异项目(LCV)是为了把本地互动研究与大城市语言社区整体描述相结合(见第2卷,第3—12章)。这是通过10个街区的判断样本完成的,这些街区按其社会阶级和族群的类别进行分层,从爱尔兰裔下层工人阶级占主导地位的肯辛顿地区,扩展到意大利裔上层工人阶级占主导地位的南费城地区,犹太裔下层中产阶级居住的欧弗布鲁克街区,上层中产阶级的普鲁士王村,以及栗子山的上层社会网络。街区研究的特点是参与者观察超过三到四年,多次重复记录和小组互动。通过对60位说话人的电话调查(Hindle 1978),对整个城市进行了随机抽样。街区研究和电话调查结果的一致性,以及互补型的误差来源,这被认为是对研究发现的有力证实。

图9.1显示了语言变化及变异项目(LCV)进行的对本地网络中交互作用的研究结果。LCV是为了检验一个关于语言变化

引领者的位置的一般假设,从"为什么语言会变化"的问题转变到"谁改变了语言"的问题。早期研究中提出的弧形假设(纽约市:Labov 1966;巴拿马城:Cedergren 1973;诺里奇:Trudgill 1974b)认为,自下而来的语言变化是由位于社会层级中间的群体所主导的。图9.3给出了同一语言变量的一个更大范围的结果:south、out、down、now 等词中/aw/的前化与高化。变量范围从保守的[æo]延伸到领先的[e:ɔ],这里使用对数平均归一化系统,F2的范围从约1,500Hz到2,500Hz。图9.3a显示了五个年龄组在虚时中的单调分布特点。[6] 三十年前发表的六篇语音记录只显示了保守的形式,我们正在处理的进行中的变化的事实确认了这个实时的差异。[7] 图9.3a显示了(aw)在六个社会经济阶层的曲线分布。

这里涉及两个不同的解释问题。一个是解释图9.3a中的增量模式:为什么年轻的发音人经常显示变量值的增加?另一种是解释图9.3b所示的扩散:这种变化是怎样以较弱的形式向外扩散的,从引领的群体到社会层级越来越疏远的群体?这第二个问题一直是社会语言学研究的重点。

对于这两个问题,有理由提问:驱动力是正的还是负的。当语言变化上升达到社会意识的水平时,它们通常会被污名化和被拒绝;但是(aw)的情况并不是这样,这在费城方言的讨论中很少提到。[8] /aw/的F2值从上层工人阶级到上层阶级的明显下降,可以看作是从污名化的本地方言的倒退,但这不能解释从下层工人阶级到上层工人阶级的上升倾向。[9] 第2卷第12章中的弧形模式和语言变化引领者的概览都表明,在扩散背后的一些驱动力包括积极的社会动机。因为大多数进行中的变化远远低于社会意识水平,人们普遍认为,这些积极的动机是隐蔽的,尽管对其存在的直接证据很少。

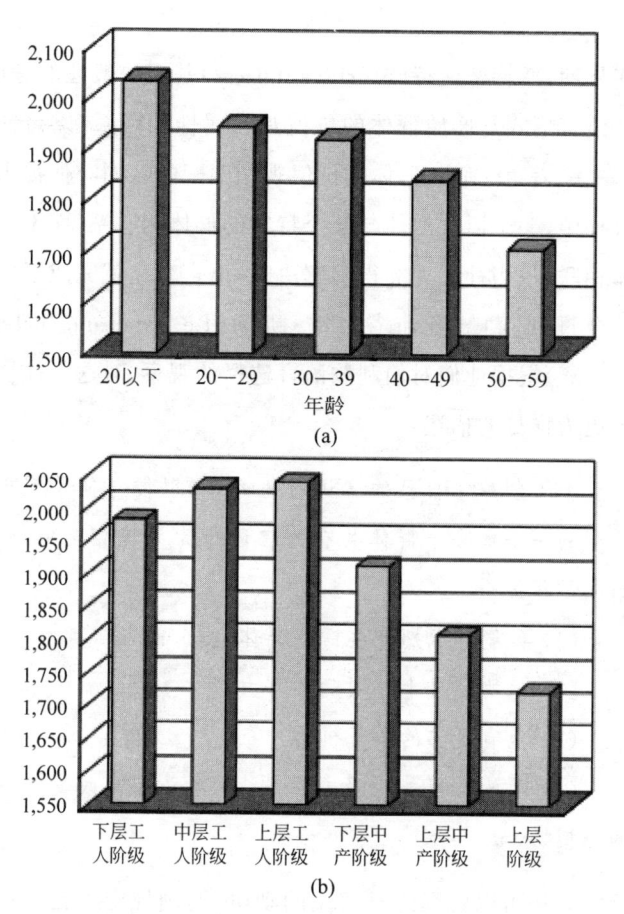

图 9.3 费城街区(aw)的弧形模式[数量=112]。纵轴为每一个年龄组 F2 预期值,通过向常数增加年龄系数计算;(a)虚时分布;(b)按社会经济阶层的分布

9.5 身份认同行为

在早期,斯特蒂文特(Sturtevant 1947)基于一般性的考虑,认为新的语言形式与原始群体的价值观和属性相联系,说话者采用这些形式来表明他们与群体的价值观相匹配的认同。他提出在变化的过程中,一个语言变体与某个特定的群体相联系,而不是与其他群体相联系,当社会冲突得到解决时,语言变化就完成了。对于这一社会过程,勒佩奇和塔布雷-凯勒(Le Page and Tabouret-Keller 1985)根据他们对伯利兹语言选择的观察,对这一社会过程进行了更为详尽的描述:

> 个人创建了自己的言语行为系统,以便与他希望被认同的一个或多个群体共有的言语行为系统相类似,达到以下程度:
> (1) 他能够识别这些语言群体
> (2) 他的动机十分明确和有力
> (3) 他有足够的学习机会
> (4) 他的学习能力没有受损,即在必要时改变自己的习惯。

这种方法可以解释语言变化的动机,明确规定了在高度社会意识之下所做的选择,例如在伯利兹,是使用西班牙语还是英语克里奥尔语。埃克特和麦康奈尔-金内特(Eckert and McConnell-Ginet 2003)提出了一个类似的观点把身份认同行为与社会语言变量联系起来:

第9章 驱动力

在社群团体中,不断修改常见的说话方式,为构建群体身份提供了一个试金石,具有属于一个群体(作为其中的成员)的意义。(第315页)

问题是,这种认同行为是否可以与远远低于社会意识水平的语言变量相关联。埃克特在她对一所高中研究的引言中,解释了温格的具体化概念,认为这是解读社会符号的基本要素:

只有当意义的各个方面被具体化时,这些符号意义的评判才变得公开[……]在这一点上,说话者可以指出社会意义——他们可以识别其他人是乔克斯或伯闹茨,是社会精英或工人阶级,受过教育或没有受过,谨小慎微的或坚韧不拔的。(Eckert 2000:43)

因此,我们的问题是经验性的。北方城市音变的基本要素对于北部内陆地区的说话人和听话人来说,是不是具体化?在纽约市(Labov 1966 第12章)和费城(PLC,第2卷第7章)做的主观评价试验表明,在"工作适合度"和"友谊关系"等量表上,有一定程度的社会评价。北方城市音变的这些变量似乎是一种指标而不是标记,几乎没有与社会分布相关的语体变化(Ash 1999)。而且在北部内陆没有自觉意识的证据。采用对照实验有可能发现与群体认同相关的具体化过程。

9.5.1 人名与棘轮原理①

对个人选择的作用的不同观点,可以从另一种研究涉及语言快

---

① 棘轮是一种防止倒转的齿轮。——译者

速变化的社会行为中得出：个人名字的选择。利伯森(Lieberson 2000)收集了海量的人名数据,显示了这种选择是如何遵循一种长期的趋势,这种趋势在同一方向上持续了八十到一百年。[10] 利伯森对这件事的兴趣是由他自己的亲身经历激发的,他曾经为自己的孩子精心考虑选择的名字,但几年后,他发现,正如许多其他人所做的那样,他一直在不自觉地遵从着社区的偏好。[11]

图9.4描绘了1918年至1987年伊利诺伊州最常见的50个女孩的名字的结尾。以-a结尾的名字,如 *Rebecca*、*Eva* 和 *Julia*,在这一时期有平稳的增长,但是以-ie 或-y 结尾的名字,如 *Amy*,以-n 结尾(*Jane*)和以-s 结尾(*Alice*、*Doris*、*Janice*)的名字却都呈现减少趋势。

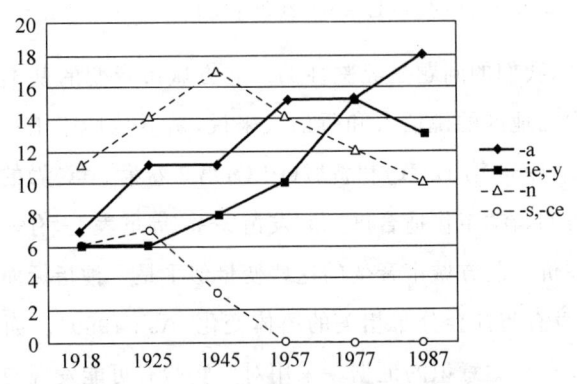

图9.4 伊利诺伊州50个最常见女孩名字的结尾 1918—1987 (Lieberson 2000)。耶鲁大学出版社许可转载

一些社会学家把这种个人取名的时尚潮流归因于有意地模仿名人,利伯森也表明,几乎在每一例中,名人的名字都在增加,这是对已有的社会评估的回应。如同语言的变化一样,大众传媒在经过一段时间后也会跟随社区的变化:它们是反映变化,而不是产生

变化。

利伯森认为,这种长期的趋势是"棘轮原则"这种结构因素的产物,它独立于社会生活中的其他压力而运作。当社会行为的一个特征被认为是"新的"时,朝这个方向进一步转变的形式将被认为是时尚,而旧的形式将被认为是过时的。服装时尚跟语音变化之间的相似是惊人的。和元音一样,裙子边缘只能在一定范围内下降或上升。利伯森指出,当达到极限时,变化可能会逆转,但是不会违背棘轮原则,因为逆转会伴随着其他变化。在语音变化中,[e:]可能上升到[i:]的极限高度,但在双元音化后,就会下降到[ɪy]和[əy]。

除了第 6 章提出的支配原则外,棘轮原则还为语言变化的单向性提供了另一种解释。它表明,系统性的社会变化不一定涉及有意识的选择,各种各样的变化都可以由一个非常普遍的结构原则来驱动。但它并没有为我们定义跟语言相关联的"时尚"或"过时"的意义。而且,关于名字的数据反映的是对成年人有意识选择的一种无意识的影响;在儿童形成和巩固其语言系统过程中,它们并不直接影响儿童的行为。个人名字的数据反映的是地区性趋势,但这些数据不够详细,不足以告诉我们,所有社会群体的成员是在做出同样的选择,还是在朝着同样的方向发展。

9.6　虚时中的社会阶层关系

结合图 9.3(a)和图 9.3(b)提供的关于年龄和社会阶层的信息,可以更清楚地看出费城各社会阶层的行为。图 9.5 是一个散点图,显示了费城按年龄和社会阶层划分的/aw/前化的平均值的分布情况,基于与图 9.3 相同的数据。图 9.5 中的线条是个别社会阶层群体的偏回归线,每个群体的斜率和截距分别计算。[12]

在图 9.5 中,下层工人阶级没有参与变化,回归线是平的。下层中产阶级的加粗回归线斜率最陡,表示变化率最高。而上层工人阶级的黑色虚线紧随其后。因此,中下层的领导地位是年轻演讲者的一个特点:只有在 40 岁以下的年龄组中,上层工人阶级才有别于中产阶级。

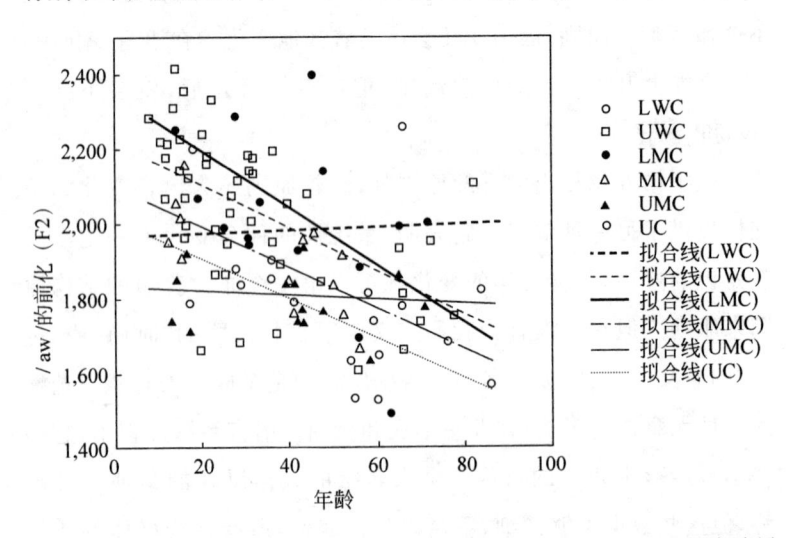

图 9.5 费城(aw)前化按年龄和社会阶层的散点图,偏回归线表示社会阶层[N=112]。LWC=下层工人阶级;UWC=上层工人阶级;LMC=下层中产阶级;MMC=中层中产阶级;UMC=上层中产阶级;UC=上层阶级(下同)

图 9.5 最显著和重要的特点是,上层工人阶级、下层中产阶级、中层中产阶级和上层阶级的回归线是平行的。上层阶级 13 位说话人回归线(粗线)的斜率与起主导作用的下层中产阶级的斜率

类似。上层工人阶级 31 位说话人年龄相关系数是 −0.57;上层阶级 13 位说话人的相关系数是 −0.66。这两种相关性都具有 p<0.01 的显著性。不管这种显著现象的原因是什么,9.5 节中勒佩奇和塔布雷-凯勒的逻辑在这里并不适用。费城上层社会的孩子们明明知道他们不是中产阶级。他们采取逐渐前化的/aw/形式绝不可能是出于有意或无意地希望与中产阶级或上层工人阶级相认同的愿望。

图 9.5 也不例外。费城的其他变量显示,甚至更为一致,所有社会阶层的坡度都是平行的。图 9.6 是在闭音节(eyC)中/ey/前化的相应显示,这是 1970 年代一个具有活力的新变化,一直持续到现在(Conn 2005)。所有六个社会阶层都遵循平行线,上层阶级恰好与领先集团——下层中产阶级——的回归线斜率一致。

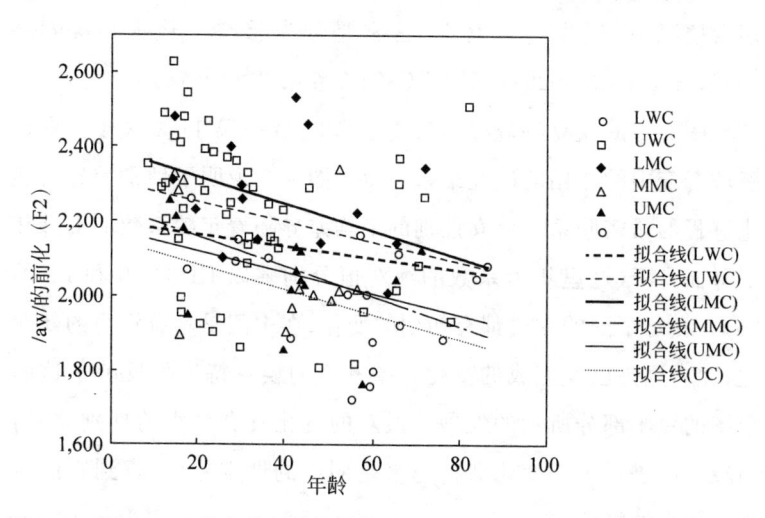

图 9.6 费城(eyC)前化按年龄和社会阶层的散点图,偏回归线表示社会阶层 [N=112]。

这些结果有力阻挡了把音变作为一系列与相邻社会群体认同的个人行为的解释。

9.7 性别作为一种社会力量

对言语社群的社会语言学研究发现,现代社会的语言变异与少数社会变量相关:年龄、性别、社会阶层、种族/族裔、城市/农村地位和社会网络中的位置。尽管变异的内部制约因素通常是相互独立的,但在外部因素之间有很强的相互作用是常见的。一般来说,稳定的语言变量的性别差异在不同社会阶层是不同的。

自下而来的语言变化呈现出一种比较简单的结构:对于所有的社会阶层来说,通常是一种性别的领先(Labov 1990)。在绝大多数情况下,领先的是女性,常常是领先整整一代人(Gauchat 1905,Hermann 1929;参见 PLC,第 2 卷第 8、第 9 章)。

图 9.2 的埃克特进程与第 2 卷第 8、第 9、第 11 章关于性别在费城音变中的作用的研究结果一致。图 9.7 说明了性别差异与变化进程的紧密联系。男女性别的平均差异随着年龄系数的上升和下降而升降(这里年龄系数的绝对值分别乘以 F1 的 20 和 F2 的 30)。在每个图的左边都有初期的变化;在中间是具有活力的新变化;在右边是已经完成的变化。图 9.2 的埃克特进程反映了这两个图的左半部分所示的发展。最新的变化具有最小的性别差异,而较早的进行中的变化获得越来越明显的性别差异,直到它们达到变化率的峰值。

如图 9.8 所示,在不同年龄段的性别差异程度不是固定不变的。图中的纵轴表示 F2 的期望值,根据常数和年龄系数,每个

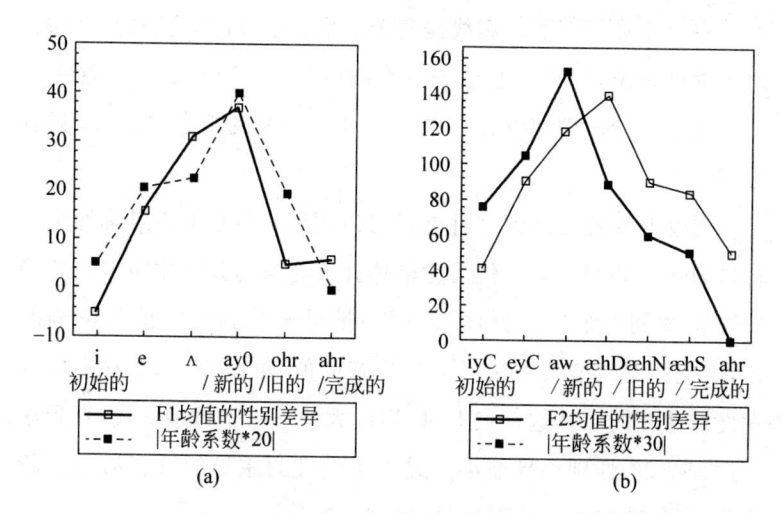

图 9.7 七个费城音变均值的性别差异和年龄系数(PLC,第 2 卷,图 9.1); (a)F1;(b)F2

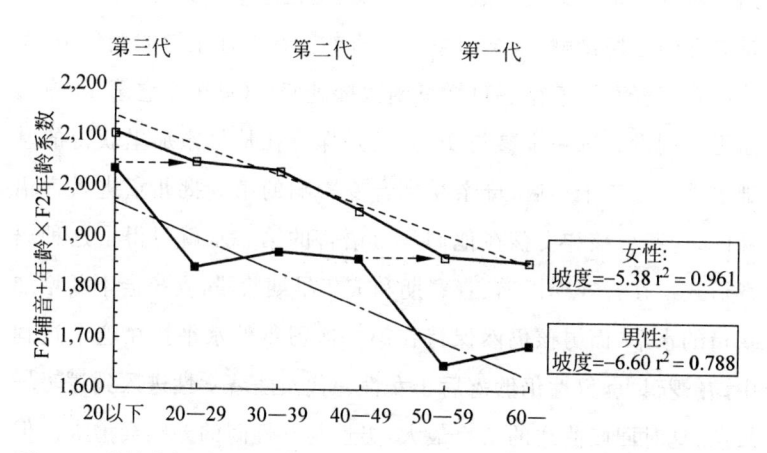

图 9.8 费城按性别和年龄的/aw/的前化(PLC,第 2 卷图 9.5)。虚线箭头标示代际传播

性别每十年计算一次。虚线是每个性别经过 60 年绘制的回归线。对于女性来说,这实际上是一条直线($r^2=0.961$),表明女性在每一个小的年龄段中都领先在前。男性回归线的拟合较差,r^2 只有 0.788。

男性与女性之间的这种差异可以用语言传播的不对称性来解释(Labov 1990)。第一代男性群体并没有参与到变化中来。那些 30—50 岁间的第二代群体,是第一批母亲受到/aw/前化影响的人,表现为突然增长到相当于其母亲的值,也跟 50—70 岁之间的女性群体相同。从这一点上讲,男性大约落后于母亲一代,直到这一过程结束,性别差异缩小。另一个女性为主导的具有活力的新变化:闭音节中/ey/的高化,也复制了这种模式。

造成这种模式的机制似乎很清楚。我们从第一语言习得的性别不对称开始。绝大多数语言学习者,是通过与女性看护者而不是男性的密切接触,来学习第一语言的。在女性主导的变化中,女孩或者年轻女性遵循逻辑增量函数推进变化(见第 2 卷第 14 章)。而男性则没有进一步参与变化,而是保持在从母亲那里获得的基础水平。二三十年后,母亲受到音变影响的第一批儿童进入言语社区,这些男孩和女孩在他们学习语言的第一步就习得了这种语音形式。在青春期以前、青春期和成年早期阶段,女孩会不断增加变量的水平,而男孩仍然保持在第一次习得的水平。在这个过程中,在逻辑上,男性仍然落后于女性一代。随着女性进入到逻辑增量期,这时回归曲线的斜率最大,男性与女性间的差距会增大。但是,随着变化接近极限值,男女之间的差异开始缩小,如图 9.7 的右侧所示。

图 9.9 显示了一个模拟的音变从 1942 年开始到 2006 年的状

态。在这个变化中,女性通过逻辑增量增加了她们第一次习得的变化形式,而男性则保持在他们在童年时第一次习得的水平。5岁的男孩和女孩都符合28岁母亲的变化水平,但是性别差异在17岁时达到最大值,这时语言变化或多或少趋于稳定。那些在1965年,5岁时从28岁的母亲那里第一次习得这种变化的男性,在2006年显示为41岁。

在沃尔夫和希门尼斯(Wolf and Jiménez 1979)关于布宜诺斯艾利斯西班牙语 calle 或 llama/dʒ/的清音化研究中,得到与图9.8—图9.9所显示的相同的结论。图9.10表明,在这一过程中,男性落后于女性整整一代。女性在各个年龄段大致呈线性增长,同时虚线箭头显示男性的数值是怎样与上一代母亲的水平相对应的。

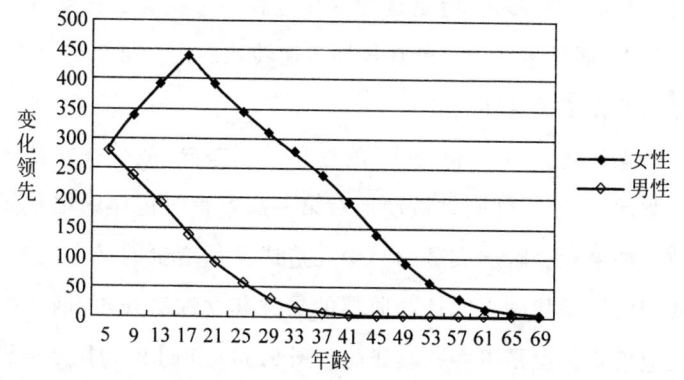

图9.9 以四年为间隔,模拟的1942年开始的音变在2006年性别差异的状况(PLC,第2卷,表14.1)

这种代际的发展解释了这样一个事实,女性在大多数自下而来的语言变化中起主导作用。同样的逻辑,将加速和完成一个女性主导的变化,也将延缓甚至消除一个男性主导的变化。在男性

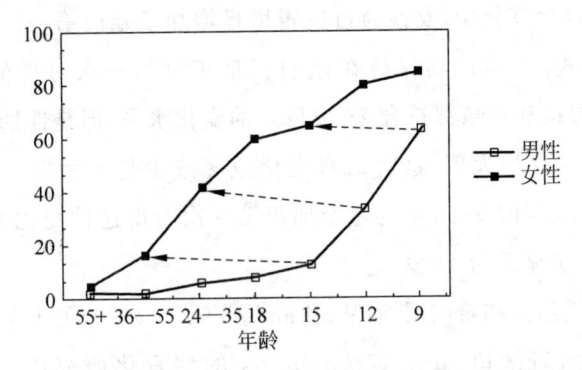

图 9.10 布宜诺斯艾利斯西班牙语/dʒ/清音化按年龄与性别的百分比[数量=12898](Wolf and Jiménez 1979,表 5;见 PLC,第 2 卷,图 8.10)

主导的变化中,第二代男性在第一次习得时不会习得领先形式,而是从母亲的低水平开始。尽管这些男性可能会从他们的同辈那里获得一些增量的形式,但是这种变化进程不可避免会比女性主导的变化慢,而且事实上可能在早期被逆转和终止。第 2 卷第 14 章更详细地介绍了这些模式。

考虑到费城(aw)和(eyC)的这种性别差异,似乎在女性中找到了驱动力,而男性则是被动地对第一次习得时传递的增量做出反应。如果社会阶层成员的身份是造成这种增量的一个因素,那么我们将期望找到不同社会阶层的男性和女性对/eyC/前化的不同反应模式。但是事实并非如此。图 9.11a 和图 9.11b 分别复制了图 9.6 中男性和女性的显示结果。在费城街区研究中,不同年龄段的 53 位女性和 59 位男性在各个不同社会阶层都表现出同样的平行移动。男性的回归线差异稍大,但是完全保留了上层工人阶级和上层阶级的平行表现。上层阶级的 5 位女性和 8 位男性遵循同样的/aw/前化(和高化)的模式,而且在与其他阶层一样朝相

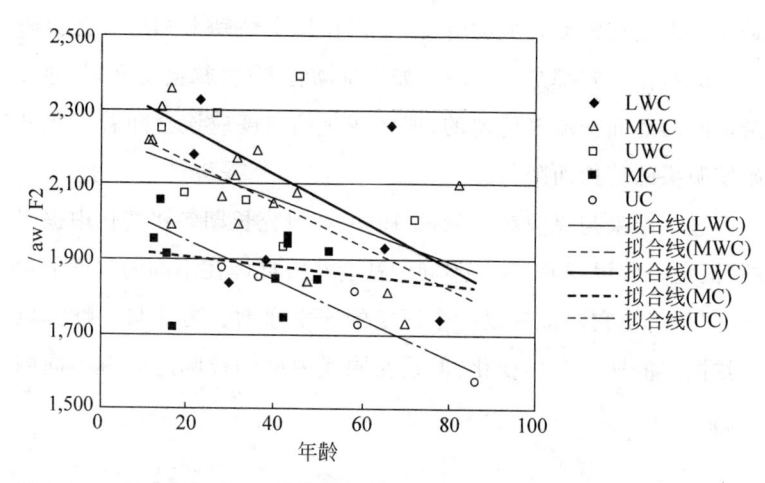

图 9.11a 费城女性/eyC/前化按年龄和社会阶层的散点图,偏回归线表示社会阶层[N=53](阶层标示如图 9.6)

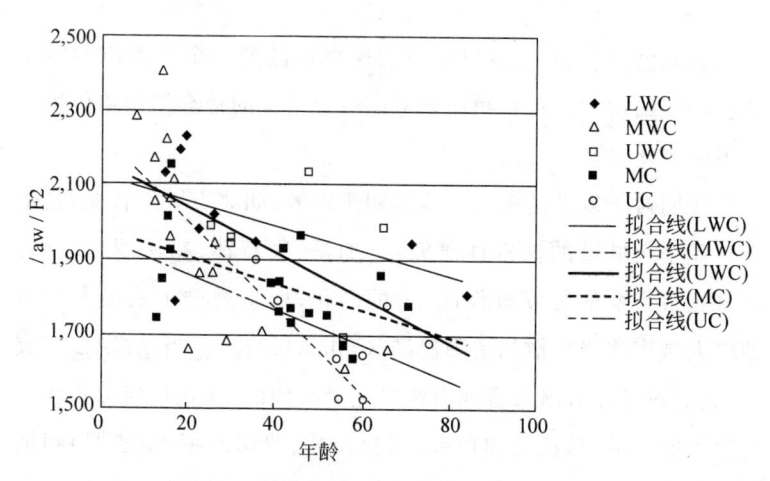

图 9.11b 费城男性/eyC/前化按年龄和社会阶层的散点图,偏回归线表示社会阶层[N=59](阶层标示如图 9.6)

同的方向稳步移动的趋势中，男性和女性之间也没有差别。无论是什么力量在驱动费城的音变，它们在男女性别上和所有社会阶层中的运作方式都是一样的。如果推动音变的"社会意义"是通过亲密的面对面交流来传递的，那么变化的速度应该会随着变化从始发源头的传播而降低。

这个结果与克罗赫(Kroch 1989)在研究长期句法变化中提出的"恒定率假说"相一致。不同的社会经济群体在不同的程度上参与音变，但是它们都是以一个恒定的速率递增。男性与女性都以大致恒定的速率参与变化，但是在同代内部和代际之间有不同的机制。

9.8 地区方言

我们已经看到，音变以恒定的速率扩散到一个大都市的整个社会经济结构中。现在我们要考虑一个更大的社会结构单位里所发生的变化：地区方言。

我们对于复杂的链式音变的初步理解，如北方城市音变，是基于对几个大城市的探索性研究：芝加哥、底特律、布法罗(LYS)。北方城市音变的触发事件即/æ/的高化，似乎遵循了从最大城市到次大城市逐级扩散的递降模型(Callary 1975)。当 ANAE 完成时，我们对于北方城市音变看法是完全不同的：变化均匀分布在一个很大的区域，从纽约州西部(锡拉丘兹、罗切斯特、布法罗)到俄亥俄州北部(克利夫兰市、托莱多)，密歇根州(底特律、弗林特、大急流城、卡拉马祖)，伊利诺伊州北部(芝加哥、乔利埃特、皮奥里亚)和威斯康星州东南部(基诺沙、麦迪逊、密尔沃基)，这些地区称为北部内陆地区,人口约 3,400 万,占地 88,000 平方英里,是美国第二大人口集中区。第 5 章探讨了引起北方城市音变的触发事件。第 8 章显示了北方城市音变的各个阶段如何在北部/中部边界重合;图 8.3 特别显示了北部和中部的显著差异。在这里,我们回到北方城市音变,寻求推动这一系列复杂音变的驱动力。现在关注的重点是这个地区的同质性,而不是与其他地区的差异。

图 8.3 显示了 AE1、EQ、ED 和 UD 等语线,这是用来界定北方城市音变的进程,并识别出符合 UD 标准的说话人。在这四条等语线中,东部和西部的范围有相当大的变化,但它们在北部/中部的边界几乎完全重合。这四条标准紧密相关。比如,我们发现,在 ED 等语线内的 71 位说话人中,有 60 人同时也符合 UD 标准。在图 8.3 黑白符号的分布中,北部/中部的区别更为显著。黑色符号表明/ʌ/比/o/更靠后,在北部内陆的分布几乎是一致的,而中部和南部则呈现一个白色符号的方阵。[13]

ANAE 包括对每一条相关等语线的同质性度量:在等语线区域内显示这种语音变化的说话人的比例。这些数值在 0.84—0.87 之间。(第 11 章附录 A)由于我们处理的是进行中的变化,所以我们不能指望完全的同质化。ANAE 中那些六七十岁的受试者不太可能表现出更为领先的变体,除了似乎已经达到最大值的/æ/的普遍高化。这里感兴趣的一致性不是芝加哥市、底特律市或密歇根州的受试者之间的一致性,而是北部内陆所有地理分区的北方城市音变机制的特征。

北方城市音变的一致性,使得我们很难把社会驱动力赋予当地的社交网络或社群团体。罗切斯特市的说话人知道他们有当地口音；但是他们没有意识到在布法罗和锡拉丘兹也有同样的当地口音。他们也不知道这与芝加哥和密尔沃基的方言是一样的。什么样的社会过程可以解释北方城市音变水平在这个广阔的地区的稳步上升呢？

北方内陆地区地理上的一致性不意味着没有社会差异。大多数社区只有一到两名受试者，ANAE 并不是为了检验社会分化的假设。[14] 然而，我们进行了回归分析，分析了位于北部内陆的 71 名受试者中确实存在的社会差异，考察了年龄、性别、城市规模、职业和教育。[15] 显著影响见表 9.1。考虑到地图集是研究地理分布而非社会分布的工具，这里与图 9.2 的埃克特进程的相似之处令人惊讶。

在第一行中显示的是变化的较早阶段。作为最早的阶段，AE1 已经接近完成，所以没有发现显著的年龄系数。女性是促成这一变化的重要因素。同时受教育的年限也有相当大的正相关。

EQ 测量结合了早期和晚期的变化。[16] 在女性的性别和年龄系数上出现显著性，但与教育无关。同样，ED 标准也是结合了早期和晚期的变化。年龄系数最大，无性别效应，与受教育程度无相关性。

反映北方城市音变最新阶段的指标是 UD，它包含了 /ʌ/ 的后移。表 9.1 显示了一个较小的年龄系数（显著性略低于 0.05 水平），没有性别影响，但与教育程度呈很强的负相关。这反映出高中辍学的学生集中在那些符合 UD 标准的学生中。这些成年人是埃克特分析中的那些伯闹茨：那些放弃通过教育向上流动的常规途径的人。

表 9.1 北部内陆电话调查受访者[N=71]的年龄、性别和教育对于北方城市音变四个测量标准的回归系数。p 值：* <0.05，*** <0.001。AE1：F1(æ) <700Hz；EQ：/æ/比/e/更高更靠前；ED：F2(e) - F2(o)<375Hz；UD：F2(ʌ)<F2(o)。正数表示变化方向的影响。不显著的因素：城市规模和职业

测量标准	年龄 * 25 岁	女性	受教年限
AE1		34*	8.6*
EQ	34*	26*	
ED	112***		
UD	37		-16*

9.9 北方城市音变统一进程的解释

图 8.3 的地理同质性可能是音变结构制约的结果，这在第 6 章概述中提到过。考虑到第 5 章中的触发事件，这些制约条件规定，如果发生变化，将在整个区域沿同一方向移动。图 9.2 和表 9.1 中的性别系数可以用上文讨论的语言传递和习得的不对称性来解释。这仍然为寻找驱动力留下了空间，这些力量以统一的方式在整个北部内陆激发音变，但在北部/中部和北部/加拿大边界却突然停止。[17] 跟梅耶的想法一致，这些力量不可能是普遍的，但它们必须足够广泛，可以扩展到整个地区。更重要的是，它们必须对不参与面对面交流的人施加统一的影响。

这种具有统一影响的地区并不局限于北部内陆。弗里德兰(Fridland 2003)是对孟菲斯的/ay/上滑音弱化的研究，被认为是南方音变触发事件的一个方面。结果显示，欧裔美国人社区和非裔美国人社区有着共同的变化方向，尽管二者高度隔离。

205　　　　孟菲斯的非裔美国人似乎正走向象征着参与南方社区及其传统的形式[……]尽管根据埃克特的研究，社会统一性是社群团体的一部分，但我要扩展她的框架，以表明这些共同的实践并不一定需要个人的社会凝聚力，而只需要分享历史经验和一个强烈限制的环境，使说话人处于与外部社会世界相似的社会地位。(Fridland 2003：296)

我们不会试图在这里发掘南方传统的特点，但正是本着寻找如此巨大架构的精神，我们来探索对整个北部内陆地区统一变化方向的解释。

由于图 9.2 中的埃克特进程似乎总体上适用于北部内陆地区，因此我们必须寻找一组与音变相联系的社会价值，这比任何本地网络的特征都更普遍。让我们总结一下本章所考虑的可选项。

1. **新与旧**　（棘轮原则）这一点确实可能适用于北部内陆地区，尽管尚未证明青少年会认为领先形式是"时尚的"，而保守形式是"过时的"。这种证明必须显示出，/ʌ/ 的后化在北部内陆被认为是"时尚的"，而直接越过中部边界后，同样的语音会被认为是"过时的"。

2. **城市与乡村**　正如"北方城市音变"的名称使人想到的，这种音变的领先形式可能与最大城市的语言有关，可以标记为城市，而小城镇或者乡村。如果能够证明扩散的递降或层级模式适用于北方城市音变，那么这将更为合理。变化在最大的城市中最为领先，在次大的城市较为领先，以此向下类推。[18] 这可以通过把城市或大都会统计区（MSA）的人口输入多维度测量系统的回归分析来加以检验。这个发现很重要。对于北部内陆的 30 个电话调查城市，结果一致为负相关：回归分析显示，城市规模对北方城市音变的发展没有影响。

城市规模与北方城市音变之间没有任何关系，如图9.12所示。图中显示出63位电话调查受试者的ED值，与他们所属的言语社区的自然对数进行了对比。通过这些点的回归线是平的：r^2表明城市规模在ED变异中只起0.0095的作用。在最大的芝加哥市，四位电话调查受试者被标示在顶端，最小的宾厄姆顿市被标示在底部。当然，这个发现可能只适用于人口超过5万的城市，这些城市是由电话调查抽样的。但是我们也有人口低于5万的五个城镇的数据信息，显示在图表的底部。这些是受试者的家乡，与较大城市相接触，他们的地理经历使他们成为小社区的代表。威斯康星州的门罗在这里被标示出来，它是威斯康星州中南部的一个城镇，2000年人口10,241。五个小城镇中有四个在375Hz的ED标准之内。尽管对北部内陆小城镇的进一步研究，如戈登(Gordon 2001)的研究，可能表明这些城镇落后于大城市，但是地图集数据并没有显示出城市规模与北方城市音变进展之间有任何关系。[19]

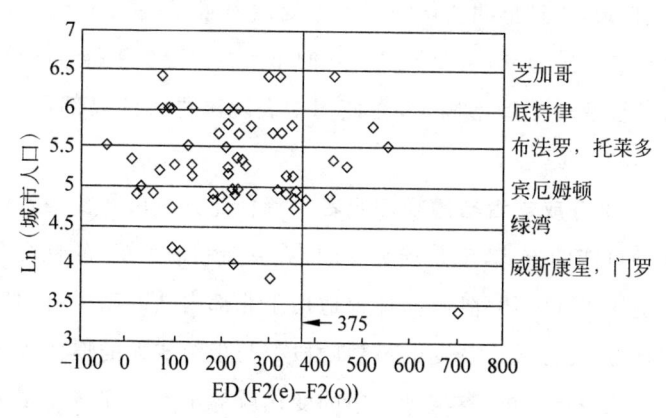

图9.12 北部内陆63个受试者ED值按城市大小的散点图

如果我们从整体上转向北方,那情况就大不相同了,北方是一个内陆地区。AE1 测量表明城市规模的显著性水平在 $p<0.05$,EQ 测量的显著性水平在 $p<0.01$。[20] 然而,这仅仅是大城市都集中在北部内陆地区的结果。如果我们把处于北部内陆的某个位置作为一个自变量,这总是很大而且显著的,城市规模的影响就消失了——对于系统标准 AE1 和 EQ 的测量以及对于个别音变的测量都是如此。这并不一定意味着城市规模没有影响;北部内陆大城市的位置和发展,可能是北方城市音变背后动力的一部分。但是,这确实意味着北方城市音变在城市规模和地理区域上都表现出持续的一致性。

在放弃北方城市音变与城市规模因素之间的普遍相关性之前,应该注意的是,埃克特对底特律四个郊区的研究得出的结论:新的变化有着非常清晰的城市-郊区意义(Eckert 2000:137)(这些新的变化是北方城市音变(e)和(ʌ)的后化)。另一方面,她指出,早期的北方城市音变显示出更多变的地理格局(Eckert 2000:136—137),并且早期变化的更大可变性表明,随着变化失去明显的地理和年龄差异,从而失去了它们作为城市青少年符号的价值,符号象征变得更加不固定,在使用中表现出更大的局部可变性。(如上,137 页)

  3. **不守成规者与遵规守纪者** 解释北方城市音变一致性的第三种可能的方式,就是埃克特的"乔克斯和伯闹茨"的社会分析不仅适用于底特律郊区,同样也适用于北部内陆的高中;而且,在任何地方,北方城市音变的最新阶段都与拒绝成人的惯例规范相联系。从逻辑上讲,参与进行中的变化就等于不遵守老一辈人的准则。第 2 卷第 11—12 章发展了不遵从的概念,作为费城语言变化引领者的一个特点。对社区引领者个人经历的仔细考察表明,他们可能在青少年时期通过与伯闹茨类型的密切接触而获得了费城音变的领先形式,他们在社会系统中向上流动时可能保留了这种社会语言上的风格。图9.1中的社会语言和社交活动的明星塞莱斯特(Celeste)就是这种模式的典型。为了进一步发展这个概念,我们必须对青少年从高中直到进入成年社区都进行有代表性的抽样调查。[21]

沿着突变的北部/中部边界的进一步研究,可能会支持或者反对这些驱动力的候选项,这些驱动力是北方城市音变在北部内陆分布统一性的基础。下一章将讨论北方的定居史,并探讨统一因素可能是一种特定于这个地区,并从创始人口传承下来的意识形态模式。

第 10 章 扬基人的文化扩张与北方城市音变

本书第 1 章提出了社区在概念上和分析上先于个体的一般原则；反过来就是，如果不了解个体所属的更大社区，就无法理解个体的行为。[1] 本章旨在深入了解北部内陆这一非常庞大的社区的结构。其中一个长期存在的问题是，一方面要解释这一社区内部非比寻常的同质性，另一方面，要说明将这一社区与相邻的语言社区分开的显著的差异性。第 6 章、第 7 章和第 8 章讨论了北美音变的内部发展过程，其中通过单向性原则的作用，邻近地区的语音系统却朝着相反的方向发展。第 9 章试图找出导致这些音变的驱动力，结论却没有确定任何一个足以解释造成这些现象的因素。在本章的讨论中，我们将考虑音变的支配原则运作的历史环境和社会背景，以及元音系统的无意识变化因全国范围内长期存在的意识形态对立而强化的可能性。

10.1 北部/中部边界

图 10.1 是 1970 年代卫星拍摄的合成照片，展现了美国东北部四分之一地区的夜景。照片显示出城市地区散发的热量和灯光；参与北方城市音变的主要城市都有标注。北部/中部分界线显

示为灰色。

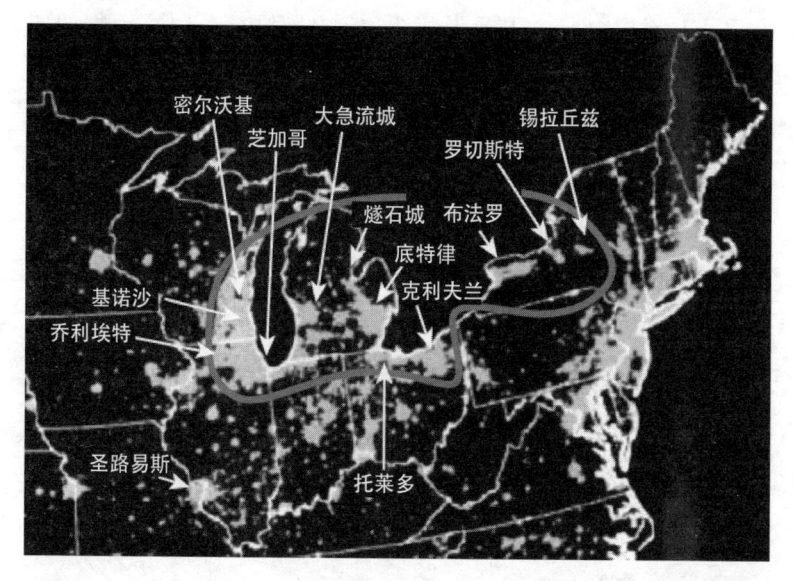

图 10.1 夜色中的美国,图片来源:美国空军气象卫星项目中线性扫描系统合成的照片。图中北部内陆的主要城市都有标注。

这里有两个方言地理问题需要解决:(1)为什么北部地区与中部地区在这里分界?(2)为什么北部内陆的城市都遵循北方城市音变,而中部城市费城、匹兹堡、哥伦布、辛辛那提、印第安纳波利斯、圣路易斯的方言却有很大的不同? 这些都是与移民定居历史有关的问题。

北部和中部之间的边界最初由库拉斯于 1949 年确立,后来又延伸贯穿中西部地区是由舒(Shuy 1962)、艾伦(Allen 1964)和卡弗(Carver 1987)完成的。图 10.2 列出了卡弗用以定义北部/中部边界的成对单词(由东至西的排列无地理意义)。显然,其中大多数是在 19 世纪最早的移民时期产生的农村与农业术语。其中的很多词语现在已经过时,或不为城市居民所知;召唤牲畜(绵羊:*ko-day*!对应 *sheepie*!或者奶牛:*boss*!对应 *sook*!);动物的叫声(小牛:*blat* 对应 *bawl*);农耕机械(*stone fence* 石栏对应 *rock fence* 岩栏,*sawbuck* 锯木架 对应 *trestle* 支架,*stone boat* 石船对应 *mud boat* 泥船)。[2] 单个词汇的等语线与我们的语音等语线完全不一致。卡弗认为所有的方言差异都形成了一个无间断的连续统(参见第 8 章,第 165 页),他通过北部和中部单词的组合频率来定义不同的区域。

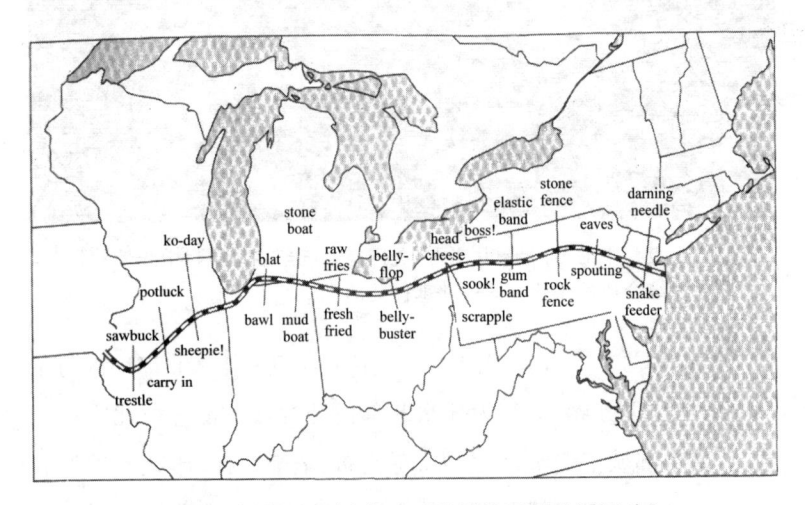

图 10.2　北部地区/中部地区分界线两侧的词汇对立
(*sawbuck/trestle* 支架,*carry in/potluck* 百味餐(参加者带食物分享),*ko-day/sheepie*!羊羔,*blat/bawl* 哞,*stone boat/mud boat* 石船,*raw fries/fresh fried* 生煎,*belly-flop/belly buster* 跳水时肚子先落水,*head cheese/scrapple* 玉米肉饼,*boss!/sook*!小牛,*elastic band/gum band* 橡皮筋,*stone fence/rock fence* 石栏,*eaves/spouting* 屋檐,*darning needle/snake feeder* 织补针)

尽管如此,词汇对立的总趋势形成的分界线与北方城市音变相关的语音特征形成的分界线非常接近。第 8 章(图 8.3)展示了北方城市音变(AE1,EQ,ED,UD)的四个度量标准与词汇线的一致性。图10.3增加了另外两个与北方城市音变没有关联的语音特征。其中一个作为北方分界特征的是等语线 ON(显示为灰色虚线)。它只是涉及在单词 on 中元音的发音(对于区分/o/与/oh/的地区而言),北部发成/o/,而中部发成/oh/(见 ANAE,图14.2)。第二个分界特征是/ow/的前移,把中部、东海岸、南部同北部、新英格兰区分开来。ANAE 图12.3分别呈现了/ow/的F2小于1,100Hz、小于1,200Hz、小于1,300Hz及大于1,400Hz的等语线。北部地区/中部地区的分界线是F2小于1,200Hz的等语线;如图10.3所示,这一等语线非常接近遵循北方城市音变规律的城市群的界线(正对等语线下方的条纹线)。

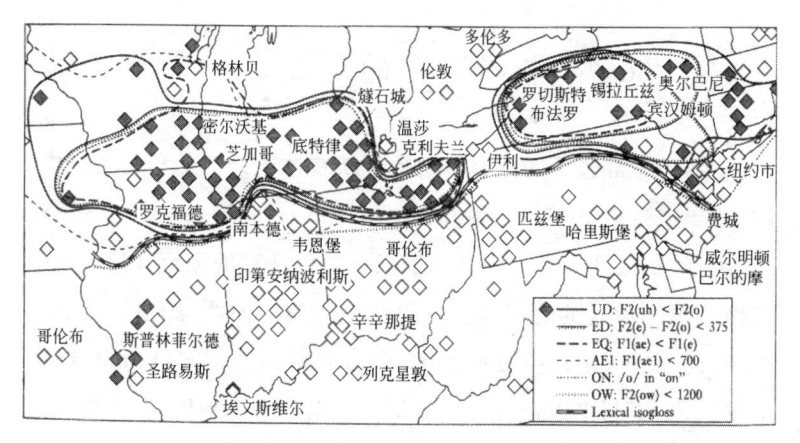

图10.3 北部/中部地区词汇等语线与北方城市音变的四种测量标准线,与 ON 等语线及抑制/ow/前移的一致性

北部/中部各自的聚集都非常紧凑。正如上一章提到的,属于北部音系的城市与属于中部音系的城市完全分离,只有两个明显的例外:

- 印第安纳州北部：代表短 a 普遍高化的线在印第安纳州延伸至韦恩堡（Fort Wayne）下方，而韦恩堡原本是一个中部城市。/ow/ 的 F2 小于 1,200Hz 的线下降延伸到南本德和韦恩堡的下方。
- 宾夕法尼亚州西北部的伊利市：依据北方城市音变的定义，这座城市不属于北部内陆地区，因而它也将北部内陆分隔为两个不连续的区域。因为 /o/ 与 /oh/ 已经合并，伊利市也不在 ON 线之内，这一点更加清晰地将其从北部内陆地区分离出来。在图 10.3 中，伊利与中部地区的差异只是缺少 /ow/ 的前化和它在词汇线上的位置。伊万尼尼（Evanini 2009）详述了这一发展过程的历史，并限定了伊利例外情况的范围。

10.2　北部/中部边界的历史

北部/中部边界的位置清楚地反映在这个地区的移民历史中。图 10.4 来自尼芬与格拉西（Kniffen and Glassie 1966）对不同建筑方法的扩散的研究。它显示了三条向西迁移的潮流：(1) 来自新英格兰不同地区的北部移民；(2) 从中部地区向西，经过宾夕法尼亚州，向南进入阿巴拉契亚地区，然后向西到达俄亥俄州南部、印第安纳州、伊利诺伊州和艾奥瓦州；(3) 南部沿海地区，往北向内陆迁移至皮埃蒙特地区。宾夕法尼亚移民潮与新英格兰移民潮的汇合处与北部/中部的语言边界非常吻合，并且，新英格兰移民途经纽约时的面积与图 10.3 中的北部内陆在很大程度上相重合。

要弄清北部与中部方言分布的巨大差异，就必须追踪西进迁

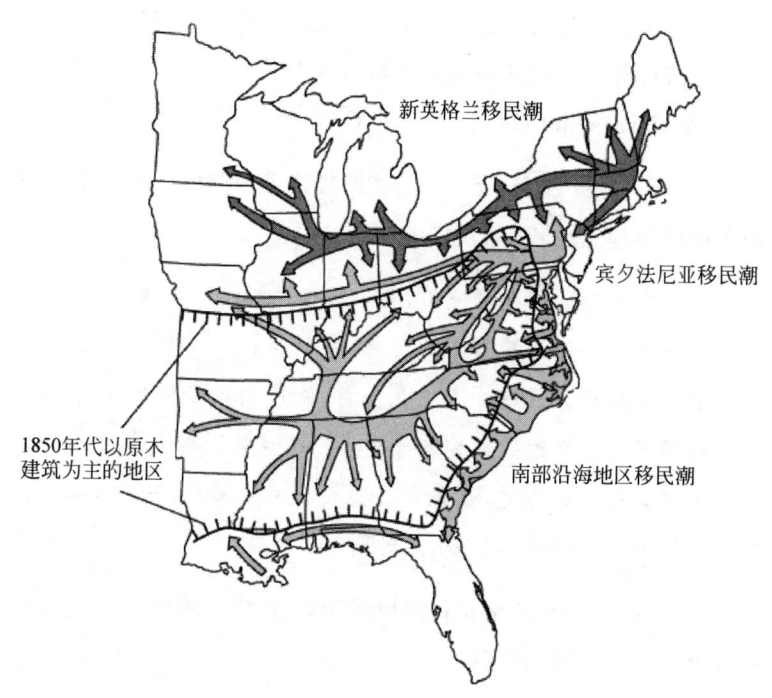

图 10.4　不同建筑材料所反映的向西的移民潮（Kniffen and Glassie 1966，图 27）。版权◎1966，经国家地理学会许可重印

移模式的差异。新英格兰移民潮是一次大规模的社区运动，延续了从英国到北美新大陆的大规模移民的模式。

大规模的移民确实是与清教徒传统相适应的。整个教区，全部牧师和所有的人，有时都是从旧英格兰移民过来的。洛伊丝·金博尔·马修斯（Lois Kimball Mathews）提到，仅在伊利诺伊州就有二十二个定居点，都是来自新英格兰或纽约，其中绝大多数在 1830 至 1840 年间在此安顿下来。（见 Power 1953，第 14 页）

> 由年轻的新英格兰人组成的整个社区[……]都移民到纽约阿迪朗达克和卡茨基尔山脉以西的地区[……]。"
>
> （见 Carnes and Garrity 1996，第 90 页）

霍尔布鲁克(Holbrook 1950:23)描述了新英格兰人在俄亥俄州东南部洋基飞地①玛丽埃塔的定居过程：

> 小木屋和堡垒刚完工，第一批移民家庭就开始到了。妇女和孩子们采摘当季的野果，并收获由男人们种下的第一批蔬菜。[……]不到几个月，一所由巴斯西巴·劳斯小姐担任教师的学校就开学了。拓荒者刚踏上这片土地就有人开始传道，开拓者之父大卫·史多瑞[……]感谢上帝让他们旅途平安，及时到达。

另一方面，与新英格兰移民模式相对应，中部地区的移民很大程度上是个体家庭的迁移。

> 高地南方人离开了由血缘关系构成的社会结构松散的乡村社区；当他们以个人或个体家庭的方式移民时，他们所在的社区却留了下来。（见 Frazer 1993，第 630 页）

图 10.4 展示的移民潮的源起地区与戴维·哈克特·菲希尔(Fischer 1989)假设的四大"文化起源地"相当吻合，他认为，那四大地区是美国民俗文化的源头所在。新英格兰移民潮延续了清教徒从东安格利亚迁移至马萨诸塞州的传统模式；宾夕法尼亚移民潮扩增了贵格会教徒从中北部地区至特拉华山谷的迁移；南部沿

---

① 飞地指某国或某市境内隶属外国或外市，具有不同宗教、文化或民族的领土。——译者

海地区的定居者最初是从英格兰南部迁移至弗吉尼亚，再到卡罗来纳的保王党成员。第四种迁移并未清楚地加以显示，即从英格兰边疆地区向南方高地的移民。中部地区从俄亥俄河向北的大部分扩张再现了苏格兰人及爱尔兰人的迁移模式，他们经过费城，再向南首先通过阿巴拉契亚地区，然后深入中西部。历史学家笔下的文化冲突，反映了来自新英格兰的扬基人与来自费希尔所谓的"边疆地区"，从南方高地向北迁移的移民之间的差异。[3] 在下面关于文化差异的论述中，"南方人"代表了这些高地南方人，他们的文化与南部沿海地区及南方种植园有相当大的区别。[4]

扬基人与高地南方人互有区别的移民模式归纳在菲希尔（Fischer 1989，第813—814页）的书中，表10.1即摘自这个书。这张表显示了各个模式所偏爱的社区类型、典型的房屋位置，以及常住率（十年后仍在同一社区的成年人的比率）。[5] 正如前文所述，扬基人以整个社区为单位迁移。他们建造村镇与城市，沿着人口稠密的道路修建房屋，并倾向于留在他们所建的城镇中。扬基人一直非常重视文化教育，学校与学院是在最先修建的机构之中。与此相对，高地南方人以个体家庭或小群体为单位迁移，在偏远的乡村地区修建房屋，并且大大倾向于不久之后继续迁移。

表10.1包含了菲希尔的贵格会教徒这一文化群体的参数，他们从宾夕法尼亚州和特拉华向西迁移，进入中部地区。贵格会教徒的定居模式在全部三方面都是居中的。他们形成了农业社区而非城镇社区，并在靠近农场的地方修建房屋。社区人口的常住率也是居中的。自从19世纪开始，北部地区/中部地区分界线两侧的文化差异就被认为是扬基人与高地南方人的模式间的对立，因而贵格会教徒的文化传统并未受到过多关注。

表 10.1　扬基人和高地南方人的移民模式

	扬基人	高地南方人	贵格会教徒
定居地点	城镇	偏远地区	农业社区
房屋位置	道路两旁	溪流泉水边	城镇边缘地带
常住率	75%—96%	25%—40%	40%—60%

来源：David Hackett Fischer, *Albion's Seed*: *Four British Folkways in America*, Oxford：Oxford University Press, 1989: 814

这种定居模式的差异产生了重要的语言后果。在北方，孩子们与其他说同一方言的孩子有着不断的接触。正如本章及上一章所示，一个完全相同的语音系统可以完好无损地从纽约州西部传递到威斯康星州。北部内陆语音系统的同质性与中部城市的异质性形成鲜明对比。费城、匹兹堡、哥伦布、辛辛那提及圣路易斯等城市的元音系统各有不同的组织方式，而罗切斯特、锡拉丘兹、布法罗、克利夫兰、底特律、燧石城、大急流城、加里、芝加哥、基诺沙、密尔沃基和麦迪逊市的元音系统却是基本相同的。

10.3　北部/中部对立的物质基础

在图 10.4 中，尼芬和格拉西（Kniffen and Glassie 1966）定义的三次移民潮，是基于木屋建造中接榫技术的地域差别。图 10.5 展示了两种最常见的接榫方式。指接榫技术最为简便快捷，而 V 形切口，类似燕尾榫能够更有效地把原木固定到位。图 10.6 显示，有些令人惊讶的是，V 形切口是中部地区的特点，而指接榫技术却盛行于北方。尼芬与格拉西对这种情况的解释与费希尔对不同定居模式的区分是一致的：

在北方各州，较为简单的接榫方法，如方形和马鞍形切口，相比 V 形切口和燕尾榫更占优势，支持了这样的结论：移民的新英格兰人，如同沿海地区的英国人一样，认为原木建筑是临时性的，配不上木匠们所拥有的技术。(Kniffen and Glassie 1966，第 64 页)

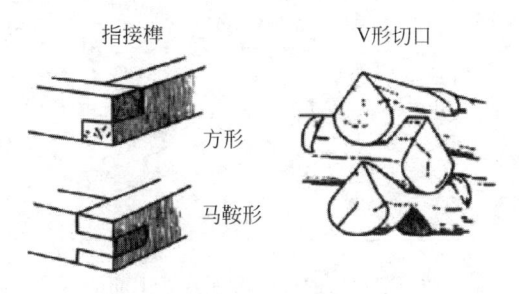

指接榫　　　　　V形切口

方形

马鞍形

图 10.5　两种常见的木接榫结构(Kniffen and Glassie 1966)。版权◎1966，经国家地理学会许可重印

换句话说，扬基定居者使用更为简单的木屋建造方法，是因为他们通常会立即开始在他们新建立的城镇建造更多的永久住所。

本书第 5 章说明，伊利运河在 1825 年的竣工，极大地促进了北方的移民定居点的发展。这导致了纽约市的巨大扩张，它迅速超越费城而成为一个入境港和商业港，并导致了运河沿线城市的快速发展：锡拉丘兹、罗切斯特和布法罗。这对东西部之间交通方式的影响反映在纽约州农民的状况中，他们都居住在距运河一定距离范围内。科特兰县（位于纽约中南部）的小麦种植户无法与俄亥俄州和印第安纳州的小麦种植户竞争，因为从五大湖到哈德逊河的全程水路运输费用，低于从公路到运河三十英里路程的费用。

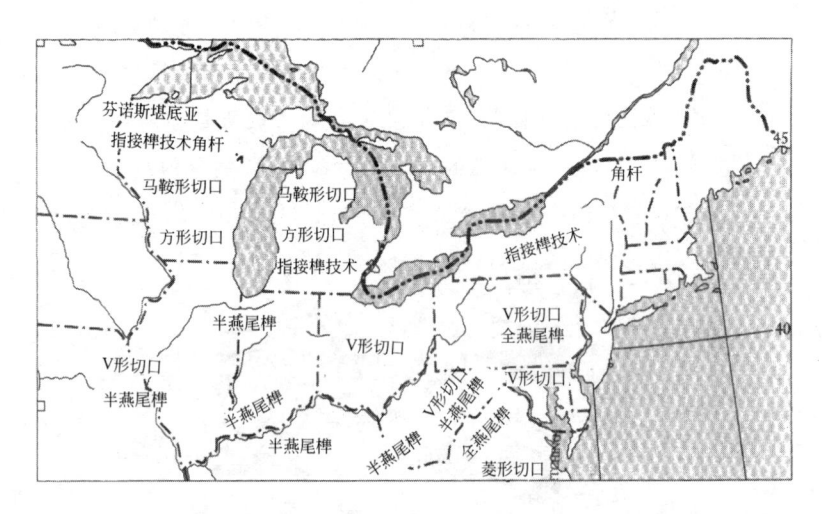

图 10.6　北部地区与中部地区的接榫构造类型(Kniffen and Glassie 1966)，版权◎1966，经国家地理学会许可重印

　　图 10.7 显示了 1820 年至 1835 年间，北部与中部地区的主要交通运输线路，包括主要道路和运河。东西方沟通的总体模式，既是图 10.4 中的移民线路的前提条件，又是它所带来的结果。运河时代在 1850 年达到顶峰，而后水路运输让位于铁路运输。

　　在北部地区，铁路向西延伸，沿着五大湖到芝加哥；在中部地区，铁路从费城到匹兹堡，再向西到哥伦布、印第安纳波利斯和圣路易斯。然而，从匹兹堡到布法罗或从哥伦布到克利夫兰之间，却没有重要的客运交通线路。这种南北联系之间的缺失，反映出并延续了南北方不同的移民与定居模式，这些模式早在两代人以前的 19 世纪初期，就已经建立起来了。

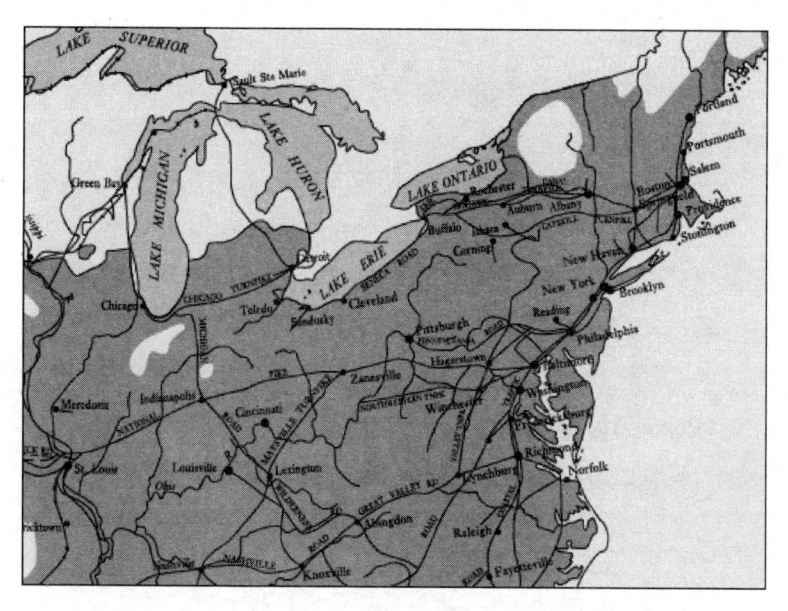

图 10.7　1820—1835 年间,北部与中部地区重要的交通运输线路(来源于得克萨斯大学威廉·H. 戈兹曼提供的信息;参看在线地图 http://www.lib.utexas.edu/maps/united_states/exploration_1820.jpg)

10.4　扬基人与南方高地人的文化对立

虽然总的来说,这两种定居方式在地理上是不同的,但是扬基人与高地南方人之间有大量的接触,并且在许多社区,这两个群体都具有很强的代表性。我们对于扬基人的大部分看法来自于中部的历史学家(和语言学家),他们对扬基文化模式有着很深的敌意。历史学家理查德·鲍尔在 1953 年对印第安纳州东南部杰斐逊县的研究《玉米种植带文化:高地南方人和扬基人在原西北部的印

象》中,表现出这种敌意:

> 新近到达杰斐逊[印第安纳州的县]的移民跟[高地]南方的小农场主有着惊人的不同[……]这些新来者不仅表现出对于自我提升计划令人生厌的偏爱,而且还喜欢向那些生活节奏不那么狂热的人们炫耀他们的优点[……]被描述渴望成为社会和文化精英的是扬基人,他们会赞助和支持高等教育、文学社团和讲座课程,并且按照他们的意愿来规范整个社会的道德。(Power 1953,第6页)

鲍尔把对扬基文化模式的敌意进一步表述如下:

> 由于被认为是爱管闲事的人,为他们辩解的人认为,这种爱管闲事的天性,就如同自我保护的本能一样神圣,于扬基人的血液之中流淌;而典型的新英格兰人在有错误需要纠正的时候,连自己的事都不能管好。"(同上,第6页)

托马斯·莫林在艾奥瓦州的一个小镇上考察了扬基人的文化特征。即使在关于教育进步的描述中,他对扬基文化模式的不满也是显而易见的。

> 19世纪的扬基人最显著的特征之一,是他们相信自己的眼光很高明,美国的未来将取决于他们把自己的秩序强加于国民生活的能力[……]他们建立了数千所公立学校和私立学院,在教堂和礼堂里满是虔诚的信徒,并且将他们的道德观写入了法典。(Morain 1988,第256页)

莫林在一篇"扬基人的自白"的文章中把扬基文化风格归纳为四个小标题：
- 生活是一场斗争，是对意志的考验。
- 个人对自身的健康快乐负责，而非政府或其他任何社会单位。
- 成功是勇气与毅力的衡量标准。
- 正义之士对社区的福利负责。

除此之外，他还补充说：

尽管使罪犯皈依高尚的生活道路是更可取的改革手段，但有时利用国家的法律权威，使不道德的活动成为非法，也是必要的。"（同上，第45页）

扬基人历史学家并非完全不同意这种分析。霍尔布鲁克（Holbrook 1950）通过研究蒙彼利埃饼干与戈顿鳕鱼的订单，追溯了源于新英格兰的扬基移民模式。他补充道：

他们带着他们的饼干、鳕鱼和他们的宗教信仰，带着他们对政府和管理的独特理念，不顾肯塔基州的法规是否适用于伊利诺伊州，他们把城镇制度推行到全州[……]他们在密歇根州也做了同样的事，并且援引佛蒙特原有法律条例设立了鞭刑站。当威斯康星州从密歇根州划出时，扬基人蜂拥而至，控制了政治，在这个州的前18任州长中，扬基人就有8位；这个州早期的联邦参议员中，扬基人也有7位。（同上，第16页）

扬基人对中部地区文化模式的干预也延伸至了语言中：

在印第安纳州东南部的格林斯堡,牧师维尔洛克告诉他的东部赞助者,他的妻子开办了一所由 20 到 30 名学者组成的学校,会使用"最受欢迎的东北教科书",这些书是由一位当地的商人从费城采购的。"她把解释词语的意义作为一个独特的学科,这给了她一个非常有利的机会纠正孩子们的错误认识,并通过他们,去纠正'一大批'肯塔基主义的父母。"(Power 1953,第 114 页)

扬基人对于高地南方人的负面看法并不局限于语言。当我们读到伊利诺伊州麦克林县的历史时,那种负面看法更为明显:"北方人认为南方人是一群瘦弱、懒散的人,在茅屋里挖洞,在威士忌、泥土和无知中闹事"(《麦克林县的历史》1879,第 97 页)。

注意这里的"南方人"一词,是指高地南方文化模式的追随者,他们与扬基人有着直接的接触。我们发现扬基演说者并不区分高地南部或偏远地区和沿海南部。随着南北战争的结束,对南方的普遍谴责越来越强烈。著名废奴主义传教士亨利·沃德·比彻宣称:

>我们将掌管这个大陆。南方已经被证明、并被发现是贫瘠的。它不值得进行统治。它已经失去了我们国家政府的权杖,它也将失去自己在南方各州的权杖;从此以后,这个大陆将由北方人来统治,遵循北方人的观念及信仰。(Beecher 1863)

10.5 符合政治文化的地理界限

图 10.8 显示了由埃拉扎尔(Elazar 1972)定义的北美三种政治文化的地理分布:

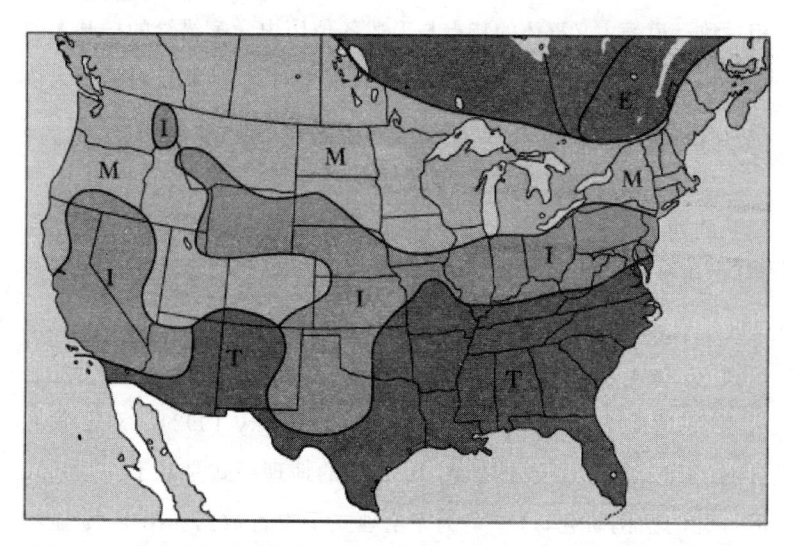

图 10.8 北美政治文化的分布(Kilpinen 2010,基于 Elazar 1972,图 11)。M=道德主义型;I=个人主义型;T=传统主义型。经培生教育出版社许可重印

道德主义:这一群体希望政府帮助人们过上好的生活。政府服务是"公共服务"。如果这有助于实现公共目标,社区可以干预私人事务。

个人主义:这一群体以实用主义和个人主义的观点来看待政府。政治是一项与其他任何行业一样的行业,由"公司"(党派)主导。政府不应该对个人的生活干涉太多。

传统主义:这一群体把社会等级观念和对"政府即市场"的矛盾情绪结合在一起。他们认为,公众参与并不重要,精英参与才更重要。他们还强烈倾向于维持现状,南方普遍抵制民权运动就是明证。

　　很明显,这三种政治文化的分布与北部、中部及南部的方言分区相一致。道德主义群体的特点与上述各位历史学家描绘的扬基人的特征相当吻合,而个人主义的群体则表现出对立,他们反对扬基人依赖政府行为施加控制,这种反对符合中部地区高地南部人的特征。

　　埃拉扎尔认为,这种分布遵循了图 10.4、图 10.7 及图 10.8 显示的西进移民模式。他使用与菲希尔(Fischer 1989)的"文化起源地"概念相一致的方法,把最北边的模式追溯到新英格兰的扬基文化。他还表明,19 世纪末期与 20 世纪的各种移民群体——德国人、爱尔兰人、意大利人、波兰人——是如何按照首次有效定居的原则,适应早期定居者的文化模式(Zelinsky 1992)。对于我们目前的分析尤为重要的是,图 10.8 中的地理模式是基于一系列政治行为的案例研究,这些案例完全独立于方言数据。图 10.9 显示了作为图 10.8 的基础的各个数据采集点。[6]

　　非常明显,在中部地区,如宾夕法尼亚州、俄亥俄州南部、印第安纳州与伊利诺伊州南部,个人主义型居于主导地位。在北部地区,道德主义型常常与个人主义型并存,然而在北部地区/中部地区分界线的南边,道德主义型却非常罕见。芝加哥地区和布法罗出乎意料地表现出个人主义型。但是绝大多数北部城市都是道德主义型。有趣的是,可以看到,宾夕法尼亚州西北部的伊利,唯一在 ANAE 的记录中从北部转到中部的城市,显示出了具有典型中部地区色彩的个人主义型。

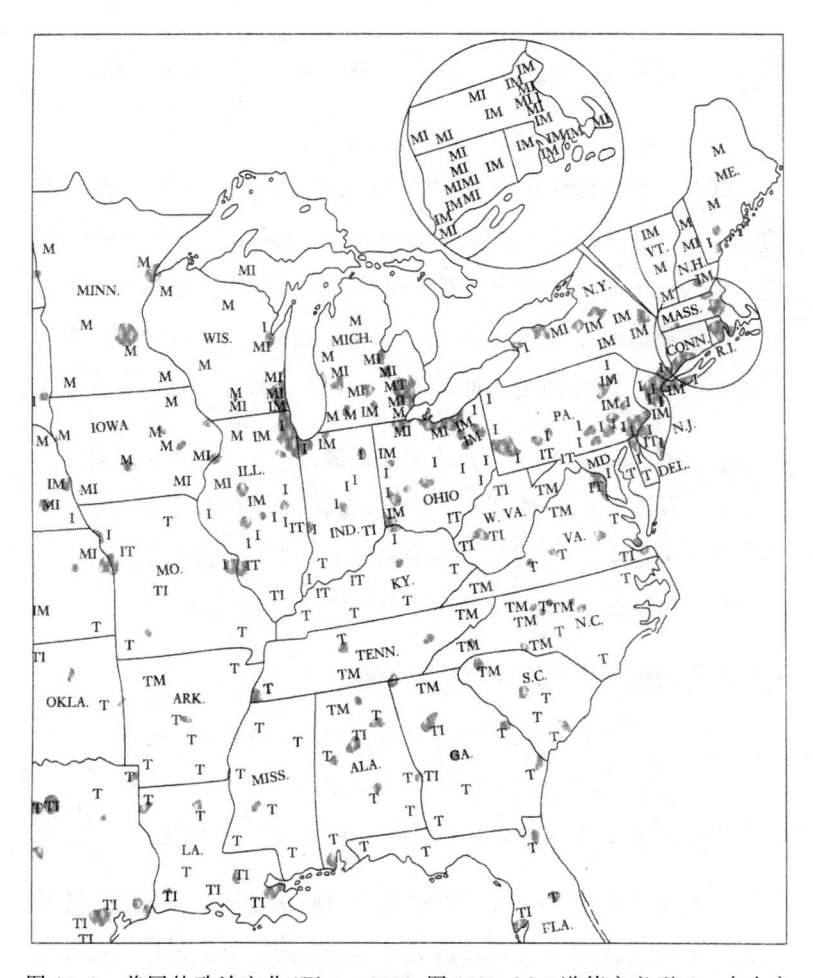

第10章 扬基人的文化扩张与北方城市音变 299

图 10.9 美国的政治文化(Elazar 1972,图 11)。M=道德主义型;I=个人主义型;T=传统主义型。两个字母并列可能表示两种亚文化的综合,或在同一地区存在两个相互独立的亚文化社区,其中第一个居主导地位,第二个居次要地位。经培生教育出版社许可重印

10.6　红色州[①]、蓝色州[②]与北方方言区域

我在本章标题使用的"扬基人的文化扩张"一词取自弗雷泽的《英人中心》(Frazer 1993: *Heartland English*)书中一章的标题。中部地区的语言学家强烈批评约翰·肯扬选择北部方言作为标准广播英语的基础,并将其编入国家广播公司的发音指南,作为神话中的"通用美国英语"的参照:[7]

> 我们必须了解是什么导致了北部内陆方言成为五大湖区一种强势方言;我们还需要明白为什么像肯扬、乔治·菲利普·克拉普和汉斯·库拉斯这样的学者……接受了基于北方内陆作为普通美国人的概念。(Frazer 1993:80)

弗雷泽的愤慨还延伸到政治领域:

> 也许,"扬基人的文化扩张"恰如其分地说明一个世纪以来的联合扩张、借贷收购,以及美国在菲律宾、中美洲、加勒比海、越南与中东的军事干预行动。(同上,第88页)

这是从文化批判令人惊讶地延伸为政治谴责。在这里,扬基人被认为是近代的极右翼政治的来源,甚至应对此负责。通过观察19世纪的扬基人与21世纪的新基督教右翼的文化模式之间的相似性,我们可以看出这种看法的一些理由。二者的特点是:对道

[①]　共和党票仓。——译者
[②]　民主党票仓。——译者

德准则的承诺具有绝对的确定性,并促进立法以确保其他人都遵守这个准则。[8] 然而,我们正在讨论的地理区域,北部内陆和北方地区,以及北部移民发源地的新英格兰地区,现在却被认为是蓝色州(民主党票仓)的核心区域,即美国自由政治和意识形态模式的中心。

　　图 10.10 显示了 2004 年大选时支持民主党的州:那些灰色的州把选票投给了民主党的约翰·克里,而白色的州则将选票投给了共和党的乔治·布什。叠加在地图上的是两条等语线。实线的范围是北部地区,这是依据/ow/的保守性前化(平均值小于 1,200Hz)及 AWV 标准(这一标准要求/ay/的音核比/aw/的音核更靠前)划定的。与图 5.19、图 8.3、图 10.3 相同,虚线的范围表示依据 UD 标准划分的北部内陆地区。

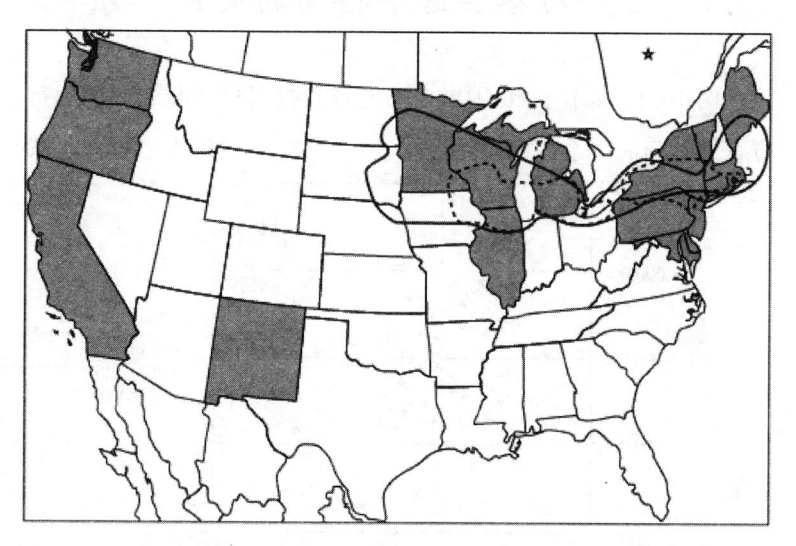

图 10.10　在 2004 年选举中投票支持民主党的州。实线区域＝北部地区,虚线区域＝依据 UD 标准划分的北部内陆地区

北部方言区与给民主党投票的各州之间的匹配，只能是方言分区与政治立场间关系的粗略近似，因为方言分界很少遵循州边界。对这种关系的一种更准确的看法，可以通过考察逐县投票情况来获得。这里用地图就没有那么有用了，因为乡村地区在地理方面占主导地位，而我们的语言数据仅限于人口超过 5 万的城市。接下来的分析将把 ANAE 中的城市所在的县作为基本单位。很多情况下，城市与县的范围相同；它通常是县城所在地，并且总是代表这个县人口的最大部分。数据库由北部/中部边界两边方言区的 70 个这样的县组成。[9]

10.7　方言与各县选举格局的关系

　　图 10.11 显示了 2004 年大选的各县投票格局与北部和中部方言差异间的关系。白色圆圈代表北部内陆县城，大多数位于代

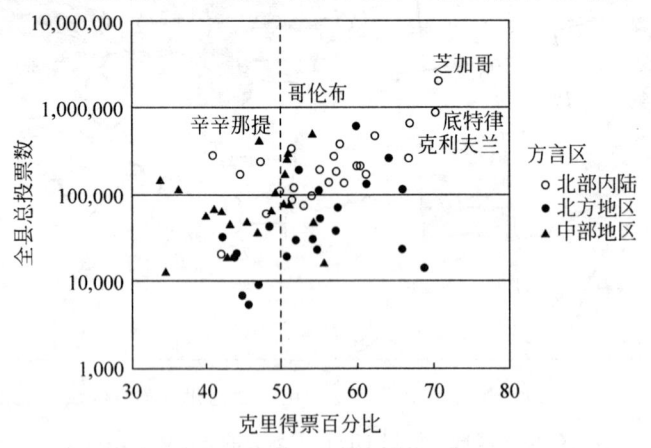

图 10.11　在 2004 年大选中，北部内陆、北方地区、中部方言区的各县，投票支持克里的百分比

表中部县城的黑色三角形的右侧,黑色三角形总体上处在50%克里投票线的左侧。灰色圆圈代表在北部内陆地区以外的北方言语社区,它们大部分也位于黑色三角形的左侧。因为总体上这些社区构成了更小的城市,所以它们位于图中较低的位置。

表10.2总结了这两个方言区选举格局的根本差异,但这并不能说明全部情况。图10.11表明,人口是决定投票方式的一个主要因素,这反映在全县总体票数中。正如我们所见,北部内陆是大城市特别集中的地方,因此与北方地区总体相比,它是高度城市化的。表10.3列出了对图10.11的数据进行两次回归分析的结果。中部地区是与北方地区及北部内陆做比较的参照项。第一次分析显示,城市规模和北部内陆或北方方言(相对中部方言)的使用,是克里得票的主要因素。

表10.2 在2004年大选中支持民主党或共和党的县按方言划分的数目

地　区	北部内陆	北方	中部
民主党克里获多数票	20	15	8
共和党布什获多数票	6	7	13

表10.3 以方言区总票数为自变量对2004年民主党克里得票率的回归分析

变　量	分析1 系数	分析1 概率	分析2 系数	分析2 概率
中部县总票数(百万)	3.7	≤0.0001		
北方方言区	10.7	≤0.0001	8.0	0.0001
北部内陆方言区	6.1	0.0037	9.1	0.0000

在2004年选举中,我们观察到,逐县的投票模式与州一级投票模式相比,方言分区更符合民主党占优势的地区,我们现在可以

肯定,这不是偶然现象。表 10.3 预测,在北部/中部边界两侧规模相当的城市,如哥伦布与克利夫兰,我们可以预期民主党的得票平均差异约为 6%,这足以影响全州选举结果(参见图 10.11)。但表中的第二次分析又表明,若观察者不考虑城市规模,将会看到更大的差异。北部内陆地区的选举格局,是其城市化特征与意识形态背景共同作用的产物;大城市更倾向于支持民主党这一事实也是意识形态史的副产品。

在 2000 年的前一次选举中,蓝色州/红色州地理上的分裂所代表的政治立场还没有明显的差别。2008 年总统选举则出现了重大变化,如图 10.12 所示,几乎所有北部和中部地区的县,对民主党的支持率都超过了 50%。这一数字被压缩在水平轴上,表明城市人口规模减弱了政治取向的影响。表 10.4 是 2008 年大选的回归分析,可以与 2004 年的表 10.3 对比。人口规模的影响大大减小;但是在第二次分析中,当我们不考虑这个因素时,北部内陆

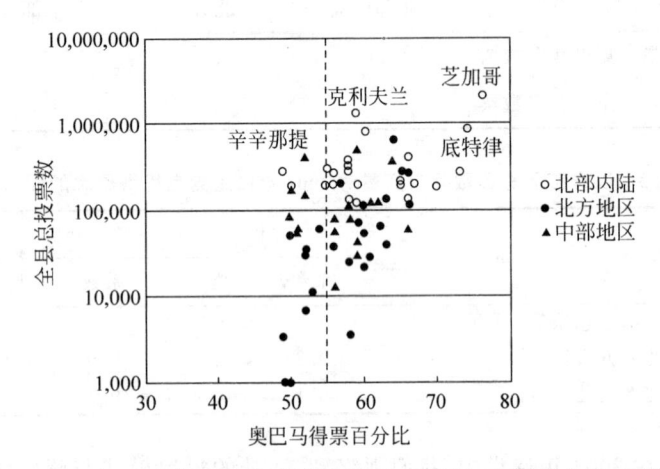

图 10.12 在 2008 年大选中,北部内陆、北方地区、中部的各县,投票支持奥巴马的百分比

的影响却放大了。社区两极分化有明显的整体减弱,但方言区和投票模式之间的相关性仍然存在。

表 10.4 以方言区总票数为自变量对 2008 年民主党奥巴马得票率的回归分析

变量	分析 1 系数	分析 1 概率	分析 2 系数	分析 2 概率
中部县总票数(百万)	2.3	0.0002		
北部内陆方言区	2.8	0.09	4.7	0.01
北方方言区	3.9	0.026	2.5	0.19

这些结果表明,意识形态因素可能与北部内陆方言有关。当然,这种联系并不能说明因果关系;但是,在我们寻找变化的驱动因素时,它让我们超越了地域因素,考虑更广泛的历史原因。第 5 章指出,北方城市的变迁起源于 19 世纪初,但其充分表现只在 20 世纪下半叶才显现出来。最近的选举所反映的意识形态立场同样也有很长的历史。

10.8 死刑存废的变革历史

通过死刑存废的状况也可以追溯自由主义政治立场的历史。这需要返回到以州作为分析差异的单元。图 10.13 标示出了那些对任何罪行都不批准判处死刑的州,与图 10.10 中的两条等语线重叠。因此废除死刑与包括北部地区和北部内陆的更大的北方方言区之间的联系是显而易见的。纽约也不是北部内陆的一个特殊例外,因为它的大部分人口都在北部内陆地区之外(1,930 万人口

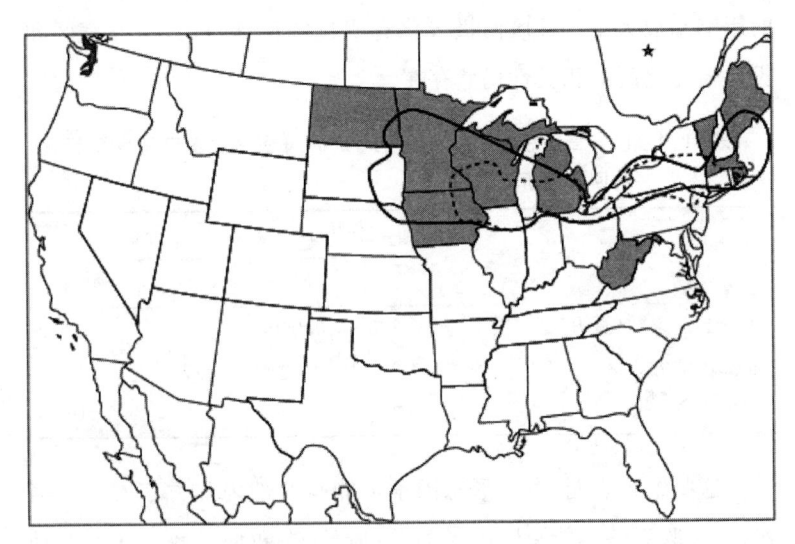

图 10.13 在 2004 年无死刑的州。实线等语线＝北方地区；虚线等语线＝根据 UD 标准划分的北部内陆方言区

中有 1,450 万）。

表 10.5 总结了废除死刑的历史过程,显示了一系列废除和恢复死刑的浪潮。最早废除死刑的州在左边。1972 年发生的弗曼（Furman）诉佐治亚州一案中,美国最高法院废除了死刑,把它定为"残忍和不寻常的惩罚"。在随后的数十年中,除表 10.5 最后一行所列的州以外,其他所有州都通过了重新恢复死刑的立法。[10]

因此,很明显,蓝色州特有的意识形态立场至少有一种不是最近才出现的,而是在北方方言最初形成时就起作用的。我们现在将更仔细地研究这种意识形态和它的形成过程,看看还可能存在什么其他的连续性和关联性。

第 10 章 扬基人的文化扩张与北方城市音变

表 10.5 1846—2008 年没有死刑的州。√ = 无死刑。(√) = 除叛国罪外无死刑。灰色带:北方方言区内的州

	ME	RI	MI	WI	IA	MN	ND	SD	KS	NE	NM	TN	OR	WV	NY	VT	MA	NI[①]
1846—1876	√	√	(√)	√														
1878—1883	√	√	(√)	√														
1887	√	√	(√)	√		√												
1897—1915	√	√	(√)	√		√	(√)	(√)	√	√								
1916—1939	√	√	(√)	√		√	(√)		√		√	√						
1957—1969	√	√	√	√	√	√	(√)						√	√	(√)	√		
1972	√	√	√	√	√	√	√											
1973—2008	√	√	√	√	√	√	√									√	√	√

---

① ND 北达科他州, SD 南达科他州, KS 堪萨斯州, NE 内布拉斯加州, NM 新墨西哥州, OR 俄勒冈州。其他缩写州名请参阅表 10.8 注。——译者

10.9　北方的意识形态对立

托马斯·莫林(Thomas Morain)对扬基文化类型的评论性描述显示出一种超越艾奥瓦州社区的修辞偏好，更普遍地采用了北方模式：

> 扬基人满怀着他们远见卓识的思想，忠实地负担起他们对国家道德和智力生活的责任，开始做需要做的事，不管那些未受过教育的、不遵纪守法的、不感兴趣的或者毫无动力的人是否愿意接受。
>
> 扬基文化模式的提升也意味着打击罪犯和游民。艾奥瓦州最初的移民定居正赶上美国改革运动十分活跃的三十年。健康时尚、监狱改良、妇女权利、时装标准运动——北部各州到处都是这方面或那方面的倡导者。
>
> 在当时的改革运动中，最重要的是废奴和禁酒的问题。(Morain 1988)

从"不管……是否愿意接受""罪犯和游民""健康时尚"和"到处都是"这样的字眼中，我们可以感受到，作者认为扬基运动缺乏动力，既多余又可笑，甚至很烦人。但当我第一次读到这篇文章时，最后的"废奴和禁酒"使我感到惊讶。不管我们怎么看待禁酒，废奴可不是一件可以归为健康时尚的小事，而是一个极其严肃的问题。我求助于其他一些资料来源来追溯扬基人对奴隶制立场的历史。其中最有用的是柯蒂斯·约翰森在1989年对1840年代的纽约州中南部科特兰县的调查研究，而当时北方城市音变的触发事件也正是发生在那里。

正如第5章所述,纽约州西部最初的定居者主要来自新英格兰。约翰森的研究报告说,1790年代,71%的定居者来自新英格兰;19%来自纽约;10%来自新泽西州和宾夕法尼亚州(Johnson 1989,第14—15页)。和大多数其他移民一样,扬基人来到纽约中部,就按照他们记忆中的模式建立了新社区(同上,第21页)。然而,西进的扩张以很多方式改变了这些社区的结构。

第一个改变是伊利运河的修建,正如我们所看到的,这项工程使得大量的人口从其他地区涌来,促进了运河沿岸大城市的发展,同时也改变了乡村农业市场的运营结构。第5章曾提到,这种大规模的人口迁移正是一种柯因内式共同语的成因。

第二个改变是大规模的宗教运动,它把纽约州西部变成了一个"狂热地区"(Cross 1950)。这里正是北部城市音变触发事件的发生地(参见第5章)。卡勒斯与加里蒂(Carnes and Garrity 1996)指出"'狂热地区'中这些不安分的定居者很容易在千禧年的和社群的宗教中寻求释放。"1790年代基本上是世俗化的社会被一系列的宗教复兴所改变,教会成员的数量成倍增加:"1810年,科特兰只有十分之一的成年人是教徒。到1845年,已经有超过四分之一的成年人加入了当地的教会"(Johnson 1989,第39页)。这"第二次宗教复兴"体现了一种普遍的转变,从严格的加尔文教派的宿命论转向了阿米尼亚的自由意志论,这为基督教行为的新标准打开了大门。对于这些新标准可能是什么,存在激烈的分歧意见:

> 形式主义的福音派和非福音派都坚信,基督教的使命超越了个人的救赎,涉及宗教的努力,将有利于更大的

社会[……]相反，反形式主义者则怀疑人类是否能改变社会。（同上，第68页）

一个比形式主义者更激进的群体是"极端主义者"，他们极力主张消灭个人的、地域的和国家的各种犯罪（同上，第113页）；这是扬基人对社会变革的极端投入形式。正如前面引用的莫林的话所指出的，在这个计划中确定的两大邪恶是酒精和奴隶制。禁酒和废奴是极端主义者的核心政治纲领。

宗教复兴运动的所有参与者都同意宣布奴隶制是一种罪行；但对其中必然包含的政治行动上，却存在着根本的分歧。极端主义者主张与任何容忍奴隶制的教会完全断绝关系。

克罗斯（Cross 1950:224）在他对纽约州"狂热地区"的研究中表明，这一社区把奴隶制作为核心道德问题：

> 在1841年2月，[一个教派间的公约]采取了一个完全极端的立场，谴责浸信会派和所有其他对于邪恶现象不采取行动的人，并得出结论说"废奴事业[……]必须在千禧年荣耀的宁静之日到来之前取得胜利。"

> 在南北战争爆发前的几年里，全国没有另一个地区会如此彻底和持续地反对奴隶制。作为这个世纪的重大事件，这场改革运动成为最受关注的事件。

温和的教友们拒绝极端主义者成为"狂热分子"，随后发生了一系列教徒被逐出教会和教堂分裂的事件。一个典型案例是1841年自由党为呼吁废除奴隶制而进行的签名活动。[11] 约翰森（Johnson 1989）在表10.6中列出了相关数据。

表 10.6 自由党 1841 年呼吁废奴法案的科特兰县签署者在不同宗教派别的分布

	成员人数	签字人数	男性百分比(%)
形式主义者	739	50	6.8
反形式主义者	746	19	2.5
极端主义者	161	40	24.8

对于南北战争前宗教在政治中的作用研究得最详尽的是卡沃丁(Carwardine 1993)。他认为福音派新教会[12]是美国战前的主要亚文化群。"福音派基督徒的数量之多,以及他们在社会中的相对地位,使他们无论是否愿意,都具有相当大的政治意义"(同上,第 15 页)。

同样,奴隶制似乎是中心问题:

> 正是在这个相对较小的批判奴隶制的激进群体中,特别是来自这个运动的正统福音派,才出现了把奴隶制问题政治化的最坚决的努力。[……]大多数人尊重奴隶制的州在其境内行使管辖的权利,但认为国会可以在联邦政府有管辖权的地方反对奴隶制。(同上,第 135 页)

这种温和的观点越来越反对一种更极端的立场,即拒绝任何允许与奴隶主接触或容忍奴隶主的法律。"从 1830 年代中期开始,一些废奴主义者[……]越来越倾向于'无人政府',不抵抗,完美主义,基督教-无政府主义道路"(同上,第 135 页),北方和南方福音派也随之两极分化。

> 到 1850 年代后期,认为奴隶制"除了好还是好"的观

念在南方教会中扎根更深。[……]存在着一种明确的正统观念,它的核心是奴隶制的主张,认为奴隶制"在人类和上帝的眼中是正当的存在";这个制度给黑人带来了"难以言喻和难以想象的祝福。"(同上,第286页)

这种反对并不局限于南方。本章的中心主题来源于卡沃丁对高地南方人反抗扬基人政治立场和文化形态的叙述,他们对中部地区的观点在本章的前文已经提出。民主党的立场是为了吸引

农村下层民众,特别是但不限于南方农村[……]他们对扬基人传教士的文化扩张、禁酒计划、主日学校和其他改革都深为愤慨。(同上,第111—112页)

卡沃丁发现,北方的宗教复兴对1850年代共和党的崛起和1860年总统选举的胜利起了重要作用:

共和党的出现和最终的成功取决于对政治的特殊理解,福音派在这种政治的形成过程中发挥了重要作用。这种政治伦理植根于第二次宗教复兴时期温和派或"阿米尼化"的加尔文主义神学,以乐观的后千禧年主义和迫切呼吁采取公正行动为特点。(同上,第320页)

这场意识形态运动在南北战争开始前的几年里得到了充分的发展,最终废除了奴隶制。

接下来,我们将探讨在南北战争之后的几年里,这些意识形态问题是如何与国家政治相交叉的。为此,我查阅了柯蒂斯·詹森的作品《中西部的胜利:1888—1896年的社会和政治冲突》(Jensen

1971)。这是一项关于中西部地区意识形态持续对立的研究,因为它影响了美国大选的结果。教会意识形态的分裂再一次起了主要作用。詹森认为宗教是中西部政治冲突的基本来源。"19世纪美国最具革命性的变化就是这个国家从1789年的一块基本上是非基督化的土地到本世纪中叶的一个新教大本营"。(同上,第62页)

形式主义者和反形式主义者的对立再一次出现在"虔信派"和"礼拜派"之间,正如在许多不同教派的斗争中表现的那样。虔信派是复兴主义者,强调个人皈依的经验,并完全拒绝仪式主义。相反,"礼拜仪式教派强调古老正教制度化形式的积极价值,无论这些是正教的加尔文教派、圣公会、路德派、天主教徒还是犹太教"(同上,第64页)。虔信主义的政治主张响应并延续了前文所记录的扬基人的关注领域。虔诚主义者致力于制定"周日停业"法律,废除酒馆。在南北战争前,还致力于遏制奴隶制的发展,甚至废除奴隶制。在1850年代,美国政党重新结盟,成为共和党和民主党之间的对立,"绝大多数的[……]虔诚主义者加入了共和党,而绝大多数礼拜仪式派变成了民主党"(同上,69页)。在这次政治改组中,两党中都有扬基人,但他们一直倾向于共和党,这是他们对社会行动采取虔信主义立场的延续。表10.7展示了19世纪晚期印第安纳州扬基人的出身与政治倾向之间的关系。"扬基"县被定义为移民主要来自北部各州的县。[13] 支持民主党是表中那19个"城镇和扬基人"的县。每次的差距不大,从来没有超过7%,但在八次选举中是一致的,在共和党和民主党势均力敌的漫长时期,这是一个关键因素。

表 10.7 印第安纳州 1880—1896 年按县类型和扬基出身划分的共和党民意百分比

县属类别	1880	1884	1886	1888	1890	1892	1894	1896
49 乡村为主	48	47	48	48	45	45	49	49
43 城镇为主	50	49	49	49	45	46	51	53
19 城镇和扬基人	54	53	52	53	49	50	55	55
24 城镇和非扬基人	48	46	47	47	42	44	49	51
全州范围	49	48	49	49	45	46	50	51
胜出党派	共和	民主	共和	共和	民主	民主	共和	共和

来源：Richard Jensen *The Winning of the Midwest: Social and Political Conflict, 1888—1896*, Chicago: University of Chicago Press, 1971.

10.10 地理转型

考虑到 19 世纪末共和党的扬基人福音派和反奴隶制核心，那我们如何解释图 10.10 中扬基人的移民和方言区与民主党蓝色州相一致的转变呢？随着时间的推移，有一些固定不变的因素继续把双方分开。从一开始，共和党就认同商业利益，而民主党则声称代表普通民众的利益。而且在非裔美国人的人权问题上，双方互相对立。1854 年共和党成立的主要纲领是反对延长奴隶制，而民主党则支持各州和地区对这个问题的决定权。表 10.8 记录了美国东部方言区各州大选投票结果的分布。代表北方的州仅限于那些大部分领土属于北方方言区的州，因此伊利诺伊州和俄亥俄州的三分之一以上在这里没有代表，尽管这两个州居住着很多说北方话的人。另一方面，代表南部地区的州几乎完全在南方方言区的定义等语线内：浊阻塞音前面的 /ay/ 单元音化。

第 10 章　扬基人的文化扩张与北方城市音变

表 10.8　美国东部四个集群中各州的大选投票情况

D=民主党；R=共和党；(X)=一个州不同；/=两个及以上州不同；
S[南方]=TX 得克萨斯州、AR 亚利桑那州、LA 路易斯安那州、MS 密西西比州、AL 亚拉巴马州、GA 佐治亚州、FL 佛罗里达州、SC 南卡罗来纳州、NC 北卡罗来纳州、KY 肯塔基州、TN 田纳西州、VA 弗吉尼亚州
M[中部]=MO 密苏里州、IL 伊利诺伊州、IN 印第安纳州、OH 俄亥俄州、WV 西弗吉尼亚州、PA 宾夕法尼亚州、DE 特拉华州、MD 马里兰州、NJ 新泽西州
NE[新英格兰]=ME 缅因州、VT 弗吉尼亚州、NH 新罕布什尔州、MA 马萨诸塞州、RI 罗得岛州、CT 康涅狄格州
N[北方]=NY 纽约州、MI 密歇根州、WI 威斯康星州、IA 艾奥瓦州、MN 明尼苏达州

		S	M	NE	N	
1848	菲尔默(Fillmore)	/	/	/	/	辉格党对民主党
1852	皮尔斯(Pierce)	(D)	D		D	共和党成立
1856	布坎南(Buchanan)	D	(D)	R	R	
1860	林肯(Lincoln)	D	(R)	R	R	
1864	林肯(Lincoln)	S	(R)	R	R	S=南部邦联重建时期
1868—	约翰逊/(Johnson)/					
1876	格兰特(Grant)/海斯(Hayes)					
1880	加菲尔德(Garfield)	D	/	R	R	
1884	克利夫兰(Cleveland)	D	/	(R)	(R)	
1888	哈里森(Harrison)	D	/	(R)	R	
1892	克利夫兰(Cleveland)	D	/	(R)	/	
1896	麦金利(McKinley)	D	(R)	R	R	
1900	麦金利(McKinley)	D	(R)	R	R	
1904	罗斯福(Roosevelt)	D	R	R	R	
1908	塔夫脱(Taft)	D	R	R	R	
1912	威尔逊(Wilson)	D	(D)	(D)	(D)	第三方进步党
1916	威尔逊(Wilson)	D	/	(R)	R	
1920	哈丁(Harding)	(D)	R	R	R	
1924	柯立芝(Coolidge)	D	R	R	R	
1828	胡佛(Hoover)	/	R	R	R	S 投 D: AR, LA, MI, AL, GA, SC
1932	罗斯福(Roosevelt)	D	/	(R)	D	NE 投 R: ME, VT, NH
1936	罗斯福(Roosevelt)	D	D	/	D	NE 投 R: ME, VT
1940	罗斯福(Roosevelt)	D	(D)	/	(D)	NE 投 R: ME, VT

续表

		S	M	NE	N	
1944	罗斯福(Roosevelt)	D	/	/	/	NE投R:ME,VT
1948	杜鲁门(Truman)	/	/	(R)	/	州权法:LA,MI,AL,SC
1952	艾森豪威尔(Eisenhower)	/	R	R	R	S投 D:LA, MI, AL, GA, SC,NC
1956	艾森豪威尔(Eisenhower)	/	R	R	R	S投 D:AR, MI, AL, GA, SC,NC
1960	肯尼迪(Kennedy)	/	/	/	/	伯德(Byrd)的选民在AL,MI
1964	约翰逊(Johnson)	/	D	D	D	S投R:LA,MI,AL,GA,SC
1968	尼克松(Nixon)	W	/	/	/	华莱士(Wallace)(独立党):LA,AR,MI,AL,GA
1972	尼克松(Nixon)	R	R	(R)	R	
1976	卡特(Carter)	(D)	/	/	/	R:VA
1980	里根(Reagan)	(R)	/	R	(R)	
1984	里根(Reagan)	R	R	R	(R)	
1988	老布什(Bush)	R	(R)	/	(D)	
1992	克林顿(Clinton)	/	(D)	D	D	S投 R:MI, AL, FL, SC, NC,VA
1996	克林顿(Clinton)	/	(D)	D	D	S投 R:MI, AL, GA, SC, NC,VA
2000	小布什(Bush)	R	/	(D)	D	NE投R:NH
2004	小布什(Bush)	R	/	D	D	
2008	奥巴马(Obama)	/	/	D	D	S投R:[TX],AK,LA,MI,AL,GA,SC

在表10.8中,采用字母D和R的灰色阴影标识出南北各州之间的明显对立。在表10.6的顶部是1848年辉格党对民主党的选举,那时共和党还没有成立,而民主党还没有在南方占主导地位。民主党对南方的控制始于随后的选举,持续了九十二年,除了战后重建时期,当地共和党政府得到联邦军队的支持。即使是在1928年共和党的横扫全国也没有动摇民主党垄断的南方六个核

心州。南方一列中的一系列"D"符号一直延续到1948年杜鲁门当选才结束,当时南方反对民权运动的人创建了一个"国家权利"第三党。在1950年代艾森豪威尔一边倒的浪潮中,民主党在南部六个州保持了主导地位。然而,在肯尼迪当选的关键一年,即1960年,当四个州都被划分开时,选举地图再次分裂。

在肯尼迪当选之后的几年里,南方的投票立场发生了转变。在1964年民主党压倒性的胜利中,南方分裂了,但是南方的核心州现在是共和党,而不是民主党。1968年,反对民权运动的人把这些核心州交给了乔治·华莱士的第三党即美国独立党。接下来的1972年大选是尼克松以共和党压倒性的优势,赢得了南方以及其他地区的选票。民主党在南方的上一次胜利是由来自佐治亚州的吉米·卡特取得的,但是从1980年开始,共和党就一直主导了南方地区。在克林顿1990年代的胜利中,南方分裂了,但在这里,南方的核心州是共和党。从2000年到2004年,人们看到了在共和党控制之下的南方,和拥护民主党的北方的对立非常明确。

北方地区的历史可以从表10.8的最后一列中读取。从1856年以来,北方各州都是坚定的共和党人,除了1912年进步党候选人西奥多·罗斯福(Theodore Roosevelt)的获胜。这种局面一直持续到1933年开始的新政时代的崩溃。当时,核心的铁杆共和党选票并不是在北部方言区,而是在新英格兰的缅因州和佛蒙特州。同样,1960年的肯尼迪竞选将所有部分都分割开来,标志着北方各州共和党传统的终结。在1992年之后的大选中,北方随大流,投票多是共和党年就支持共和党,民主党年就支持民主党。最近十六年在北方地区显示出对民主党稳固的拥护,但只有在2000年和 2004 年大选中,我们才看到民主党的北部和共和党的其他大部分地区鲜明的对立。2000—2004 年的灰色阴影"D"和"R"表明了这一点,现在这两个类别的位置颠倒了。2008 年的大选结果修改了这种模式,但是奥巴马仍然在南方核心州没有赢得很多选票。

表 10.8 显示,在 1964 年约翰逊在国会通过民权法案之后,1964 年至 1968 年大选期间,两党的方向发生了重大变化。正如表 10.9 所示,共和党并不反对这项立法:投票是按地区划分的,而不是按党派划分的。

表 10.9 对 1964 年众议院原民权法案的投票情况

	民主党		共和党	
	赞成	反对	赞成	反对
南方	7	87	0	10
北方	145	9	138	24

约翰逊最有力的论点之一是,通过这项法案是对"已故总统最合适的纪念"。(Beschloss 2007,第 279 页)事实上,肯尼迪很长一段时间内对民权法案的支持都是矛盾的,因担心会失去支持他的南方选票而多次推迟。在与路易斯安那州参议员罗素·朗(Russell Long)[14] 的一次录音谈话中,肯尼迪得知种族隔离主义者的一项提议,以放弃民权立法换取他们的选举投票,正如导致 1876 年在卢瑟福·B.海斯领导下结束重建的协议一样。肯尼迪回答说:

> 但这不是 1876 年。因为它将成为最受关注的公众事件。[……]每个人都在看,现在这位总统向这个团体承诺什么,很快你就得到该死的大混乱。

朗提出,"黑人的选票可能成为关键票",肯尼迪插话:

> 至少我可以算一算[……]我认为这对南方来说是疯狂的,因为这样,我就担心佐治亚州和路易斯安那州,还有这些地方,在这里我们有机会帮助它们,但是如果我最终没有机会帮助它们,我就得回到北方去做我的事情。

随后的1964年大选显示,南方核心州第一次改选共和党阵营,北方也是自罗斯福总统以来第一次为民主党投票;这导致了目前红色州和蓝色州的重新调整。看来是1964年民权法案和1965年的选举法案的政治行动促成了这一调整。

这150多年以来,白人对奴隶制的态度以及美国黑人和白人的不平等地位,是把政治和文化历史联系在一起的共同点。在19世纪的北方,废奴主义者和温和派,无论是形式主义者还是反形式主义者,无论是虔诚派还是礼拜派,都有共同的信仰理念,即人人生而平等,奴隶制是一种罪恶。一个半世纪以后,这种意识形态成为北部内陆方言与蓝色州政治立场相互关联的动力。虽然扬基人的文化风格可能类似于现代右翼基督教复兴主义者,但在种族关系这一文化内容的关键层面上存有差别。

我们不能忽视这样一种可能性,即扬基文化意识形态的这种延续,有助于北部内陆出现大规模北部城市音变现象的趋势。尽管北部城市音变仍然低于社会意识的水平,但是它的说话人(无意识地)有可能已经把过去几代人的这种语音变化,与扬基定居者继承的政治和文化观念联系起来。随着时间的推移,随着各种社会和人口的变化,特别是随着1960年代两大政党的重新调整,这种联系也在不断演变。只要这些意识形态差异持续存在,说话人就更有可能适应他们周围认同自己身份和世界观的那些人而调整自己的发言。而在语言和文化的边界上，他们可能不太会迁就那些持有不同或敌对观点的其他人。如果本章回顾的意识形态对立削弱了这种适应调整过程，那么它可能有助于解释为什么北部和中部边界是北美英语方言研究中最鲜明的划分，以及为什么这条分界线在近一个世纪一直保持稳定。

第11章 北方城市音变的社会评价

第9章追溯了北部内陆地区的北方城市音变的历史。第10章追溯了这一地区的政治、宗教和文化渊源。这些共同的历史增加了这种可能性,即扬基人意识形态的持续影响有助于北方城市音变在北部内陆地区的发展。有没有证据表明,在远低于社会意识水平的情况下运作的北方城市音变,在不知不觉中被认定为支持减少种族歧视和其他自由政治观念的立场?

第10章论述了两种状况:一种是对奴隶制和种族歧视的态度,另一种是各州对死刑合法性的决议。这与枪支管制问题的地区格局很类似。美国有线电视新闻网的网站[1]提供了每个州对于枪支管制的七类信息:儿童准入预防法、青少年拥有法、青少年出售/转让法、购买许可证、枪支登记、拥有许可证和携带许可证。以下这六个州在其中五项或五项以上都有立法:缅因州、纽约州、新泽西州、密歇根州、明尼苏达州和艾奥瓦州。如图10.9和图10.13所示,除新泽西州之外,其他几州都是全部或部分属于北方方言区。

一个州对堕胎所持有的总体立场可以通过很多指标评估。[2]一种方法是确定未成年人无需父母许可即进行人工流产的州,即马萨诸塞、缅因、纽约和威斯康星,这几州都处于北部地区。另一个指标是流产的强制等待期。在整个新英格兰和亚特兰大中部,以及中西部地区、伊利诺伊和艾奥瓦,都不需要等待。在多数西部州以及佛罗里达州也是这样,所以与北部的对应性不是十分精确。

为了检测北部和中部地区跟意识形态对立的联系,我们设计了一个实验:实验中,受试者分别听取北方城市音变和中部地区说话人讲话的典型话语片段,然后再推断说话人对堕胎、平权法案和枪支管制可能持有的立场。

11.1 对北部/中部的实验1

2000年4月,我在布卢明顿的印第安纳大学第一次做这个实验。给90名本科生播放两位电话调查的发音人的话语片段。第一位是来自底特律的沙朗,1994年的时候37岁,是北方城市音变的典型说话人。带下画线的单词显示了/æ/的普遍高化,/o/的普遍前化,/oh/的普遍低化以及/ʌ/的普遍后化。

(1) The-the way I got hired for this one job was really weird, 'cause I went in for a [...] secretarial position is what I went in for, and they had hired [...] ah-somebody else that didn't know anything, but it was a buyer's daughter, so then she got the job. And uh-they called me because I had done shipping and receiving as far as-the paper work, and they had asked me if I'd help out 'cause their-shipper had just had a heart attack and she wasn' comin' back for a while.

[译文:我得到这份工作的过程真的很奇怪,因为我申请了一个……秘书的职位,他们已经雇用了……对这份工作一无所知的另一个人,但那是买家的女儿,所以她拿到了这份工作。呃——他们打电

话给我是因为我做过文件的收发工作,他们问我是否愿意帮忙,因为他们的收发员刚刚心脏病发作,一段时间内不能回来工作了。]

第二位说话人米米来自印第安纳波利斯,1994 年的时候 45 岁,是中部方言的典型说话人。带下画线的单词显示了鼻音前/æ/的紧化(但在指示词 that 中例外),以及/o/的后化,/ʌ/和/aw/的前化。

(2) I read, a-n-nd like most women, I like to go shopping and play card games with family and friends and that kind of thing, nothing really exciting. We used to go camping quite a bit on the weekends, but our lives have shifted enough that we don't do that much right now, but uh that's what we do.

[译文:我读书,和大多数女人一样,我喜欢逛街,做和朋友、家人一起打牌之类的游戏。没有什么真正令人兴奋的。我们过去经常周末去野营,但是这些年我们的生活已经有很大的变化了,所以现在我们不太出去了。不过这就是我们做的事。]

图 11.1 显示了说话人沙朗的北方城市音变的元音系统。六种不同的符号显示了北方城市音变的典型格局,/æ/高化和前化至/e/的前面,/e/后化跟前化的/o/对齐,/ʌ/后化到/oh/的位置上。第一段录音的一些关键词如下:back(后面)中/æ/的高化和前化;job(工作)的四次发音都显示了/o/的前化特征,非常接近于/e/的平均值。

图 11.2 显示了说话人米米在第二段录音片段中同样的元音,是典型的中部地区发音模式。/æ/的平均值低于/e/,保持在前位,离/o/相当远。/ʌ/的边缘向前靠近中心,与后面的/oh/区别

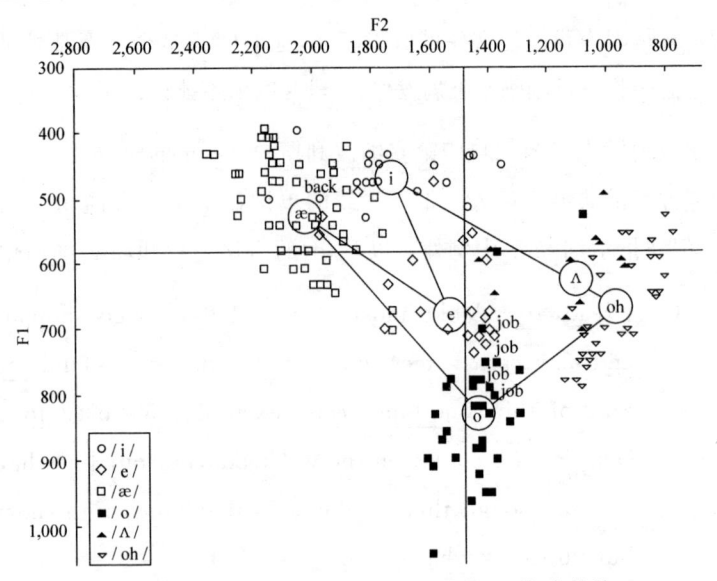

图 11.1 沙朗的北方城市音变的元音，37 岁[1994]，底特律，TS 176

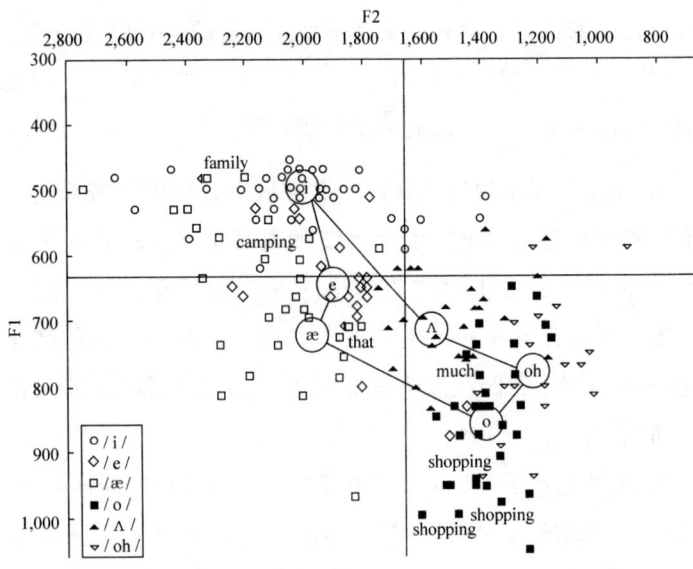

图 11.2 米米的北方城市音变的元音，45 岁[2000]，印第安纳波利斯，TS 775

明显。下面是第二段录音中的一些关键词:/æ/的范围从鼻音前的前高元音(*family* 家庭)和前半高元音(*camping* 露营)延伸到其他位置的前低元音(*that* 那)。*shopping*(购物)中的短/o/在中心的后面,尽管它是/o/的分布中最靠前的。在/ʌ/的分布中,米米发的 *much*(多)位于中间。

布卢明顿的受试学生大多是当地人:90 人中有 54 人来自印第安纳州,只有 10 人来自北部地区(9 人来自芝加哥)。受试者被要求分辨每个说话人的城市来源,90 人中有 74 人做出了这项分辨选择。表 11.1 显示的结果出人意料的准确:78%的人都准确分辨出第一位说话人来自北部内陆。选择芝加哥和选择底特律的人数差不多。因为这个说话人实际上来自底特律,所以两个答案都

表 11.1 印第安纳大学布卢明顿校区的学生判断两位发音人的原籍城市。粗体数字=判断正确[N=90 人]

判断发音人家乡	方言区	第一位发音人(底特律)	第二位发音人(印第安纳波利斯)
芝加哥	北部内陆	**24**	3
底特律	北部内陆	**26**	3
密歇根	北部内陆	**4**	
克利夫兰	北部内陆	**1**	
明尼阿波利斯	北方	3	
韦恩堡,南本德	过渡区	1	
印第安纳波利斯	中部	6	**24**
印第安纳	中部	3	**4**
其他中部区域	中部	1	**12**
肯塔基,田纳西	南方	1	12
亚特兰大	南方		1
丹佛	西部	1	
总计		71	59

是正确的:正如我们所看到的,芝加哥和底特律在北方城市音变中的发展是一样的。在这个意义上,密歇根和克利夫兰也是正确的回答。有3位受试者认为说话人来自明尼苏达州的明尼阿波利斯市,对发音人是来自北方地区这一判断是十分正确的。只有12个人错误地把第一位说话人判断为中部或者南方地区。

对于第二位说话人就不那么确定了,尽管大部分受试者跟她都是同乡。90人中只有54人对她做出了判断选择。然而,那些判断是相当准确的。只有7个人①错把她归为北部内陆人,有28人准确地判断她来自印第安纳波利斯。另有12人错把她归到邻近阿巴拉契亚山脉方向的州,但是大部分受试者都正确地选择了中部的印第安纳波利斯和南方地区。

受试者被要求在利克特7分量表上对每一个发音人进行四种个人维度的等级评估:

  智力水平 1(中等)—7(高)

  友好程度 1(高) —7(低)

  教育背景 1(高) —7(低)

  可靠程度 1(低) —7(高)

根据本章开头和第10章中所引用的数据,量表下一部分列出了三个政治问题,在这三个问题上北部和中部发音人通常持有不同观点。量表中,最小的数字指向最自由的立场,最大的数字指向相反的立场。

  堕胎观点 1(赞同)—7(反对)

  平权法案 1(赞同)—7(反对)

---

① 表中显示为6人。——译者

枪支管制　　1(赞同)—7(反对)

然后受试者被要求对发音人的声音进行评分,看是否像"来自你家乡的人"。

在智力水平、教育背景、可靠程度的评分上,这两位说话人之间没有显著差异。印第安纳波利斯说话人被认为更友好(t=6.0,p<0.0001)。在堕胎方面发音人的可能立场也没有发现显著差异,但是北部内陆的说话人在支持平权法案方面,甚至在枪支管制方面,得到了更高的评价,正如表11.2所示。

表11.2　印第安纳大学受试者对底特律和印第安纳波利斯发音人政治立场的判断平均值

	支持堕胎选择	支持平权运动	支持枪支管制
北方城市音变区	4.41	3.98	3.71
中部地区	4.56	4.38	4.25
概率(t检验)	—	0.02	0.003

图11.3对这些答案进行了更仔细的检查。可以看出,最大的一个趋势是受试者给出中性回答4,再加上那些根本没有做出选择回应的受试者,我们可以看到大多数人并没有把说话人的政治立场与他们的方言相联系。显著的结果来自少数人的积极反应:他们认为底特律说话人会大力支持平权法案,而印第安纳波利斯的说话人会强烈反对枪支管制。

同样的模式出现在图11.4中受试者对堕胎问题的反应中。虽然总体结果不显著,但最大的差别是有27个受试者判断印第安纳波利斯说话人会采取生命优先(反对堕胎)立场(在量表上选择6或7),而只有17个人判断底特律说话人会持同样立场。

这些结果不如纽约市进行的(r)的社会评价调查(Labov

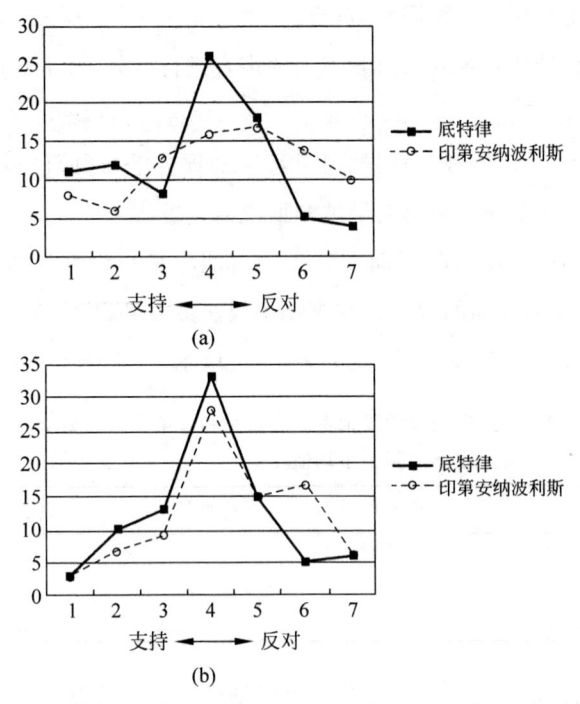

图 11.3 在平权法案和枪支控制方面,底特律和印第安纳波利斯发音人的预期立场在 7 点量表上的回应人数;(a)平权法案;(b)枪支管制

1966),哈莱姆区的(dh)(Labov 1972)或费城的(æh)(PLC,第 2 卷,第 6 章)的主观反应测试所得到的结果那样有说服力。这些结果表明,尽管有少数人确实做出了这样的推论,但是中部地区的大多数受试者对任何可能归因于元音系统的这些明显差异的社会意义都不敏感。这个结论适用于 90 名受试者的大多数。回归分析没有显示受试者家乡或性别的显著影响。那些跟说话人是同乡的受试者并不比其他人更多地倾向于判定说话人像是来自自己的家乡。

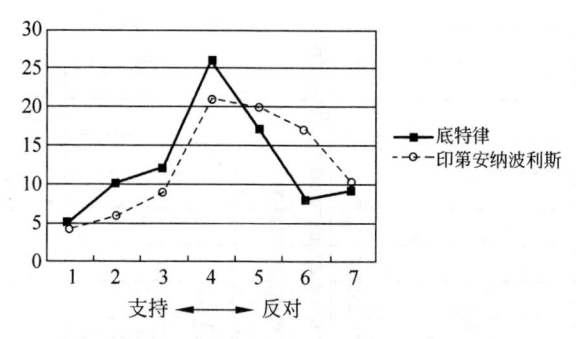

图 11.4 对堕胎问题,底特律和印第安纳波利斯发音人的预期立场在 7 点量表上回应的人数

11.1.1 正确识别方言来源的作用

因为两段录音的内容不同,这个实验的控制效果不如前面提到的其他一些主观反应实验。例如,第二个发音人的"camping"(野营)可能会让人以为他将反对枪支管制。两个说话人的音质和话语风格是不同的。从这些一般影响当中区分出北方城市音变的特殊影响的方法是,考察那些与对说话人的城市来源判断正确和不正确相联系的差别。区域方言影响听话人联系到意识形态立场的情况,应该是出现在那些正确判断说话人家乡的受试者当中,而不在出错误判断的受试者之中。[3]

图 11.5 显示了判断两位说话人对平权法案支持程度的差异分布。这里的正数表明,北方城市音变的说话人的得分低于中部发音人(因为量表上低值表示支持,高值表示反对)。实心条代表 58 名受试者的回答,他们正确地识别了北方城市音变的说话人来自底特律,[4] 白色条代表有 28 名受试者判断错误,其中包括那些没有对此做出回答的受试者。再次,我们发现,这两组受试者的

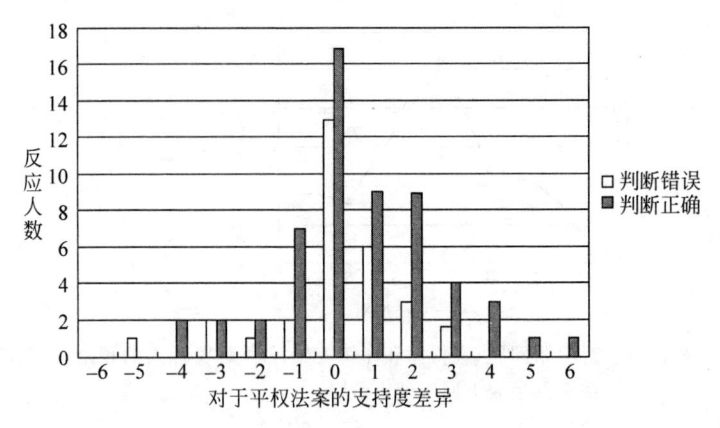

图 11.5 受试者对北方城市音变说话人城市来源的判断在平权法案上的差异[实验 1,N=85]

众数值没有差异。但是所有那些预期两位说话人在平权法案支持方面有巨大差异的受试者(量表的 3、4、5 个单位),都能正确判断说话人的北方城市音变身份。

当我们把正确识别的因素进行回归分析时,得到表 11.3 的结果。受试者认为北方城市音变的说话人对平权法案的支持越强,对两位说话人的评分差异就越大:这是一种正常的效果。但是,一个同样大的重要影响是对北方城市音变说话人的正确识别。这表

表 11.3 印第安纳大学 85 名受试者在实验 1 中对北方城市音变和中部地区说话人对平权法案支持度差异的回归系数

	系数	概率
判断北方城市音变说话人支持平权运动	0.78	>0.0001
受试者正确识别北方城市音变说话人家乡	0.67	0.04
受试者判断支持堕胎选择	0.16	0.02
受试者判断支持枪支管制	-0.16	0.07
调整后的 r^2=42.7%		

明,受试者对两位说话人的不同反应是对方言模式的反应,而不是对把他们区别开来的其他特征的反应。

11.2 结论

毫无疑问,语言变化可能是地区性的,并且反映出增强本地认同的直接社会动机。但是我们也看到:北美的语言变化出现在更大的范围内,而个人行为和个人动机都是无关紧要的。

本章的结果,无论其局限性如何,都是跟第 10 章中的大规模政治和思想历史相吻合的。北方城市音变与意识形态因素之间的相关性,并不意味着意识形态和语音变化之间存在直接的因果关系。方言差异和意识形态之间可能存在许多其他间接的联系。受试者可能利用语音特征来确定说话人的出生城市,然后以个人的知识储备做出推论,把某些素质和思想偏见归因于这个地区的居民。或许言语形式本身可能跟这些观点相关联。如果情况是这样,我们必须考虑到意识形态可以影响大规模的音变的发展。总体看来,语言变化最有说服力和最重要的决定因素是结构和机制,但是我们必须注意到这样的可能性,意识形态可以是推进变化的驱动力,也可以成为它进一步扩展的阻碍。

第12章 终　　点

　　语言变化和变异的研究焦点集中于进行中的变化。但是大多数变化并不在进行中，它们已经完成了。不需要太多的思考就可以得出这样的结论：一种语言的所有特征除了少数特征外，都是已经完成的变化的结果。那些不在其中的少数特征，或者是可以追溯到语言本身起源的、从未改变过的普遍特征，或者是仍然在进行过程中的变化的特征。所有其他不变的形式都是变化的最终结果，也就是本书各卷所关注的变化过程的终点。随着时间推移，持续不断的变化使得新进入的形式出现频率不断增加，直到达到某种极限，并且所有的说话人都汇集到这个稳定的极限。

　　很多语言变化都涉及可数现象的频率转换。英语的尾音/r/元音化或是复位，蒙特利尔法语的/r/从舌尖到小舌的变换(Sankoff et al. 2001)，以及法语否定词缀 ne 的失落(Sankoff 和 Vincent 1977)，都是这种情况。这些变化的终点是 0 还是 100，这要取决于怎样去计算。在某些情况下，频率曲线需要很长时间才能达到极限值，但这个极限值的定义是明确的。

　　在蒙特利尔法语中，进行中的音变经历了一个鲜明的社会分层阶段，上流社会的女性说话人主导着/r/转向小舌的发音。但是这种向小舌音/r/的音变是如此的突然，以至于父母是100%发舌尖音/r/的青少年儿童通常会显示 0%的舌尖音/r/。同样的突变

第 12 章 终点

也发生在南方的辅音/r/的复位上。ANAE 中参与实验的受试者包括 68 名在南方地区 40 岁以下的白人发音人，其中只有 2 人表现出尾音/r/的元音化（图 12.1）。1972 年奥凯恩报告（O'Cain 1972），查尔斯顿/r/的发音倾向于在下层阶级（第 93 页），但是在巴拉诺斯基（Baranowski 2006）的分析中，年龄是唯一重要的因素（第 91 页及其后）。这些突如其来的变化可能会掩盖传播这种变化模式的社会机制。

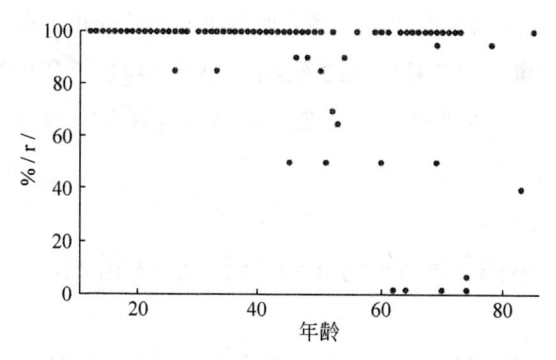

图 12.1　ANAE 南方方言区 68 个白人受试者尾音/r/的元音化

在涉及合并的元音变化中，极限不是 0% 或 100% 形式的常量，而是两个平均值之间显著差异的减弱。同时，这个过程可能相当突然，赫罗尔德（Herold 1990）在宾夕法尼亚东北部追踪记录了一种跨越代际的完全的音变，从区分/o/和/oh/的父亲，到把这两个音位完全合并的儿子。无论正在进行的合并是快或是慢，终点都是十分明确的。

在这些进行中的变化的研究中，主要关注点一直就是链式音变，而现在的情况还不那么清楚。一些音变似乎经历了一系列无休无止的变化：例如，拉丁语的长 ē 在法语中遵循了这样的变化轨迹:[ē]→[e˃i]→[ʌi]→[ɔi]→[oi]→[ui]→[wi]→[we]→[wɛ]→[wa];而中古英语也显示出同样令人目不暇接的中间阶段,例如 ū 在现代费城方言中表现为[u:]→[ʊu]→[ʌu]→[au]→[æu]→[ɛɔ]→[eɔ]。这些精彩绝伦的变化跨越了几个子系统的音系空间,遵循从一个子系统导入另一个子系统的单向路线(见第1卷第9章)。

由于我们还没有完全了解这些中间过渡的变化,因此可以通过考察特定子系统内的各个终点而得出更大的变化进程。考虑到图 6.17 所定义的音系空间的连续性,似乎外缘轨道高化的终点应该是[i]和[u],在非外缘轨道低化的终点应该是[a]。然而,事实并非如此。

12.1 偏移度作为接近终点的指标

第 2 卷第 15 章介绍了语言变化发展过程中的偏移度研究。偏移度是一种对尾部分布的左右对称性的测量方法。[1] 在一个音变的开始,元音的分布强烈地向新形式的方向移动,并在那个方向上表现出一个长尾。随着变化的继续,越来越多的发音朝着那个方向移动,直到重新恢复对称性(即零偏移度)。当变化接近终点时,偏斜就开始朝着相反的方向发展,并且在原来保守形式的方向上出现一个长尾。最后,当变化完成、到达最终点时,对称性恢复,偏移度再次消失。

图 12.2 显示了如图例所示的 21 种北美洲英语方言中,非舌尖前辅音后/uw/的音位变体/Kuw/的偏移度发展。方言缩写是:

CA	Canada	加拿大
CI	Cincinnati	辛辛加提
CS	Charleston	查尔斯顿
FL	Florida	佛罗里达
IN	Inland	内陆
M	Midland	中部
MA	Mid-Atlantic	大西洋沿岸中部
NC	North Central	北部中心区
NNE	Northern New England	北新英格兰
NO	New Orleans	新奥尔良
PI	Pittsburgh	匹兹堡
PR	Providence	普罗维登斯
PS	Piedmont South	皮德蒙特南
S	South	南部
T	Transitional	过渡地带
TS	Texas South	得克萨斯州南
SL	St Louis	圣路易斯
SNE	Southern New England	南新英格兰
W	West	西部
WPA	Western Pennsylvania	宾夕法尼亚州西

保守的方言,如新英格兰南部,位于分布的右上角,有很强的正偏移度,F2平均值低于1,000Hz。最为领先的得克萨斯州南部方言,位于左下角,差不多是在1,550Hz的标准化中点。负偏移度接近-0.25,表明长尾现在是在右边保守的方向。由实心符号代表的负年龄系数表明,在大多数方言中,/Kuw/的前化是一个

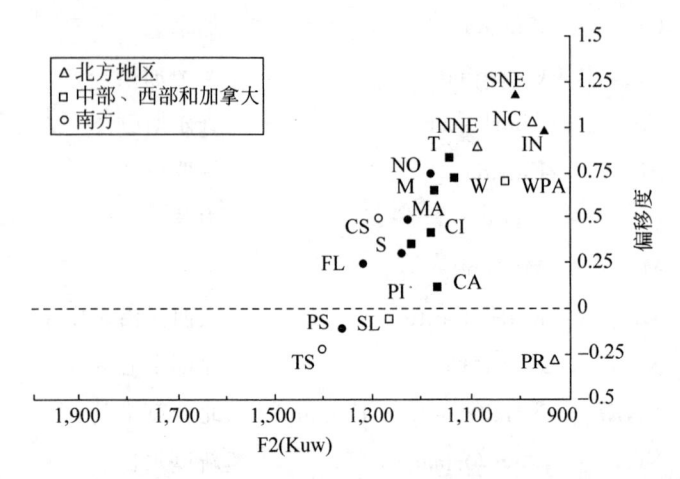

图 12.2 /Kuw/前化在 21 个北美英语方言中偏移度发展（语言变化原理，第 2 卷，图 15.14）。实心符号代表负年龄系数，表明虚时中的进行中的变化

很强的进行中的变化，还没有接近终点。这个/Kuw/的进程显示出偏移度稳步下降到零或更远，降到较小的负值。在 F2 上的偏移度回归系数为 -0.0017，概率小于 0.01。

图 12.3 显示了变化更快的/Tuw/音位变体对应的表现：舌尖音后面的/uw/前化。第 5 章列出了一系列的语言事件，在这些事件中，/Tuw/的前化是由于舌尖音后的/iw/～/uw/区别消失所触发的，这种前化随后被推广扩展，产生了更为适度的/Kuw/前化。与/Kuw/前化相比，/Tuw/前化与偏移度的关系更为复杂，它的整体变化轨迹在变化方向上有过一段越来越负的偏移度，返回到零，接着偏移度又在相反方向上发展，并再次返回到零。我们可以通过观察来追踪这个过程：最保守的方言（F2 平均值为 1,300～1,800Hz）的平均偏移度为 -0.16；对于 F2 平均值为 1,800～1,890Hz 的方言，平均偏移度下降到 -1.19；对于进展最快的方言，

F2平均值超过1,890Hz,偏移度再次向零上升,平均值为-0.28。

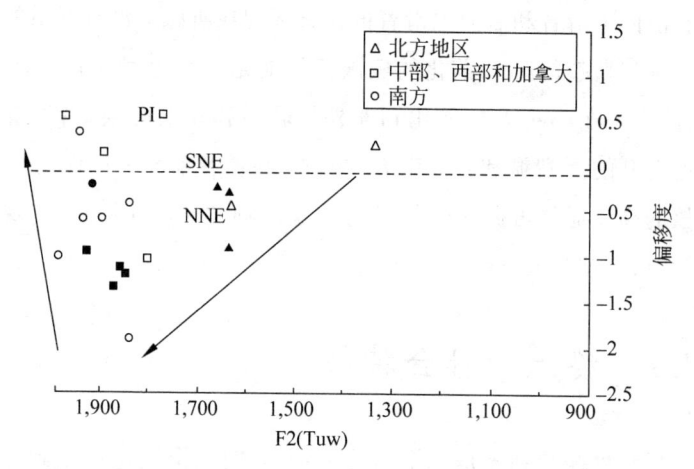

图12.3 /Tuw/的前化在21个北美英语方言的偏移度发展(PLC,第2卷,图15.16)。实心符号代表负年龄系数,表明虚时中的进行中的变化(方言标示同图12.2)

/Tuw/前化最快的是南部内陆方言(见图6.18),在 ANAE 的归一化共振峰空间中,F2的平均值为1,843Hz。由于前高元音/iy/的平均值是2,032Hz,所以/uw/前化的终点似乎是在距/iy/的中心200Hz范围内,这是由这两个主要元音之间能够稳定区别的安全边界所确定的极限。虽然/iy/和/uw/也由滑音的方向来区分,但在闭音节中极端词例的发音通常表现为最小的音核-滑音区别。正如第4章的切音实验显示的:伯明翰的 *bouffed*(黑手党)和 *bootlegger*(走私贩)的发音表现出前滑音,并且他们在孤立发音的/uw/中经常可以听到,这跟/iy/是一样的。

北美地区最极端的/ow/前化是由20多岁的查尔斯顿人发音的(Baranowski 2007:189)。这些发音人的平均值是1,830Hz,远高于一般中心音值1,550Hz,也是与位于2,053Hz相应的前上滑元音/ey/的音核距离约为200Hz。这里的滑音方向的差别很大，带有前向上滑音和后向上滑音的元音之间在听感上没有混淆的可能。查尔斯顿的/ow/前化的极限值可能是在后上滑元音/aw/的位置，它是在/ow/音核前化到非外缘轨道移动的时候，沿着外缘轨道上升的。[2] 费城和其他南方方言中，在鼻音前面和后面的/aw/音核的高化通常占据一个外缘的位置，因此"Now I know"（现在我知道）会被听成[nɛ⁽ᵒ aɪ nɛ⁾ᵒ]。

12.2 终点的社会特征

偏移度缩减到零是一个语音标示，表明一个变化正在到达终点。在个体或群体的元音图上，我们可以通过它们大致的群聚和紧凑的特征来区分这种稳定的分布。社会分布也可能暗示一种变化的完成。当受影响的音位明显偏离它在周围方言区的位置，并且在社区内没有发现年龄、性别、社会阶层、社区或种族的变化时，就到了音变的终点。当然，社区的所有成员都有可能循序渐进地继续移动这个变量，但到现在为止，在言语社区的研究中还没有发现这样的实例。

费城语言变化和变异项目（LCV）提供了元音系统在进行中的变化，如图12.4所示。每个圆圈代表街区研究中112个发音人的元音平均值（见第2卷第5章）。穿过圆圈的箭头表示在虚时中的移动情况。箭头的位置是比发音人的整体平均年龄小25岁的说话人的预期值，箭尾是比发音人的整体平均年龄大25岁的说话人的预期值。有活力的新变化(aw)、(eyC)、(ay0)具有最大的系数，各线权重显著性为$p<0.001$。最轻最短的箭头代表早期的初

始变化，p 值在 0.05 和 0.10 之间。没有箭头的圆圈表明在虚时中没有检测到移动变化。

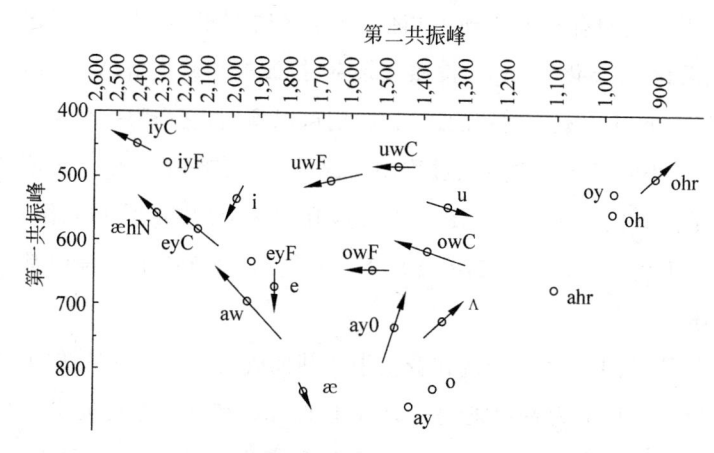

图 12.4　1970 年代早期费城元音系统。箭身代表显著的年龄系数，箭头是比发音人整体平均年龄小 25 岁的说话人的预期值，箭尾是比发音人整体平均年龄大 25 岁的说话人的预期值

正如 ANAE 第 2 章所描述的，一些没有年龄系数的元音，位于北美英语元音典型的初始发音位置。短 o 在央低位置，跟位于浊辅音前面和词尾的/ay/音核在一起。但是 car（汽车）、card（卡片）、hard（坚硬）等词中的/ahr/，从初始的央低位置转移到后中位置。费城方言的这个特点相当一致。我们所记录的所有费城发音人都把 car 发音为[kɑr]：无论是男性或女性，年轻或年长，上层阶级、下层中产阶级和工人阶级，都是如此。在费城的市场、酒吧和家里根本不会听到[kar]这种发音。尽管/ahr/音位的后中位置完全是费城的特点，但是这并不是一种固定的印象：外来人从来没有提到过这种发音，也不会这样去模仿费城口音。它不是一个标记，不会从一种语体转换为另一种语体。它也不是性别、社会阶

层、街区或族群的一种指标。

因此,/ahr/到后中位置的转换是一个已经完成的音变的模式,因为我们有充分的理由相信,在某个时间里,它从[ɑr]经过圆唇、后化,并高化到[ɔr]。按照文莱奇、拉波夫和赫佐格(Weinreich, Labov and Herzog 1968)的逻辑,我们可以预期,它作为一个语言变量,会贯穿在全部的高化过程中。此外,它也被锁定在/r/之前的后元音链式音变中(见图 1.8),这在 ANAE 中的费城(第 122 页)、匹兹堡(第 276—278 页)、南方(第 245 页)各个方言中都有记述。

图 12.4 表明这个链式音变中的其他成员——/ohr/的向上移动趋势;以/o/为音核的另外两个音位/oy/和/oh/也有向上移向后高位置的趋势。由于/ahr/的后化和高化都已经完成,而/ohr/的移动还没有完成,我们据此可以推断出:/ahr/沿着外缘轨道的高化是这一链式音变的起始事件。

ANAE 对费城的三个电话访谈是在 1996 年,比 LCV 的访谈晚 23 年,图 12.4 就是基于后者提供的数据。图 12.5 描绘了在 ANAE 访谈中所有/ahr/单词的测量值,与 1973 年数据的总平均值(用 X 表示)相比。很明显,/ahr/的目标值没有变化;所有新的标记都对称地聚集在原始平均值周围。

在电话访谈八年后,康恩(Conn 2005)对费城元音系统进行了重新研究,共调查了来自不同街区的 65 名发音人。他对于虚时中的元音系统的总体看法,如图 12.6 所示,这是跟图 12.4 相对应的。箭头表示两个活跃的新音变(eyC)和(ay0)在同一方向上的持续变化。(uwF)的前化在图 12.3 中标记为(Tuw),[3] 似乎已经到达最大值,而在非舌尖前辅音后面的一组/uw/,(Kuw)正在显著地

第 12 章 终点

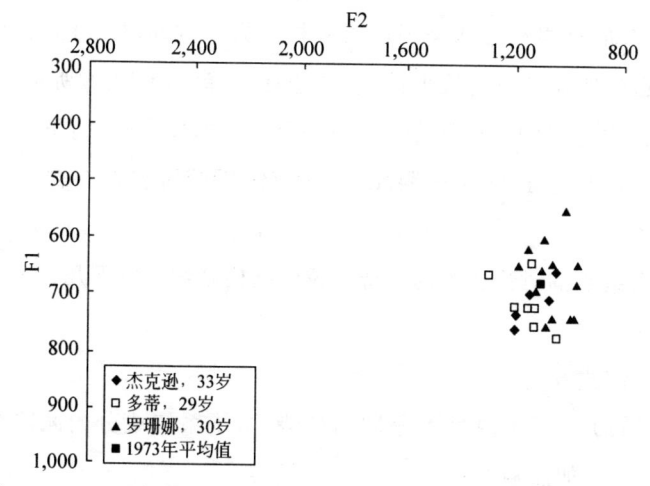

图 12.5 1996 年电话调查项目三个费城发音人的/ahr/与 1973 年 LCV 项目发音人的/ahr/平均值的对比

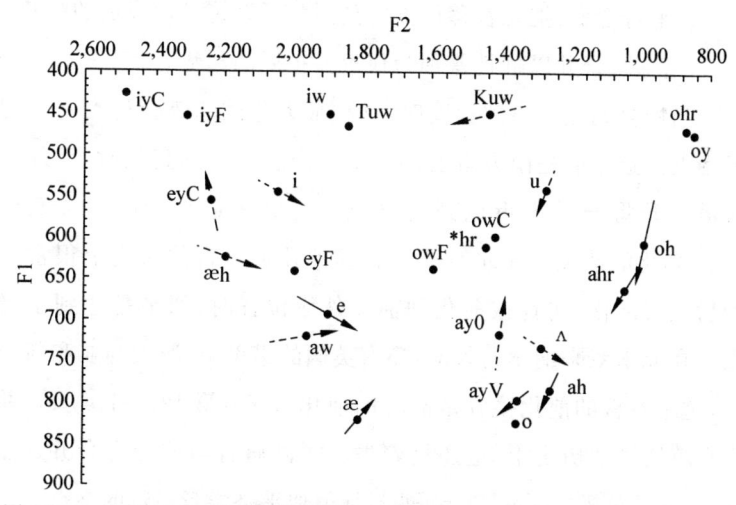

图 12.6 康恩 2004 年再研究的费城元音系统（Conn 2005，图 4.7）。箭身代表显著的年龄系数；箭头是比发音人的整体平均年龄小 25 岁的说话人的预期值，箭尾是比发音人的整体平均年龄大 25 岁的说话人的预期值。实线箭头：F1 和 F2 都有显著差异；虚线箭头：F1 和 F2 中仅一个有显著差异。经宾夕法尼亚大学许可重印

向前移动,这跟在其他美国城市一样。另一方面,(aw)的高化和前化已经明显经历过最大值,现在正在下降。图 12.4 所示/e/的初期低化,在图 12.6 中已经成为一个活跃的新变化:向下和向后移动。但是稳定的/ahr/跟/oh/一起略微下降,它现在被认为是(oh)类。

与终点的讨论相关的元音移位的结构制约有以下几种不同的类型:

1 链式音变:
   (a) 子系统内最大分散的趋势,由子系统成分的减除或添加而触发;
   (b) 元音沿外缘轨道上升,沿非外缘轨道下降的趋势;

2 平行音变:把元音移位推广到同一子系统其他成员的趋势;

3 合并:合并以牺牲差别为代价而扩展的趋势。

当恢复到最大离散程度时,这种最大分散趋势会达到一个逻辑终点。这可能是南方音变的情况。当音核到达高位时,沿外缘轨道上升将合乎逻辑地到达终点。这似乎是北方城市音变中/æh/高化的情况。在北美英语和其他几种语言的历史上很常见的后元音前化,在音核前化到前非外缘位置时,似乎是达到了极限。在北卡罗来纳州的外滩,还有英国的诺里奇,澳大利亚和新西兰,这个音核的前化接着是滑音的前化(LYS:第 135—144 页),并且在英语早期历史上,这还接着失去了圆唇且与前元音合并。然而,在北美英语中,[ɪu]和[ɛo]的目标值似乎是相当稳定的终点。最后,合并在逻辑上的终点仅仅是合并的类别之间失去了任何区别。

终点问题的另一方面是,把语言变化推广为一个语言社区的所有成员平等使用。进行中的音变的社会分化可以导致稳定的社

第12章 终点

会分层，如英语中的否定一致和（ING）形式，法语中 ne 的删除，西班牙语和葡萄牙语/s/的送气和删除。但更多的时候，这个音变即将完成，会平等地影响到言语社区中的所有成员。正如我们看到的，费城最古老的音变包括 car 和 card 中的/ahr/后化和高化到后半低位置。目前这个特征还没有发生社会分化：费城的上层阶级、中产阶级和工人阶级的发音范围相同，年龄和性别也没有显著的回归系数。同时也要考虑费城短 -a 词群的词汇分化为紧和松两类成员。最年长的工人阶级和最年长的上层阶级发音人具有相同的分布：除了不规则动词和弱重音词外，在清擦音和前鼻音前面发为紧音，并且在 mad（疯狂）、bad（坏）、glad（高兴）中发为紧音，但是在其他以/d/结尾的音节中发为松音，如 Dad（爸爸）、pad（垫）等。

人们通常认为语言社区可以无限制地划分，于是城市可以划分为若干区，各个区划分为若干社区，社区划分为街区，街区划分为更小的网络。对纽约、费城、蒙特利尔、布宜诺斯艾利斯等大城市的实证研究表明，情况并不是这样。城市内部地理上的街区确实存在差异，但只是在语言差异中反映其社会阶层的组成。尽管纽约人很难相信这样的事实，布鲁克林口音只是纽约市工人阶级话语的标记（Labov 1966）。一个人口超过100万的大都市似乎确实是一个地理上统一的言语社区，它的特点是相同的结构，对社会语言变量的一致评价，对稳定的社会语言变量和进行中的音变都有着同样的社会分层。在许多方面，这种一致的程度比差异更难解释。整个社区是怎样达到语言变化的相同终点，还有待解释。图9.5和图9.6表明，尽管当初最早参与语言变化的群体不适合作为整个社区的参照组，可现在费城的所有社会群体都在朝着同一个方向发展。这种情况是怎样一次又一次地出现的呢？

12.3　埃克特进程——语言学习者重新分析的产物

图 9.2 表现出来的埃克特进程的基本特征是，随着时间的推移，性别差异代替了社会阶层差异——在底特律郊区的高中、费城，以及整个北部内陆地区观察到的一个过程（表 9.1）。[4] 我们在费城观察到，当一个变化从初始阶段到活跃的新变化阶段、中间阶段、接近完成阶段和最终完成阶段时，性别差异的程度随之起伏升降。把这个变化过程的第一部分归因于母语学习者将社会阶层差异重新解释为性别差异的普遍趋势，这是很有道理的。我们也看到了语言传递中的性别不对称是如何导致了女性引领者在语言变化中的优势地位（Labov 1990，PLC，第 2 卷，第 13—14 章）。女性主导的变化将在传播中加速发展，因为女性传给子女的是相对领先的音变形式。另一方面，男性主导的变化将不会那么活跃，因为以女性为主的看护者，会把她们不领先的形式传递给他们的孩子。我们面临的问题是如何解释语言变化中性别偏移的起源。

本文提出的观点是，这种偏移是母语学习者把社会阶层差异重新分析为性别差异的结果。儿童对性别差异的了解要比他们对社会差异的了解早很多。在三岁的早期阶段，孩子们认识到人分为男性和女性两大类，他们可以用语言说出每一张图片的内容（Kohlberg 1966，Weinraub et al. 1984）。

在 31 个月大的时候，大多数孩子都能说出自己是男是女。到了满三岁的时候，他们就会意识到有些活动和行为更多地与一种

第 12 章 终点

性别相关。另一方面,大多数儿童对社会阶层差异的体验开始得相当晚。孩子第一次接触不同社会背景的人通常是在离开家庭环境去托儿所、幼儿园或上学时发生的。这使我认识到,当孩子们确实遇到语言上的阶级差异时,他们倾向于按照他们已经知道的类别重新解释这些差异,对他们来说,这些类别是最显著和最熟悉的类别,换句话说,他们倾向于把这些差异归因于性别角色。

根据上面所述的逻辑推理,当新的形式是从女性那里听到(并与其相联系)时,这种变化趋势会加速发展;而当新形式是跟男性语言行为联系在一起时,这种变化会以较慢的速度进行。

在第一语言学习中,性别差异并不是由父母传给孩子的。图 9.8 和图 9.9 所示的证据表明,小男孩并不学习父亲的模式,而是从母亲所在的位置开始学习。因此,在每一代人中,男性都呈现出上升趋势。他们不是把费城母亲在 *house*(房子)、*mouth*(嘴)、*south*(南方)中 /aw/ 的发音作为典型的女性形式,而是作为社团的规范准则。这表明了第二种普遍趋势:把最初的看护人规范重新解释为社区的普遍规范,而不是具体的女性行为。

大多数变化都将会完成的事实表明,埃克特进程的结果并不稳定。性别分化不会无限期地持续下去。相反,随着变化的继续,男女之间的差异会消失。因此,康恩(Conn 2005)发现,费城(ay0)的央化中,男性的优势在 1976 年很显著,而到 2005 年却已经消失。

在图 9.8 中,女性表现出朝向音变的极限值渐近的趋势。这些极限值是本章的重点。当这种变化接近终点时,男性和女性之间的差异就消失了。总之,元音变化的终点是:

(a) 对于合并,是合并的类别之间的区别完全消失时的位置;

(b) 对于链式音变,是被触发事件打破的子系统内最大离散重新建立时的位置;

　　(c) 对于平行音变,是由受到影响的子系统所占据的音系空间的极限位置。

　　在(b)和(c)的情况下,当相邻音位之间的安全边界在 F2 维度上约为 200Hz,F1 维度上约为 100Hz 的时候,变化似乎就停止了。还需要注意,一些链式音变是跟合并相联系的。有些链式音变是以合并为终点的,如/r/前的后元音链式音变,其中/uhr/不可能前移。其他还有些链式音变则是以合并为起点的,如加拿大音变和匹兹堡音变,它们都是由/o/和/oh/的后低合并引发的。在这两种情况中,当未合并的成员之间的安全边界达到这个极限值时,音变就到达了终点。

第三部分　语言变化的单位

第13章 在音变表层流动的词

语言变化机制的核心问题之一就是变化的单位：是声音的变化还是词的变化？近几十年的研究证明，有些变化是通过词汇扩散进行的(Wang and Cheng 1977，Phillips 1980，Labov 1989b，Shen 1990，Krishnamurti 1998)，即通过或多或少任意选择的逐词变化而形成的词汇渐变过程。在大多数情况下，其中单词的出现频率跟选择顺序是相关的(Fidelholtz 1975，Hooper 1976，Phillips 1984)。然而，对于大多数历史和比较语言学家而言，音变的规则性是基本的工作原理，而发现一个给定的变化遵循新语法学派的规则性路线，这并不是一个可发表的创新成果。

虽然对词汇扩散的证据有一些批判性反应(Pulleyblank 1978，PLC，第1卷)，但是在方言学和语言变异方面，当代研究者还没有系统地论证以音位为基本单位的音变规律。ANAE 提供了一套表明这种调查方法可行性的数据：测试了13,000个重读的元音，样本来自于205个城市的439个发音人。这是一个大规模的单词发音测试，例如，录制的8,314个/ow/发音项是来自于610个不同的单词。

本章考察的三个进行中的变化，似乎可以作为新语法学派的规则性变化。我们将考察整个北美地区/uw/的前化；中部和南方地区/ow/的前化；以及北部内陆地区/æ/的普遍高化。将采用多元回归来确定语音环境、语体风格、社会因素、词汇身份和单词频率的相对影响,就如用在布朗(Brown)语料库中确定的那样(Kucera and Francis 1967)。

13.1 回顾的问题

音变的规则性原理,如 PLC 第 1 卷第 15 章所述,包含在新语法学家最初的陈述中:"所有的语音变化,只要是机械地发生的,都遵照不允许例外的定律。"(Osthoff and Brugmann 1878)这也体现在布龙菲尔德对这种立场的结构性解释中:

> 音变只是说话者发出音位的方式的变化,因此,音位在每次发音时都会受到影响,而不管它是出现在哪一种语言形式中[……]整个假设可以简而言之:音位变化。
> (Bloomfield 1933:353—354)

然而,其他学者——主要是罗曼语方言学家——坚持把词作为变化的基本单位,例如有这样的口号:"每个词都有自己的历史"(Malkiel 1967,PLC 第 1 卷,472—474 页)。

近期,王士元和他的同事们再次强调了词的首要地位:"我们认为,词的发音变化是通过离散的感知增量(即,语音上突变),而逐次逐词(即,词汇上渐变)地实现的"(Cheng and Wang 1977:150)。拉波夫(Labov 1981)承认存在着这两种类型的音变,并试图通过定义每种类型音变出现的条件来解决争议。他提出,规则性音变是音位的单一语音特征在连续的音系空间中逐渐转变的结果,而词汇扩散是在词中包含的一个音位突然被另一个音位替换的结果。尽管如此,词汇扩散的支持者仍然坚持认为,词是所有音变的基本单位,而规则性只是在结果(上一章所述的终点)中才出现。"这种音变的词汇渐进的观点,在原则上与结构主义看待音变的方式是不相容的"(Chen and Wang 1975:257)。

为了使词汇扩散理论更经得起检验,对"词"的概念需要具体化。词不太可能是变化过程中的基本单位,因为我们没有发现在音变中选择不同屈折形式的情况。因此,拉波夫(Labov 1989b)、罗伯特和拉波夫(Roberts and Labov 1995),以及布洛迪(Brody 2009)发现,在费城方言短 *a* 的词汇扩散中,选择在元音之间的鼻辅音前的 *planet*(星球)为紧化发音。在纽约市,*avenue*(大街)是唯一在元音之间的浊擦音前把短 *a* 发为紧元音的词项。没有任何迹象表明 *planets* 或 *avenues* 的复数形式发音与单数形式不同,尽管单数形式和复数形式是不同的两个词。看来,当我们发现变化是通过词汇扩散进行时,选择的基本单位是词干。也就是在添加屈折词缀之前的词根和它所有的派生词缀。[1]

词汇扩散的第二个问题是这种词干选择的不明确性。词汇扩散无法预测和系统化:如果是这样,那么选择的基础是变化机制,而不是词汇扩散。选择过程必须具有任意性和不可预测性,才能被认定为词汇扩散。在这个过程中,可能存在着词干选择的语音制约,但它们不是决定性的。对于虚词和形态成分等的语法制约,同样也可以这样说。

频率(词干的或词元[①]的)几乎总是与词汇扩散相联系,事实上,词频效应的存在多用于检测词汇扩散(Bybee 2002, Phillips

---

① 词元:词的基本形式,如名词单数或动词不定式形式。——译者

2006，Dinkin 2008）。然而，当频率效应确实发生时，并不是预测下一步将选哪个词干，而只是确定选择的概率。

最后，有人认为特定词语的选择可能受到需要保留意义的影响（Gilliéron 1918）。这跟新语法学派的观点截然相反，即音变是一个机械的语音过程，不受语义的或说话人交流愿望的影响。确实，布龙菲尔德提出了并详细地引证了许多关于这种意义保留的实例，然而，这种词汇的调整是发生在音变过程中，还是在音变完成后，却一直没有得到很好的证实。

与此相反，规则性音变预期会影响到给定语音出现在指定语音环境中的每一个词，而不受频率、意义或语法地位的影响。

从学术引用量来看，音变基本单位是词干或是音位的例证是不对称的。近期我注意到的所有关于这个话题的论文都是词汇扩散方面的报告。相反，没有词汇扩散的支持者发现规则性音变的证据。此中关键似乎是本章第一段讲到的，在规则性假设下工作的历史和比较语言学家不会写论文来证实这一假设，即使是一个给定词群的所有成员都表现出相同的变化行为。直到现在，还没有一个历史证据在词汇上丰富到足以提供一种或另一种观点的决定性证明。因此，利用 ANAE 的大量证据研究这个问题似乎是合理的方法。

13.2 /uw/的前化

ANAE 的图 13.1 显示了/uw/在舌尖音后面的前化（*too*、*two*、*do*、*noon*、*suit* 等），这是所有北美英语方言的特征。其中音核的 F2 平均值大于 1,550Hz，即，对数平均归一化系统的总平均值。这种模式有少数例外出现在明尼苏达州、威斯康星州南部、新泽西州北部、新英格兰东部,以及分散在北部内陆地区的八个发音人。/uw/在非舌尖音(*roof*、*move*、*boot* 等)后的前化是区域性的,如图 12.2 所示。这些元音只是在中部和南方位于央元音的前面,在北部和新英格兰则位于后面(<1,200Hz)。西部和加拿大表现为中间型。

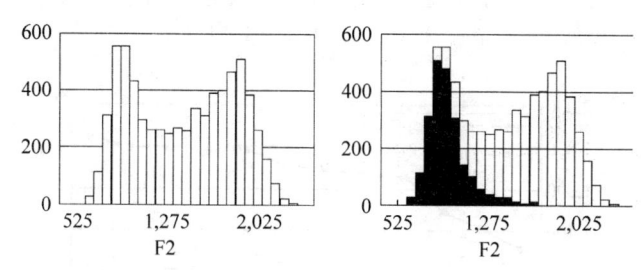

图 13.1　北美英语方言/uw/的第二共振峰的分布[N=7,036]。左图:所有样本。右图:黑色=/l/前的样本

图 13.1 展示了 ANAE 数据中所有/uw/的第二共振峰的分布情况。从双峰式分布左侧的峰立刻可以看出,只是选择部分词项而缺少其他词项。这种模式完全是主要语音制约的结果,即后接/l/的影响。图 13.2 是所有不在/l/前面的/uw/第二共振峰的分布,双峰模式消失了。我们确实注意到数据的分布有左向的偏移,这个现象在第 11 章音变终点问题的讨论中起到了重要作用。

图 13.3 表现了 12 区方言区的后接边音延缓/uw/前化的作用,上面的线表示/Tuw/的平均值,这是在节首舌尖音后的音位变体,新英格兰东部约为 1,300Hz,中部和东南(南部周边)略高于 1,800Hz。下面的线表示,在 12 个方言区中,有 9 个是在/l/前的/uw/第二共振峰值远低于 1,000Hz。在另外 3 个方言区略高,原因在于,这三种方言以具有/ay/在全浊阻塞音前的单元音化而被

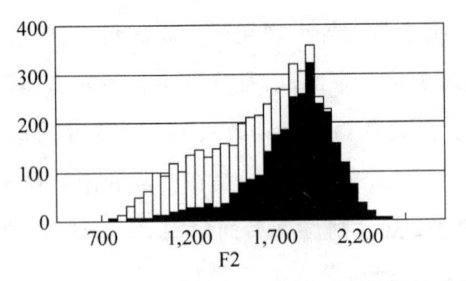

图 13.2　北美英语方言不在 /l/ 前的 /uw/ 的第二共振峰的分布 [N=4,721]。黑色＝节首辅音 [Tuw]。（平均值＝1,811Hz）

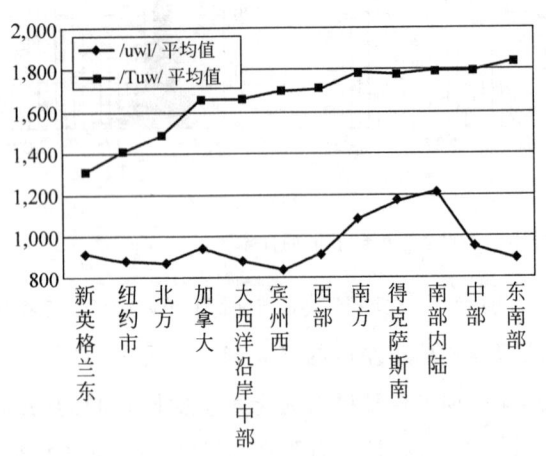

图 13.3　各方言区在舌尖音后的 /uw/ 和在 /l/ 前的 /uw/ 的第二共振峰

定义为南方的方言。[2]

表 13.1 检验了整体影响 /uw/ 前化的全部语音特征。表 13.1 的第 1 列显示了第一轮多元回归分析的结果，在方差中占很大一部分，超过 2/3，调整后的 r^2 为 68.5%。这种分析是许多试验的结果，目的是单独依靠语音效应来最大限度地解释方差，从而得到一组统一而稳定的回归系数。这里选择的各项效果都显示概率为 $p \leqslant 0.0001$。

表 13.1 ANAE 数据中/uw/F2 值的显著回归系数(p＜0.01)。第 1 轮：仅有语音因素。第 2 轮：加入社会和语体因素。第 3 轮：加入词汇项(数量＞25)。第 4、5 轮：第 3 轮的随机分割

变量	第 1 轮	第 2 轮	第 3 轮	第 4 轮(奇数)	第 5 轮(偶数)
样品数	6,955	6,955	6,578	3,501	3,454
常数	1,698	1,710	1,721	1,755	1,693
调整后 r^2	68.5%	72.5%	72.5%	71.8%	73.5%
尾音					
开音节	90	109	103	94	113
边音	−570	−569	−569	−556	−581
首音					
/st/	271	249	244	299	185
鼻音	98	93	87	116	59
/d/	72	50	47	52	43
非舌尖_非舌尖	−135	−132	−130	−135	−127
软腭音	−137	−132	−142	−127	−157
唇塞音	−185	−71	−74	−79	−69
边音	−159	−165	−179	−170	−187
唇音	−185	−194	−201	−204	−198
/h/	−249	−255	−268	−272	−262
社会因素					
南方		189	188	192	182
话语关注		8	7	4	10
年龄*25 岁		−57	−56	−78	−376
词汇因素					
zoo			−172		−243
Vancouver			−148	−156	

正如人们预期的,最大的单一效应是后接边音时产生的负值(−570Hz)。在这个分析中,只有一种不同的尾音影响:当词尾是开音节时出现正值,例如 *do*、*two*、*too* 等。

有八个系数与词首辅音的形式相关,从最大的正值到最小的负值依次列出。在这篇详细的语音分析中,第 5 章提到的词首舌尖音的巨大正值效应被分解为几个正值效应和很多非舌尖音特征的巨大负值效应。以/st/开头的一组(如 *stoop*)对前化过程影响最大;其次是词首鼻音和舌尖浊塞音/d/。在软腭音、双唇塞音(*pool*、*boot*)、边音、双唇音后面,负值效应逐渐增大;对 F2 的提高的负值效应最大的是词首/h/。唇音的负值效应跟唇辅音的过渡音的低音轨一致(约 800Hz)。唇音和软腭音联合效应的因素标记为"非舌尖音_非舌尖音",这表明词首辅音和词尾辅音都不是舌尖音(即,两者都是唇音、软腭音或者零)。

在词首辅音影响中,/st/和/d/符合舌尖音相对较高的过渡音轨(约 2,800Hz)。有些词首辅音的影响是不可预测的,例如词首/h/(主要是 *who*、*hoot*、*hoop* 和 *Hoover*)那惊人的巨大负值效应。[3] 词首/st/的系数并不是一个明显的语音效应,因为它几乎完全是由 *stoop* 这个词来表示。

第 2 轮增加了三项影响/uw/前化的社会和语体因素。同样,这些效应在 p<0.0001 的水平上是显著的,但是它们对这种变化的解释相对较少:r^2 仅提高了 4%。尽管如此,/uw/的前化显然在虚时中是正在进行的变化进程,每增加 25 岁的负年龄系数为 −57Hz。在三代人中的变化就会相当大:/uw/在第三代中呈现的 F2 平均值预期将比第一代大 114Hz。

"话语关注"(attention to speech)因素是通过著名的语体等级评分来测量的,这适用于对社会语言学访谈调查中的正式程度进行分级:

1 随意的话语

第 13 章　在音变表层流动的词

2 注意的话语

3 群体话语

4 诱导的话语

5 阅读文本

6 读单词表

7 最小对比词对

值得注意的是,远低于表层意识之下的/uw/的前化,当注意力集中在发音上时,表现得更明显,如最小词对 *dew* 和 *do* 的表现就是这样。[4]

第三个社会因素是说话人住在南方地区(定义为在浊阻塞音之前和在词尾的/ay/单元音化。参见 ANAE,第 18 章)这是非常大的正值影响,/uw/的前化在南方比在中部、大西洋沿岸中部和东南部外围地区更为领先。

在第 2 轮中加上社会和语体因素后,没有引起语音因素的变化,语音因素仍保持在 $p<0.0001$ 的显著性水平,只表现出微小的数量变化。这样的结果证明了一个普遍的现象,音变的内部制约因素通常是独立于社会和语体因素的。

如果我们现在把各个发音的词项和词项的频率都考虑进来,将会出现什么情况呢?如果音变是逐词进行的,那么语音的制约应该减弱或消失,并由词汇项所代替。为了回答这个问题,我们找出在 ANAE 语料库出现 25 次以上的带重音/uw/的词(共有 31 个),在表 13.1 中,每个词都作为一个独立因素加入回归分析。结果如第 3 轮所示,仅列出显著性水平为 $p<0.01$ 的系数。在 31 个词项中,有 2 个在 $p<0.01$ 水平上表现出显著的影响:*zoo*(动物园)(25 次)和 *Vancouver*(温哥华)(28 次)。第 1 轮和第 2 轮的影响都没

有消失。数值上只有很小的波动,除了"话语关注"下降到 p＜0.01 外,所有各项因素的显著性水平都在 p＜0.0001 保持不变。

有可能 zoo(动物园)的负值影响反映词首/z/和开音节的联合作用,但是这样的语音因素很难和词汇项区分开。同样地,Vancouver(温哥华)的负值系数可能是这个词多音节制约的结果。由于再没有其他满足这种条件的词,动因是词汇还是语音的问题在这里没有定论。

如上所述,在已经确认是词汇扩散的情况下,单词频率是一个主要因素。然而,在 ANAE 数据中的单词频率,不能跟整个语言中的频率直接相关,因为许多关键词都是通过启发式的语义差异之类诱导技巧,才汇集在一起的(比如问 pond 和 pool 之间有什么区别?)。因此在第 3 轮中,布朗数据库中的词频作为一个添加因素,[5] 在这一轮结果中,布朗频率在各个水平上都不显著。

词汇信息的增加并没有增加所占的方差。调整后的 r^2 仍然是 72.5%。我们的结论是,词汇项没有对这一声音变化的进行方式增加任何实质性的解释。

检验回归效果的稳健性或重要性的另一种方法是分割数据集,并查看哪些效果保留下来,表明它们对于数据的穿透程度。表 13.1 的第 4 轮和第 5 轮显示出独立于词汇和语音分布的分割结果。第 4 轮是序号为奇数的受试者所说的全部项目的结果,第 5 轮是序号为偶数的受试者所说的全部项目的结果。[6] 最后两列分别显示了在分割的两个半集保留第三轮的效果的情况。稳健效应是指那些在第 4 轮和第 5 轮都保留下来的效应(通常在 p＜0.00001 水平,但最低在 p＜0.01 水平)。

第 13 章　在音变表层流动的词　　　　　　　　　　　　　　　　359

　　这十种①语音效应在第 4 轮和第 5 轮都保持在 p<0.0001 的水平上，系数的数值差别很小。这三个社会因素也在两轮中都有重复，变化很小。但是这两种词汇效应在第 4 轮和第 5 轮都没有出现。

　　图 13.4 显示的是出现频率超过 25 次的 31 个单词的第二共振峰平均值，表 13.1 中进行了显著性检验。左下角是以边音结尾的词，在这一组中，人们可以看出轻微的语音影响；其中首辅音为舌尖音的词项 *tool*，具有最高的 F2。但是它比起另两组中前化最少的词 *coop*，还低 224Hz。尽管表 13.1 中更详细的分析揭示出更多的解释因素，但词的主体非常整齐地分为两组，一组带舌尖首辅音，一组带非舌尖首辅音。

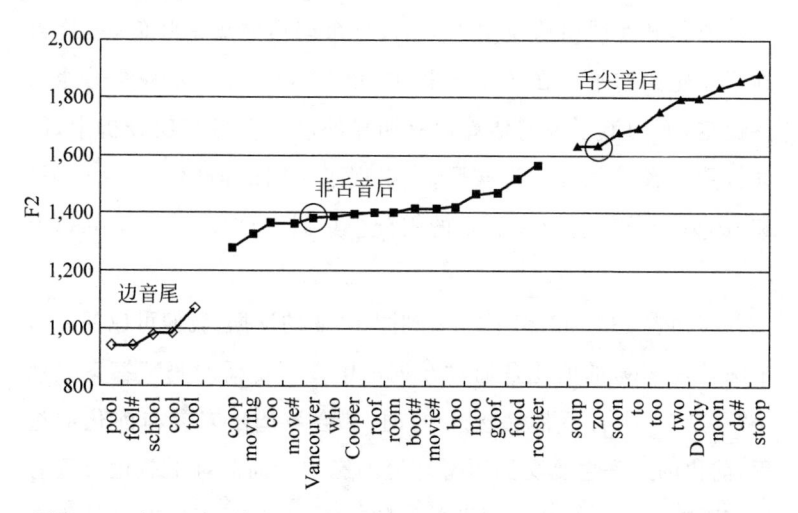

图 13.4　在 ANAE 中出现 25 次以上的 31 个/uw/词的 F2 平均值。画圈项是表 13.2 第 3 轮中影响显著的两个词。♯表示词干不止有一种屈折形式

---

①　表上列出的是 11 种语音因素的效果。——译者

267　　Vancouver 和 zoo 这两个带圆圈的词项，在数据集里是低频词，它们不太可能代表音变中语言学上的显著性。它们来自于一项初步分析，其中保留了所有 31 个词项而不考虑显著程度，这些词的分布如下：①

$p<0.0001$	$p<0.001$	$p<0.01$	$p<0.05$	$p>0.05$
school	Vancouver	Cooper	5 items	15 items
	zoo	movie		
		noon		
		tool		
		cool		

　　把非显著词项从模型中移除，剩余词项的概率降低，最终得到第 3 轮的结果。在这个过程中，语音因素和社会因素仍然保持稳定，而词汇系数的估算值有明显波动。在另一项分析中，以词首舌尖音代替唇音和软腭音，出现了不同的词项，noon（正午）和 coop（笼子），差异在后来的划分半集码测试（split-half test）中消失。

　　回顾表 13.1 和从图 13.1 到图 13.4 的证据，我们可以回答这
268 个问题："/uw/ 的前化是通过在词汇中逐词传播的吗？"答案显然是"不是"。所有不带后接 /l/ 的词，都会被选出来参与前化的过程，前化的速度主要受到语音环境的影响。词汇对于前化过程有显著影响吗？存在某种词汇差异的迹象，这是对于基本上是语音力量的微小修改。

---

①　这里只有 28 个。——译者

13.3 /ow/的前化

现在我们可以用同样的方法和同样的逻辑来分析另一个平行的音变：北美英语中/ow/的前化。这个过程在地理范围上与/uw/的前化是不同的，/ow/的前化基本是局限在中部、大西洋中部沿岸、南方及东南部外围地区，在 ANAE 中称为东南大区（见图 13.5）。

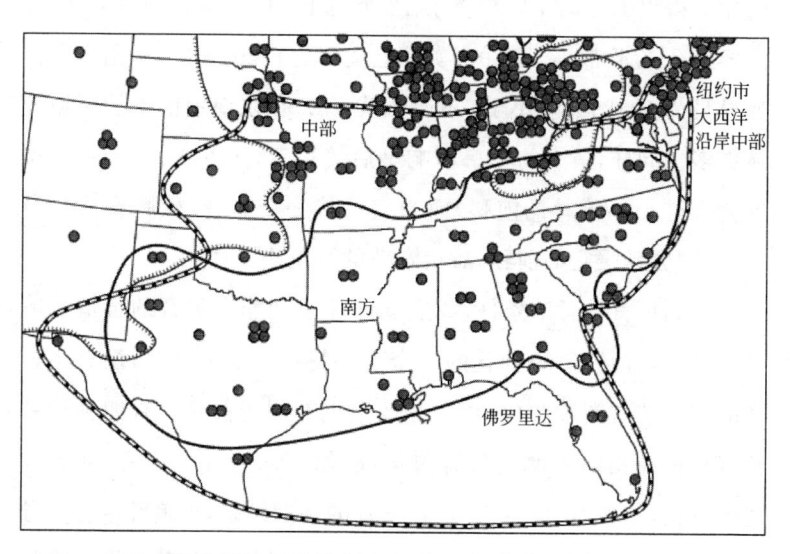

图 13.5 如条纹等语线所示的东南大区，包括中部、大西洋沿岸中部、南部和南部周边区域（ANAE，地图 11.11）

图 13.6 展示了在东南大区测量的 3,658 个词的 F2 平均值的分布。没有出现图 13.1 那种双峰模式，但是跟/uw/一样，后接边音对/ow/同样是明显的影响因素。

表 13.2 是按照表 13.1 的分析程序，应用到东南大区/ow/的

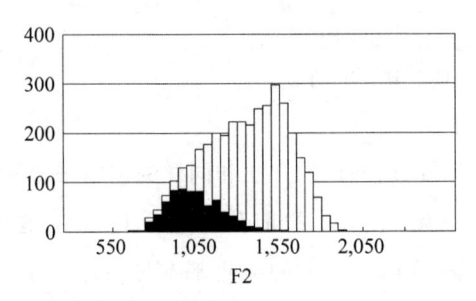

图 13.6 东南大区元音/ow/的分布[N=3,658]。阴影区域标识元音在/l/前前化中得出的。第 1 轮检查了 12 个对 F2 有影响的语音因素,它们经过 T 检验都小于 0.01(实际上全部为 p≤0.0001)。语音所占变异量为 50.8%,略小于/uw/,因为/ow/在东南大区中的区域变体更多。同样,最大的单一影响是后接边音,−394 Hz。开音节位置会推进/ow/音核的前移,而当它后接一个唇音、软腭音或是鼻音时,则会延缓它的前移,后接音节的影响小一些。

转到词首辅音的条件,我们立即注意到非舌尖音的负值影响显著减少,这是 /uw/前化的一个主要特征。[7] 至于韵尾,没有尾辅音的开音节有利于前化,舌尖鼻音尾也有利于前化。有四种词首辅音特征在相同程度上阻碍前化:起始声门音/h/、边音、塞音加边音、唇音。所有这些都是辅音发音的预期结果,可追踪声音信号中的舌位运动和过渡形状。然而,起始/h/音的负值效应大约是其他效应的两倍,这再次令人惊讶。因为/h/作为一个声门音,不应该对后面的元音有协同发音的影响(见注 3)。

表 13.2 的第 2 轮添加了显著的社会影响,这跟/uw/中的情况有些不同。这里有女性 40 Hz 的优势。语体成分的效应与/uw/中的相反。人们对言语的关注程度以同样的量表分级从 1 到 7,用

表 13.2 东南大区/ow/F2 值的显著回归系数($p<0.01$)。第 1 轮：仅语音因素；第 2 轮：加入社会和语体因素；第 3 轮：加入 35 个词汇项；第 4、5 轮：第 3a 轮的随机划分半集

变量	第1轮	第2轮	第3轮	第3a轮	第4轮（奇数）	第5轮（偶数）
样品数	3,658	3,658	3,658	3,658	1,669	1,989
常数	1,523	1,559	1,570	1,558	1,631	1,523
调整后 r^2	50.8%	51.6%	52.2%	52.3%	56.0%	50.4%
尾音						
无尾音	95	95	91	58	76	65
多音节	−53	−50	−54	−47	−104	−42
软腭音	−67	−55	−57	−92		−108
唇音	−89	−85	−83	−86	−50	−111
鼻音	−110	−114	−105	−103	−104	−94
边音	−394	−387	−388	−377	−371	−390
首音						
无首辅音	89	87	86	76	65	96
前鼻音	82	78	99	106	82	130
声门音	−101	−117	−99	−93	−123	−100
边音	−111	−75	−121	−103	−121	−71
塞音/边音	−118	−124	−129	−114	−146	−98
唇音	−138	−142	−142	−134	−137	−144
社会因素						
话语关注		−9	−10	−10	−20	
女性		40	40	39	72	
年龄*25 岁		−16	−17	−17	−43	
词汇因素						
词频			*−0.02			
going			−253	−304	−211	−455
ocean				128	173	
doe				110		
coke				70		*77
know				57		*75
go#				53		77
goat				*61		
pole				*−65		

*$p<0.05$

更高的数字标记关注程度的增量。影响系数是-9,所以随意话语[①](第2级)和最小对比词对(第7级)之间相差-45Hz。[②]

最后我们注意到东南大区/ow/的前化在虚时中的进展比/uw/慢一些,年龄每差25岁减少16Hz,而/uw/是减少57Hz。此外,社会因素的影响比语音因素小:仅有0.9%的增量。

这次研究主要关注的是含有/ow/的词项和它对于音核前化可能造成的影响。图13.7利用布朗语料库中这些词的频率,把ANAE含有/ow/的词项和含有/uw/的词项进行了比较。含有/ow/的词总数是/uw/的两倍,而且频率范围更高。从ANAE所测量的元音总数并不比/uw/多出多少(8,813比6,578),但是显然含有/ow/的词汇在英语文本中出现的比例要大得多。

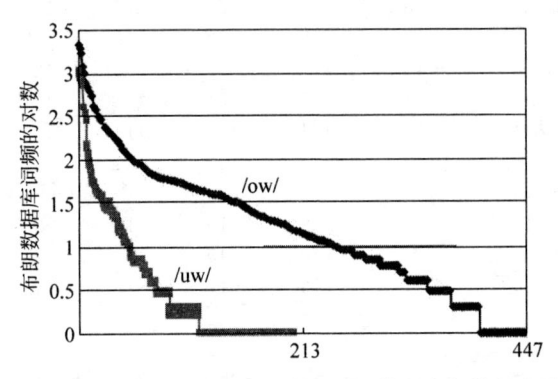

图13.7　ANAE中/uw/和/ow/词项的分布,依据布朗数据库词频统计

为了估计/ow/前化的词汇扩散程度,表13.2的第3轮考虑了ANAE中词频大于25的32个词干。在表13.3中列出了这些词,以及它们在整个ANAE和东南大区出现的频率。这些词分为

---

① 原文有误,这里应为注意话语。——译者
② 相差7-2=5级、-9Hz×5＝-45Hz。——译者

几组,8 个有/l/词尾的一组,8 个有词首舌尖音的一组,16 个没有这两个特征的为一组。

表 13.3 在表 13.2 第 3 轮回归分析中加入 32 个/ow/词项的词频。全部:ANAE 数据;东南大区:在区域内出现的;♯表示有多个屈折变化形式的词根

起首非舌尖音			起首舌尖音			在边音前		
单词	全部	东南大区	单词	全部	东南大区	单词	全部	东南大区
home♯	695	284	no	348	163	cold♯	270	115
go♯	398	176	soda	406	148	bowl♯	202	100
coat♯	398	165	toast♯	253	102	goal	137	67
both	218	96	sofa♯	231	93	old♯	209	88
coke	136	91	know♯	199	97	pole♯	82	45
boat♯	213	109	doe	37	21	gold	60	29
most	153	77	donut♯	83	20	Polish	59	23
goat♯	179	88	notice♯	60	22	fold♯	47	25
phone♯	107	38						
road♯	77	38						
mostly	47	22						
over	63	21						
ago	37	18						
Minnesota	57	15						
ocean	27	13						
coast♯	61	10						

在表 13.2 第 3 轮中,这 32 项的显著性都没有超过 $p<0.01$ 的水平。但是,一种以 go♯ 为词干的屈折形式,*going*,明显阻碍了前化。在东南大区中有 11 项,F2 的平均值是 1,170 Hz,而没有屈折的 *go* 的 F2 平均值是 1,548 Hz。布朗语料库中的频率在本次测试中是一个轻微显著的影响,$p<0.05$(这种边际概率在表中

用*号表示)。它的影响为-0.02,是表13.1第3轮中所记录的效果的一半,但在这里它是负值:频率因素不利于/ow/的前化,而不是有利于它。

到目前为止,显著影响的标准为 $p<0.01$,因为超过20个项目的研究可能偶然会产生至少一个0.05的影响。如果我们放宽这个标准,允许保留0.05的影响,就可以得到第3a轮的结果,其中有7个附加词项,5个在 $p<0.01$ 水平,两个在 $p<0.05$ 水平。值得注意的是,这些都是附加影响,不能取代任何先前的发现。语音和社会变量的比较在第2轮和第3轮,只显示出很小的变化;在任何情况下,语音影响都不会被词汇影响所取代。后加的变量解释性非常小:r^2 仅提高了0.1%。

图13.8展示了电话调查数据中30个高频/ow/词项的F2平均值。与图13.4中/uw/词项的分布不同,它只分为两个组:元音

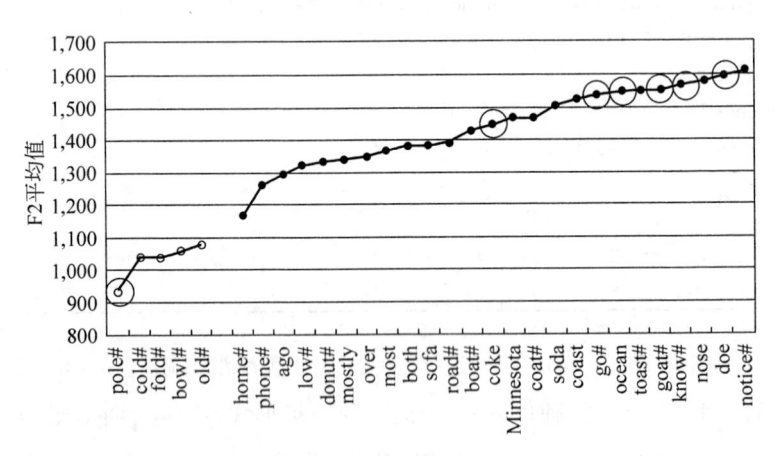

图13.8 回归分析中第3轮所有/ow/词的F2平均值。空心标志=在/l/前元音。画圈标志=正系数词,$p<0.05$

在/l/前的词和所有其他的词。7个带圆圈的符号是那些在第 3a 轮中出现的系数,集中在主序列的上端,都是正系数,这表明词汇项略早于其音段结构的预测值。在边音前的组里的一个词项,*pole*,表现出相反的趋势,比它的语音预测值更靠后。

按照表 13.1 中使用的方法,第 4 轮和第 5 轮把第 3a 轮的发音人分割为两半:序号为偶数的和序号为奇数的。目的是确定在数据的两个半集将保留哪种制约。十二种语音影响中只有一种不能在两个半集都出现:软腭尾音的负值影响。这三种社会因素中没有一个能在半集的数据中保留下来。最后,在第 3a 轮中添加的 7 个边缘词项也都没有一个在两个半集的数据中都是显著的,这表明,相对于/uw/的分析结果而言,在/ow/的回归分析中出现的词汇影响充其量也是很微小的。

13.4 同音异义词

同音异义词是研究词汇扩散的关键因素。潮州方言同音词声调的分化是词汇扩散的早期论据之一(Cheng and Wang 1977)。在 ANAE 数据中最常见的两个带/ow/的词项是 *know* 和 *no*,我们也可以在带/uw/的词项中检测 *two* 和 *too*。[8] 这两对单词在 PLC 第 1 卷的表 16.6 和表 16.7 的费城数据中曾有过分析,没有出现显著差异。因为 ANAE 数据集大约是费城数据集的 10 倍之多,我们有可能检测出差异。事实上,表 13.4 展示了 *no* 和 *two* 第二共振峰发展过程中有显著差异。

表 13.4　ANAE 数据中两对同音异义词 F2 值的比较

	know	*no*	*two*	*too*
样品数	179	348	825	346
平均值	1,409	1,497	1,801	1,752
标准差	239	214	260	265
t 检验	t=4.327,df=525, p<0.0001		t=2.93,df=1,169, p<0.01	

图 13.9 是 *no* 和 *know* 的所有发音在 F1/F2 空间中的散点图，在大部分区域，这两个词有很多重叠。但是在图的左下角可以看到 *no* 的一个集中区，在那里几乎没有出现 *know* 的标记。这些都是这个否定词的情感性强调发音，它们比普通的词发音开口度更大，舌位更靠前。这使我们认识到，是韵律因素而非词汇因素，是造成这些较小影响的原因。

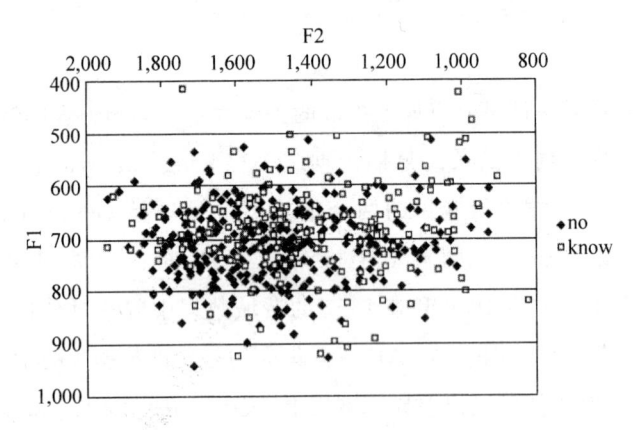

图 13.9　ANAE 数据中 *no* 和 *know* 的分布

13.5 北部内陆的/æ/高化和前化

第三个对音变中词汇差异程度的考察，集中在北方内陆/æ/的高化和前化。/æ/的普遍高化是新语法学派规则性音变很好的例证。相比在纽约市和大西洋沿岸中部的短 a 分化，这种/æ/的高化没有表现出语法和词汇制约条件的证据(Fasold 1969, LYS 1972, Callary 1975)。在很多研究中它被认为是北方城市音变的触发事件(LYS 1972, Eckert 2000, Gordon 2000、2001, Murray 2002, Jones 2003)。自始至终，北方城市音变都表现出新语法学派音变的精细的语音制约特征。这些研究没有一项是专门针对这个过程中的词汇影响进行探索的，因此在这个过程结束之前，不能肯定词汇影响不存在。

表13.5记录了北部内陆/æ/的高化和前化的分析。在这种情况下，F1和F2都参与沿前对角线的移动测算：

$$D = \sqrt{(2*F1)^2 + F2^2}$$

第一列中发现，在 p<0.01 显著性水平上，有十个语音制约因素在高化过程中起作用。众所周知的鼻音效应是最大的制约因素，尽管在北部内陆地区这种普遍高化的特征是，鼻音和口音语境之间的差异相对较小。此外，还有一种鼻辅音丛的影响，如 *pants* 和 *hand*。另一方面，任何一种复合韵尾的出现都会对高化产生微小的负面影响。后接一个或多个音节的负面作用要大得多，比如 *family* 和 *Spanish*。正如先前的研究所述，词首辅音的影响表现为：词首舌尖音有促进作用，而词首边音有负面作用。词首唇音是中间状态，具有低于舌尖音的正系数。先前没有讲到的一组特

别的词首条件:词首/b/(相对于其他唇音)和词首/s/(相对于其他舌尖音)的负面影响,以及先前表格中出现的词首/h/的促进作用。

表 13.5 北部内陆的/æ/沿前对角线高化的显著度回归系数($p<0.01$)。第 1 轮:仅语音因素。第 2 轮:加入社会和语体因素。第 3 轮:加入 35 个方言词项。第 4、5 轮:第 3 轮的随机分割

变量	第1轮	第2轮	第3轮	第4轮(奇数)	第5轮(偶数)
样品数	2,672	2,672	2,672	1,516	1,156
常数	2,403	21,952	1,512	1,606	2,076
调整后 r^2	18.0%	23.0%	23.1%	19.8%	30.9%
尾音					
鼻音	127	129	130	146	111
鼻音丛	50	54	53	59	
复杂尾音	-19	-10	-11	-13	-70
后接音节	-72	-61	-66	-55	-76
首音					
舌尖音	82	105	104	118	100
唇音	40	39	38	39	31
边音	-53	-56	-56		-68
/s/	-34	-46	-46	-39	-47
/b/	-64	-74	-73	-85	-53
声门音	64	72	67	73	77
社会因素					
话语关注		28	27	17	38
女性		37	36		78
年龄*25 岁		35	33		76
城市人口(百万)		11	11		22
词汇因素					
unhappy			31		

尽管这些语音制约是相当大的,而且大多是在 $p<0.0001$ 的水平上显著的,但所占的总方差并不大,只有 18%。第 2 轮,包括社会因素和语体因素,增加了 5% 以上。

跟 /uw/ 前化的情况一样,人们对话语的更多关注会导致更多的高化。[9] 正如先前的研究证明的,女性发音人领先于男性。不过,年龄系数表明 /æ/ 有些衰退,而 ANAE 报告 F1 没有年龄效应(ANAE,表 14.6)。城市规模是一个小的但又是显著的因素:城市人口每超出 100 万,就将沿着对角线向前增加 11 个单位。同样,我们注意到随着社会因素的加入,语音系数的大小只有轻微的变化,因为社会因素通常独立于内部制约条件。

第 3 轮是对表 13.6 中给出的 25 个词项的重要补充。这些词干在 ANAE 中总体超过 80 例发音,在北部内陆超过 15 例发音。它们代表了所有音段环境的主要类别,包括 /æ/ 在鼻音、浊塞音、擦音以及清塞音前面的情况。第 3 轮的最终结果显示,只有 *unhappy* 一个词符合 $p<0.01$ 的显著性要求。如果我们像在表 13.2 的第 3a 轮一样放宽标准,允许 $p<0.05$,那么还会出现四个词:*black*、*has*、*Saturday*、*pants*。[10] 这些词汇选择的随机性可能反映了词汇扩散的任意性,但它们更可能代表了统计上的波动。我们再次看到,向统计模型中添加大量词项,对第 1 轮和第 2 轮在没有词项的情况下建立的这些因素效应没有影响。最后,我们注意到,在第 4 轮和第 5 轮中报告的,为了检验稳健性的分割半集的测试中,消除了最后一行的词项效应。四个社会和语体因素都没有同样保留在两个半集[①],但在这项测试中,十个语音因素中有八

[①] 实际是其中三个因素效应没有同样出现在两个半集。——译者

个是稳定的。

表 13.6 在表 13.5 中加入第 3 轮的 25 个带 /æ/ 词项在全部 ANAE 数据和北部内陆的频率

鼻音前	全部	北部内陆	浊塞音前	全部	北部内陆	擦音前	全部	北部内陆	清擦音前	全部	北部内陆
pants	368	52	bag	733	147	half	179	15	Saturday	418	63
Dan	277	35	bad	813	110	last	140	15	sack	544	111
pancakes	163	23	tag	393	73	have	248	36	back	518	67
ham	251	33	sad	464	84	has	137	36	hat	335	43
man	82	19	mad	294	77				accent	233	26
Spanish	204	25	dad	222	36				jacket	211	26
family	221	25							unhappy	197	26
									black	162	11

13.6 概述

本章考察了影响北美英语大部分地区的三种音变中词汇差异的程度。调查使用了定量的方法来确定这种词汇参与的性质,发现在每一种音变中,总有少量词干明显超前于或落后于它们的音段构成所预测的位置。它们不同于主要的语音效应,稳健性不强,不能经受分半检测。如果把数据库扩展到当前规模的十倍,我们可以假设会出现更多这样的小词汇效应,但在大多数情况下,我们无法解决精细的语音描述和词汇描述之间的区别。只有在像 *no* 和 *know* 这样的频繁出现的同音词的情况下,才有可能证明词汇本身的影响。

13.7 音变的参与

有些词可能在参与进行中的音变的程度上有所不同,这使我们增加了对变化来源的理解。然而,需要解决的根本问题是,音变的过程是逐次选择一个词或词干,还是按语音定义的单位。表 13.1、表 13.2 和表 13.5 的回归分析把音位的整体分布看作为一个连续的范围。然而,所有的证据都指向一个离散的规则,即没有后接流音/l/或/r/的非低元音的前化:

规则[1]　[-低]→[-后]/__~[+辅音,+浊]

这个规则将在大多数/uw/和/ow/元音与那些出现在/l/之前不受音变影响的元音之间,产生一个整体断裂。

表 13.7 显示了在/l/之前的/ow/元音和所有其他位置上/ow/元音的单回归分析。在第一列中,很明显,大多数语音制约条件对那些不受音变影响的元音是不适用的。根据定义,词尾制约是不相关的,而且大多数词首制约都是缺失的,只是舌尖发音有较小的影响。在/l/之前有着相反的社会效应:女性和年轻人更倾向于/owl/靠后的形式。另一方面,如表中第二列所示,对于大多数/ow/元音发音的制约条件,对于边音之前组没有影响,词汇项除外。在表 13.2 的 3a 轮添加的五个单词中,*ocean* 在非边音之前组有显著性,*pole* 在边音之前组有显著性,数值大致相同。

通过比较不同程度的发音人的/ow/元音,可以更深入地了解这个过程。图 13.10 是对一位来自罗得岛州普罗维登斯的 42 岁男性发音人的保守的不前化模式的扩展视图。只有 *toast* 一个词有点靠前,其余的 F2 远低于 1,200Hz,平均值小于 1,000Hz。我们还

表 13.7　东南大区在/l/之前和在其他音之前的/ow/的所有样品的回归分析。全部:表 13.2 第 3 轮

变量	边音前	其他位置	全部
样品数	1,558	2,909	3,658
常数	926	1,578	1,570
调整后 r^2	9.9%	36.1%	52.2%
尾音			
无尾音		57	91
软腭音		−60	−57
多音节		−76	−54
唇音		−77	−86
鼻音		−115	−105
首音			
舌尖音	56		
无首辅音		113	86
前鼻音		73	99
声门音		−116	−99
边音		−133	−121
塞音/边音		−145	−129
唇音		−181	−134
社会因素			
话语关注			−10
女性	−26	66	40
年龄*25 岁	57	−43	−17
词汇因素			
ocean		146	128
pole	−60		

可以观察到,在/l/之前的/ow/比其他音位变体更靠后:除了 *home* 外,*old*、*cold*、*bowl*、*fold*、*cold* 比其他音更接近后外缘。

图 13.11 展示的是一位来自俄亥俄州克利夫兰市的 32 岁女性发音人的中度前化。现在是双峰分布。10 个/ow/音核的 F2 都大

第 13 章　在音变表层流动的词

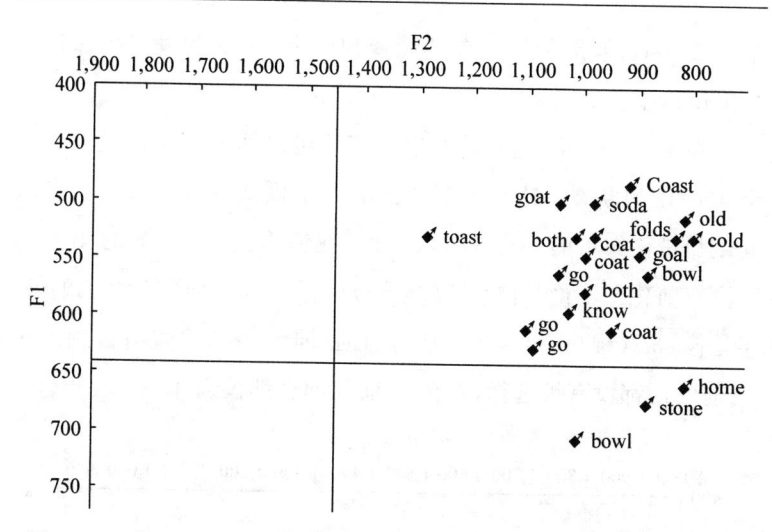

图 13.10　保守的 /ow/。亚历克斯,42 岁[1996],罗得岛州,普罗维登斯,TS 474(双尺度)

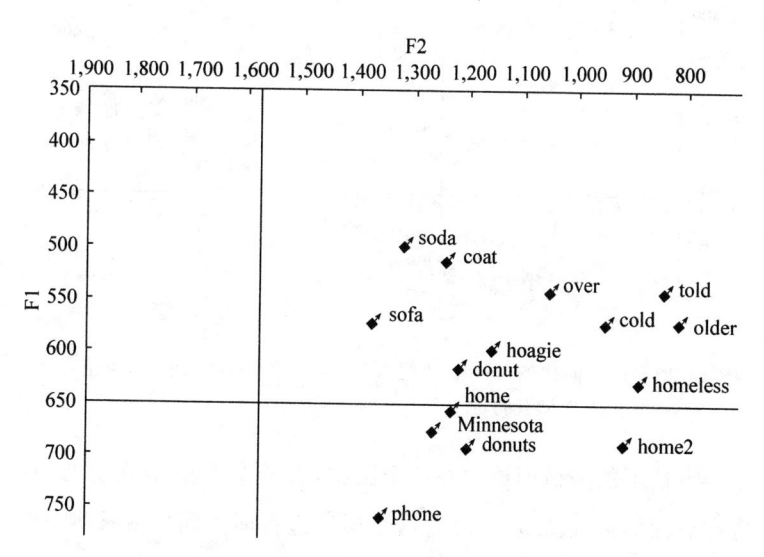

图 13.11　中度前化的 /ow/。艾丽斯,32 岁[1994],俄亥俄州,克利夫兰市,TS110

于 1,200Hz,但是在/l/之前的元音和两个 *home* 的发音仍保持在 100Hz 以下。

在图 13.12 中,边音前的组和其他组之间的区别已经形成一个 400Hz 的断裂。这是中部地区的典型模式。发音人是来自俄亥俄州哥伦布市的一位 37 岁女性。我们看到,在/l/前的/ow/绝对没有前化。不论是像 *gold*(金子)这样的常用词(布朗词频 52)还是像 *colt*(雄马驹)这样不常用的词(词频 18),都没有区别。在 |l| 前的词都没有被选择,不在 |l| 前的词全都被选择。

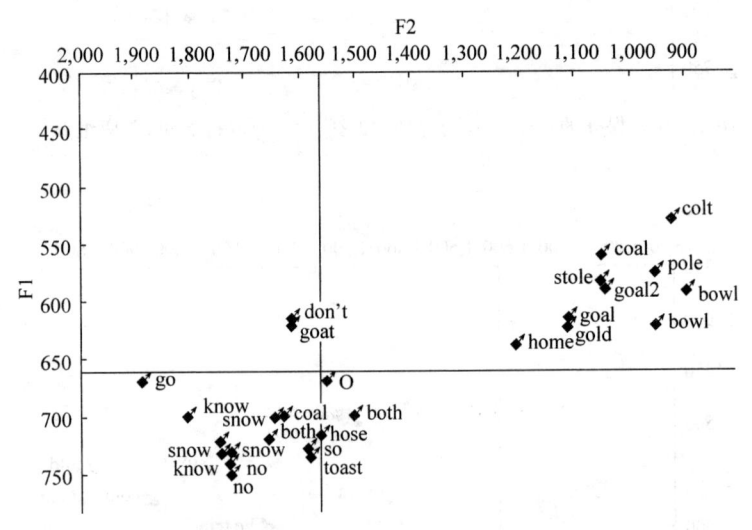

图 13.12 高度前化的/ow/。达妮卡,37 岁[1999],俄亥俄州,哥伦布市,TS737(双尺度)

事情不能一概而论。在这个图中,有一个不在/l/之前的词保持在后面的位置:*home*。尽管这个词比边音前的词稍微靠前一点,但它明显是在非前化分布区之中。*home* 的靠后位置在图 13.11 中很明显,在整个电话调查访谈的元音表中是一个重复模式(见

ANAE 图 12.13、图 12.14)。看来规则 1 似乎没有选择 *home*,这可能需要修改规则 1 来排除这个和其他可能的词项。

然而,也有可能从 *home* 的语音环境中可以预测它的元音发音。从表 13.7 中可以看到,词首/h/的系数为 -116,唇音韵尾的系数为 -77。二者的结合很可能产生图 13.12 中出现的结果。在这里,我们可能又一次遇到一个无法区分词汇本身及语音动因的未定局面。

幸运的是,我们可以换个方法解开 *home* 的困惑状态。在 ANAE 中有另外一个词,也是以/h/为音节首,/m/在元音/ow/的后面,这就是 *Oklahoma*。如表 13.8 所示,这个词在数据库中有 14 个发音样本。*home* 和 *Oklahoma* 这两个词只是共享/ow/的语音环境。

表 13.8 带有起首/h/和尾音/m/的/ow/词项的 F1 和 F2 平均值

	样品数	F1	F2
不在/l/前的/ow/	5,950	616	1,304
全部的/owl/	2,576	575	1,010
home	775	669	1,068
Oklahoma	14	589	1,045
homebody, etc.	28	641	1,037
Omaha	10	655	1,119
hoe	26	621	1,233

表 13.8 展示了相关词语的 F1/F2 的平均值。除了 *home* 和 *Oklahoma*,我们还有一些派生词,如 *homely*、*homeless*,以及复合词,如 *homebody*、*homemaker*、*homestead*、*homework*,总共 28 个。为了证明有/m/尾而没有音节首/h/的影响,我加上了 *Omaha*。证明有音节首/h/而没有韵尾/m/的影响可以用 *hoe* 来测定。

图 13.13 显示了表 13.8 中/ow/的均值。很明显,*home* 和它的派生形式在 F2 维度上与在/l/之前的/ow/是对齐的,*Oklahoma* 也是如此。*Omaha* 比这个稍微靠前,但是 *hoe* 就更为靠前,仅比非边音前的/ow/平均值少 71Hz。

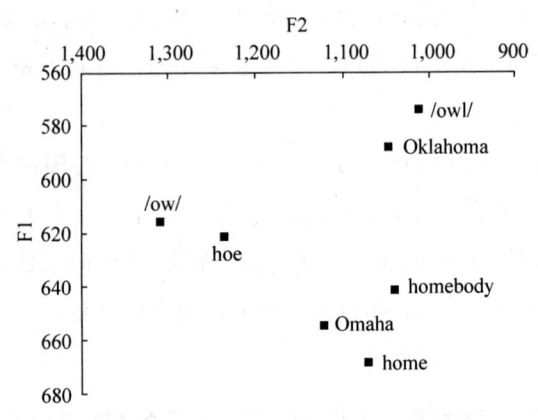

图 13.13　与 *home* 问题相关的词的平均值

如果语音因素确实对 *home* 的靠后位置负全部责任,那么后接/m/的影响大于表 13.7 中的数字,这将会引导我们去进行预测。事实上,如果我们在表 13.7 中增加一个交互因素"词尾:双唇鼻音",它会有助于模型的解释力,其中系数为 -79,$p<0.01$。一个更普遍的因素"词尾:鼻音"从 -115 减到 -96,"词尾:唇音"从 -76 减到 -60。然后,按如下方式就可以导出 *home* 的 F2 预期值:

规则[2]辅音 ＋韵尾:鼻音＋韵尾:唇音＋韵尾:双唇鼻音＋音节起首:喉音
　　　1,519＋(-70) ＋ (-89) ＋ (-79) ＋ (-69) ＝1,212

双唇音和鼻音的尾音联合作用使/ow/在这种环境下预测接近 1,200Hz 线,这是非前化音位变体的极限边界。表 13.8 中 *home* 的

F2 的值 1,068 仍然较低,但是 *home*、*homebody*(*homeless* 等)以及 *Oklahoma* 的靠近聚集,似乎最有可能是语音因素而不是词汇因素造成的。

13.8 语音的和社会的因素的模块化分离

通过这一分析,我们可以发现,无论在这三种音变中发现了什么样的词汇效应,它们都独立于语音的和社会的因素。在回归分析中添加词项,并不影响语音因素和社会因素的显著性、方向或者大小。

人们所预期的并非是词汇和社会信息与语音信息一起存储在同一组记忆中。这还表明,词汇差异(例如,*no* 和 *know*)将发生在跟/now/的语音实现不同的阶段。

在以往的研究中,已经发现内部结构因素与社会和语体因素具有独立性或模块化特征(Sankoff and Labov 1979;Weiner and Labov 1983)。我们在本章中发现的词汇影响太小而且不稳定,不足以清楚地证明这种独立性,就好像我们一直在研究的词汇扩散的一个实例,如费城短 *a* 的紧化。然而,正如表 13.1、表 13.2 和表 13.5 中连续各轮运行中展示的那样,我们在这些数据中确实清楚地认识到语音因素和社会因素的独立性。

表 13.9 和图 13.14 更直接地显示出内部和外部因素的模块化。在这里,影响/ow/前化的语音因素是依次添加的,从最大的开始到最小的,进行逐步回归的基本操作。年龄和性别这两个主要的社会因素贯穿始终。解释的变异量从 34.6% 上升到 51.6%。

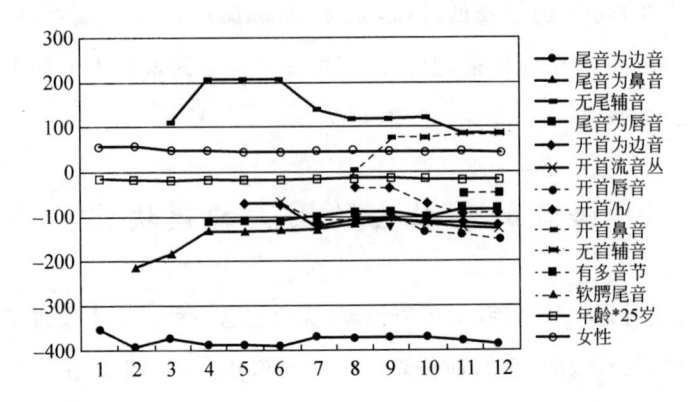

图 13.14　东南大区/ow/的语音因素递加,包括社会因素

随着每一个新的语音因素的加入,我们会观察到一个或多个其他语音因素的变化。例如,当第 2 列加入"词尾:鼻音"-212 的值时,"词尾:边音"的负值从 -356 变为 -395。当第 4 列加入"词尾:唇音"的 -112 时,"词尾:无"(开音节)的值从 109 跳到 207。这相当于说:"开音节的位置更有利于前化;但是,如果我们现在考虑到检测出的一些低值形式具有在唇辅音前的低化,那么开音节的影响必须更大,才能预测出观察到的值。"这种类型的主要变化,即使是在最后面的较小的影响,也都可以在这 12 列数据中观察到。最初以 -35 加入的词首/h/,随着添加更多较小的制约条件而逐步增加到 -95。

在另一方面,用空心符号表示的两个社会因素一直保持稳定,在整个 12 列中只有轻微的波动。"年龄 * 25"以 -16 的负值加入,后来从没有超过 -17 或低于 -15。

表 13.9　东南大区影响 /ow/ 的语音因素的逐步添加，包含社会因素

组　列	1	2	3	4	5	6	7	8	9	10	11	12
调整后的 r	34.6	42.7	44.8	46.5	46.7	46.9	49.5	50.0	50.1	50.9	51.4	51.6
尾音:边音	-356	-395	-371	-387	-389	-391	-372	-371	-371	-373	-377	-388
尾音:鼻音		-212	-184	-129	-131	-132	-123	-109	-109	-103	-111	-115
尾音:无			109	207	206	207	139	116	116	123	84	85
尾音:唇音				-112	-113	-115	-104	-93	-93	-101	-80	-86
词首:边音					-68	-71	-130	-120	-120	-120	-126	-118
词首:流音丛						-63	-121	-111	-111	-112	-123	-124
词首:唇音							-102	-92	-92	-135	-144	-142
词首:/h/								-35	-35	-68	-87	-95
词首:鼻音									77	77	78	78
词首:无辅音										77	78	88
多音节的											-48	-50
尾音:软腭音												-56
年龄 * 25 岁	-16	-17	-17	-15	-15	-16	-17	-16	-16	-17	-16	-17
女性	55	54	47	46	46	46	46	46	46	45	43	41

13.9　结　论

　　这些结果证明音变是一种语音驱动的过程，它影响在语音定义的集合中所有的单词。对这些有规律的进行中的音变的仔细研究表明，它们就像保罗、莱斯金、奥斯托夫、布鲁曼、索绪尔和布龙菲尔德所描述的一样。当我们直接使用这些数据，就可以窥见词汇特殊性的一些有意思的内容。但是这些不是稳定的、鲁棒的语音或音系参数。它们徘徊在统计显著性的边缘，随着分析方法或者样本大小的变化而出现或者消失，并且很少重复。有些波动现象可以归因于语言符号的任意性，但是总体看来，它们似乎是统计上的意外。

　　这并不是说所有音变都是这样进行的。第 1 卷的第三部分记

录了逐词进行变化的可靠案例。在确定导致词汇扩散的条件方面正在取得进一步进展。弗吕瓦尔德(Fruehwald 2007)指出,在费城的加拿大人对/ay/的高化,曾经被认为是规则性音变,现在正显示出明显的词汇扩散迹象,这很可能是 rider～writer 合并的不透明性的结果。我们继续追寻在费城短 a 紧化中的词汇扩散,在费城,/l/前的紧化已经趋向完成,而在两个元音间的/n/之前的紧化却倒退到仅有一个词项:*planet* (Brody 2009)。

　　最有可能的假设是,规则性音变是无标记的情况。这跟任何否定的论证是一样的,要确定不存在词汇扩散是一项困难的任务,原则上它将永远不会完成。我们一直追求的词汇本身的影响是一种附加现象;它们不会停留足够长的时间以使人们去捕获和标记。但是,就它们确实存在的程度而言,它们似乎代表着对后期发音的影响,对于现有规则、制约条件和类别输出进行细微的调整。这意味着在言语产生过程中存在着几个循环,其中有记忆存储和情感联想会影响到无标记的输出。因此,在[2]中,*home* 的输出可以进一步由社会和语体的参数决定,这些参数在语言组织的不同层级上,作用于语音类别的机动调配。

　　这里把音变定义为目标值在音系空间的连续参数中的移动。这与在更高抽象层级改变语音类别的成员相对立。也跟对频率和词汇本身做出反应的波动相对立。但是,正如我们在前几章中看到的那样,音变并不是孤立于语音系统的其他部分。音变是由子系统内部和子系统之间复杂的互动关系所支配的,也是由系统整体功能的经济性所支配的。

第 14 章　音段音位的约束力

到目前为止，我们所关注的语言变化单位都是音段音位，发音目标的平均值在一个连续的声学空间中移动。一个这种类型的音段音位，如第 13 章的/ow/，是在 go、boat、boats、hope、low、stone 等词中元音的典型集合。在整个讨论过程中，go 中的元音表现明显不同于 road 中的元音，这都归因于音段环境中的协同发音。随着/ow/前化的进展，bowl、old、cold 等词的子集最后似乎跟所有其他词都分开了。全部/ow/元音的集合除了在/l/之前的成员之外，都受到前化的影响，但是我们不能认为，在边音前的发音不再是/ow/音位的变体。所以，在这种情况下的音变单位就会小于一个音段音位。在这一章中，将考虑协同发音的强大影响干扰音位的统一性的情况，并探寻抵抗这种干扰的约束力存在的证据。

表 1.1 在这里复制为表 14.1，展示了本卷讨论北美英语元音使用的标写符号以及对应的关键词。它代表了可以派生出所有北美方言模式的初始位置。第六个短元音，在这里表示为 pot 中最初的/o/，在北美英语的整体考察中是一个有用的参照点。如第 7 章所讨论的，在大多数北美方言中，这个元音是不圆唇的后低或央低元音/ɑ/，但是它在新英格兰东部、加拿大和西宾夕法尼亚仍然是/ɔ/。在这些方言和西部方言中，闭音节的/o/和/oh/合并，而在其他方言中，闭音节的/o/和/ah/合并，变成长内滑元音的组成部

分。[1] 我们还要注意,尽管绝大多数说话人不再区分/iw/和/uw/,发 *lute* 和 *loot*,*suit* 和 *boot* 的元音都是相同的,而那些仍保留这些区别的人的存在足以证明保留/iw/作为这个后上滑子集的成员是合理的。

表 14.1 用 ANAE 标示法表示的北美英语元音

音核	短元音		长元音					
			上滑元音				内滑元音	
			前上滑元音		后上滑元音			
	V		Vy		Vw		Vh	
	前	后	前	后	前	后	前	后
高	i	u	iy		iw	uw		
中	e	ʌ	ey	oy		ow		oh
低	æ	o		ay	aw		æh	ah
高	bit	put	beat		suit	boot		
中	bet	but	bait	boy		boat		bought
低	bat	pot		bite	bout		salve	father

英语元音的这种二分法有许多功能:

a. 它抓住了北美英语元音系统中主要的音位配列规律:所有单词都以辅音或滑音结尾。反过来,没有一个重读的词以元音结尾。不管任何一种北美方言发生什么语音变化,都没有一个方言的重读短元音出现在词尾。[2]

b. 它定义了子系统中的链式音变运作使其成员获得最大分散度(第 5 章)。

c. 它预测了那些涉及平行音变和音核-滑音分化的变化方向。

d. 它显示了通过追溯十九世纪和二十世纪的音变可以得出北美

第 14 章 音段音位的约束力

方言的初始状态。

尽管表 14.1 把每个音段标示为一个单位,但是很容易分解为每个元音的特征。所以,短元音可以重新描述为组列(1):

(1)

	i	e	æ	u	ʌ	o
元音性	+	+	+	+	+	+
辅音性	−	−	−	−	−	−
高	+	−	−	+	−	−
低	−	−	+	−	−	+
前	+	+	+	−	−	−

但是,每个长元音都有两个莫拉,可以表示为组列(2):

(2)

	iy	ey	ay	oy	iw	uw	ow	aw	æh	ah	oh
元音性	+−	+−	+−	+−	+−	+−	+−	+−	+−	+−	+−
辅音性	−−	−−	−−	−−	−−	−−	−−	−−	−−	−−	−−
高	++	−+	−+	−+	++	++	−+	−+	−−	−−	−−
低	−−	−−	+−	−−	−−	−−	−−	+−	+−	+−	−−
前	++	++	−+	−+	+−	−−	−−	−−	+−	−−	−−

可以观察出,在短元音(1)中的/o/和长元音(2)中的音核/a/有共同的特征组,在这个初始系统中,它们靠[+圆唇]这个冗余特征来区分,/o/在语音学上表示为[ɔ]。这种情况本来是不稳定的,就像第 5 章已经提到的:/o/和/oh/合并,或者和/ah/合并,或者和这两个都合并。

这些特征或者其他类似的特征从雅克布森和哈勒(Jakobson and Halle 1956 年)、乔姆斯基和哈勒(Chomsky and Halle 1968)就开始使用。从某种意义上说,它们只是抓住了图 14.1 的层级意义,将其简化为二分的格式。既然组列(1)也是组列(2)的构成部分,那么可能有人会问,是不是这六个短元音向量组成了语音变化的基本单位。事实并非如此。因为我们已经看到,在南方音变中,/e/和/i/与/ey/和/iy/的第一个莫拉的移动方向相反,在匹兹堡,/o/向后移而/ow/的第一个莫拉向前移。在很多方言中,/aw/的/a/音核和/ay/的/a/音核移动的方向相反。音变在短元音中作用于单个的莫拉,当它们出现时没有后接的滑音;音变在长元音中作用于元音和滑音这两个莫拉的组合,如同(2)的成对特征。

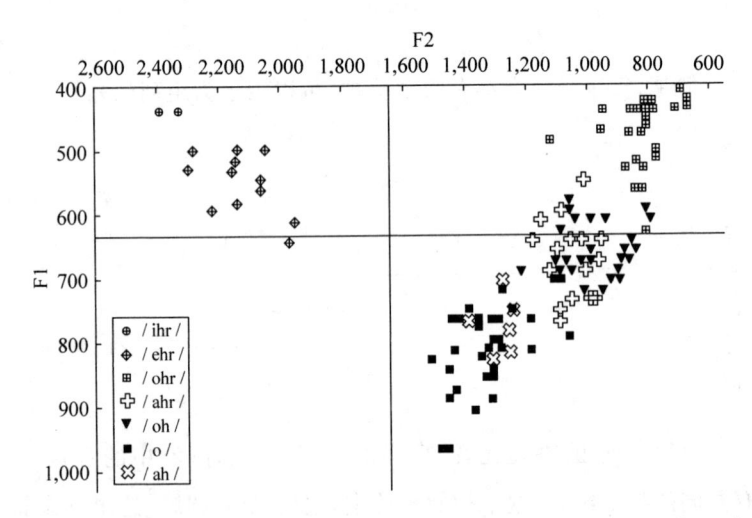

图 14.1 元音系统中/oh/音核和/ahr/音核的密切联系,罗斯,30 岁[1996],费城,TS 587

如果变化的单位只是这些单个莫拉和两个莫拉的组合,那么所有的音变就会是无条件的。具有单个或者成对特征的成分会被选择参与一个给定的变化,这或多或少地取决于相邻成分的特征。这似乎就是我们研究的主要链式音变的情况:北方城市音变、南方音变、加拿大音变和匹兹堡音变。但是更常见的是有条件的音变，其中协同发音的效果使一个音位分为两个离散的音位变体。图 13.10 到 13.12 提供了/ow/前化过程的形象的视图。在短 a 的鼻音系统中，所有后接[+鼻音]特征的元音都上升到前高位置，而所有其他元音仍保留在前低位置（见图 5.7 匹兹堡音变，图 7.3 曼彻斯特、新罕布什尔音变，以及 ANAE 第 13 章的普遍情况）。在费城，过去 50 年里，闭音节的/ey/一直在稳步上升到高元音，而开音节的/ey/则保持在中低位置上（PLC 第 2 卷；Conn 2005）。/uw/的前化不仅包括边音前的变体的分离，对大多数发音人来说，还包括舌尖音后面的元音与其他音之间的明显分离（图 5.13(a)，ANAE，地图 12.2）。

总体来说，链式音变保持了音段音位的统一性，而条件音变则表现出协同发音的干扰作用。考虑到短 a 鼻音系统的极端结果，即，两个音位变体位于音系空间的两端，音位完整性的证据本质上就是互补分布：在鼻音前的[iə]填补了音位/æ/分布的空位，[æ]从不出现在鼻音前。然而，当 Ann 和 Ian 无法区分时，人们可能试图假设一个由 idea、Ian、theater、Leah、Sophia、Ann、family 和 camera 组成的音位/ih/，因为没有把[æ]和[iə]结合起来的替代品。[3]

在英语音变的制约作用中，最极端的一种是在词首阻塞音/流音之后的元音低化和后化，如在 grip、dress 和 black 中的元音。[4]这是英语历史上最著名的常规音变的一个例外。当中古英语 knead 中的 ɛ:高化到跟中古英语 need 中的 e:合并时，几个最低的音位变体的词例因为太低而被重新分析为中古英语 æ:音位的成员,跟它一样上升到[ɛ:],最后上升到[e:]和[eɪ]。这些词就是 *great*、*break* 和 *drain*(更完整的说明见 PLC 第 1 卷,297—298 页)。同样的现象也出现在中古英语 ɔ: 高化到 o: 的过程中,只留下 *broad* 一个词。在今天看来,这由成对元音 *oa* 代表的/ow/音位,是语音规则的一个例外:它离开了原来的群体,现在跟/oh/合并。在中古英语 o: 词群中有类似的系列中断,导致 *flood* 和 *blood* 两个词跟/ʌ/的异常合并。

实际上,协同发音的作用不只是扰乱几个单词;它可以完全改变一个音位变体的子集,使它们失去原始类别。这种情况在法语中很明显,法语的四五个鼻化元音很难跟对应的口元音相匹配。在北美英语方言中也发生了这种干扰,如表 14.2 所示,必须承认这个在/r/之前的第五个元音子系统①。在这里,特征[±圆唇]可以用来区分是后元音还是央元音。对于大多数北美人来说,/ohr/和/ɔhr/之间的区别是已不可挽回地丢失了,对他们来说,这个子集只有六个成员。前元音/ihr/、/ehr/跟/iy/、/ey/之间差不多可以相配,但是/ʌhr/却不容易和其他短元音相匹配,如 *fir*、*her*、*world*、*fur*。在大多数方言中,/ohr/都是在/oh/和/ow/的中间。/ahr/在一些方言中与/ah/相关,而在另外一些方言中,由于/r/前的后元音链式音变导致与/oh/相关。图 14.1 展示了一位 30 岁的费城女性在元音系统中的这种重新组合。当/ah/和/o/仍保持在同一个区域时,后元音链式音变使/ahr/移到中元音位置,因此它和/oh/的黑色三角形占据了相同区域。所以,Vhr 子系统以独立于 Vh 子系统的方式旋转移动。

---

① 前四个元音子系统见图 1.1a 和表 14.1:V、Vy、Vw、Vh。——译者

表 14.2　北美英语中的 Vhr 子系统

	内滑元音 Vhr		
	前	后	
		不圆唇	圆唇
高	/ihr/ *fear*		/uhr/ *moor*
中	/ehr/ *fair*	/ʌhr/ *fur*	/ohr/ *four*
低		/ahr/ *far*	/ɔhr/ *for*

确认/r/前的英语元音子系统,等于承认 Vhr 是不同于 Vh 的语言变化单位。这就提出了一个问题:是否还有其他这样的子系统,在特定语音环境的协同发音作用优先于更普遍的分类。在北美英语中可能就是在鼻音前的短元音子系统,我们可以标记为 VN,如表 14.3 所示。在这里,后接鼻音作为一个区别性语音环境,就像/w/或/y/对上滑元音的作用一样。我们知道,考虑到在/n/前面的/i/和/e/合并的频率,这一组中有些词项非常容易混淆。检验这种子系统的语言学意义,就在于我们是否观察到它内部音位变体的链式音变。

表 14.3　假设的在鼻音前的短元音系统 VN

	鼻音前的 VN	
	前	后
高	/iN/ *pin*, *him*	
中	/eN/ *pen*, *hem*	/ʌN/ *pun*, *hum*
低	/æN/ *pan*, *ham*	/oN/ *pond*, *tom*

在图 14.2 中说明的同类音位的链式音变的概念,是对图 6.16 的原始的链式音变模式的修改。在这里,用加粗的圆圈代表移位的同类音位,例如在鼻音前的短 *a*。如果音位 A 在鼻音前的变体上移,远离了主分布区,那么音位 B 在鼻音前的变体的安全边界

将会增加。遵循第 6 章的论点,进入 A 主分布区中的 B 在鼻音前的离群值不会与 A 混淆,因为 A 在鼻音前的变体已经不在那个区域了。最终结果将是图 14.2 展示的音位变体的链式音变类型。

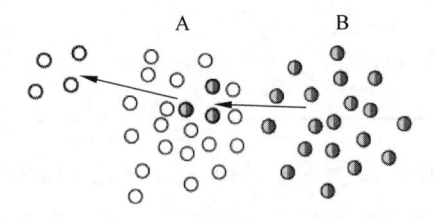

图 14.2 音位变体的链式音变。音位 A 的变体(加黑轮廓的)向前移动,相关的音位 B 的变体向着 A 的主要分布区移动,发生部分重叠

14.1 鼻音前有音位变体的链式音变吗?

VN 子系统是一个很好的音位变体链式音变的测试实例,因为所有北美英语方言都显示出在鼻音前的/æ/高化和前化的趋势。[5] 这里提出的一般问题是:/oN/是否会通过向前移动来响应/æN/的高化和前化。

图 14.3 测试了这个问题,展示了北方城市音变的前两个阶段,从底特律一位女性的元音系统图可以看出。突出显示的在鼻音前的/æ/音比其他音更高和/或者更前。虽然这种差别在北方城市音变中相对较小,表 14.4 却显示了在鼻音前/æ/的 F2 高于其他音,显著性水平为 $p<0.01$。这种模式在/o/的分布上没有复制。在鼻音前的词例发音分散在其他音之中,它们的平均值也没有显著差别。这种情况在所有北部内陆发音人的表现都是相似的。尽管/æ/的前化和/o/的前化之间的一般相关性很高(0.66),

但这种关系没有扩展到在鼻音前的音位变体。在北部内陆地区还没有发现音位变体的链式音变实例。

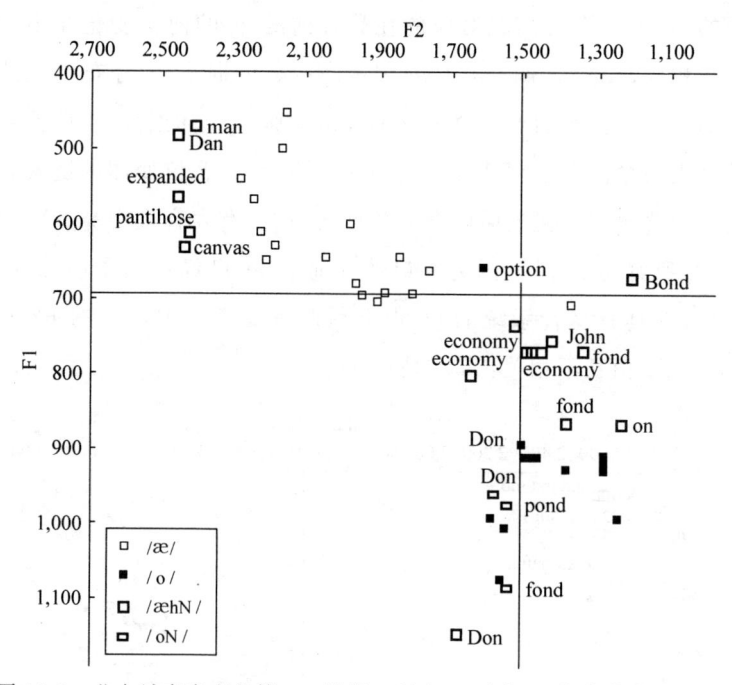

图 14.3 北方城市音变的第 1、2 阶段。利比,42 岁[1994],底特律,TS125。加粗的标记:鼻音前的元音

表 14.4 利比在鼻音和其他音前的/æ/、/o/的平均值。** 表示 p<0.01,差异显著。

尾音	F1 +鼻音	F1 -鼻音	F2 +鼻音	F2 -鼻音
/æ/	578	623	2,305**	2,044
/o/	878	913	1,459	1,482

虽然在北部内陆的鼻音前/æ/和其他的/æ/之间的差别很小,但是新英格兰、中部和西部地区的发音人中却是差别最大的,他们

显示出短 a 的鼻音系统。图 14.4 展示了来自罗得岛州普罗维登斯一位发音人的元音/æ/和/o/,带有一个短 a 鼻音系统。在鼻音前的/æ/的完全分离跟对应的在鼻音前的/o/的前移变化互不匹配。相反,/oN/词例,on、Ron、don、pond 占据了/o/分布区域的后面位置。我们加入完全孤立的/oh/来强调/o/的后位与后低合并毫无关系。对于有鼻音系统的人来说,缺失音位变体的链式音变是很普遍的。在电话调查的数据集里,没有发音人把鼻音前的/o/移到前低元音区,因为在口辅音前的/æ/已经占据了前低区。此外,在具有鼻音系统的 96 位电话调查发音人中,/æ/的 F2 和/o/的 F2 值互不相关:其 r^2 是 0.06。

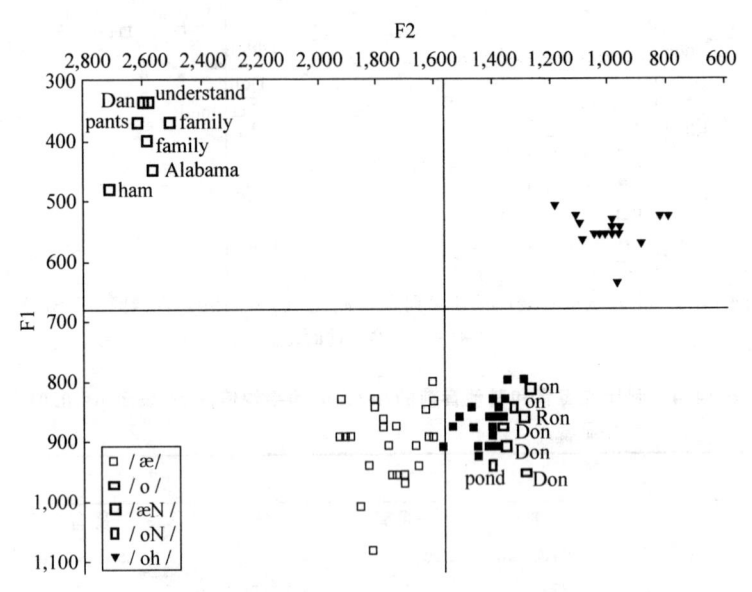

图 14.4 在鼻音前的/æ/和/o/,黛博拉,37 岁[1996]。罗得岛州,普罗维登斯,TS469。

在这些个别的例证之后,可以看到所涉及的元音平均值的整体关系。图 14.5 比较了北部内陆具有/æ/普遍高化的 42 位发音人,和北美具有短 a 鼻音系统的 96 位发音人之间,/æ/和/o/的口辅音和鼻辅音前的音位变体。这些有鼻音系统的发音人在鼻音前的/o/平均值比在口辅音前的/o/显著靠后(t=16.3,p<0.0001)。而/æ/普遍高化的北部内陆组,口辅音和鼻音前的音位变体没有显著性差异。

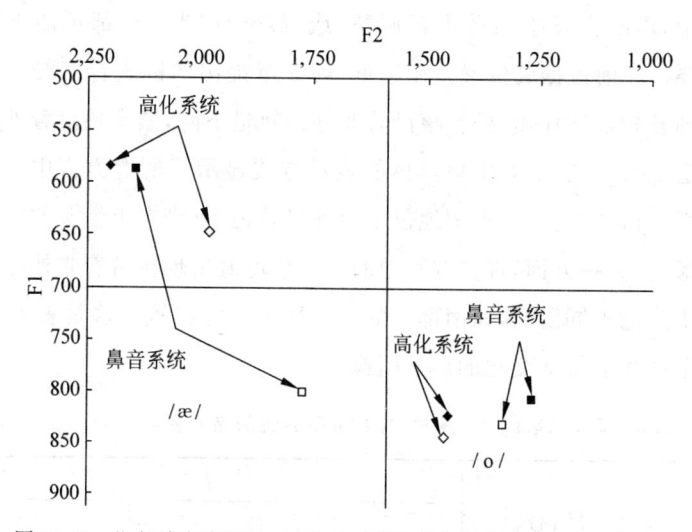

图 14.5 北方城市音变中 42 位/æ/普遍高化的发音人和 96 位有短 a 鼻音系统的发音人的/æ/和/o/在口辅音和鼻音前的变体对比。实心标志:在鼻音前的元音

14.2 南方音变中有音位变体的链式音变吗?[295]

南方音变提供了最清晰的链式音变实例,区别于一般的音变。本节将探讨在这个过程中,浊音词尾和清音词尾之前的音位变体发生链式音变的可能性。

南方音变的触发事件是/ay/的单元音化,随后是/ey/的音核沿着非外缘轨道下降,变化领先的词项发音跟单元音化的/ay/区域重叠。正如第 5 章指出的,这两个事件的连接不能用平行音变或规则普遍化来解释。单元音化或低化的普遍化并不能解释这个序列。如表 14.5 所示,有两种不同类型的事件:在前上滑元音子系统中移除/ay/;以及重新调整剩余的成分。在表 14.5 的概要描述中,可能会发生两种重新调整:或者/oy/或者/ey/都可能下降到/ay/先前占据的位置。在这里,第 6 章提出的链式音变的一般原理开始发挥作用:松音核沿着非外缘轨道下降,紧音核沿着外缘轨道上升。图 6.18 中更具体的表示方式显示了所有方言中/oy/的平均值,它的音核稳固地位于后外缘轨道上(带左上箭头的实心菱形)。另一方面,许多方言中的/ey/平均值出现在沿着非外缘轨道下降的不同阶段,以南部内陆[IS]处于领先位置。这是表 14.5 显示的离散特征变化的声学图像。

表 14.5　跨越 Vy 和 h 子系统的南方音变

音核	短元音		长元音					
			上滑元音				内滑元音	
			前上滑元音		后上滑元音			
	V		Vy		Vw		Vh	
	前	后	前	后	前	后	前	后
高	i	u	iy		iw	uw		
中	e	□	ey	oy		ow		oh
低	æ	o		ay	aw		æh	ah

我们现在可以研究单元音化的音位变体分布的结果。图 14.6

显示了南方地区的外部界限，界定为在塞音前的/ay/在一定程度上发生单元音化的区域。[6] 在南方，清塞音前的(ay0)单元音化跟浊辅音前和作为韵母的(ayV)单元音化通常有着明显的差异。[7] 对于以空白圆圈标记的发音人——(ayV)单元音化频率小于20%，以及用浅灰圆圈标记的发音人——(ayV)单元音化大于20%而小于50%，情况并不相同。那些两种都有的类型，即用深灰圆圈标记的13个发音人——他们的(ay0)和(ayV)单元音化都大于50%，情况也不一样。[8] 这些说话人集中在南部内陆（阿巴拉契亚地区）和得克萨斯州南部。

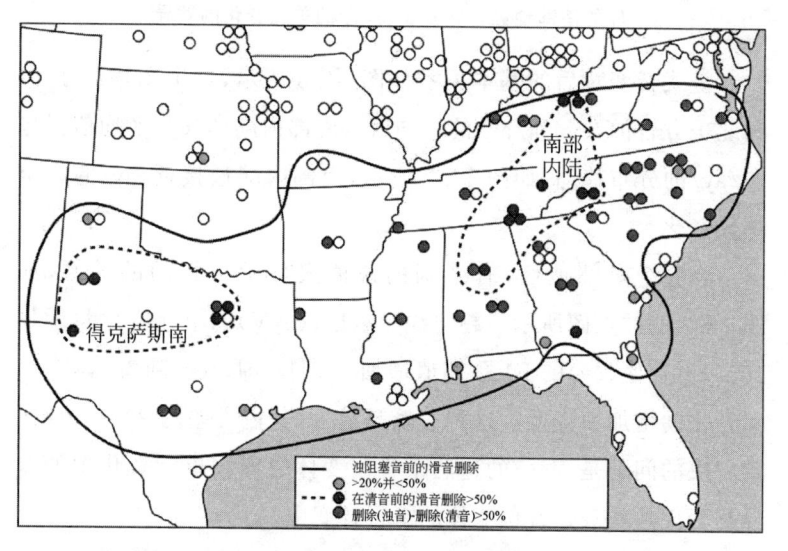

图14.6 南方在清阻塞音前和其他位置的/ay/的单元音化

以灰色符号所显示的49个南部发音人中的大多数人表现出(ayV)和(ay0)之间的差别大于50%（个数=34）。图14.7显示了这两个音位变体的总体区别。

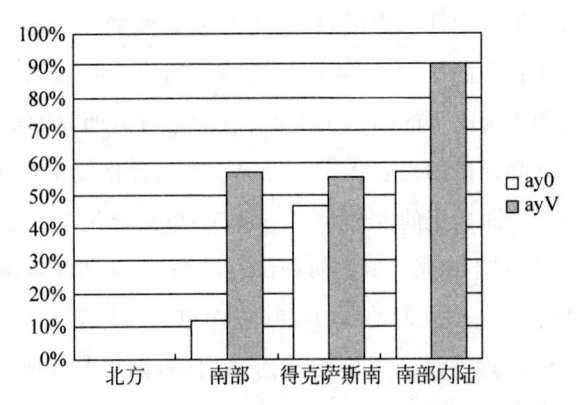

图 14.7　南方三个地区：南部内陆、得克萨斯州南部和这两个区以外的南部地区，(ay0)和(ayV)的单元音化的差异

链式音变背后的基本关系如图 14.8 所示，这个图描绘了 21 种北美方言的/ey/和/ay/的平均值。南部内陆的/ey/平均值强势向/ay/的分布移动，如图 14.7 所示，南部内陆最接近/ay/的完全单元音化。

在整个南部地区，有个别的说话人显示出相同的关系，如图 14.9 的散点图所示。趋势线显示出，(ayV)的单元音化每增加 10%，就会使(ey)的 F1 预期值增加 6.3Hz，即，/ey/随着/ayV/单元音化的增加而降低。这种关系是显著的，占方差的 27%。现在要解决的问题是，/ay/的这两个音位变体之间在单元音化中的差异是否反映在/ey/音位变体的平行音变中。

音位变体的链式音变，可以使/ey/实现为在浊辅音前和作为韵母(eyV)的较低位置，以及/ey/在清辅音(ey0)之前的较高位置。图 14.10 描绘了这些/ey/的音位变体的平均值，以及(ay0)和(ayV)在各种南方方言的位置。如果发生音位变体的链式音变，我们预计会发现不同的(ey0)和(eyV)，对应于(ay0)和(ayV)的单

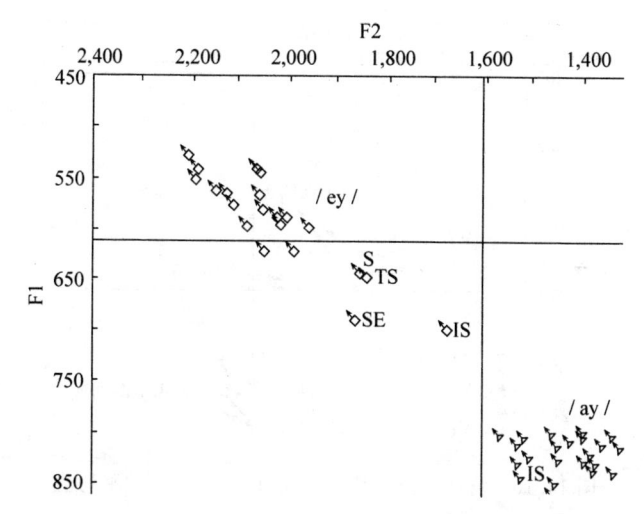

第 14 章 音段音位的约束力　　　*397*

图 14.8　/ey/和/ay/在 21 个北美方言中的平均值位置。IS=南部内陆；TS=得克萨斯南；S=南部；SE=不包含南部的东南部地区（查尔斯顿，佛罗里达……）

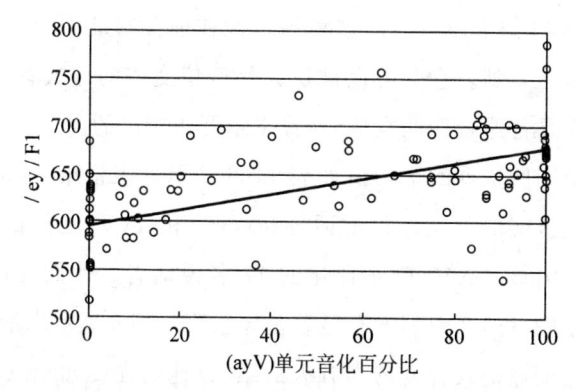

图 14.9　南方所有发音人的/ey/的 F1 与(ayV)的单音化的对比

元音化差异，但是在得克萨斯南部和南部内陆方言中，这种单音化的差异较小。图 14.10 中没有出现这种模式：南方任何地区(ey0)和(eyV)的 F1/F2 位置都没有显著差异。

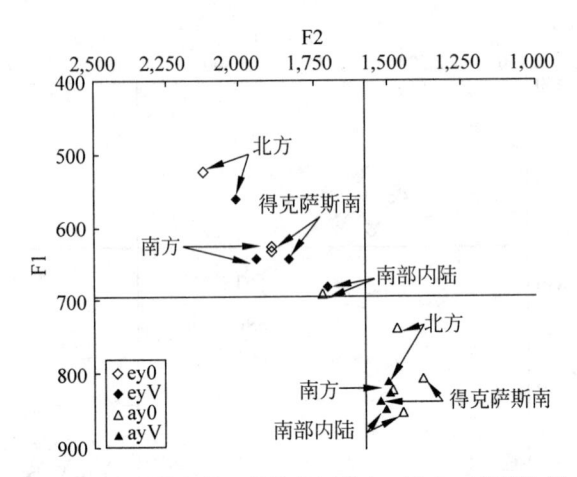

图 14.10 清辅音前和其他位置的/ey/和/ay/的平均值

图 14.10 显示了北方地区(ey0)和(eyV)的分化。这跟加拿大/ay/的高化是平行的,这是北方和北部中心区域的特征(Eckert 2000,ANAE,图 13.10)。这种平行性在前面对北方方言区的描述中没有注意到。它既可以被认为是音位变体的链式音变,也可以被看作是普遍音变的案例,就像本章开头所讲的。

这个图所依据的平均值如表 14.6 所示。表格第一部分比较了南方最极端的单元音化说话者在(ey0)和(eyV)之间的可能区别:具有 100%(ayV)单元音化的 17 名说话者。他们在(ey0)和(eyV)的 F1 和 F2 中都没有显著差异。第二部分展示出最有可能出现音位变体链式音变的南方人的结果:他们在(ay0)和(ayV)之间表现出最大的差异。同样,我们发现(ey0)和(eyV)的平均值没有差异。

表 14.6 的最后两部分显示了北方地区/ay/和/ey/音位变体的平均值。(ay0)和(ayV)的 F1 之差为 71Hz,高于加拿大高化采

表 14.6 南方和北方清辅音前与其他位置的/ey/和/ay/的 F1 和 F2 平均值和标准差

南方:(ayV)=100%	F1(Hz)	F1 标准差	F2(Hz)	F2 标准差	样品数
(ey0)	679	66	1,738	196	89
(eyV)	673	77	1,709	209	297
概率	0.5		0.24		
t	0.67		1.16		
南方:(ayV)-(ay0)>50%					
(ey0)	651	64	1,827	199	192
(eyV)	656	79	1,797	218	571
概率	0.56		0.09		
t	0.58		1.68		
北方					
(ey0)	526	70	2,122	202	573
(eyV)	565	75	2,014	200	1,307
概率	<0.0001		<0.0001		
t	9.7		10.7		
(ay0)	738	90	1,475	184	473
(ayV)	809	94	1,503	144	1,215
概率	<0.0001		<0.001		
t	10.6		3.3		

用的 60Hz 标准(ANAE 的地图 13.10)。(ey0)和(eyV)之间的 F1 差是 39Hz：它虽然较小，但显著性在 p<0.0001 水平。这种平行的音位变体表明有破坏音位统一性的可能性；但是不管对于母语者还是语音学家来说，都很难注意到这种现象。它跟(ayV)迁移到内滑长元音子系统所造成的干扰相距较远，那里的 *white* [waɪt]和 *wide*[waːd]相对立。这更类似于第 2 章讨论的费城方言闭音节/eyC/的高化，其中 *paid* 和 *main* 中的元音与 *peed* 和 *mean* 中的元音相互重叠，而开音节的音位变体仍保持在半低位置。在北方，这两个音位在清辅音前高化，没有任何重叠，这种移

动不会威胁到任何一个音位的统一。

14.3 约束力

本章大部分内容是有关音位的协同发音干扰的问题——作为一种已完成的事实，如 *great*、*break*、*drain* 的情况下，或在/r/前面的英语子系统中；或者作为一种没有实现的可能性，如鼻音子系统，或者南方音变。实际上，没有实现的可能性占绝大多数。对抗这些干扰的约束力，足以确保大多数音位的长期一致性。它的作用可以从我们在这里研究的语言变化过程中观察到的两个大趋势中看出来。音位变体链式音变的缺失有一个积极的结果：我们观察到，只有当相邻音位的所有音位变体都移出相邻空间时，一个音位才会对这个相邻音位的移动做出反应。

在词汇扩散的情况下，变化逐词进行，约束力从一开始就被覆盖了，只有通过外部因素才能恢复原始音位。而在一个规则性的条件音变过程中，一个音位的完整性可能会受到威胁，极端的音位变体可能被重新解释为其他音位，并与其他音位合并。然而，大多数历史词群在重新整合的过程中，都会随着时间的推移而保存下来。这一过程在前几章的许多地方都有记录：第 5 章中考察的 (Tuw) 和 (Kuw) 的重新组合；第 12 章中考察的 (ow) 前化在最领先阶段的平行整合；以及北方城市音变中/æ/的普遍高化。尽管有一些损失和干扰，我们仍然可以认识到，一个音位不只是一组音位变体，而是一个以一致的方式回应历史进程的实体。这个观察结果支持了基于互补分布的语言结构范畴，并把语言变化与音位心理现实的其他证据联系起来。

第四部分　传递和扩散

第 15 章　地区之间语言的扩散

本卷和前两卷的大部分内容都是讨论拉波夫定义的自下而起的语言变化(Labov 1966)：语言系统在语言社区内部因素驱动下的逐渐变化。然而,语言社区之间的关系始终存在于背景之中,有时甚至出现在中心舞台上。第 9 章考察了社会的和语言的制约,它们导致北美地区相邻方言的分化和语言系统的整体分散性。在第 5 章讨论的触发事件包括纽约州西部大规模的人口流动和混合作为北方城市音变的成因。本章将探讨方言接触所导致的变化的一些原则,区分语言社区内的传递和社区间的扩散。

15.1　变化的谱系树和波浪模型

纵观整个语言学史,有两种语言变化模式以一种不稳定的关系并存。谱系树模型一直是比较方法的主导和主要成果。然而,所有的语言学家也都同意,存在着必须考虑波浪模型的影响的一些情况,需要记录谱系树的不同终端节点之间的相互影响。这种波动效应在使用双语时间较长的社区、在皮钦语和克里奥尔语的形成期,以及在主要的多语同盟区域,最为明显。在这些地区,语言特征在不同的语言之间传播,而跟这些语言在谱系树上的位置无关。在重建正常的语言发展过程中,语言接触的影响显然有着不可分割的内在联系。林格、华诺和泰勒（Ringe, Warnow and Taylor 2002；以下简称 RWT）展示了他们目前做出的最佳的印欧语言谱系树，如图 15.1 所示，日耳曼语言从包括巴尔托-斯拉夫语（旧教会斯拉夫语、立陶宛语等）和印度-伊朗语（吠陀语、阿维斯坦语等）的主节点分支出来。然而，正如虚线箭头（我在图中添加）所示，日耳曼语言和伊塔洛-凯尔特语分支有许多共同的特征，后者

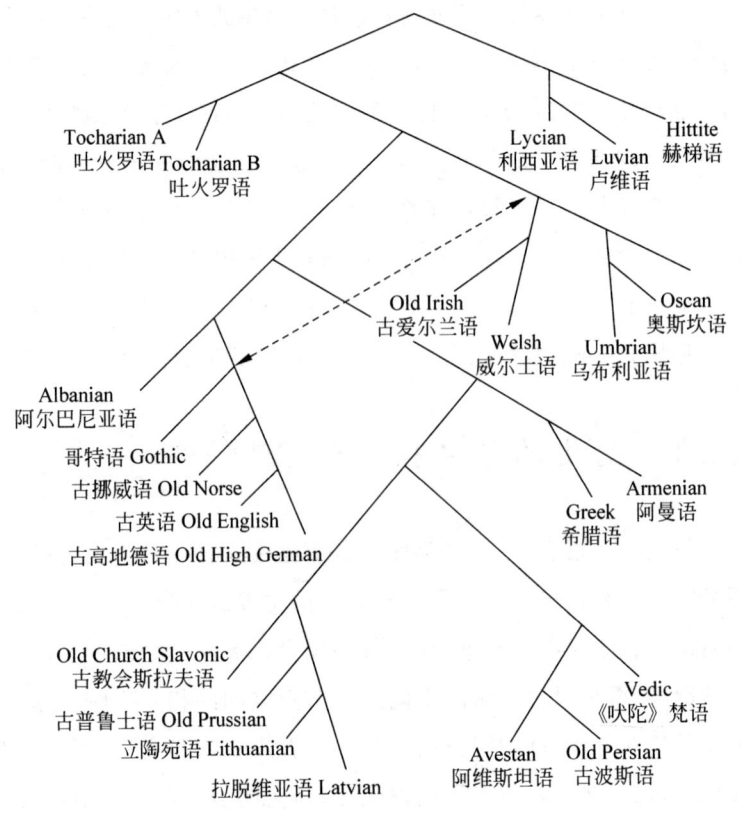

图 15.1 印欧语系最佳谱系树（Ringe, Warnow, and Taylor 2002），及日耳曼语和伊塔洛-凯尔特语共同特征

很早就从印欧语的主要团体分裂出去。这三位作者发现，这种情况揭示出，后来的语言接触，使谱系树的谱系特征发生改变：

> 这些特征分布的分裂状态自然导致了一种假设，即日耳曼语最初是巴尔托-斯拉夫语和印度-伊朗语的近亲。……在早期阶段，它就跟东部的亲属失去了联系，并且跟西部的语言有了密切接触；在语言出现明显的音变之前，这种接触导致了大量的词语借用，而这些词语借用本来是可以察觉的。(RWT，第111页)

当然，这只是从施密特（Schmidt 1871）到文莱奇（Weinreich 1968年）等关于语言接触影响的众多发现之一。布龙菲尔德对谱系树模型局限性的讨论包含一个图表，其中有意大利语影响日耳曼语的实例，改编自施密特的原著（Bloomfield 1933：316）。我在这里引用RWT的话，是因为对于所有语系中研究最多的印欧语系来说，接触问题是谱系树模型最新和最复杂的发展之一。看来，任何关于亲属语言的普遍观点，都必须准备好整合语言变化的这两种模式。本章将论证语言变化过程的这两种模式，它们在机制和作用上是完全不同的，是不同类型语言学习的结果。

15.2　传递和扩散的定义

我们从亲属语言的概念开始，这是构成谱系树模型的基本概念。布龙菲尔德关于比较方法的一章阐述了把一种语言看作是另一种语言后代的条件（Bloomfield 1933：316及以下诸页）。霍尼斯瓦尔德（Hoenigswald 1960）也用一章的篇幅阐述了母亲、女儿和姐妹关系的正式定义。RWT（第 63 页）给出的亲属语言的表述超越了语言形式的关系，并引进了语言习得的社会过程，这将作为本章的重点：

> 当且仅当一个早期语言（或方言）X 通过一系列儿童母语习得的实例发展成一种语言（或方言）Y，则 Y 被认为是在一个给定的时间从 X 发展而来。[1]

这种儿童习得母语的连续序列，在这里被称为语言传递。方言和语言在时间上的连续性，是儿童忠实地复制上一代语言中所有结构细节和复杂形式的结果，从而保持了谱系树节点之间的距离。但是，即使这种复制是不完美的，当语言发生变化时，亲属语言也可以保留下来。这是正常的内部语言变化类型；它被称为"自下而来"或者来自系统内部的变化，而不是"自上而来"或从其他系统输入的成分（Labov 1966）。[2] "自下而来"的变化可能涉及社会、认知或生理因素的系统性互动作用，这会使得节点之间的距离随着时间的推移而增加。这种内在的变化是产生增量的过程，在递增过程中，一代一代连续的儿童群体把这种变化推进到超出他们的看护人和行为榜样的水平，并朝着同样的方向，一代又一代地向前发展（见第 1 卷第 14 章）。增量始于成人系统的忠实传递，包括带有语言制约和社会制约的可变成分（Labov 1989a，Roberts 1993）。然后，这些可变成分朝着年龄系数的向量所指示的方向进一步发展。[3] 儿童对这种变化的增量可能表现为一个变量成分的频率、程度、范围或特征的增加。[4]

当整个社区迁移时，他们会携带着这些传递和增量的形式一起迁移。在描述新移民方言的发展时，特拉吉尔认为：

第15章 地区之间语言的扩散

导致最终建立一个新的单一规范的大部分复杂工作,将由 8 岁以下的儿童进行。……因此,这个过程具有确定性,从相似混合物里提取出的结果具有相似性。(Trudgill 2004:28)

就像上面所引用的,一些变化会减少谱系树节点之间的距离,谱系树模式内的分析很有规律地反映了这种变化的作用。当平行的分支通过独立的、被激发的变化汇集起来时,这可能会自发地发生。但是,更多的时候,它是言语社区之间接触的结果,是一个特征向另一个特征的传播。这种跨越谱系树分支的传播被称为语言扩散。

比较方法的构拟过程通常采用谱系树模式,而且把语言接触或波浪模型的作用当作影响构拟精度的干扰因素。RWT 在这里想明确的假设:传递是创造和维持语言多样性的基础机制;扩散是次要的。然而,施密特(Schmidt 1871)首次提出的波浪模型确实是提供了另一个版本,扩散是语言变化的主要机制。这种扩散过程首先创造了一个语言相似和相异的连续网络。布龙菲尔德这样总结:

施密特证明了在印欧语系的任何两个分支上都可以找到特殊的相似性,而且这些特殊相似性在地理上最接近的分支中是最多的。不同的语言变化可以像波浪一样在一个言语区域传播,并且每一次变化覆盖这个区域的一部分,不会跟先前变化覆盖的部分重合。这种连续波浪的结果将是一个等语线网络。邻近的地区彼此最相似;无论你往哪个方向走,当你跨过越来越多的等语线时,差

异都会随着距离的增加而扩大。(Bloomfield 1933:316)

那么,在这个模型中,语言之间的不连续性是如何产生的呢?它们是第二个过程的结果,在这个过程中,讲一种特定方言的人获得某种优势——政治的,经济的或文化的——并且随后这种方言的扩展会抹去最初连续体的中间过渡形式。因此,目前意义上的分支分化是通过方言整平消除差异的结果。这种基本方言连续体的概念很符合布龙菲尔德在他的《方言地理学》一章中介绍的密度原理。布龙菲尔德并没有采纳施密特对差异性的另一种解释,而是把谱系树模型视为在现实中永远无法实现的一种理想模式,同时又不排斥这种理念本身:"比较方法[……]将准确地应用于绝对统一的言语社区和突然的、清晰的分化"(出处同上,第 318 页)。

以下各节将论证语言差异性的主要来源是言语社区内变化的传递(和增量),扩散是性质非常不同的次要过程。传递和扩散之间如此清楚的二分法依赖于一个言语社区的概念,这个言语社区有明确界定的界限,共同的结构基础和一系列统一的社会语言规范。尽管对包括方言学家在内的许多学者来说,言语社区形成了一个没有明确界限的连续统(Carver 1987、Heeringa 和 Nerbonne 2001),但是我们发现,美国东部研究最好的社区与中心地带是离散的。纽约市是由共同的结构基础(Labov 1966)定义的地理统一体,这一方面表现在百货商店研究和下东区研究之间的一致性,另一方面也表现在外地居民和本地纽约人之间的鲜明对比。费城也是这样,在定义这个社区的短 a 分化的复杂细节上,在地理上随机进行的电话调查与对 10 个社区的长期研究相一致,而且最年长的费城上层阶级与最年长的费城工人阶级相一致(Labov 1989;PLC 第 2 卷)。正如第 9 章所示,ANAE 发现了言语社区之间更为惊人的一致性和更深的分歧。北部内陆超乎寻常的同质元音系统与北方的加拿大系统和南方的中部系统,用十几条密集的等语线明显分开。

对传递和扩散的讨论将以这些明确定义的社区,以及它们的高度结构化模式的定义为依据。这个调查的性质可能部分取决于北美方言学与西欧方言学之间的差异(Auer and Hinskens 1996, Trudgill 1996, Kerswill 2004)。在欧洲的研究中,传递和扩散之间的对比没有那么突出,因为主要的现象都涉及古老的成熟方言的普通特征的转移,这些比较古老,也很完善。我们没有发现多少关于自下而来的变化的报告,这些变化是通过增量来传递的,就像北美的新音变一样。第二个差异与语言结构的参与程度有关。关于方言连续体的讨论大多数涉及词汇等语线,词汇发生率,或不相关的语音变量,其中传递和扩散之间的区别可能不那么清楚。下面要提出的论点依赖于更抽象的现象:涉及语法条件作用下的语言变化、单词边界和驱动链式音变的系统关系。

15.3 结构扩散

在讨论语言接触的语言后果中,经常出现结构借用的问题。毫无疑问,社区内部的结构传递:如果结构没有代际传递,语言就没有连续性。因此这个问题完全是关于社区之间扩散中出现的情况。

RWT主张对结构扩散要有很强的语言约束。他们指出,谱系树模式的基本条件是,在正常的语言发展过程中,形态句法结构在各代人之间忠实地传递,而不是从一种语言传播到另一种语言。

托马森和考夫曼(Thomason and Kaufman 1988)认为社会因素可以超越语言的限制,忽略任何结构因素的影响。莫拉夫西克(Moravcsik 1978)提出五项划定借用范围的基本原则;但是,坎贝尔(Campbell 1993)对这些限制的有效性提出了一个批判性的述评。霍克和约瑟夫指出,"结构成分通常不会通过借用而扩散"(Hock and Joseph 1996:14),而是语音和词汇借用的变化累积的结果。温福德的结论是,"在任何一种[双语]情况下直接借用结构的理由尚待证明"(Winford 2003:64)。

在详细回顾有关结构借用的文献时,桑科夫(Sankoff 2002:658)得出结论,必须坚持"可借性渐变"的概念:

> 在社会环境制约下,尽管大多数语言接触情境都会导致单向的、而非双向的语言结果,但是,也存在着语言结构压倒性地影响语言结果的情况。形态和句法显然是语言结构中最不易受到接触影响的领域。这种统计上的普遍性并不会因为少数例外而削弱。
>
> 对一些结构借用案例的仔细调查表明,它们实际上是词汇借用的结果:"另一方面,词汇是最容易借用的成分,词汇借用可以导致语言结构的各个层面上的结构变化。"(出处同上)

RWT 引用了金(King 2000)仔细研究的爱德华王子岛法语中对介词词尾结构的借用,以支持他们的观点,即结构借用在少数几个实例中被证明是一种错觉,这已经有充分的社会语言学细节的研究。如果是这样,传递和扩散之间的对比就会是绝对的。一个是拷贝了一切,另一个则是仅限于语言最表层的单词和语音。[5] 然而,实际情况似乎不太可能这么突然地两极分化。约瑟夫(Joseph 2000)提出了句法结构在巴尔干半岛的语言中扩散的令人信服的例子。"动词-not-动词"构式的传播可能是基于动词"want"的常见词汇化模式,但在用有定形式替换无定补语方面没有这样的证据。[6] 无论如何,除了托马森和考夫曼之外,这场争论的参与者都同意,在什么类型的语言模式可以跨语言传播的问题上,存在着结构的限制。

15.4 说明传递和扩散的区别

言语社区内变化的传递和言语社区之间变化的扩散的对比,是两种不同种类的语言学习的结果。一方面,传递是儿童语言习得的产物。另一方面,扩散的限制是由于大多数语言接触发生在成年人之间。因此,结构形式不太可能被扩散,因为成年人学习和再现语言形式、规则和制约条件的准确性和速度,都比不上儿童。

最近的研究成果使我们更为深入地了解到,关键期结束时语言学习能力的变化程度,使这一假设得到证明。(见 Newport 1990 和 Scovel 2000 最近的评论)。语言学习能力衰减的时期大致是从 9 岁到 17 岁。约翰森和纽波特(Johnson and Newport 1989)的实验表明,17 岁以后习得第二语言的人不能再现母语者对句法规则的判断。小山和佩恩(Oyama 1973,Payne 1976)指出,9 岁以后进入言语社区的儿童不能准确地习得本地语音模式。

然而,最近的很多研究表明,在这个关键期之后,成年人确实还有能力在很大程度上改变他们的语言系统(Sankoff 2004)。实时再研究显示出一些成年人始终在朝着变化的方向移动（PLC,第1卷第4章）。对蒙特利尔法语的实时再研究（Sankoff et al. 2001,Sankoff and Blondeau 2007）发现,大约三分之一的成年人的/r/从舌尖到小舌的数量发生了变化。同时也观察到,成年人没有完全转换为小舌/r/的情况,这是很多未成年儿童的特征。

15.5 方言在地理上的扩散

谱系树模型和波浪模型的区别可以从方言地理学中得到证据,同时还可以得到关于扩散和传递的记录。区域方言的分化产生了一个精细的谱系树演化模型。方言地理学也把我们的注意力集中在扩散上,因为相邻方言之间的特征分布导致了这样一个推论,即一些特征从一个方言扩展到另一个方言是一种波浪式的扩散过程（Trudgill 1974a,Bailey et al. 1993,Wolfram and Schilling-Estes 2003）。随着1960年代定量研究的出现,可以对这种扩散过程进行一些详细的研究。

15.5.1 (æ)在挪威的扩散

特拉吉尔对布伦兰半岛的挪威方言研究（Trudgill 1974a）中发现了明显的扩散实例。图15.2(a)和(b)显示了/æ/的低化在两代人中的进展。地图上的数字表示低化从0到500的比例。它们表明,作为起源地的城市中变量的增加,以及从这些城市到次大的城市,最终到小乡村的地理扩散。

图15.2中的数据最初用于支持扩散的重力模型,其中一个城市对另一个城市的影响跟它的人口规模成正比,与城市之间距离

第 15 章 地区之间语言的扩散

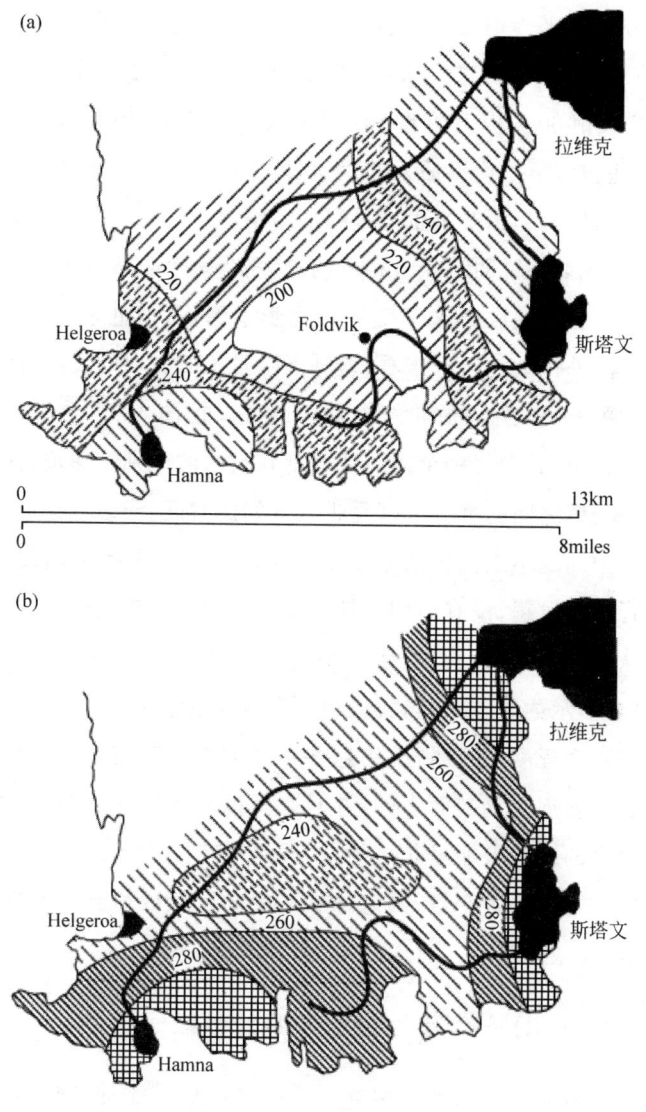

图 15.2 布伦兰半岛/æ/的低化(Trudgill 1974a,地图 7,8);(a)70 岁及以上的说话人;(b)25—69 岁的说话人。剑桥大学出版社许可转载

的平方成反比。[7]但是,它们也说明了两种语言变化之间的显著差异:城市语言社区的增量和农村的扩散。在图15.2(a)中,拉维克镇和斯塔文镇60岁以上最老一代说话人的值超过240;在图15.2(b)中,这些城市第二代说话人的值超过280。这表明,低化过程的幅度增加是作为起源城市生成过程的增量。[8]

图15.2还说明了一个相反的过程:当一个人从城市中心地区搬到内陆农村地区时这个变量会稳步下降,量值低于200。从城市中心向外扩散的过程来看,这种下降是不断减弱的波浪,随着变量(æ)的每一个新水平向外扩散。也可以把图15.2看作是递增区域的数组,其中每一个周边地区都在自己的级别上递增,而大城市和小城镇之间的唯一区别是进程开始的时间。

这个问题不能仅仅依据布伦兰半岛的数据来解决,它只是一个语音输出过程,没有结构条件或结果。按照北美英语那样,将有可能从更复杂的数据中区分平行音变和扩散。但是,考虑到图15.2显示的城市影响,我们可以预期,在边远地区进行中的变化会有一定程度的减弱,因为这些扩展的形式起初就是从相对保守的成年人那里复制而来的,并且是从以零散和失真的方式改变自己语言的成年人那里获得的。下一个实例展示了一个从城市中心扩散的社会语言变量,是怎样在一个边远社区得到戏剧性的重新解释。

15.5.2 (an)从德黑兰向加兹温的扩散

这种成人接触的性质在莫达雷西(Modaressi 1978)对德黑兰波斯语方言的研究中得到了说明。他研究的一个社会语言学变量是(an),在鼻音前面的/a/向[o:]和[u:]高化,比如德黑兰城市的名字从[tehra:n]向[tehru:n]的转变。这个变量显示德黑兰有规律的社会分层,说话人的社会地位越高,(an)高化的频率就越低。莫达雷西还研究了小城加兹温,同名省份的古都,离德黑兰大约150千米。

图 15.3 显示按年龄和语体分列的德黑兰和加兹温(an)高化的百分比。这两个城市都展示了鲜明的语体分层并且这种变化有规律地向前发展,实线显示的是德黑兰的量值,低一点的虚线显示的是加兹温的量值。

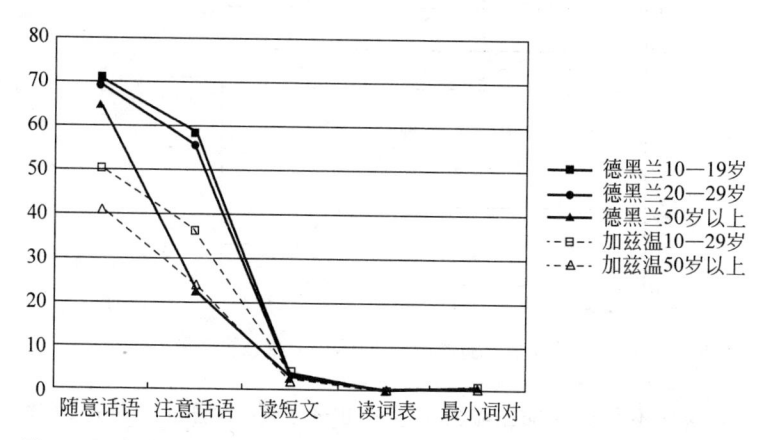

图 15.3 在德黑兰和加兹温的波斯语中,(an)按年龄和语体的高化增长率

图 15.4 按社会阶层划分了这个变量,社会阶层是按照接受的教育年限记录的。对于受过大学教育的说话人来说,加兹温只是略低于德黑兰,但随着教育水平的降低,这种差异越来越大。此外,这两个社区在社会分层方面表现出相反的方向:德黑兰居民接受的教育越多,他们的/an/向[u:n]高化就越少;与此相反,加兹温居民的教育程度越高,他们/an/的高化就越多。只有在我们推断德黑兰和加兹温之间的接触主要发生在受教育程度较高的成年

人中,并且变量通过成人接触网络以逐渐降低的比率在加兹温向下传播时,这个结果才有意义。虽然最初德黑兰的(an)高化是说话人内部适应的问题(Trudgill 1986,第1章;Joseph 2000),但在加兹温社区的说话人外部传播,却是在成年人中遵循相反的社会声望模式。

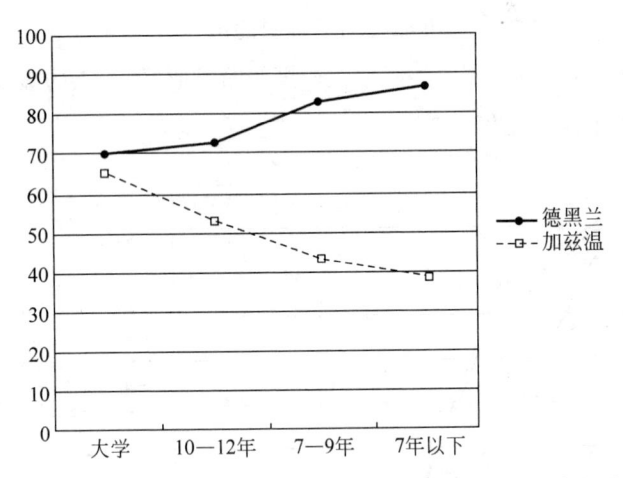

图 15.4 在德黑兰和加兹温的波斯语中,(an)按教育年限的高化增长率

这并不是说在加兹温的儿童中也不会发生增量。但是,它们会通过成年人扩散的过滤之后,伴随着对加兹温的社会评价,来继承这个新变量。这些方言地理上的例子支持这样一种主张,即语言变量在不同地方的扩散是由成年人进行的,我们预期他们的这些变量形式不是更领先,而是更保守。这个扩散的一个奇怪的结果是,在加兹温,随意的话语倾向于采用具有最高声望的说话者中最常见的形式——一种社会语言学的反常现象。

挪威的(æ)低化和伊朗的(an)高化是我们在研究音变过程中发现的许多语音输出规则的典型。为了探讨结构特征是否可以扩散的问题,我们需要考虑更复杂的模式,而不是无条件地降低/æ/,或在鼻音前面升高/a/。纽约市的短 a 分化在语法条件制约下的扩散就是这样的一个实例。

15.6 纽约市短 a 系统的扩散

几乎所有的北美英语方言都显示出了历史上短 a 词群中一些成员的高化和前化(ANAE 第 13 章)。[9]语音条件的作用总是存在的,在某些情况下是连续的,在另一些情况下则不是,分为紧音和松音的类别,[10]这可以通过简单的语音规则来预测。有五种基本的分布类型:

a. 鼻音系统　所有在前鼻音/n/和/m/之前的短 a 都是紧元音(*ham*、*hammock*、*man*、*manage*、*span*、*Spanish*),其他的都是松元音。

b. 高化的短 a　所有在历史上带有短 a 的单词都是紧元音。这种情况只出现在北部内陆地区。

c. 持续高化的短 a　短 a 单词有不同的紧张度:在鼻尾音之前的元音处于领先位置,在清塞音之前的元音,以及在阻塞音和流音词首之后的元音(*glass*、*brag*)保持在前低位置。

d. 南方裂化　在南方方言区,短 a 裂化为前低音核、上腭滑音和后接内滑音。

e. 分化的短 a 系统　在纽约市和大西洋中部沿岸,紧元音和松元音的分布受到语音、语法、语体和词汇条件的复杂制约。

类型(e)的分布形式是特定于纽约市及其周边地区的,巴比特于 1896 年首次对这种形式进行了描述(Babbitt 1896)。[11]巴比特报告说,年长的说话人把新英格兰的宽 a 系统发为紧元音变体,而年轻的说话人似乎拥有了特拉格基于新泽西州纽瓦克市的讲话模式首次描述的现代系统(Trager 1930,1934,1942)。[12]旧的和新的系统(在闭音节中)在某些前鼻音和所有前清擦音之前的位置上紧化是一致的;但是新的系统扩展到把在尾音位置上的所有前鼻音、所有清擦音和所有浊塞音都包括进来,如图 15.5 所示。虽然两个系统在这些词中都是紧元音:*can't*、*dance*、*half*、*bath*、*pass*、*past*,但是新系统增加了这些单词:*man*、*stand*、*cash*、*cab*、*mad*、*badge*、*flag*。元音高化和前化的程度是一个很强的社会语言标记,纽约人在注意的言语中经常降低他们的紧元音。但是,在没有正式的观察干扰的情况下,是不受社会评价影响的,在社区成员的随意言语中紧元音和松元音是均匀分布的(Labov 1966)。

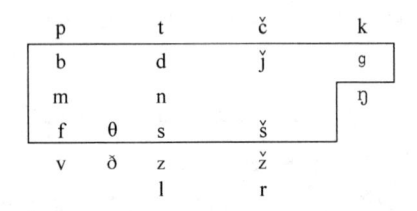

p	t	č	k
b	d	ǰ	g
m	n		ŋ
f	θ	s	š
v	ð	z	ž
		l	r

图 15.5 纽约市短 a 紧化的词尾条件

对于这种语音条件,又添加了一些特定条件:

1. 虚词制约　有简单词尾的虚词是松元音(*an*、*I can*、*had*),而对应的实词是紧元音(*tin can*、*hand*、*add*)。*can't* 有了复杂的词尾,也是紧的。这样可以使紧元音 *can't* 和松元音 *can* 在/t/被省略或中和的环境下保持对立。

2. 开音节制约　短 a 在开音节中是松元音,这样在单词 *ham*、*plan*、*cash* 中就是紧元音,但是在 *hammer*、*planet*、*cashew*

中还是松元音。

3. 屈折词缀结尾　音节由屈折词缀结尾,如 *plan* 和 *planning*、*staff* 和 *staffer* 都是紧元音。

4. 可变词项　浊塞擦音和浊擦音之前的短 *a*,在闭音节(*jazz*)和开音节(*imagine*、*magic*)都有相当大的变化。

5. 首音制约　除了最常见的单词(*ask*、*after*)外,通常产生紧元音的尾音前面的词首短 *a* 是松元音(*aspirin*、*asterisk*)。

6. 缩写　缩写的人名通常是松元音(*Cass*、*Babs*)。

7. 例外词　有许多例外的词汇,例如:*avenue* 通常是紧元音,而 *average*、*savage*、*gavel* 是松元音。

8. 学会的词①　许多在紧元音环境下的学会的词或者后学会的词中的短 *a* 都是松元音,例如:*alas*、*carafe*。

考虑到词汇上的特定条件(4—7),似乎有必要把这种模式分析为音位分裂。然而,凯帕斯基(Kiparsky 1988)从词汇音系学的观点认为,社区内进行中的变化模式表明存在着词汇和语法的制约规则。为了决定这个问题,我们需要比现在更多的关注如何学到这个模式的信息。第 1 卷第 18 章讨论了费城和纽约市短 *a* 分化之间的关系。纽约人在学习费城模式中由词汇决定的方面比由更多规则制约的方面更为成功,这一事实突显出这两个系统之间的相似性。

在这个问题的讨论中,将紧元音称为/æh/,而松元音称为/æ/,而不考虑这些类如何生成或存储。图 15.6 显示了 ANAE

---

① 在英文里面,如果一个单词不符合正常拼读规则,一般称为 learned word 或 sight word(学会的词)。有些介词就是这样的。late learned word(后学会的词)意思差不多,人们可能更晚才学会这些词。——译者

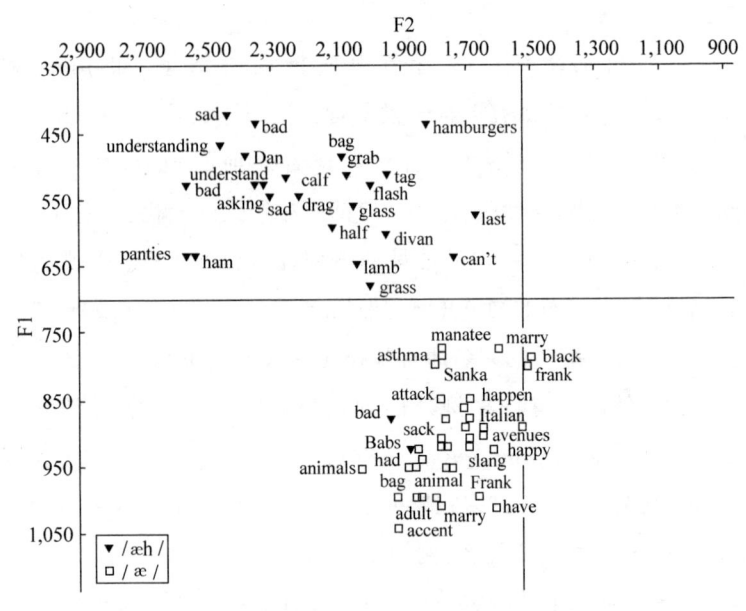

图 15.6 南希的短 a 分布, 65 岁[1996], 纽约市, TS 495

1996年调查的纽约市一名发音人南希的紧元音/æh/和松元音/æ/的分布特征。她当时65岁,是一位家庭主妇,又是意大利语-美国英语背景的秘书。在访谈过程中,只有两个紧元音成员(分别是 bad、bag)改变为松元音。否则,我们就会观察到这两个词群之间的明显分离。紧元音/æh/词群包括闭音节中的短 a 在浊塞音之前(sad、bad、bag、tag、drag),鼻音之前(ham、understanding、hamburgers、can't、divan),清擦音之前(calf、flash、glass、last、grass)的发音。在松元音类别中,有对应的短 a 在开音节的词(animal(s)、manatee),虚词(have、am、had),以及通常是松元音的环境(happen、attack、black),包括软腭鼻音之前的词(Frank、slang、Sanka)。

纽约市方言的范围仅限于纽约市本身和新泽西东北部的几个邻近城市(威霍肯、霍博肯、泽西市、纽瓦克)。[13] 纽约市的短 a 分布在整个区域是一致的,据我们所知,在20世纪的大部分时间里都是稳定的。很明显,纽约市的短 a 系统跟它最初简单的语音制约的音变已经相去甚远。这个系统已经发展了词汇和形态的不规则性,具有许多晚期变化的特点(Janda and Joseph 2001)。因此,它给了我们一个机会,让我们看到当这个复杂的结构扩散到其他社区时会发生什么情况。

ANAE 显示,纽约市的模式沿着图15.7所示的路径,已经扩散到其他四个社区。

15.6.1 向新泽西州北部的扩散

我出生在新泽西州的卢瑟福镇,在纽约市语言社区外面的一个到处是荷兰式农舍的小的住宅区。虽然我所说的当地方言是带有 r-发音的,但是短 a 的发音系统总体上符合上文的纽约市短 a 系统的描述。[14] 只有一个显著的区别是没有虚词制约条件。短 a 在 can 和 can't 中都是紧元音,而且通常/t/在舌尖塞音之前被中和(如"I can't tell you")。所以新泽西州北部居民中,一个非常普遍的说法是"你是说 C-A-N 还是 C-A-N-T?"在 am、an、and 中也是紧元音。本来我最初引用这个例子要说明音变是怎样超越虚词制约的;可是,从这个研究的角度来看,它似乎是这样一个实例,证明在纽约市短 a 系统向周围接触的方言扩散过程中,丢失了结构制约的细节。

科恩(Cohen 1970)详细研究了纽约市和新泽西州北部相邻地区的短 a 系统。他发现,离纽约最近的卑尔根县(位于哈肯萨克

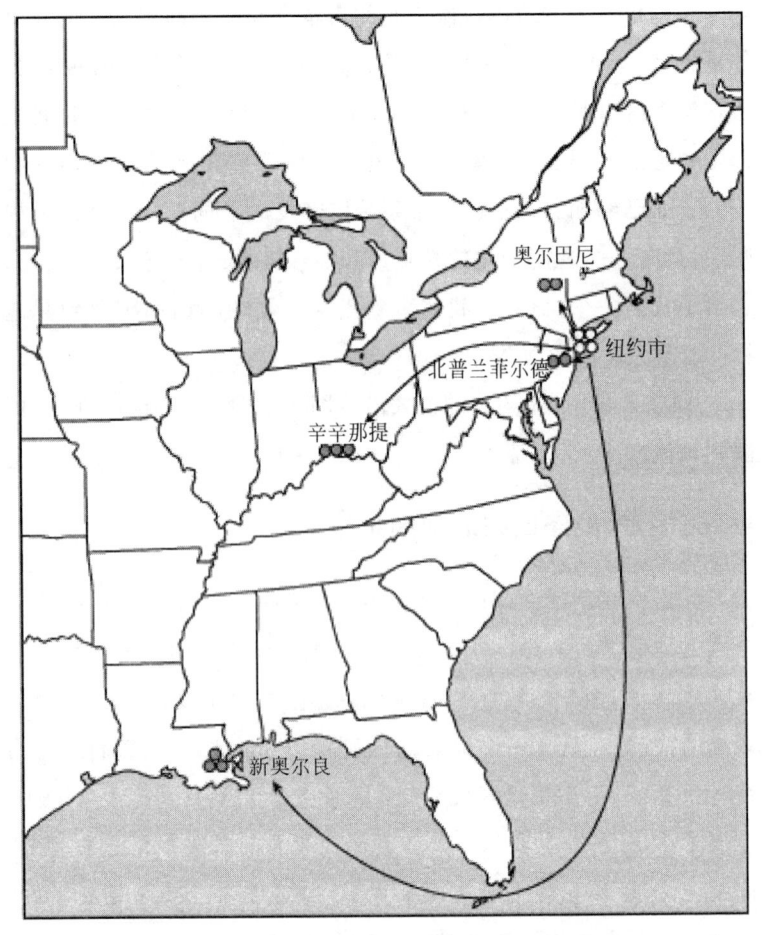

图 15.7　纽约市短 a 模式向其他四个语言社区的扩散

河与哈得孙河之间）复制了上述纽约市的特征，并且与我们在纽约市所发现的差异不大。哈肯萨克河和帕塞伊克河之间的区域里，包括卢瑟福镇，有一个明显的趋势是，在鼻音之前失去虚词制约，所以单词 can、am、an、and 是紧元音。紧化的可变词项出现在诸

如 *planet*、*fashionable* 等开音节词类型中。在帕萨奇河区域之外，短 *a* 系统与纽约市系统完全不同。1990 年代在帕塞伊克和帕特森进行的 ANAE 调查采访显示一个统一的鼻音系统，在鼻音之前而且只在鼻音之前发紧元音。这给了我们一些迹象，表明在纽约市的影响扩散到卑尔根县之前可能发生了什么情况。

尽管最初的 ANAE 设计旨在调查 50,000 个或者更多的城市，但是它后来发展为研究纽约市和费城之间地区的一些小城镇。有两位来自新泽西州北普兰菲尔德的说话人接受了访谈。北普兰菲尔德是一个拥有两万人的居住社区，位于纽约市西南 28 英里处，纽瓦克市西南部 18 英里处，是最接近纽约方言的完整代表。ANAE 的一个调查对象是亚历克斯，一位有俄语/波兰语背景的 81 岁退休的工具和模具制造商，他在 2001 年接受了访谈。图 15.8 显示，他的短 *a* 系统显然遵循了纽约市基本模式。图 15.8 中的符

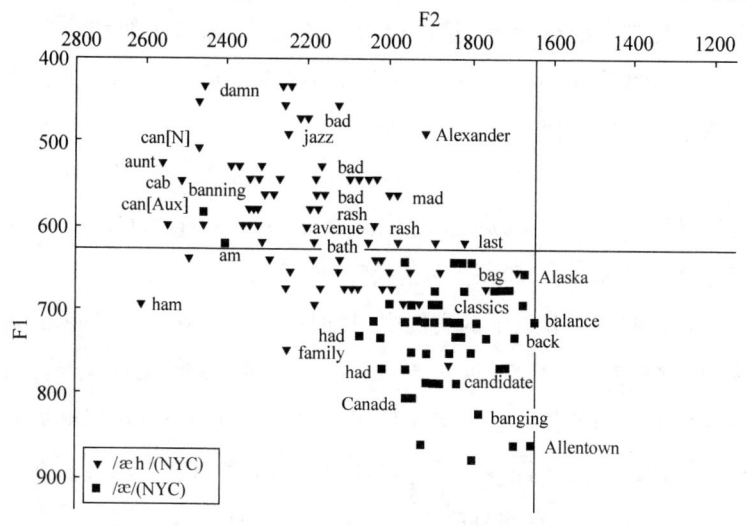

图 15.8 亚历克斯的短 *a* 系统，81 岁[2001]，新泽西州，北普兰菲尔德，TS 815

号以纽约模式为线索;灰色三角形代表紧元音/æh/,黑色正方形代表松元音/æ/。闭音节中后接浊塞音(*cab*、*bad*、*glad*)和清擦音(*bath*、*math*、*glass*、*past*、*rash*、*Alaska*)的短 a 是紧元音。在纽约市,有几个词通常是紧元音,主要是多音节词,本来应是在松元音类中:*mash*、*candidate*、*mansions*。[15] 这里有一个重要词项是松元音 *bag*;以/g/结尾的词在纽约市以外都是松元音。屈折词缀结尾的音节(*banning*)就像在纽约市一样。开音节制约是部分完好,比如在 *Canada* 中是松元音而在 *classics* 中是紧元音。[16] 例外词 *avenue* 是紧元音,这跟纽约市一样。跟纽约市的关键区别在于鼻音前没有虚词制约,如 *am* 以及情态动词 *can* 和名词 *can* 都是紧元音(然而,*had* 是松元音)。

　　研究的第二位北普兰菲尔德发音人是年龄小一些的迈克尔,爱尔兰语背景的犯罪学顾问,2001 年 58 岁,跟亚历克斯没有关系。迈克尔在前鼻音、浊塞音和清擦音之前,保留了纽约市短 a 系统的基本轮廓,但失去了更多的结构制约细节。我们观察到,他讲话中的 *am* 和情态动词 *can* 跟亚历克斯一样发紧元音,但他把 *had* 也发为紧元音。另一方面,例外词 *avenue* 是松元音。开音节制约较弱:*camera*、*damage*、*Janet*、*planet*、*Spanish*、*Catholic* 是紧元音,而 *manage* 和 *castle* 是松元音。

　　在这些实例和以下的实例中,我们可以认识到纽约市短 a 系统的影响,它在前鼻音、浊塞音和清擦音之前发为紧元音有着复杂而独特的制约条件。这个特征只在纽约和与纽约市有过接触史的社区中才能发现。许多词汇和语音的制约细节有的可能与基本语音模式一起复制,有的可能丢失。大多数说话人在扩散中丢失的是开音节制约和虚词制约条件。

15.6.2 向奥尔巴尼的扩散

奥尔巴尼的移民定居实际上是在纽约市之前。在1609年由亨利·哈得孙建立的,这是后来成为美国的北美殖民地的第二个永久定居点。在荷兰时期以及后来,它有着一段漫长而分离的历史。但1810年至1827年伊利运河的修建,导致纽约市人口不断流向奥尔巴尼和西部。因此,这并不奇怪,从库拉斯(Kurath 1949)的词汇地理学的一些词汇地图中发现纽约纽约市与哈得孙河谷之间的联系。图15.9追溯了纽约市区和哈得孙河谷共有的

```
SUPPAWN "玉米粥"
BARRACK,HAY BARRACK "干草堆"
TEETER-TOTTER "跷跷板"
```

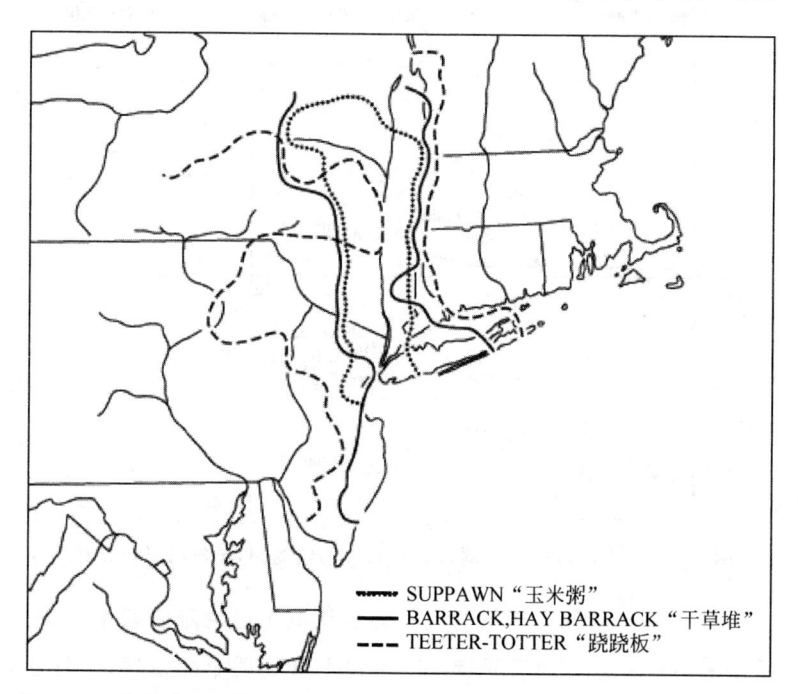

图 15.9　哈得孙河谷方言区(Kurath 1949,图 13)。版权 1949,经密歇根大学出版社许可转载

三个词项的分布情况:*suppawn*(玉米粉)、*barrack*(干草堆)和 *teeter-totter*(跷跷板);1963年纽约下东区调查中受试者还经常使用(Labov 1966)。

纽约州哈得孙河谷以外的短 *a* 分布与纽约市的系统不一样。这些城市大多具有(b)型发音、大批北方内陆特色的短 *a* 高化。新英格兰以(a)型鼻化发音为主。但是,在奥尔巴尼,ANAE 的两位发音人表现出与纽约市模式惊人的相似性——如图15.10 约翰的短 *a* 分布所示。[17]

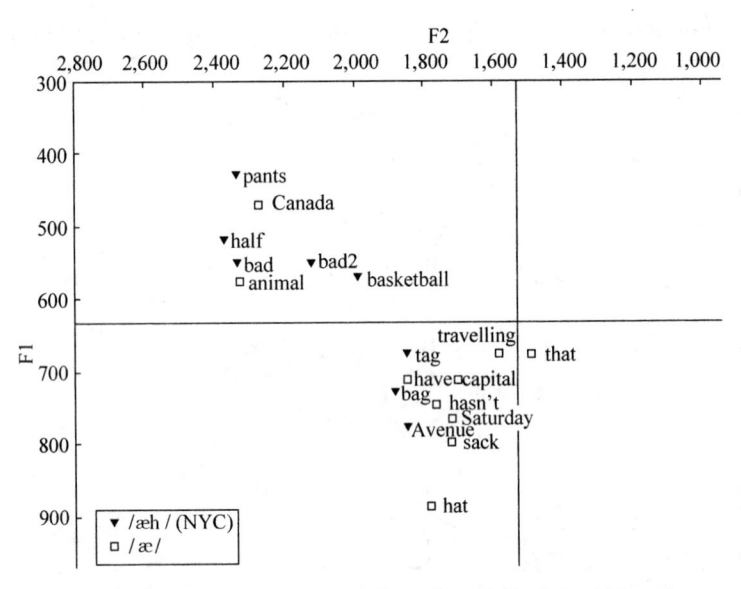

图15.10 约翰的短 *a* 词例,46岁[1995],纽约州,奥尔巴尼,TS 353

任何熟悉纽约市音系的人都会承认奥尔巴尼跟它联系密切。在 *law* 和 *coffe* 中的后元音/oh/不仅上升到后半高位置,而且还显示了纽约市特有的圆唇(撮起嘴唇)模式。紧化的短 *a* 有大为靠前的音核,它上升到半高和稍低的高位。在纽约,紧元音组有复杂的配列包括浊塞音、清擦音和前鼻音。然而,仔细研究奥尔巴尼系统的具体情况,可以发现跟纽约市有一些明显的偏离。

跟图 15.8 的标示一样,图 15.10 的符号标示出纽约市的紧/松元音类别。左上角的空心正方形和右下角的实心三角形表示与纽约市系统的偏差。和纽约市一样,在浊塞音和清擦音前面的短 a 是紧元音(*bad*、*half*、*basketball*)。但是,奥尔巴尼显示了开音节制约的缺失:*Canada* 和 *animal* 两个词发音明显是紧元音。短 a 在/g/前面是松元音:*tag* 和 *bag*,这跟在北普兰菲尔德一样。单词 *avenue* 在纽约市通常是紧元音,在这里是松元音。

短 a 系统向北扩散到奥尔巴尼,代表了纽约市分化的基本语音系统的传输,但这不是一个忠实的复制。闭音节和开音节的对立已经消失,随之而来的是紧元音的 *planning* 和松元音的 *planet* 之间的语法对立。剩下的就是把词例发音分离为音位变体的双峰分布,这决定于纽约市特有的语音制约条件:浊塞音(除/g/之外)、清擦音,以及前鼻音。

丁金对纽约州北部方言边界的探索(Dinkin 2009 年)为纽约市特征向哈得孙河谷的扩散提供了更丰富的图景。

图 15.11 显示了一位 53 岁的退休零售业员工的元音系统,他来自波基普西(Poughkeepsie),这个城市位于纽约市和奥尔巴尼(Albany)之间的哈得孙河谷(Hudson Valley)的中间。纽约市系统的语音模式再一次被复制,连同它在前鼻音、清擦音(*laugh*、*cash*、*last*、*basketball*)和浊塞音(*cab*、*bad*)前面的短 a 紧化。同样是浊塞音/g/被排除在紧元音之外(*bag* 是松元音)。虚词制约减弱:*can*、*and*、*has* 是紧元音,而 *have* 和 *had* 是松元音。开音节制约也不见了:*national*、*cashew*、*family*、*camera*、*planet*、

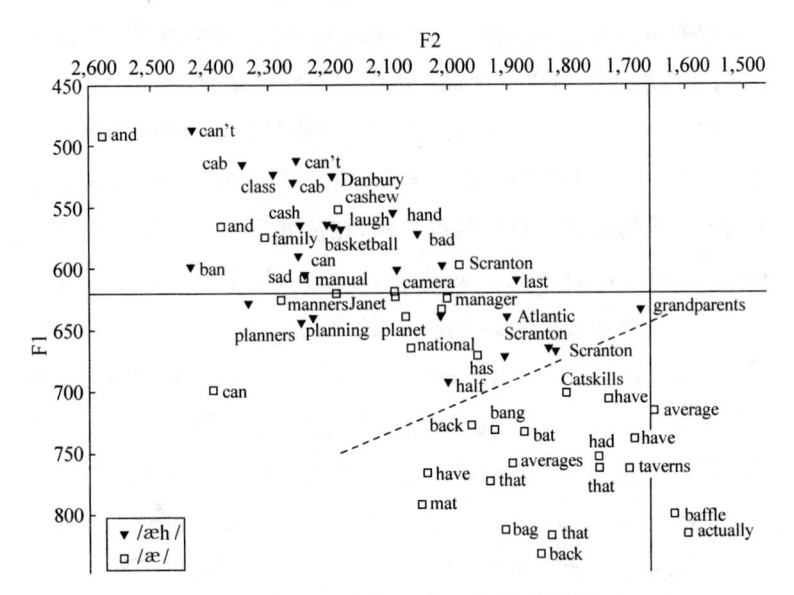

```
                              F2
       2,600 2,500 2,400 2,300 2,200 2,100 2,000 1,900 1,800 1,700 1,600 1,500
   450
          □ and      ▼ can't
   500
                    cab ▼       ▼ can't
                       class▼  ▼cab ▼Danbury
   550                              cashew
               □ and        cash    ▼ laugh  ▼ hand
              basketball   ▼family ▼basketball  ▼ bad
   600              ▼ ban         ▼can         □ Scranton
                             sad □  ▼manual  ▼ camera   ▼ last
                           ▼    □mannersJanet  ▼ manager                  ▼ grandparents
F1 650                  planners planning  planet  ▼ Atlantic
                                         □ national    Scranton    ▼Scranton
                                                    has                    Catskills
   700         □ can                         ▼ half               ▼ have
                                         back   bang                      □ average
   750                                       □    ▼ bat   had    □ have
                                                     □ averages     □ taverns
                                              ▼ have  □ that   that
   800                                            □ mat                □ baffle
              ▼ /æh/                                □ bag  □ that       □ actually
              □ /æ/                                        □ back
```

图 15.11 路易的短 *a* 元音，53 岁 [2009]，纽约州，波基普西（Dinkin 2009）。宾夕法尼亚大学许可转载

manner 都是紧元音。

15.6.3 向辛辛那提的扩散

在 ANAE 数据库中，有辛辛那提市的四个发音人；对其中三个发音人进行了声学分析。图 15.12 显示了一位 58 岁的露西娅女士发音中典型的短 *a* 系统，她具有爱尔兰/德国背景，曾是教师，当时在一家储蓄信贷公司任会计。

我们可以观察到紧元音和松元音的分化，这是纽约市的特点。紧元音组包括短 *a* 在前鼻音（*ham、aunt、chance、divan*）、浊塞音（*mad、sad、dad*）和清擦音（*cash、hashbrowns*）之前的情况。博伯格和斯特拉塞尔（Boberg and Strassel 2000）注意到辛辛那提和纽

第15章 地区之间语言的扩散

[散点图：F1 vs F2，显示 /æh/ (NYC) 与 /æ/ (NYC) 的短 a 系统分布，包含词例 sad, cash, Catholic, sadness, mad, passive, fascinated, dad, and, divan, family, imagine, ham, davenport, chance, hashbrowns, Canada, aunt, angry, cash, ash, natural, tag, that, banks, cat, chatting, bag, Cincinnati, sack, exactly, unhappy, hat 等]

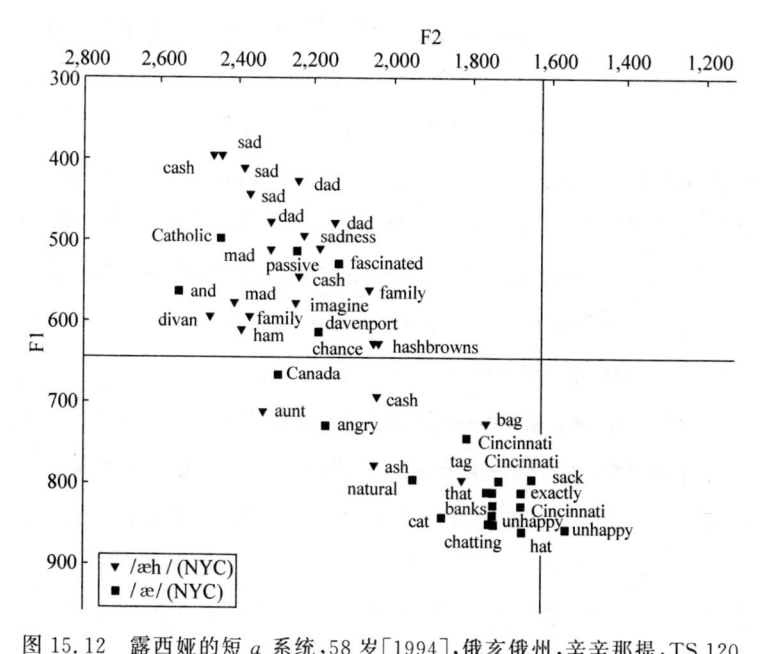

图 15.12　露西娅的短 *a* 系统，58 岁［1994］，俄亥俄州，辛辛那提，TS 120

约短 *a* 模式之间的相似性；他们采访了另外 15 名受试者，对于短 *a* 发音相当注意（另见 ANAE 第 19 章）。

我们在辛辛那提发现了偏离纽约市模式的类型，如图 15.12 灰色三角形中的暗色正方形所示，这跟北普兰菲尔德和奥尔巴尼的情况类似。开音节制约一直没有遵守，如在 Catholic、passive、fascinated、davenpor、Canada 词中的紧元音。此外，虚词 and 也出现在紧元音组，反映了语法制约的缺失。在松元音词例中，对纽约市模式唯一明显的例外是在 /g/ 之前的元音。

我们的第一个任务是从历史的角度来解释纽约市和辛辛那提之间的相似性——在最初的移民定居模式中，或者通过后来的接触。辛辛那提正好位于中部地区，那里通常有着一条穿过费城、宾夕法尼亚西部和肯塔基州的移民定居潮流。但是,尽管大西洋沿岸中部地区的巴尔的摩、威尔明顿和费城,把浊塞音前的紧化发音限制为只有三个单词(mad、bad、glad),辛辛那提却是在所有浊塞音前面普遍是紧元音,除了/g/。虽然大西洋中部沿岸地区的紧化发音仅限于在清擦音词尾前面,但辛辛那提跟纽约市一样,也在硬腭音/š/之前发紧元音。还应注意的是,博伯格和斯特拉塞尔采访的辛辛那提五位最年长的受试者在浊擦音之前有一致的紧化发音——这在纽约市是可变词项的环境。[18]

我们很幸运,对辛辛那提的定居点有非常详细的叙述。从1943年到1963年,俄亥俄州历史与哲学学会出版过一种通讯简报,许多当地学者都在上面发表了文章。我们将对辛辛那提语言社区的定居历史进行一些详细的研究,因为它使我们得以密切观察传播过程,这对纽约市和辛辛那提的短 a 模式之间的关系有着至关重要的影响。绝大多数的定居者都是在新泽西州长大的,离我们刚刚考虑的北普兰菲尔德地区不远。

现在的辛辛那提市的历史始于1787年,当时国会开放阿勒格尼山脉和密西西比河之间的定居(Shepard 1949)。几位参加过独立战争的著名老兵率先购买了迈阿密河口附近的土地。本杰明·斯蒂斯少校是新泽西州联邦镇苏格兰平原的本地人。他在法国和印度战争期间第一次熟悉辛辛那提地区。他向约翰·克利夫斯·西姆斯法官表达了定居的热情。西姆斯是纽约人,28岁时移居新泽西。他和他的同事在大小迈阿密河之间购买了33万英亩的土地。跟西姆斯一起的是以法莲·基比,他是一位猎人、筑路工人和印地安战士,后来在领土立法机构任职;他的出生地在1754年被列入新泽西(尽管赛奥达尔[Sjodahl]1964声称他是从康涅狄格州萨默斯的家中来到新泽西加入新泽西第四团的)。不久之后,以斯蒂斯为首的26名定居者来到这里。[19] 他的孩子小本杰明、以利亚和希西加,在这个地区的早期历史上都是显赫的;据说小本杰明的妻子是辛辛那提的第一位白人妇女。

在早期的定居者中,伯内特家族在19世纪上半叶有很大的影响(Stevens 1952年)。威廉·伯内特博士(1730—1791)出生于新泽西州,父母为苏格兰人,在独立战争期间是大陆会议成员,也是外科主任。他的一个儿子威廉,在1789年去了辛辛那提,但在1791年返回故乡。1796年,他的另外两个儿子雅各布和乔治搬到了辛辛那提;他们都成了律师,并任职于俄亥俄州的国土局。伯内特的小儿子艾萨克于1804年去了辛辛那提,跟雅各布学习法律,并娶了一位坎伯兰郡的女子为妻。他成了该郡的检察官,后来由另一个新泽西人约瑟夫·克兰接任。艾萨克和克兰随后与另外两位商人一起创办了代顿制造公司,这两个商人分别来自新泽西州和罗得岛。艾萨克·伯内特1819年当选为辛辛那提市市长,任期长达12年。

在1844年辛辛那提开拓者协会的一次会议上,人们注意到,在场的最老的开拓者是出生在新泽西的威廉·丹尼森。另一位著名的早期开拓者丹尼尔·德雷克的纪念碑显示,他于1785年出生于新泽西州埃塞克斯郡(Blankenhorn 1950)。一项关于古老的石制圣公会教堂的研究是以约翰·柯林斯牧师为中心的,他于1802年从新泽西州格罗斯特郡来到辛辛那提。

在1957年,谢博德在辛辛那提郊区北本德的一栋房子的阁楼上发现了一个装满信件的箱子。这些信是一位来自新泽西州农区的邻居写的,写给在新泽西州的亲戚,用诱人的语言描述了在西姆斯法官购买的新土地上的生活(Shepard 1957)。

关于辛辛那提方言形成的看法是明确的。从 1788 年建立到至少 19 世纪中叶,辛辛那提社会一直由来自新泽西州中部的人主导。定居者中也有来自许多其他地区的,如罗得岛、康涅狄格州和宾夕法尼亚州,但一个典型的董事会的四位成员中有三位是来自新泽西州。这些历史记录中确定的绝大多数社区领导人来自新泽西州,那里正是现在具有图 15.8 所示的短 a 发音系统的地区。

这不是那种 1 万到 2 万人的社区移民,那种第 10 章讨论的新英格兰移民的典型情况。人们以个人或者小群体的形式搬迁,偶尔回家乡,并且通常是与同乡群体以外的人结婚。至少在最早的时期,纽约市的短 a 发音系统是从成年人传播到其他成年人的,在他们的新住地与来自其他方言区的定居者接触;这种情况我们必须归类为扩散而不是传递。定居者来自不同地区使情况更加复杂。新泽西州的一些移民可能来自完整保持纽约市语音系统的社区。其他人可能拥有我们在北普兰菲尔德看到的修改过的系统,因此他们可能是第二波扩散的媒介。无论如何,辛辛那提 19 世纪前 25 年的孩子是从父母那里接受了这里所描述的纽约市发音体系的简化形式。这种扩散是有效的:辛辛那提方言来源于新泽西州,并与当地社区保持接触,直到 20 世纪末,辛辛那提方言一直抵制与其他中部方言的平整化。

这第二次扩散造成了跟原来的纽约市模式之间更大的距离。在辛辛那提模式中,开音节制约和语法制约实际上消失了。此外,有两个语音制约的作用扩大了。与新泽西州或纽约州相比,这里浊擦音词尾前的紧化更为一致。正如我们在其他地方看到的,在软腭音之前对于紧元音的制约从鼻音扩展到口辅音——即,扩展到/g/。

在这一点上,我们必须考虑普兰菲尔德、奥尔巴尼和辛辛那提的短 a 系统代表纽约市模式的初始阶段的可能性,它被忠实地传送到新泽西和奥尔巴尼,然后可能不那么忠实地向西扩散,而现在区分纽约市的特征,特别是语法制约,都是后来的发展。这将与沃尔夫拉姆和席林-埃斯特斯(Wolfram and Schilling-Estes 2003)阐述的波浪模型相符合。

最早描述纽约市短 a 系统的是巴比特(Babbitt 1896)。我们目前的观点假设,一个世纪前,纽约市系统与现在的情况相似。如果我们对纽约短 a 系统早期历史的推测是正确的,那么这个系统起源于英国英语的宽 a 系统(British broad-a),那是在英国元音前化的时期(Ferguson 1975;PLC 第 1 卷)。从那时起,它经历了相当大的变化。语法制约就是一种创新。另一方面,开音节制约是英国宽 a 系统和纽约市系统的所有版本共有的制约条件。现在的问题是:有没有证据表明语法制约可以追溯到独立战争时期?虽然我们没有直接的证据,但比较法的间接证据源于这样一个事实:费城、雷丁、威尔明顿和巴尔的摩的方言(显然与纽约市的短 a 分化同源)都有这个制约。在大西洋沿岸中部短 a 系统中,虚词 *can*、*am*、*an* 也是松元音。[20] 考虑到短 a 在北美或英国的各种发展中没有报告过其他情况,所以这些不大可能是独立创新的。正如我们所看到的,这些变化是反向的:虚词中的短 a 从松元音变成紧元音。[21] 因此,我们继续讨论最有可能的情况,在大西洋沿岸中部的两个主要城市的美式英语形成初期,通过共同创新的虚词制约,使英国英语宽 a 类发音发生了改变,这种创新在这些语言社区中得到了忠实的扩散,但并没有扩散到其他社区。

下一个案例将在更广泛的语音现象上展示出与纽约市的相似之处；有证据表明，在19世纪，与纽约市的商业关系导致了两地之间密切的社会往来。

15.6.4　向新奥尔良的扩散

虽然新奥尔良市坐落于美国南部，可是人们早就认为它的方言跟南部其他城市的方言有很大的不同。ANAE把南方定义为一个方言区：它是由/ay/在浊塞音之前的单元音化（南方音变的起始阶段）来定义的。这种单元音化现象在新奥尔良市只是很小的一部分。南方音变的第二和第三阶段在那里没有痕迹，包括短元音和前上滑元音相对位置的反转。尽管如此，新奥尔良市确实属于更大的东南部方言区，其特点是/ow/的前化和对后低合并的抵制（ANAE，地图11.11）。

许多研究者注意到新奥尔良和纽约市的语言有相似之处。例如利伯林评论：

> 有一种新奥尔良的城市口音……与新奥尔良市中心相联系，特别是与德裔和爱尔兰裔的第三区，很难跟泽西市的霍博肯和长岛的阿斯托利亚的口音区分开，已经在曼哈顿绝迹的阿尔史密斯屈折现象在那里得以存留下来。(Liebling 1961)

像大多数城市方言的公众观察者一样，利伯林把工人阶级的都市方言解释为地理上的分支。但是纽约市和新奥尔良市方言的相似性是以现实为基础的。众所周知，新奥尔良市在 *work*、*thirty* 等单词中有不带 *r* 的央元音腭化形式[əɪ]。这构成了纽约市老方言的固化印象。拉波夫(Labov 1966)报告说,这种污名化的无 r 特征在年轻人中迅速消失。然而,对现在的许多纽约人带 r 形式的密切关注,揭示了持续的腭化痕迹。图 15.13 显示了新奥尔良两个中央元音的语音特征,发音人是 ANAE 中新奥尔良最年长的西比尔,69 岁,有德语/意大利语背景。在图 15.13(a)中,单词 first 中的元音显示了 101 毫秒的稳定段,F2 大约为 1,373Hz。然后突然上升 44 毫秒,达到 1,964Hz 的峰值。同时,它与 F3 接近,产生腭化/r/的听觉效果。在图 15.13(b)中,单词 person 的第一个音节也表现出类似的模式,尽管 F2 和 F3 的接近没有持续很长时间。

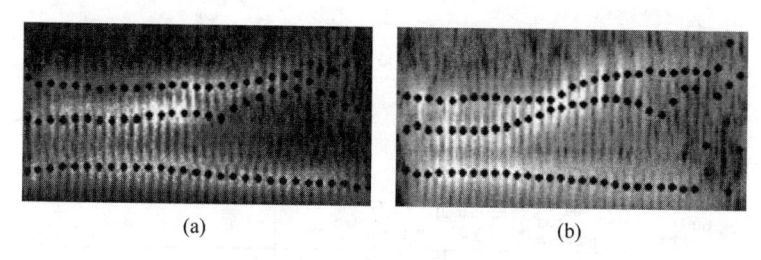

图 15.13 (a)first 和(b)pers(on)音核的 LPC 分析,西比尔,69 岁[1996],洛杉矶,新奥尔良,TS611

在南卡罗来纳州和佐治亚州东部地区也有中央元音的腭化特征(Kurath and McDavid 1961),在墨西哥海湾各州也有这种发音特征(Pederson et al. 1986)。在新奥尔良,它跟很多北方的语音特征一起出现。在南方很少出现的一个语音特征是用塞音代替齿间擦音,这被广泛认为是纽约市工人阶级话语的一个特征。[22]西比尔在 Thursday 和 thirties 的发音为词首阻塞音。(应该指出的是,西比尔曾担任银行秘书,不能被视为下层说话人。)

当我们再转回短 a 系统时,新奥尔良和纽约市之间的相似之处变得更加引人注目。图 15.14 显示了西比尔的短 a 分布。实心三角形和空心正方形把纽约市系统和新奥尔良系统叠加在一起,以便立即看到相似和不同之处。三个黑色三角形出现在松元音分布区中:Dan、grandparents、after。[23] 在紧元音分布区,我们发现在前鼻音;浊塞音/b/和/d/(bad、sad、crab、Crabtree);清擦音(asked、basketball、last)前面的短 a。除虚词制约以外,一般的制约都缺失了:has、have 和 had 都是紧元音。这也表明,就像在辛辛那提一样,这种分布已经被推广为包括擦音/v/和/z/。另一方面,在开音节中存在紧化限制,如 mammal、planet、travel、traffic 中都是松元音。

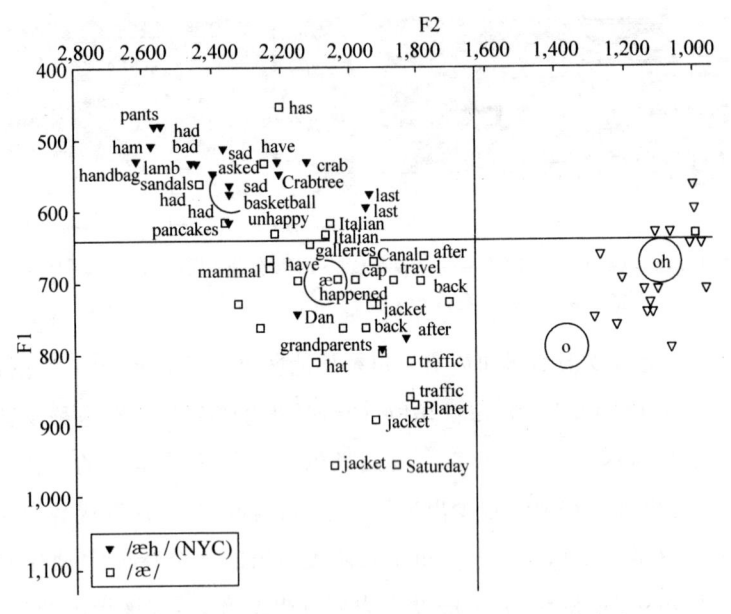

图 15.14 西比尔的短 a 分布,69 岁[1996],洛杉矶,新奥尔良,TS 611

新奥尔良还展示了另一个在南方区不常见的特点:把 law、

cost、hawk 等词中的/oh/提高到后半高或稍低于高的位置。ANAE 第 18.4 章表明,对于大多数南方人来说,/oh/的音核与 cop 或 rock 中的/o/处于同一位置,并用后上滑音来加以区分。在新奥尔良以外,从康涅狄格州东南部到纽约市(和奥尔巴尼)、费城和巴尔的摩等东海岸城市的一个连续地带中,/oh/升高到半高位置。图 15.14 还显示了/o/和/oh/的清晰分离。/oh/的 F1 平均值是 677Hz,与大西洋沿岸中部地区的/oh/高化相当,后者/oh/的标准是 F1(oh)<700。

ANAE 的一位较年轻的新奥尔良发音人是伊丽莎白,她在 1996 年接受采访时 38 岁。[24] 紧元音的分布同样与纽约市的系统相一致,包括短 a 在前鼻音、浊塞音(dad、bad、sad、grabbing)和清擦音(ask、grass、glass、master、past)的前面。虚词类同样是紧元音而不是松元音(have)。开音节制约的作用大为减弱。单词 internationally 明显是紧元音,而 ceramic 则是处于一个中间位置。另一方面,Canada 和 catholic 肯定是在松元音组。

作为新奥尔良的开音节制约减弱的进一步证据,人们可以参考约翰博士(Mac Rebennack)的讲话,他是新奥尔良音乐传统的杰出代表,20 世纪中叶在新奥尔良第三区长大。在 2005 年 3 月 16 日的一次广播节目中,约翰博士展示了以下的短 a 元音紧松分布模式。[25]

紧(闭音节)   answer、fancy、hand、bad、dad
紧(开音节)   piano(2)、classical、daddy、fascinate(2)、Manny
松(闭音节)   that、cats、fact、that's、at
松(开音节)   Allen

约翰博士的紧元音模式包括前鼻音、浊塞音、清擦音,这些跟纽约市模式相同,但是他对开音节单词的处理方式和闭音节单词是一样的。

在新奥尔良,就像在辛辛那提一样,本地的模式正在消退。另外两个经过声学分析的新奥尔良发音人年龄分别为 38 岁和 44 岁;都显示出鼻音前的短 a 系统,这是典型的南方特征,如什里夫波特和巴吞鲁日,都是这样。

新奥尔良的历史表明,它与纽约市有着频繁而广泛的联系。辛辛那提在 19 世纪中叶是纽约市的工业竞争对手,而新奥尔良市作为纽约银行家投资的棉花交易货运港,双方有着密切的互补关系。麦克乃博和马德瑞描述过新奥尔良市这方面的历史(McNabb and Madère 1983,第 3 章,第 1 页):

> 从 1803 年到 1861 年,新奥尔良的人口从 8000 人增加到近 17 万人。……到 1830 年,新奥尔良成为美国第三大城市,仅次于纽约和巴尔的摩。……在南北战争之前的时期,新奥尔良的资金短缺,迫使寻求大规模投资的人把目光转向纽约、伦敦或巴黎。

伯杰(Berger 1980:137)总结了 19 世纪中叶新奥尔良和纽约市关系密切的证据:

> 在战前时期,大约在 1820 年到 1860 年间,纽约市和南方的金融、商业和社会关系达到高峰状态:纽约银行为种植园经济提供担保,棉花定期从新奥尔良、查尔斯顿、萨凡纳和莫比尔转运到英国,南方种植园主经常在 19 世纪的纽约市把生意和娱乐结合起来。

关于纽约对新奥尔良经济的主要影响,他接着引用福纳

(Foner 1941)所做的判断:"一直到南北战争爆发,纽约在棉花贸易从种植到市场的每一个阶段,一直都占据着主导地位。"

伯杰的目的是支持纽约市中央元音的腭化是源自新奥尔良的说法;这与本文提出的短 a 模式的影响方向相反。[26] 重力模型和历史事实支持影响方向出自更大城市的主张。在约翰·斯科维尔(John Scoville 1870)的《纽约市老商人》(*The Old Merchants of New York City*)五卷历史记叙中,我们发现了许多关于新奥尔良和纽约市之间商业和社会关系的描述;典型的模式是纽约人向新奥尔良迁移。在斯科维尔的第三章中,我们读到沃尔特·巴雷特以周转方式向新奥尔良开出了一张 100 万美元的信用证,希望在购买当年的棉花方面超过他的竞争对手(第 26 页)。据报道,著名的纽约商业公司 E.K.柯林斯父子公司的创始人在新奥尔良有一所房子(第 141 页)。布朗兄弟公司是纽约市最古老的商业公司之一,于 1842 年在新奥尔良以塞缪尔·尼科尔森(Samuel Nicholson)的名义建立了一个分公司,"他多年来一直是他们的职员"(p.187)。强生公司的总裁布雷迪什·约翰逊有一个弟弟亨利,他住在新奥尔良的一个种植园里。亨利死后,把种植园留给了布雷迪什,布雷迪什搬到新奥尔良,为 250 名奴隶创造了更有利的条件,使其中许多奴隶能够获得自己的自由(第 185 页)。斯科维尔在对本杰明·塞克斯于 1780 年建立的著名塞克斯商业集团的描述中,我们读到:"麦迪逊[塞克斯]在新奥尔良,是格利登和塞克斯大公司的合伙人"(Scoville 1870,第 2 卷:127 页)。

在与新奥尔良关系密切的银行家中,有许多犹太世家(拉撒路、塞克斯)的代表。斯科维尔多次强调 19 世纪初纽约犹太人的重要性:

> 那时候(1790)犹太商人很少,但现在他们在这座城市的人数增加到了无可比拟的地步。城里有8万犹太人。正是1800年老一代犹太商人优秀品质,使这个民族在这座城市占据了现在的骄傲地位。(同上。)

通过科恩的《新奥尔良早期犹太人》(Korn 1969)一书,我们可以看出这两座城市的犹太人之间的关系有多密切,这本书涉及1718年至1812年间的社会和商业关系。关于纽约市的介绍有55页,比其他任何一个城市都要多。[27] 在 ANAE 出版后,我收到了爱德华兹投资公司高级副总裁小赫尔曼·科尔迈耶(Herman S. Kohlmeyer Jr)先生的来信,他自称是"新奥尔良最后一个靠棉花贸易为生的人"。他的描述无疑表明,与纽约市有着密切联系的犹太商人在新奥尔良的上流社会的话语中起到重要作用:

> 我跟我最亲密的朋友一样,我们的曾祖都在这些顶级棉花商人之列。……。他们都是在1830到1860年间搬过来的德裔犹太移民。……我依然记得很清楚,父亲那一辈的朋友们曾谈到过,在回到第一"Foist"街的家之前,他们是多么努力地工作"woiked"。那都是我们上流社会的口音,也是基督徒和犹太人的口音。[28]

纽约市和新奥尔良在语言上的相似之处包括两个关键点,它们决定了北美英语方言发展的主要方向:短 o 作为一个完整音位的地位,不同于长 o,也不同于短 a 的地位(Labov 1991)。跟纽约市一样,新奥尔良提高了/oh/,确保了短 o 作为独立音位/o/的地位。[29] 新奥尔良也跟纽约市一样,把短 a 分为两个不同的类,把闭音节中前鼻音、浊塞音和擦音前的紧元音跟清塞音、流音区分开来。然而,新奥尔良的这种配置只是表面上类似于纽约:它是音位变体的语音制约条件的集合,而不是语法和词汇上指定的分布。

15.6.5 共同模式

在上述四个纽约市短 a 模式扩散的案例中,共同点是后接音段的语音制约条件,尽管语音模式并没有得到完好地传播。正如丁金(Dinkin 2009)所指出的,扩散模式趋向于规则化和简化。虽然纽约市把软腭浊塞音/g/跟软腭鼻音/ŋ/前的短 a 发音区分开,但是在/g/前面的/æ/随着系统在地理上的扩散,会发为松元音。在清擦音前的紧化有时会推广到浊擦音前也发紧元音。但是最常见的差异是在更抽象的层次上发现的。虚词制约消失了:除了少数例外,can、am、and、have、has、had 都是紧元音,尽管它们在纽约市一直是松元音。第二个主要的区别是,新奥尔良的开音节对紧化发音的制约消失了,这种现象虽然不是全部,但也相当普遍。乍看起来,这似乎代表着一种语音制约的丢失。但是,经过仔细考虑,它可以视为音节结束时失去屈折边界的影响。当所有开音节中的短 a 紧化时,在[红衣主教]/mæniŋ/和/mæhn♯iŋ/[水泵]之间,或单语素的/bænər/和/bæhn♯ər/(禁止的人)之间不再有区别了。采用纽约市系统的成年人没有注意到紧化的/mæhn♯iŋ/、/bæhn♯ər/、/pæhs♯iŋ/、/pæhs♯ər/是双语素的,但/mæniŋ/、/bænər/、/kæsəl/、/bæfəl/不是。因此,他们把双语素词的紧化推广到所有相同语音形式的词。这符合扩散的主体是成年人的见解,因为成年人不太可能发现和复制语言结构的抽象特征。

15.7 合并与分化的传递与扩散

到目前为止,我们的讨论还没有考虑到历史语言学和方言学中最常见和最突出的结构扩散类型,即合并。赫佐格对加德原理的推论(Herzog 1965;PLC 第 1 卷)指出,合并在地理上的扩展是以牺牲区分为代价的;有大量的经验证据来证明这种扩展。[30] 虽然合并的运作并不是通常认为的结构借用,但必须这样来看待,因为这是接受的方言采用扩展方言的合并结构时,失去了一个类别。到目前为止,我们一直认为成年人不容易习得新的结构类别;但现在的证据与结构类别的丢失无关。

赫佐格关于合并扩散的建议认为,双音位系统的说话人在接触单音位系统时发现,这种对比是没有用处的,因此不再注意这种对比(Herold 1990、1997)。本卷第 2 章提供了支持这种不对称机制的一些证据。有充分的证据表明,感知的合并先于发音的合并(Di Paolo 1988,PLC 第 9 章),而近似合并使我们对这种情况有静态的直观认识(Labov et al. 1991 年;PLC 第 1 卷,第 12 章)。但这并不能说明,成人说话者的感知合并是如何传递给他们的子女的。事实上,在成年人中存在着许多强烈的对比,但在他们孩子的言语中却有着稳固的合并。赫罗尔德(Herold 1990)提供了一个十分详细的实例,父母在/o/和/oh/之间有清晰的区别,可是儿子却是完全合并的。

本书第 6 章提到了约翰逊(Johnson 2010)对马萨诸塞州东部后低合并的地理边界研究(图 6.13)。在年龄较大的三代人中,这条边界是稳定的:新英格兰东部的合并没有向罗得岛边境扩张的迹象。但在塞孔克和阿特贝罗这两个小镇，约翰逊发现四年级到六年级的孩子都在向合并的方向转移，而其中一些孩子的父母却都保留着区分（图6.14）。他把这种变化归因于来自波士顿地区的通勤家庭的迁入。杨（Yang 2009）提供的一个估算结果表明，完成合并的移民子女占有适度的比例（21.7%），就可以触发那些父母保留区别的子女习得合并。

从父母到孩子的语言模式的转变，并不受限于传递内容的相对复杂性。从1896年到现在，纽约市短 a 系统的连续性与费城、雷丁、威尔明顿和巴尔的摩的大西洋沿岸中部地区短 a 系统的一致性，这两种情况都表明，这种模式可以通过儿童的语言习得能力在几代人之间忠实地传播。然而，有证据表明，这种复杂的语言模式不能作为第二方言来习得，即使是儿童也不行。本书各卷多次引用了佩恩对普鲁士王村外州父母的子女习得费城方言的研究成果（Payne 1976、1980）。她发现，10岁以下的儿童在普鲁士王村仅用几年就掌握了费城系统的语音条件，但是在34个有外州父母的儿童中，只有1个习得了短 a 系统的词汇和语法条件。就目前的情况，回顾一下那些有外州父母的儿童与费城系统近似程度的表现是有意义的（PLC，第1卷，第18章）。这与我们在北普兰菲尔德、奥尔巴尼、辛辛那提和新奥尔良所看到的情况是类似的：纽约市系统的语音条件的扩散，而不包括词汇、语法或音节的条件。在这种复杂的情况下，那些必须从同伴那里而不是从父母那里学习语言系统的儿童，将无法准确地习得通过正常亲子传递方式的系统。

在分化的情况下，传递和扩散之间的区别是最大的，这个结论跟事实是一致的。加德原理与此相反，分化很少被逆转。布里顿

(Britain 1997)对费恩斯地区/u/～/ʌ/分化的复杂性的描述显示了一个罕见的分化扩展的不规则结果,其中两个音位的系统有着更好的社会声望。学习一种新的音位对立的困难同样适用于研究外地父母的子女的语言学习。特拉吉尔测试了 20 名出生在诺里奇的成年人的语言能力,看他们是否能够区别本地的 *own*/ʌun/和 *goal*/guːl/中的两类元音:父母出生在诺里奇的 10 个人可以区别;父母出生在外地的 10 个人不能区别(Trudgill 1986:35—36)。

这证实了 RWT 的观点,若要保持语音、语法和词汇规范的复杂模式,如纽约市短 *a* 模式,需要一个完整的父母-子女传递序列。因此,如果其他方言区的人大量进入社区,他们的孩子就会冲淡原有格局的一致性。虽然大西洋沿岸中部方言目前相当稳定,但有迹象表明有这种减弱的情况。1980 年以来,我们观察到在/n/前面的开音节词的词汇扩散现象(Labov 1989b,Roberts and Labov 1995);一些街区报告有在/l/之前的普遍紧化(Banuazizi and Lipson 1988);一些移民群体甚至在第二代也没有表现出费城的模式(Friesner and Dinkin 2006),还有一些街区表现出向默认的鼻音系统转变,比如在新泽西州南部的一些小镇(Ash 2002)。贝克尔和黄(Becker and Wong 2009)在一项对 12 名纽约白人的研究中发现,纽约市的传统模式存在于中老年人中,但在 18 至 32 岁的人中却没有,他们似乎正在转向默认的鼻音系统。

为了更仔细地检查儿童的传递和成人的扩散之间的差异,我们转向一个复杂的语音变化,它没有这样的词汇和语法规范:北方城市音变。因为这里包括子系统内部和子系统之间的链式音变,所以涉及结构的复杂性与元音之间彼此交错的关系(Martinet 1955,Moulton 1960)。

15.8 北方城市音变的扩散

在本卷图 1.4 里首次描述的北方城市音变,在前面的许多章节中都是一个参照系。图 15.15 详细显示了 1993 年 56 岁的芝加哥发音人姬蒂在接受访谈时,表现出的北方城市音变。普遍高化到半高位置的 /æ/ 由黑色方块标记,/o/ 的前化用空心方块标记,在中心前面有 5 个这种标记。菱形表示 /e/ 的后化,F2 平均值是 1,864Hz,仅比 /o/ 的 F2(1,544Hz) 高出 320Hz。/ʌ/ 完全移到后

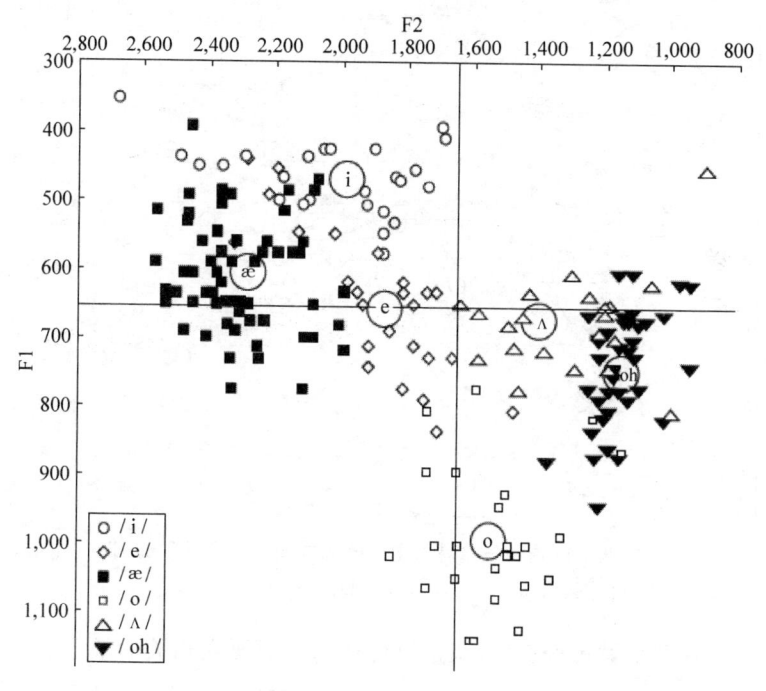

图 15.15 元音系统中的北方城市音变,基蒂,56 岁[1993],伊利诺伊州,芝加哥,TS 66

面,跟还没有大幅度降低的/oh/相重叠。

北方城市音变的地理分布如图 8.3、图 10.1 和图 10.3 所示。图 15.16 显示了由北方城市音变 ED 结构标准控制的区域,这种 ED 结构标准是首次在图 8.1 中定义的。在这张地图中,灰色圆圈表示/e/的 F2 平均值和/o/的 F2 平均值之间的差异小于 375Hz 的发音人。图中添加了圣路易斯走廊的同语线,这是从芝加哥延伸到圣路易斯的北方城市音变特征流,如图 8.3 和图 10.3 所示,这是本节更直接的重点。

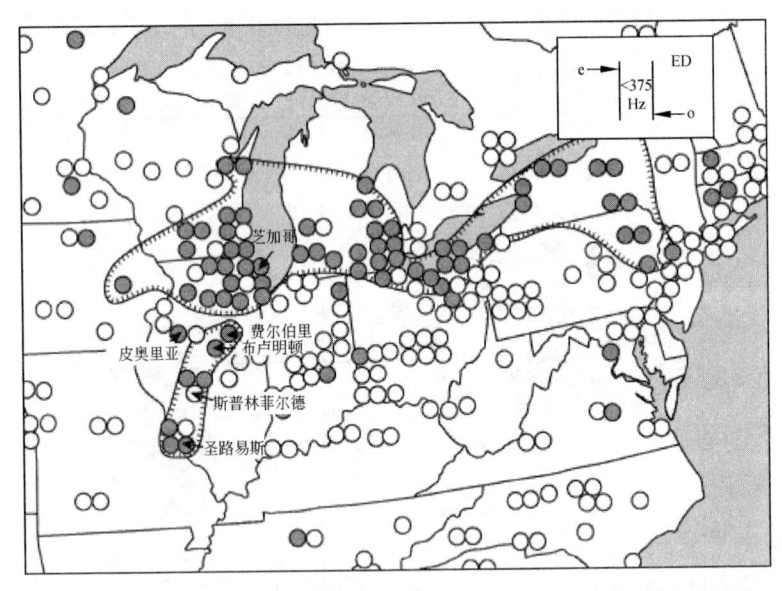

图 15.16 在北部内陆和圣路易斯走廊的北方城市音变进程的 ED 测量值。灰色圈:F2(e)−F2(o)<375Hz

在北方城市变音中,跟这里传递和扩散研究相关的最显著特征是图 10.3 和图 15.16 中非常大的区域里模式的一致性。为了理解这种一致性,必须考虑向西部迁移的历史。我们最早记录的

/æ/、/o/、/oh/链式音变是从1960年代开始的。第5章认为北方城市音变最初的触发是在一百年前,纽约州西部的伊利运河修建期间。当来自东北各地的工人和移民进入迅速扩张的罗切斯特、锡拉丘兹及布法罗市的时候,各种复杂的短 a 系统似乎发生了柯因内化,成为简单普遍的紧元音/æ/。新英格兰西部已经发生了/o/的不圆唇和央化(ANAE第16章)。如第10章所述,整个社区的向西迁移,为链式音变从北方内陆忠实地传送到威斯康星创造了条件。

分隔北部内陆和中部地区元音模式的语言边界是北美英语音系研究中最明显和最深刻的分界(图10.3)。分隔这两个地区的同语线束由判别北方城市音变进程的五个指标组成,加上加拿大/ay/高化的南部界限,以及/aw/比/ay/更靠后的方言的南部界限(ANAE第11章)。图15.16显示,除了圣路易斯和附近社区之外,/e/和/o/的前-后近似在中部地区普遍是没有的。圣路易斯市位于中部地区,最近出现了许多北方城市音变的要素。这座城市长期以来被认为是北方、中部和南方特征的混合体,但是最近几十年出现了向北方音系的强势转变(Murray 1993, 2002)。圣路易斯的/ahr/和/ɔhr/在 are 和 or、card 和 cord、barn 和 born 中的典型合并在年青一代中已经消失,他们普遍是把 or 和 ore、cord 和 cored 合并起来,并把这个词群跟 are 和 card 中的/ahr/清楚地分离开(Majors 2004)。

图15.17显示了圣路易斯发音人马丁的元音模式,他在1994年接受了访谈,当时他48岁。[31] 我们一方面观察到/r/之前传统的后低合并。在右上角,人们可以看到,紧密地聚集在一起的是传统的/ohr/词群(hoarse、four、Ford)。中间位置是/ɔhr/词群(for、

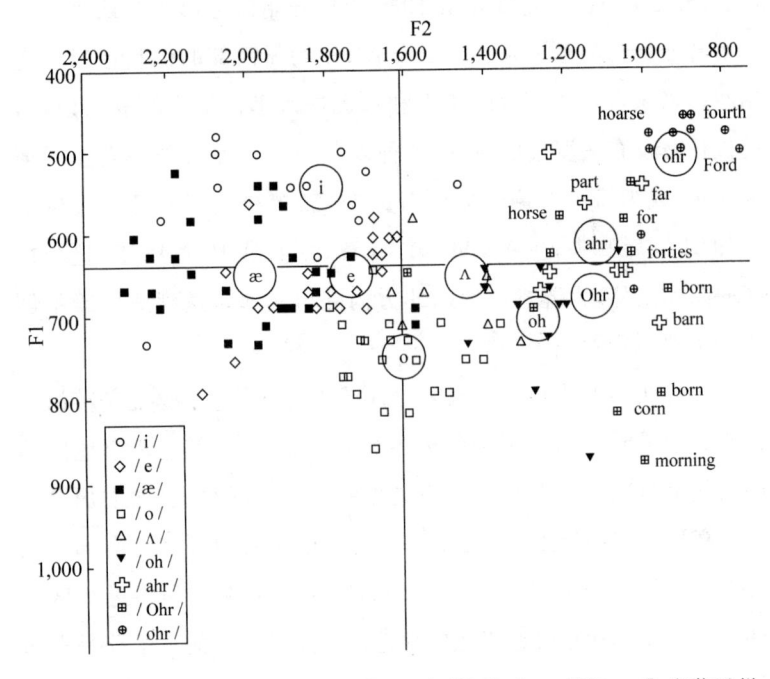

图 15.17 北方城市音变与/ɔhr/和/ahr/合并,马丁,48 岁[1994],密苏里州,圣路易斯,TS 111。(此图中,/Ohr/=/ɔhr/)

born、horse、corn、morning)和并排的/ahr/词群(part、far、barn)。hoarse 和 horse、four 和 for 之间的区别很好地保留着,同样,for 和 far、born 和 barn 的合并也很好地保留着。同时,北方城市音变的元音分布与图 15.16 中芝加哥的模式非常匹配。所有的/æ/词例发音都上升到中间位置,/o/很靠前,/e/后退到靠近中线。/e/和/o/的第二共振峰之间的差别只有 134Hz。/ʌ/相应靠后,并且/oh/的一些词例发音非常低。很明显,马丁已经把传统的圣路易斯模式和北方城市音变结合起来了。

第 15 章 地区之间语言的扩散 449

圣路易斯近期的发展并不是有别于北部内陆的链式音变的一种独立的现象。ANAE 的许多地图都显示出，北方城市音变的特征沿 55 号州际公路从芝加哥延伸至圣路易斯的狭窄走廊扩散（图 15.18）。这是芝加哥和圣路易斯之间的旅行和交流的路线，对圣路易斯的许多居民来说，这条路线是离开他们城市时最常走的高速公路。从芝加哥到圣路易斯的 55 号州际公路与 66 号公路的东端相接，这条西部的交通要道深深地植根于美国传奇之中。ANAE 关于这个走廊的数据是基于州际公路沿线三个城市（费尔

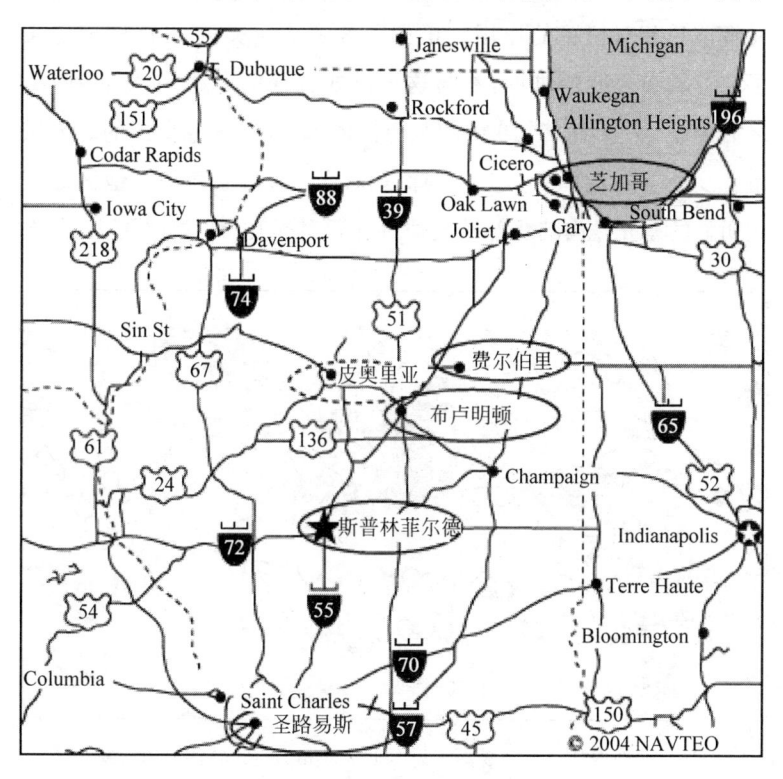

图 15.18 沿 I-55 号州际公路从圣路易斯到芝加哥的走廊

伯里、布卢明顿、斯普林菲尔德)的发音人以及圣路易斯的四个发音人。[32]

在图15.16中,北部内陆同语线内的67个发音人中有59个符合ED标准,同质性比例为0.88。圣路易斯走廊同样的发音人比例也差不多:九分之七。

图15.19所示的第二个指标,更清楚地显示了圣路易斯走廊与相邻的中部地区的区别。北方城市音变的第2阶段是/o/的前化,第5阶段是/ʌ/的后化,通过与相邻方言的比较,有逆转这两个元音前后相对位置的作用。正如第8章所定义的,UD标准定义了北方城市音变的进展:参与这个链式音变的是那些/ʌ/远在/o/之后的说话人(图15.19中的灰色圆圈)。在第8章提出的北方城市音变所有的指标中,这个指标提供了北部内陆和中部地区之间最明显的差异。内陆北部的同质性比例甚至比ED测量更大:北部

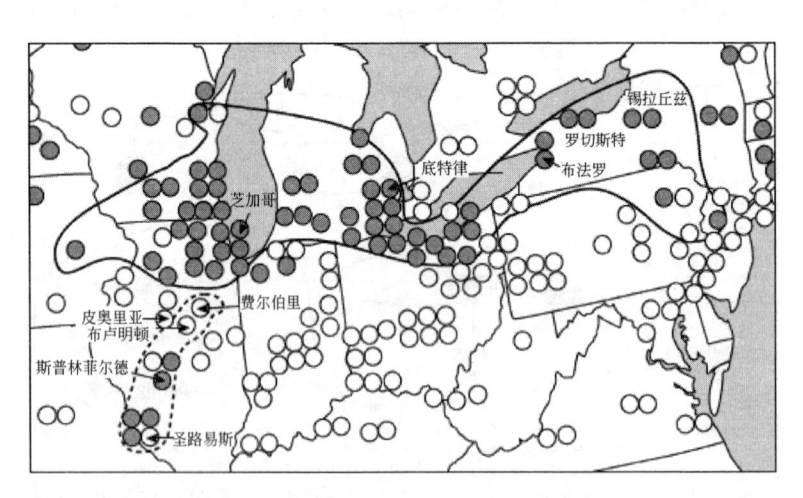

图15.19 北部内陆和圣路易斯走廊的北方城市音变UD测量值。灰色圈＝UD测量;F2(ʌ)＜F2(o)。实等语线＝ED测量定义的北部内陆地区

第 15 章 地区之间语言的扩散 *451*

内陆 67 名受试者中有 65 名符合 UD 标准,即 0.94。在图 15.19,中部地区几乎完全没有灰色符号,这与圣路易斯走廊的五个灰色符号形成对比。尽管在 ANAE 中,这条走廊只有四个城市和九个发音人,但这一特点在走廊中偶然出现的概率小于千分之一。[33] 另一方面,跟北部内陆地区相比,这里的 UD 标记明显较少:圣路易斯走廊的 9 个发音人中只有 5 个标有灰色符号。[34]

图 15.16 和图 15.19 显示了北方城市音变沿 I-55 从芝加哥到圣路易斯的扩散。然而,这条走廊沿线的北方城市音变似乎与北部内陆地区不同。有充分理由相信,短 a 的普遍高化引发的系统性链式音变机制,并没有推动圣路易斯走廊的音变。

图 15.20 是同一区域的地图,显示了那些北方城市音变已经完成的说话人,换句话说,说话人显示出了所有相关标准。除 ED

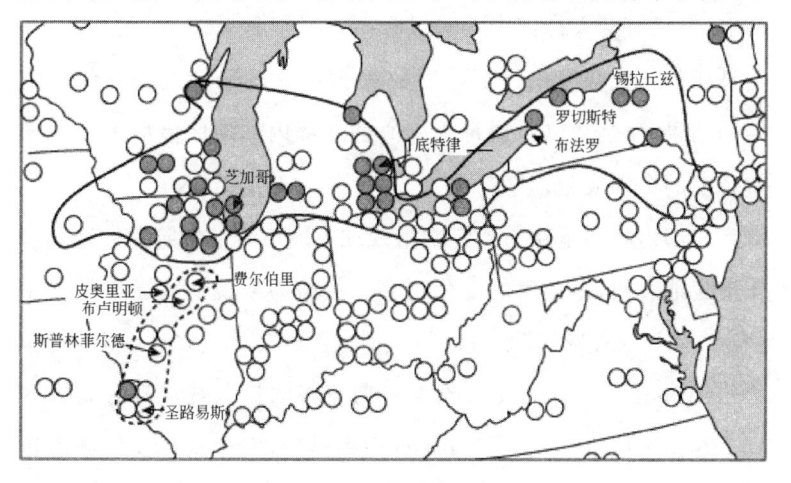

图 15.20　符合北方城市音变所有标准的发音人:AE1、O2、EQ、ED 和 UD。实等语线＝ED 测量定义的北部内陆地区

和 UD 标准外,这些标准还包括:

> AE1:/æ/在非鼻音环境下的普遍上升,F1(æ)<700Hz
>
> O2:/o/前移到中央位置,F2(o)<1,500Hz
>
> EQ:/e/和/æ/的相对高度和前化的互逆:
> F1(e)>F1(æ)并且 F2(e)<F2(æ)。

图 15.20 显示,北方内陆地区的 67 个说话人中,只有 28 个符合这个严格标准,即 42%。这 28 个人中有 16 人住在大城市:底特律、罗彻斯特、锡拉丘兹和芝加哥。另一方面,圣路易斯走廊只有一位这样的发音人马丁,如图 15.17 所示,在北部内陆以外没有其他发音人这样发音。

圣路易斯走廊的另外 8 个说话人显示出近似的北方城市音变,而不是图 5.15 的完整模式。走廊中的 5 个说话人符合 AE1 标准;但只有两人标记为 O2,只有一人标记为 EQ。由此推断,圣路易斯的新元音模式并不是短 a 普遍高化的局部演变和传递的结构结果,而是从以芝加哥为中心的北部内陆地区借用了北方城市音变的个别成分。

北部内陆和圣路易斯走廊沿线北方城市音变各阶段的地理分布清楚地表明,走廊里的变化更多。圣路易斯说话人通常领先于 55 号州际公路沿线较小城市的说话人。这似乎与图 15.2 中特拉吉尔(Trudgill 1974a)在布伦兰半岛获得的扩散观点没有太大区别。在这里展示的"递降(cascade)"模型中,变化从最大的城市转移到次大的城市,以此类推,而不是像传染模型那样在地理区域中稳步移动(Bailey et al. 1993)。但是,圣路易斯走廊的北方城

第 15 章 地区之间语言的扩散

市音变的发展，包括圣路易斯本身，在结构和年龄分布上都存在不规则性。

在一定程度上，北方城市音变是一代又一代儿童音变增量的结果，我们应该找到年龄与这种音变推进之间的明确关系。ANAE 对北部内陆地区的北方城市音变的研究从整体上显示出，对于 /æ/ 的高化、/o/ 的前化、/e/ 的后化和 /ʌ/ 的后化，都具有显著性在 0.01 水平的年龄系数（ANAE 第 14 章）。表 15.1 比较了圣路易斯走廊的 9 个说话人和来自伊利诺伊州北部内陆地区的 9 个说话人。表中的标记 √ 表示这个说话人是否满足北方城市音变的五个系统标准（AE1、O2、EQ、ED、UD）。很明显，音变在伊利诺伊州北部更为领先，但是关键的问题是在虚时中的音变轨迹。在右边一栏中，每一个说话人，在自己地区根据所满足的标准的数量，然后把这种排序与说话者的年龄相关联。来自伊利诺伊州北部的说话者与年龄的 r 相关系数为 0.74，而圣路易斯走廊的负相关系数为 -0.21。在伊利诺伊州北部，年龄与排序的回归系数为 0.08，在 0.05 水平上显著，这表明两个说话者之间 50 岁的差异将导致排序中 4 个单位发生变化。圣路易斯走廊没有发现显著的回归系数。

这个结果表明，圣路易斯走廊的北方城市音变的进程不是言语社区的儿童增量的结果，而是北部内陆的成年人影响的结果。从圣路易斯系统向北部内陆系统的转变最终可能导致年轻一代参与这个进程，并且在社区里进一步增加，但是目前的情况似乎反映了成年人之间缓慢的和不太规律的转变——这是沿着走廊扩散的结果。

表 15.1 伊利诺伊州北部 9 名发音人和圣路易斯走廊 9 名发音人的北方城市音变阶段——年龄、等级排序和年龄与等级的相关性

	AE1	O2	EQ	ED	CD	年龄	等级
伊利诺伊州北部							
斯特林	√	√	√	√	√	34	1
叶尔金(1)	√	√	√	√	√	19	1
叶尔金(2)	√	√	√	√	√	42	1
若利耶	√		√	√	√	30	1
洛克福德(1)		√	√	√	√	37	2
贝尔维德	√	√		√	√	33	2
哈蒙德		√	√	√		45	3
洛克福德(2)	√				√	65	4
里那	√					47	5
r-相关							0.74
年龄系数							0.08*
圣路易斯走廊							
圣路易斯(1)	√	√	√	√	√	48	1
圣路易斯(2)	√	√				57	2
斯普林菲尔德	√			√	√	60	3
费尔伯里	√					25	4
布卢明顿			√			27	4
斯普林菲尔德(1)				√		32	5
斯普林菲尔德(2)					√	67	5
圣路易斯(3)					√	53	5
圣路易斯(4)				√		38	5
r-相关							-0.21
年龄系数							无

在图 15.20 中的马丁是在 ANAE 中唯一完全代表北方城市音变的圣路易斯发音人。一个更具特色的北方城市音变的图景如何在圣路易斯实现,是由图 15.21 展示的,图中描绘了罗丝的元音系统,她是表 15.1 中的第四位圣路易斯发音人。[35] 只有一个北方

城市音变的移动明显地表现了出来:/e/的低化(*bed*、*selling*)和后化(*metal*、*expensive*)。也有其他音变的痕迹:/ʌ/已经有中等程度的后移,因此/e/和/ʌ/之间有相当大的重叠。两个短 *o* 的词例已经移动到中心的前面(*pond*、*hot*[①]),但是/o/总体平均值1,405Hz,远远低于归一化的 F2 总体平均值 1,590Hz。与北方城市音变模式最显著的偏差是/æ/的表现。罗丝没有移向半高位置的普遍高化,而是展示了中部地区的鼻音系统特征:只有在鼻音前的/æ/音位变体移到了前中位置(*dance*、*dancers*、*can*)。大多数/æ/的词例保留在前低位置,有少数/o/词例越过了中心线。

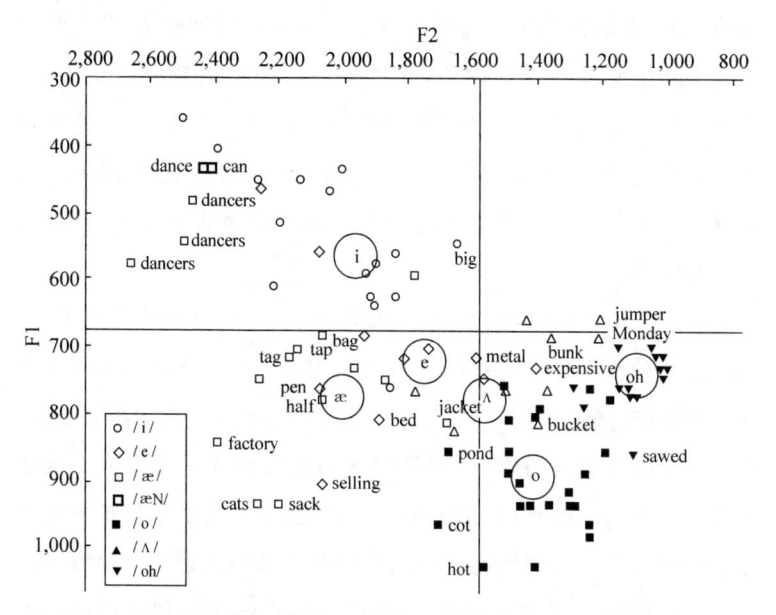

图 15.21 北方城市音变,罗丝,38 岁[1994],密苏里州,圣路易斯,TS 161

---

① 应该是 cot。——译者

15.9 传递和扩散的社会背景

我们对纽约市短 a 系统和北方城市音变的研究,使我们能够区分跨越社区的音变扩散和社区内部的音变传递。一开始,有人认为自下而来的变化是由儿童增量的过程驱动的,这些儿童完全复制并发展了父母的语音系统。这种增量的速度相当快,可以使得一个元音的位置在三代人的过程中,实现从低元音到高元音的移动;而且这种增量还保存了系统的完整性,这是以第一语言习得者的速度、准确性和忠实性获得的。在音变增量过程中,儿童学会了以不同于父母的方式说话,并且每一代都是沿着同一个方向。只有当儿童把在社区里听到的变异与年龄向量结合起来,这种情况才会发生;也就是说,他们理解了这种关系:说话者越年轻,变化就越大。在北方城市音变的这种相互关联的链式音变中,各种成分共同前进。

另一方面,跨社区的接触,包括学习,这主要是成年人的方式,他们以某种稀释的形式获得原始社区的新变体。正如本章第一部分中总结的,最近关于在整个人生周期中的语言变化的研究表明,成年人能改变他们的语言,但是变化的速度比儿童慢得多。成年人的学习不仅速度慢,而且还相对比较粗糙:它失去了所扩散的语言系统中很多精细的结构。我们的研究结果与大量第二语言习得研究的证据相一致,即成年学习者比儿童更难识别和再现社会变异的精细结构。我们现在可以解决这个问题:什么样的人口结构和流动为传递和扩散创造了条件?

关于这个问题,首先调查了纽约市的短 a 系统,它在那座城市里传播,几乎没有任何变化,一直从 1896 年到 20 世纪末。从皇后区、布朗克斯区到泽西市和纽瓦克,纽约市言语社区在地理上的一致性表明,在这种相同的条件下,父母与孩子之间不间断的传递序列才可以发生。最初的人口吸收了大量的欧洲移民,但仍然保持着这种连续性,这是对最初有效定居理论的一种支持(Zelinsky 1992)。它还表明,"不间断序列"的概念并不意味着所有的传递都必须在核心家庭①。非母语者的第二代子女从小就能够忽视父母的非母语特征,成为把当地方言作为第一方言的说话人(Labov 1976)。相比之下,其他地方非母语者的孩子似乎没有这种条件(Payne 1976)。[36]

北部内陆是一个更大的地区,面积 8.8 万平方英里,人口约 3,400 万。我们如何解释在这个广阔地区里,元音系统以及音变的年龄方向的一致性?这个地区的定居历史把这种一致性与完整社区的向西迁移联系在一起,在这种迁移中,所有的儿童、父母、亲属和社区团体一起迁移。理查德·莱尔·鲍尔在他的向西迁移历史中指出:

> 大规模移民确实符合清教徒的传统。整个教区,牧师和所有的人,有时都是从旧英格兰移民过来的。路易斯·金博尔·马修斯(Lois Kimball Mathews)提到,仅在伊利诺伊州就有 22 个定居点,这些定居点都起源于新英格兰或纽约,其中大多数是在 1830 到 1840 年间定居的。(Power 1953:14)

扬基人向北部内陆的移民延续了新英格兰殖民地的文化模

---

① 核心家庭只包括父母和子女。——译者

式,菲希尔(Fischer 1989)把它描述为一场以城市为主体的移动,比相互竞争的传统更强调核心家庭。[37] 在这些移民过程中,新英格兰的民风得以完整地传播(Fischer 1989,Frazer1993,Carnes and Garrity 1996,本卷第 10 章)。

菲希尔(Fischer 1989)提出的新英格兰移民社区稳定性的两个衡量标准有利于一致的语言传递:高常住率[38](75%—96%)和低迁移率(第 814—815 页)。我们可以把北部内陆地区语音的一致性归因于过去一个半世纪以来,移民家庭和社区内部的连续性传递。在这个传递过程中,音变通过习得语言的儿童在稳步增加。这种社会结构支撑着语言在几代人之间的传递。

从纽约州西部的北方城市音变产生的条件来看,这种向西的迁移也吸收了大量的说其他方言的人。虽然北方城市音变是一种相互依存、相互作用的复杂系统,但是它不具有短 a 系统分化那样在语法上和词汇上的复杂性,并且完整传递需要的社会条件可能也不那么严格。

北部内陆城市的元音系统的一致性可能与中部地区的多种系统形成对比。费城、匹兹堡、哥伦布、辛辛那提、印第安纳波利斯和圣路易斯的变化模式和方向各不相同(ANAE 第 19 章)。中部地区语言的异质性可能与向西移民的模式有关,这与刚才描述的扬基人移民模式形成对比。最初从费城向西迁移的贵格会教徒定居者,非常重视建立农场社区,而在中部定居地的另一部分——南部高地偏远地区的人口——则创建了更小的孤立家庭单元。菲希尔给出贵格教徒群体的常住率只是中等水平(40%—60%),而南部高地是较低水平(25%—40%)。

尽管如此,随着贸易和旅游的各种结合,来自不同地区的人口聚集在一起，中部地区的大城市就这样形成了。传统的圣路易斯方言的结构不同于其他所有的中部城市。这不是从任何一个地区大规模移民的结果，而是在19世纪下半叶，南方、中部和北方人混合的结果(Frazer 1978；Murray 1993, 2002)。毫无疑问，这就是把圣路易斯与周边地区相区别的北方成分。弗雷泽(Frazer 1978)发现圣路易斯和伊利诺伊邻接的县在八个北方词项[39]和几个发音特征上形成了一个方言岛，标志着这是北方，而不是南方中部地区：(1)在 *south* 或 *down* 中的/aw/没有前化；(2)在 *dew* 等中的/iw/没有前化；(3)/oh/没有后上滑音；(4)/ay/在响音前不是单元音；(5)短的前元音没有内滑音。这些特征都不是北方城市音变的要素，但是它们共同表明，圣路易斯将接受起源于北方语音系统的链式音变的影响。[40]

弗雷泽(Frazer 1978)指出，意识形态因素加强了北方方言特点对圣路易斯居民的影响，特别是那些德裔说话人。扬基人反对奴隶制度的思想对圣路易斯的德裔人很有吸引力，他们在1860年的选举中从民主党转向了共和党。[41]

因此，我们可以推想，在20世纪中叶北方城市音变发展之前的一段时期，这里就开始接受了北方的影响。但是，统一的、由社区创造的北部内陆方言向圣路易斯的扩散，并不是通过社区移民完成的。相反，我们必须推断，这是通过成年人的流动，主要是商业活动，沿着现在以55号公路为中心的走廊持续接触而实现的。[42]这是跟结构借用的不完全传播相联系的社会背景。

特定语言结构的扩散，是由成人语言接触引起的众多变化之一。特拉吉尔(Trudgill 1986)描述了方言整平(消除有标记的变体)、简化，以及它们在柯因内化中结合的不同情况。跟我们在这里已经讨论过的案例相比,这是结构特征损失更为严重的情况。短 a 模式或北方城市音变的扩散意味着,把标记形式扩展到了一个能够接受它们的环境中,并不需要完全的删除或反转来适应它们。所有这些接触现象都有着成人语言学习的共同特点:语言结构制约的丢失。语言结构制约只有通过儿童语言学习才能可靠地传递。

15.10 总括说明

本章首先观察到,谱系树模型和波浪模型都是解释亲属语言的历史和内部关系所需要的。谱系树是言语社区系统内部变化的传递而产生的,而波浪模型则反映了通过语言或方言接触的扩散的影响。因此我们考虑了一条共识:在语言接触中,有一种与抽象语言结构的扩散相抗衡的强约束力。本章的主旨是通过把语言内部发展归因于代际学习(在父母与孩子之间不间断的传递序列中产生的变化增量)以及把扩散的主要影响归因于成年人的非代际学习,来解释传递和扩散之间的这种区别。

如果情况是这样,那么与内部变化相比,语言接触的结果将更不规则,也更不受结构条件的制约。内部变化是谱系树中语言多样性的主要机制。这种差异仍然是一个程度的问题,因为最近对整个人生周期中语言变化的纵向研究表明,成年人确实参与了进行中的变化,尽管跟儿童比起来较为零散,而且出现率要低得多。

当语言形式通过个体成年人或个体家庭之间的接触而扩散时,就可能会出现不太规则的传输。这里所研究的案例表明,结构借用之所以不常见的主要原因是:作为借用主体的成年人并不是忠实地再现他们借用系统中的结构模式。

本章的主体部分把这种思想应用于方言扩散的研究,重点是在 ANAE 数据中发现的两个案例。有证据表明,纽约市复杂的短 a 紧化系统已经扩散到至少四个不同的地区。由扩散产生的系统,在表面轮廓上类似于纽约市的系统,也是通过后接音段构成紧化的语音制约条件;但是缺少语法制约、开音节制约和例外词的情况,又不同于原先的纽约市模式。北方城市音变在北部内陆各地区同步发展。链式音变机制以高度的一致性运行,把六个元音在整体循环式的移动连接起来。但是沿着圣路易斯走廊传播的北方城市音变的传播产生了更不规则的结果,这表明个体音变是个别地单独扩散的,而不是作为一个系统的整体扩散。

第 16 章　在群体间的语言扩散

前一章讨论了语言结构从一个地方到另一个地方的扩散。到目前为止所描述的语言社区——纽约、奥尔巴尼、辛辛那提、新奥尔良和圣路易斯——是由美国社会中定义为白人主流的人群组成的。它们是地理上的统一体，内部按社会阶层划分，但是与同一城市的非裔和拉丁裔美国人明显分离。大多数美国城市包括三个主要的社区团体，正如布兰科（Blanc 1964）对巴格达社区方言的研究中定义的那样（在那里的社区，包括犹太人、基督徒和穆斯林）。由于这些群体之间的接触主要发生在成年人之间，因此我们可以预期，当语言模式从一个群体传播到另一个群体的时候，跟在地理上的扩散一样，同样会观察到结构特征的损失。

16.1　向 AAVE 社区的扩散

我们可以从总体上回顾周围方言对 AAVE（African-American Vernacular English,非裔美国英语方言）的影响来开始这项调查。虽然非裔美国人的语言表现出一系列语法和语音特征，可以称为"非裔美国英语"，可是指定为 AAVE 的特定方言是指在高度居住隔离的低收入地区发现的地理上一致的语法。鲍(Baugh 1983)把 AAVE 定义为非裔美国人跟其他非裔美国人在一起生活、工作和交谈的语言。AAVE 中有相当大的语音变异(Myhill 1988)。这里提到的一致性是指 AAVE 语法在全国范围内的一致性：主要是指 AAVE 语法中的形态句法和形态特征,以及时态/语气/体系统(纽约市参见 Labov et al. 1968,Labov 1972,Labov 1998；华盛顿参见 Fasold 1972；洛杉矶参见 Baugh 1983；费城参见 Labov and Harris 1986,Ash and Myhill 1986；湾区参见 Mitchell-Kernan 1969,Rickford et al. 1991, Rickford 1999, Rickford and Rafal 1996；得克萨斯参见 Bailey 1993,Cukor-Avila 1995)。毫无疑问,有些地区性的变化最终会出现在 AAVE 语法中,但是到目前为止,只报道了有微小的数量差异。AAVE 语法的全国统一性仍然是有待解决的谜团,这超出了本卷的讨论范围。

自 1964 年以来,各种对非裔美国英语发音的研究提供了一个机会,可以考察居住在同一城市、但又因明显的居住界限而彼此分离的社区群体之间的扩散过程。在美国,大多数族群的居住隔离都在随着时间的推移而减少,但黑人和白人的隔离却一直在稳步上升,直到 1980 年代达到了非常高的程度,此后一直保持稳定(Hershberg 1981,Massey and Denton 1993)。表 16.1 显示了这种隔离指数在费城的进展。在过去几十年中,尽管爱尔兰裔、德裔、意大利裔和波兰裔的族群隔离现象有规律地减少,而非裔美国人却是稳步上升。居住隔离是导致 AAVE 与其他方言近期差别的主要原因,这些差别如使用 *be* 的习惯,或把 *had* 用于一般过去时等特征成指数的增长(Bailey 1993,2001；Labov and Harris 1986)。

鉴于这种高度的居住隔离,我们可以预期在 AAVE 的研究中会发现周围方言的影响非常小。另一方面,人们可以预期在研究非裔美国大学生和朋友们之间的话语中,周围群体会产生较大的影响。

表 16.1 从 1850 年到 1970 年费城五个族群的优势指数
（人口普查范围中由同一族群组成的比例）

	1850	1880	1930	1940	1950	1960	1970
黑人	11	12	35	45	56	72	74
爱尔兰裔		34	8			5	3
德国裔	25	11	5	3			
意大利裔		38				23	21
波兰裔		20				9	8

资料来源：T. Hershberg, A tale of three cities: Black, immigrants and opportunity bin Philadelphia. 1850-1880, 1930, 1970. In T. Hershberg (ed.), *Philadelphia: Work, Space, Family and GroupExperience in the Nineteenth Century*, New York: Oxford University Press, 1981, pp. 461-495, Table 8

16.2 周边方言的影响

对南哈莱姆区青少年说话者的研究表明，在 AAVE 发音方面，他们并没有参与纽约市白人社区特有的元音移位（Labov et al. 1968，Labov 1972）。在哈莱姆区采访非裔美国成年人和在下东区研究（Labov 1966，第 8 章）中采访非裔美国发音人也是同样的情况。[1] 对西费城的 AAVE 研究（Labov and Harris 1986）发现，在社交网络核心成员的讲话中，没有费城音变的痕迹。[2] 然而，AAVE 的说话者普遍反映了周围方言 r 音的发音水平。在纽约市，AAVE 说话者对词尾/r/的发音跟 r 不发音的白人一致，但他们也把这种模式扩展到在双音节中的/r/（Labov et al. 1968，Labov 1972）。在基本上都发 r 音的费城，AAVE 对变量（r）的使用在 50% 左右波动（Myhill 1988）。

/æ/沿着非外缘轨道适度升高到[æ̞]或[ɛ>]是非裔美国英语和 AAVE 中关注较少的变量特点。戈登（Gordon 2000）在芝加哥附近的非裔美国女大学生中发现了这种适度的高化。琼斯(Jones 2003)仔细研究了在兰辛的非裔美国人社区中/æ/的发音情况,发现有一些升高到了短 e 和更高的水平,特别是在女性和年长说话者中(另见 Jones and Preston 将发表)。

普内尔(Purnell 2008)分析了九名来自威斯康星州东南部的非裔美国学生的发音词表。这一地区的北方城市音变很活跃,但与北部内陆其他地区不同的是,在/g/之前的/æ/高化,通常会到/æg/和/eyg/合并的地步(Zeller 1997,ANAE 第 13 章)。普内尔发现至少有两名女性说话者在/g/之前的/æ/升高带有前上滑音,标志着与/ey/的合并。

埃伯哈特(Eberhardt 2008)研究了匹兹堡非裔美国人之间/o/和/oh/的后低合并,这种合并在主流白人中已经完成了一个多世纪。在 34 名非裔美国人中,只有 3 名在最小词对的发音上做出区分,而他们属于最年长的发音人。

这些研究都表明,周边地区的方言对非裔美国人的语音产出有一定的影响,特别是对那些与白人社区有广泛接触的少数成年人。正如我们将在下面看到的,这种接触和方言的影响并不是儿童成长时期的特点。成年人可以吸收和传递这样的语音特征,这是不足为奇的,就像本地的词汇在整个语言社区中扩散一样。非裔美国人在费城要的是一个"*hoagie*"(大型三明治)而不是"*sub*"(潜艇三明治),走"*pavement*"(人行道)而不是"*sidewalk*"(便道),呼唤时和城里其他人一样用"*Yo*"(喂)。在这里,正如第 14章所讨论的地理扩散那样,我们主要感兴趣的是像纽约市短 *a* 模式和北方城市音变这样具有复杂的语言结构条件的扩散。

费城短 *a* 模式向非裔美国人社区的扩散

351　　费城的短 *a* 分化为松的/æ/和紧的/æh/,这已经有大量详细的描述(Ferguson 1975,Labov 1989b,ANAE 第 13 章),并在本书前两卷的许多讨论中成为关注的焦点(特别见 PLC,第 1 卷:534—537 页)。图 16.1 显示了纽约市和费城在闭音节中紧化的语境制约条件。费城辅音制约是纽约市辅音制约的一个子集,不包括浊擦音和浊塞音,除 *mad*、*bad* 和 *glad* 之外,也不包括所有后辅音(特别是/ʃ/)。在纽约市发现的八个附加条件中,除了 *avenue* 的紧化外,其他条件也适用于费城。费城系统还有两项修改:(1)以鼻音结尾的虚词(*can*、*am*、*and*)为松元音的制约条件增加了三个不规则动词:*ran*、*swam*、*began*;[3](2)在开音节中有词汇扩散,最紧化的是 *planet*。[4]

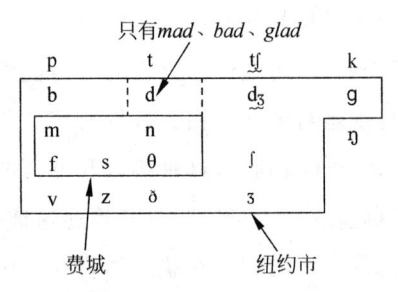

图 16.1　费城和纽约市在闭音节中决定紧元音的尾辅音

亨德森(Henderson 1996)研究了来自费城的 30 位非裔美国人的短 *a* 模式;结果如表 16.2 所示,里面有拉波夫(Labov 1989b)报告的 100 位白人发音人的百分比。对于一般紧元音类的词群,费城白人的紧化发音都接近 100%。费城的非裔美国人在鼻音前的紧化度和白人一样;对 *mad*、*bad*、*glad* 小类的紧化接近白人;但在

path、*bath*、*pass* 等清擦音前的紧化度相当低,只有 69%。

费城的白人在开音节中一般不用紧化的短 *a*;在鼻音前有少数特定的单词是紧化的,比如 *planet*,这样的词不到 1%。在非裔

表 16.2　费城白人和非裔美国人的短 *a* 紧化

后 接 音 段	欧裔美国人 (Labov 1989b) 紧化百分比%	非裔美国人 (Henderson 1996) 紧化百分比%
在费城白人方言中通常是紧的		
在鼻音尾前	96	95
在清擦音前	98	69
mad、*bad*、*glad*	99	83
在费城白人方言中通常是松的		
在元音间的鼻音前	01	43
ran、*swan*、*began*	19	71

美国人中,在鼻音之前的开音节制约比较弱;几乎一半的词项发音是紧的。最后,以鼻音结尾的不规则动词(*ran*、*swam*、*began*)松化的句法制约在非裔美国人社区中相当弱:他们有 71% 把这些动词发为紧元音,而相比之下费城白人中只有 19%。毫无疑问,费城非裔美国人的短 *a* 模式反映了周围白人社区的影响。然而,它并不是一个准确的复制品;也就是说,它似乎不是这个系统在几代儿童之间忠实传递的结果。短 *a* 模式的跨社区扩散似乎是成年人的功劳,这种成年人的语言学习丢失了典型的细节。在本章的后半部分,在我们考虑跨越群体界线的语法特征扩散时,这一点将变得更加明显。

北方城市音变跨越社区群体的扩散

上面提到的对北方非裔美国英语的研究,不仅仅是在兰辛、芝

加哥和密尔沃基寻找白人对黑人语音的影响。他们都以不同的方式解决了非裔美国人是否参与了北方城市音变，即六个英语元音的系统性轮换。琼斯和普内尔的报告显示了一些区域性因素影响短 a 模式实现的证据，但是在他们的数据中没有进一步表明北方城市音变的扩散。琼斯完整地展示了两个元音系统：两个系统都显示出连续的短 a 模式，而不是普遍的上升到中元音位置，前低位置完全被在清塞音前的/æ/占据（Jones 2003：图 4.4，图 4.6）。短 o 没有前化的迹象，短 e 没有后化的迹象。相反，在浊擦音和浊塞音之前升高到半低位置的短 a 词例发音，显示出与短 e 有相当大的重叠。普内尔的所有元音图都显示出前低位置完全是由一些/æ/的发音占据着，没有显示出为填补这个空位的元音移位。

尽管这些都是小规模的研究，他们只关注那些最有可能表现出周围白人方言的影响的非裔美国人：大学生和大学生的朋友们。但是在琼斯深入黑人社区的研究中，说话人的社交网络无论是高度集中在黑人社区，还是与白人社区更广泛的联系，对于元音高化的影响都没有显著差异（Jones 2003：119）。因此，这些有限的语音影响很可能是对整个黑人社区的广泛影响的典型表现。它们的系统性不如上一章讨论的北方城市音变向圣路易斯的扩散。

普莱斯顿（Preston 2010）汇集了一系列北方城市音变在少数族群的元音系统中适应性的研究：非裔美国人、阿拉伯裔美国人、墨西哥裔美国人和波兰裔美国人。所有这些系统在下面成对的长短音显示出 F1/F2 位置的语音近似：

/ey/～/i/

/æh/～/e/

/ow/～/u/

/oh/～/ʌ/

北方城市音变的部分影响有以下几点：

a 北方城市音变的第一阶段反映在从/æ/到/æh/的紧化和延长，但是/æh/没有前化或上升到高于/e/的位置；这些长短音对是否一致地用时长来区分，还有待证明。

b 在北方城市音变的最后阶段显示的/i/低化和后化的趋势，以及/ey/在北方普遍在外缘半高位置，使/i/达到跟/ey/相同的高度，但又明显地更为靠后。

c /ʌ/在北方城市音变的后期没有明显后移，并且/oh/保持在半低位置，使得/ʌ/～/oh/成对。

这些语音的趋同倾向再次说明了丁金在上一章的概述所讲的，扩散中常见的语音变化的性质。这些音位配对并不是 sane～sanity 或 ferocious～ferocity 这样在形态音位交替的抽象层面上，而是在最表层的语音层面上表现出音位目标的规则性。

16.3 删除-t、-d 的制约条件向少数族群社区儿童的扩散

在更为复杂的语言变异系统中，英语辅音丛简化或-t、-d 删除的制约条件受到了相当的关注。第一次对语言变量内部制约的考察对象是南哈莱姆区绰号为雷鸟(Thunderbirds)、喷气机(Jets)和眼镜蛇(Cobras)的青少年(Labov et al. 1965；Labov et al. 1968；Labov 1972)。研究发现，基本的制约因素是后接音段的响音特征和语法地位而有利于辅音丛的保留。这些都在随后的 AAVE 研究中得到了证实和说明（Wolfram 1969，Fasold 1972；Baugh

1983)。1970年代费城的语言变化和变异的研究（LCV）把-t、-d删除的制约规则扩展到了白人，发现他们遵循跟非裔美国人相同的删除模式，出现的频率更低，除了有很强的后接停顿的制约（Guy 1980）。从那时起，这种普遍的模式已经在英语世界的很多社区得到证实。

在拉丁裔英语的第二和第三代说话者中发现了同样的制约规则，但有一些例外（Wolfram 1974）。在主流方言中，辅音丛/rd/从来不简化，但是一些拉丁裔英语的研究记录到少量的删除（Cofer 1972, Santa Ana 1991）。这可以通过这样一个假设来解释，即/r/在英语语音上是一个滑音，具有[-辅音,-元音]的特征，但在拉丁裔英语中继承了它在西班牙语中作为响音[+辅音,+元音]的语音地位。在拉丁裔英语中也发现非重读音节中不存在删除（Santa Ana 1996），这可能是底层语言中音节计时（syllable timing）的影响。

本章的主要论点是，语言特征在高度隔离的社区群体之间通过成年人扩散，这种变化只是间接影响到儿童。在-t、-d删除的实例中，黑人和白人语言群体达到的高度趋同已经持续了一段时间，但是我们预计，在西班牙语占主导的儿童习得的英语中，不会出现这种趋同现象。这是第一语言干扰的典型结果，也是发音因素的普遍影响，没有准确匹配整个社区的特定规范。对于那些英语占主导的拉丁裔儿童，我们可能会观察到一种社区规范的出现，这种规范更多地是受到与成年人，包括家长和教师互动的一般模式的影响。

我们在城市少数族群阅读项目（UMRP: Urban Minorities Reading Project）的工作中发现了检验这种结果的机会。这个项目旨在测试个性化阅读计划对费城、亚特兰大和加利福尼亚州小学生阅读水平的影响（Labov 2003, Labov and Baker 出版中）。受试者来自四个语言/族群:白人(W)、非裔美国人(A)、先学英语阅读的拉丁裔(E)和先学西班牙语阅读的拉丁裔(S)。所有学校都在低收入地区,那里至少65%的学生有资格进入联邦政府免费午餐计划。参加这个项目的选择条件是,学生的阅读成绩水平落后一年或两年,或在标准的伍德科克-约翰逊(Woodcock-Johnson)单词考核或单词识别测试中成绩低于35%。在项目的第一年,我们记录了700名二、三、四年级的8—11岁学生的即兴话语。从397个访谈中挑选出与AAVE相关的语音和语法变量,进行转录和编码。这是按语言/族群和各州地区随机选择的。面谈者是经过训练的研究员或者导师,具有激发这个年龄孩子即兴言语的技巧。(1)是一个录音样本的转写:

(1) IVr:Did you ever get into a fight with a kid bigger than you?
P05-001:Oh yeah. (sucks teeth) but my sister jumped 111 in it.
IVr:What happened, how did it start?
P05-001:(sucks lips) Well, I was at—I was at—I was like, at my grandma's 211 house, and I went 111 back home, cuz my mom, we was, me and Sabrina was here, and then I went 110 back home. And I said, "Sabrina, you got a rope that we can play with?" Sinquetta and 'nem, she said—and I said =—and she had said "Yeah, so then Sinquetta and them had to go back in the house, la, la, la, blah, blah, blah, then some other big girl. I was—we was playin' rope right, (sucks lips), then she gon jump in and she say 230"You might jump better, and not be 'flicted 811."I

said "It's not going to be 'flicted, cuz I know how to turn." She said, and then she only got up to ten. She was mad at me, and she had hit me, so I hit her right back. Sabrina jumped 111 in it. And start 81 hittin' her. I was just 110 lookin. I was just 110 lookin'

(译文)面谈者:你以前和比你大的孩子打过架吗?

P05-001:哦,是的,(吮着牙)但是我的妹妹也参与了111。

面谈者:怎么了,这事儿是怎么发生的?

P05-001:(抿嘴唇)好吧,我在——我在——我好像,在我奶奶家的房子里211,然后我回到111我的家,因为我妈妈,我们是,我和萨布丽娜,我们在这儿,然后我回到110家。我说:"萨布丽娜,你有一条绳子让我们玩儿吗?"辛奎塔和他们,她说——我说——她已经说"是的,所以然后辛奎塔和他们必须要回到房子里,等等等,然后又来了别的大一点的女孩。我——我们正跳绳跳得起劲儿,(抿嘴唇),然后她跳进来并且说230:"你可以跳得更好,不会被绳子打到811"。我说:"不会的,因为我知道怎么转身"。她说了,然后她只跳了10个。她生我的气,还打了我,所以我反打了她。萨布丽娜也参与了111开始打她。我只是110在看。我只是110在看。

每一个语音和语法变量都用两到三位数字编码,并且紧跟在相关单词后面。这些是通过DX程序自动提取的,这个程序根据正字法读取集群的语音结构、集群的分段环境和语法状态,并输出用于

Varbul 分析的文件。(2)是与本讨论相关的一些数字代码示例：
(2) 111：舌尖复杂韵尾保留结尾/t,d/：*jumped in.*
110：舌尖复杂韵尾删除结尾/t,d/：*went back, just lookin'*
811：在舌尖辅音丛后面保留规则性-ed：*be'flicted*
80：在单独的/t,d/后面失去规则性-ed：*start*
211：所有格的{s}出现：*grandma's house*
230：动词后的{s}失去：*she say.*

为了知道这些转写稿中出现的辅音丛的数量，表 16.3 按语法地位和语言/族群显示了(t,d)变量的词例发音数量。辅音丛的简化对于所有英语说话者来说都是常见的，频率不同。在我们多方调查的读者群体中，这种变化的比例从 28%（加利福尼亚州白人）到 64%（亚特兰大的西班牙语拉丁裔）。图 16.2 显示，自始至终，白人的-*t*、-*d* 删除率最低，先学会西班牙语阅读的拉丁裔最高，略高于非裔美国人。另一方面，拉丁裔中先学会英语阅读的人介于非裔美国人和白人之间。

表 16.3　按语言/族群和语法地位划分的 397 名 UMRP 受试者的编码转录文本中(t,d)类词例发音数量。A＝非裔美国人[N＝112]；W＝白人[N＝105]；E＝先学英语阅读的拉丁裔人[N＝86]；S＝先学西班牙语阅读的拉丁裔人[N＝94]

	A	W	E	S	总计
派生词	683	600	399	363	2,045
单语素	1,531	1,723	986	899	5,139
过去式	718	815	487	332	2,352
总计	2,932	3,138	1,872	1,594	9,536

当我们研究这个过程的内部制约机制时，发现了一个完全不同的情况：辅音丛简化的趋势有两个不同的来源。一方面，发音动

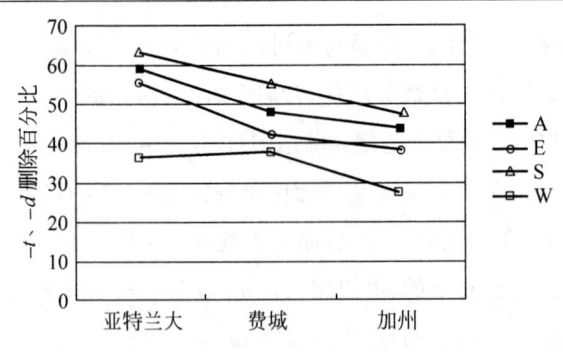

图 16.2　按语言/族群和地区分列的 397 位受试者的 -t、-d 删除的总频率（字母标示同表 16.3）

作受到普遍的制约，这是由前后音段的特征组合控制的。另一方面，英语也有一些特殊的制约因素：辅音丛的语法地位和词尾音段的清浊。没有证据表明这些影响具有普遍性，[5] 而且它们很可能是通过跟母语者的亲密接触而传递给语言学习者的。

表 16.4 在第一列中列出了对于数据集的总体分析，包括社会和区域因素群组，然后依次分别考虑了四种语言/族群中每一种的情况。

表 16.4 中的显著因素组之间的关系如图 16.3 所示。前置音段的影响出现在图的最左边，后接音段的影响在最右边：所有四种语言/族群的分组都有显著的制约。这些是一般的发音过程的产物；基于各种群体共有的发音器官。在前置成分中，我们发现，和以往一样，舌尖擦音最倾向删除；其次是鼻音、塞音、其他擦音和边音。这个顺序已经被证明与一般总体的制约原理相关（Guy and Boberg 1997）。如表 16.5 中的 0.98 相关系数所示，白人和非裔美国人受试者是紧密相连的。与拉丁裔群体的相关性较低。对 S 组和 E 组的主要影响是前置的舌尖擦音倾向于删除，但在其他的前置音段没有显著影响。

表16.4 397名UMRP受试者自发言语中(t,d)缺失的逻辑回归分析（字母缩写见表16.3）

	全部	A	S	E	W
前置音段					
咝音	0.64	0.64	0.74	0.61	0.61
鼻音	0.52	0.53	0.39	0.54	0.57
塞音	0.41	0.44	0.50	0.36	0.41
其他擦音	0.39	0.37	0.47	0.36	0.31
唇音	0.33	0.27	0.47	0.40	0.22
前置辅音					
2	0.60	0.68			0.66
1	0.49	0.48			0.49
语法地位					
派生词	0.61	0.67			0.69
单语素	0.53	0.56			0.54
过去式	0.35	0.24			0.29
音丛清浊					
清音	0.59	0.58		0.63	0.61
浊音	0.42	0.42		0.38	0.40
清浊对应					
清浊相同	0.59	0.64		0.60	0.58
清浊相异	0.18	0.09		0.16	0.19
后接音段					
边音	0.72	0.76	0.67	0.77	0.69
鼻音	0.71	0.72	0.69	0.66	0.77
/w/	0.59	0.62	0.60	0.49	0.66
塞音	0.65	0.59	0.62	0.71	0.68
擦音	0.59	0.60	0.49	0.58	0.68
/r/	0.54	0.59	0.56	0.55	0.49
停顿	0.44	0.46	0.49	0.41	0.40
/h/	0.43	0.44	0.38	0.49	0.38
元音	0.38	0.37	0.40	0.37	0.37
/y/	0.33	0.42	0.36	0.59	0.15
语境					
即兴话语	0.51	0.51	0.51		0.51
复述故事	0.42	0.42	0.42		0.42
地区					
费城	0.56	0.55	0.59	0.54	0.58
亚特兰大	0.53	0.52	0.49	0.60	0.48
加利福尼亚	0.41	0.44	0.41	0.40	0.43
级别					
2	0.52			0.47	
3	0.51			0.54	
4	0.48			0.44	

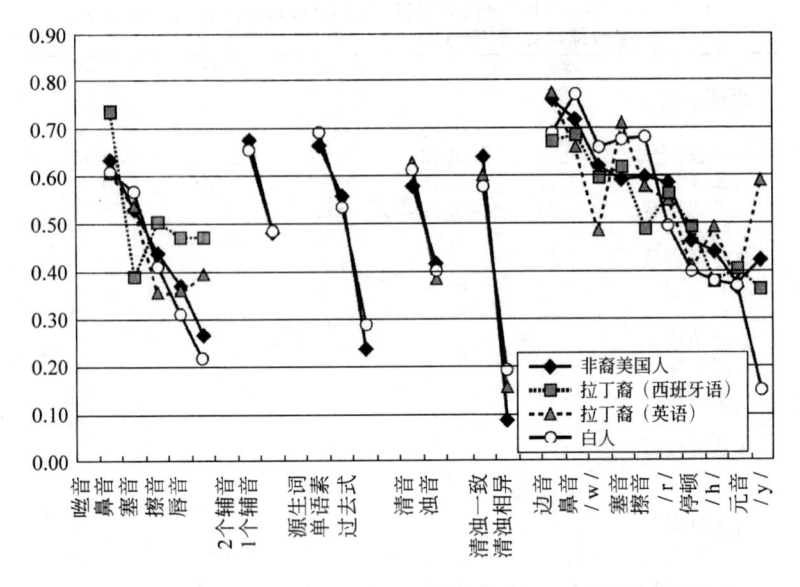

图 16.3 在小学生中按语言/族群划分的控制/t,d/删除的变量权重

表 16.5 按族群划分的前置音段影响的皮尔逊相关分析

	A	W	E	S
A 非裔美国人	x	0.98	0.83	0.57
W 白人		x	0.52	0.41
E 拉丁裔(英语)			x	0.41
S 拉丁裔(西班牙语)				x

后接音段的作用符合拉波夫提出的细粒度划分(Labov 1997)。这些影响在很大程度上是由响度等级和音节重组的可能性解释的,[6]即一般语音原理(Guy 1991)。在这里,四个群组之间的一致性更大一些。所有的群组大多在边音和鼻音前面删除,在其他阻塞音、滑音和元音前面,也会出现类似的脱落。总的来说,后接停顿和后接元音并没有明显的区别。[7]两个拉丁裔群组遵循相同的

模式,但有一个明显的例外:拉丁裔(英语)群组在/y/之前显示出很高的删除概率。

语法制约是讨论群组关系的最重要的制约,它是英语所特有的,目前为止已经为所有英语母语者所复制。同样,白人和非裔美国人的读者也遵循预期的模式,步调一致。*lost*、*kept*、*found* 等派生词群的变化在这个群体中处于领先地位,而不是中间状态。这跟盖伊和博伊德(Guy and Boyd 1990)的发现一致:这个年龄段的儿童把派生动词视为单语素词(另见 Labov 1989b)。[8] 两个拉丁裔群组都没有显示出语法地位的显著影响。

图 16.3 显示了其他三个因素群组的显著结果,这再次显示了非裔美国人和白人群体之间的高度一致。清浊一致表明了清浊相同的辅音丛(*just*、*old* 等)相对于清浊相异的辅音丛(*went*、*help* 等)更加倾向于删除。对于前面有两个辅音的单词(*next*、*helped*、*rinsed* 等),删除的倾向通常要超过那些只有一个辅音的单词。虽然以前对 *-t*、*-d* 删除的研究并没有集中在词尾的清浊差异上(/t/-/d/),但这些结果表明,在其他条件相同的情况下,与/d/删除相比,更加倾向于/t/删除。在对 *-t*、*-d* 删除的研究中经常出现的非重读音节中的高删除率,在这里并没有出现,这可能是因为在这个年龄段的词汇中,非重读音节的数量很少(9,569 个词项发音中有 516 个)。拉丁裔 S 组在这些因素组中没有表现出显著的影响。

这项辅音丛简化研究的总体结果是,这个过程的主要轮廓是在拉丁裔社区的年轻人中再现的,但它的形成方式反映了一般的语音原则,而不是直接传递。其中具体细节的缺失,正如从一个地方到另一个地方的扩散一样。最重要的是,对 *-t*、*-d* 删除没有更抽象的语法制约。这让我们进一步深入理解了言语社区内的传递和跨越社区的扩散之间的区别。

16.4 语法变量向非裔美国人社团成年人的扩散

城市少数族裔语言变化项目(UMLC)在费城开始研究的跨族群的交流。这是起因于一些观察的评论,那使我们相信有着比大多数人想到的更多的跨族群交流。我们的结论却是截然相反(Labov and Harris 1986,Ash and Myhill 1986,Graff et al. 1986)。我们发现,由于越来越多的居住隔离,黑人/白人接触的数量正在缩减,因此,AAVE 内部的语言变化导致这个方言与周围社区之间的差异越来越大。这一结论的一个重要证据是图 16.4 显示的社交网络研究,这是以我们的首席现场调查员温德尔·哈里斯(Wendell Harris)为主完成的。这个图中并没有提供一个基于接触频率的社交网络的传统观点,而是一个社会经历的展示:具有相似社会经历的人被分在一组。如左上角的键所示,每个名称周围边框的权重与这个说话人使用第三人称单数{s}的百分比相关联。

在中心的是核心群体:在费城出生和长大的五男七女。这些人适合鲍(Baugh 1983)对费城方言使用者的描述。在日常生活中,他们与非裔美国人一起生活,一起交谈,一起工作,与讲其他方言的人接触不多。在录制的一些长时间会话中,妇女们以热烈、愤怒和愉悦的情绪谈论她们与男子、她们彼此之间或她们与访谈者的关系,指责别人违反道德准则和不同程度的不忠。这一核心群

熟悉黑人社区的白人

Carol George Dusty Tom

黑人社区中的波多黎各人

Johnny Jr.

孤立的黑人

Carlos Sean

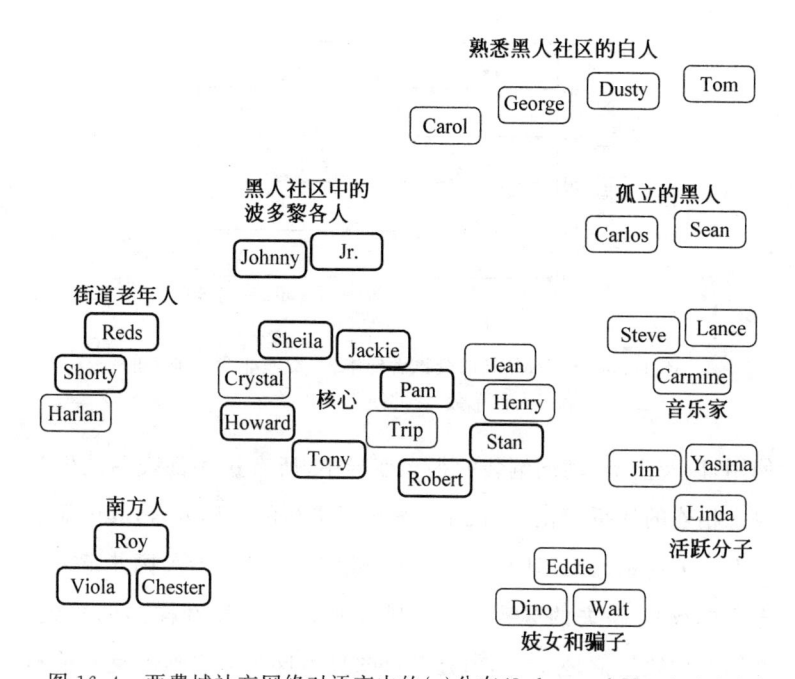

街道老年人

Reds Shorty Harlan

Sheila Jackie
Crystal Pam Jean
Howard Trip Henry
  Tony Robert Stan

核心

Steve Lance
  Carmine
音乐家

Jim Yasima
  Linda
活跃分子

南方人

Roy Viola Chester

Eddie
Dino Walt
妓女和骗子

图 16.4 西费城社交网络对语言中的{s}分布 (Labov and Harris 1986)

体的录音甚至比我们在哈莱姆区早期的小组聚会录音更接近调查的目标方言(Labov et al. 1968)。

图 16.5① 左边有几个组,都有不同的社会经历。其中包括出生地在南方的三名核心群体成员,还有三名在老年中心接受采访的人,他们与核心群体成员一样熟悉街区生活,以及两名嫁到黑人社区的波多黎各人,她们以英语为主。

在 AAVE 中,现在时动词第三人称单数/s/的缺失是主谓一致性普遍缺失的主要标志,这可能是这种方言与其他方言最深刻的差异。它表现在所有人对不规则动词 *do*、*have* 和 *was* 的同样

---

① 此处应为图 16.4 之误。——译者

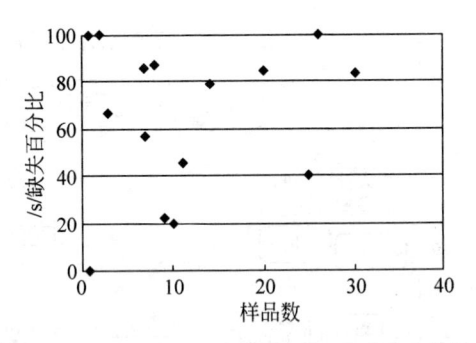

图 16.5 在 UMRP 的受试者样本中,费城非裔美国人的第三人称单数/s/的缺失率

使用,以及主语/动词倒装的很多变异中,所有这些都表明缺失与时态相连的屈折变化。图 16.5 显示了最初的目标方言,其中显示了上一节讨论的 UMRP 项目费城分组中 15 名非裔美国儿童第三人称单数/s/缺失的频率。水平轴显示每个人发音样品的总数。群体平均缺失值是 64%,但是散点图显示这个值实际上是两种不同分布的产物。多数人以 85%的模式为中心,少数人以 40%的模式为中心。还应注意,这些录音是在学校环境下录制的,采访者跟发音人并不熟悉,因此可能有些人会不说方言。

因此,图 16.4 旨在显示有哪些成年人保持第三人称单数/s/缺失超过 75%的方言规范。在这些群体中,有相当大一部分人的名字标出粗体边界,表明核心群体、南方人和老年人是 75%—100%缺失的,他们人生的大部分时间都是在 AAVE 社区环境中度过的。波多黎各裔代表着西班牙母语影响和 AAVE 影响的融合,与沃尔弗拉姆的研究中(Wolfram 1974)广泛接触黑人的波多黎各青年的模式相一致。

在图 16.4 的上边和右边,是分别在五个组中的 15 个人,他们的符号显示了与主语/动词一致性超过50％的高比率相联系的最小边界量。图的顶部是4个与黑人有广泛接触的白人。卡罗尔(Carol)是跟一位非裔美国人住在一起的女服务员,她的讲话带有许多AAVE表层的韵律和词汇特征。乔治(George)在狱中与非裔美国人有过许多密切接触。核心群组的一位成员这样介绍他:"这个小伙子,如果他背过身和你说话,你就不知道他是黑人还是白人。"在UMLC的匹配伪装实验中,经常会把他的讲话录音与黑人族群特征相联系(Grafff et al. 1986)。然而,对于这些白人来说,与非裔美国人的亲密接触,并没有削弱他们最初方言中的主语/动词一致的模式。

图16.5① 中的卡洛斯(Carlos)和肖恩(Sean)都是非裔美国人,他们有意识地宣称自己独立于非裔美国人的文化和社会,他们的话语在多方面反映了这种独立。

音乐家史蒂夫(Steve)、兰斯(Lance)和卡明(Carmine)是费城投身于专业音乐界的众多非裔美国人中的三位。卡明是美国最著名、最成功的低音吉他手之一。这三个人像大多数音乐家一样,每天经常和白人一起演奏、工作和打交道。

吉姆(Jim)、亚西玛(Yasima)和琳达(Linda)是政治活动家,每天致力于同费城占主导地位的白人政客进行激烈对抗。

沃尔特(Walt)、迪诺(Dino)和埃迪(Eddie)是街头骗子,从事非法和半合法的活动,需要与白人频繁接触。

从这个展示中可以明显看出,那些与周围主流方言有着广泛交流的成年人吸收了相当多的第三人称单数/s/标记,但不一定会

---

① 此处应为图16.4之误。——译者

363 改变标记黑人社区成员的 AAVE 的其他特征。另一方面,那些跟其他方言没有这种日常互动的人则保留了 AAVE 语法最初对主语/动词一致的缺失。

16.5 拉丁裔社区的扩散方向

有几项研究表明,拉丁裔社区有着比我们在非裔美国人社区中发现的种类更为繁多的扩散模式。非裔美国人社区的大多数说话者都可以从一个单一的维度进行排列,从 AAVE 到标准的非裔美国人英语,这跟其他标准的英语方言只有几个语音特征不同。另一方面,在各种美国言语社区中成长的拉丁裔的方言发展可能会有三个方向。一些已发表的关于语言差异社会化的研究记录了这些转变:沃尔弗拉姆对与黑人社区有不同联系的波多黎各青年的研究(Wolfram 1974);波普拉克对北费城一所黑人/白人/波多黎各人混合的学校的研究(Poplack 1978);福特关于北加州拉丁裔女孩的报告(Fought 1999, 2003);以及沃尔福德对于费城和加州拉丁裔奋斗读者话语的调查(Wolford 2006)。拉波夫和佩德拉扎(Labov and Pedraza 1994)研究了纽约市波多黎各青少年的语言和政治认同。

a 一些拉丁裔人跟讲本地方言的白人向同一方向变化。这是女性的特点。因此,波普拉克(Poplack 1978)在一些波多黎各人说话中发现了费城的/ay/在清辅音前的央化趋势。拉波夫和佩德拉扎(Labov and Pedraza 1994)发现,适应纽约市元音变化的布朗克斯女孩们被波多黎各听众一致认定为白人。

b 其他受黑人街区文化影响的拉丁裔人则转向 AAVE。这是一种高度集中于男性的趋势。沃尔弗拉姆（Wolfram 1974）指出，与黑人广泛接触的波多黎各人和没有这种接触的波多黎各人明显不同。波普拉克（Poplack 1978）展示了一种/ay/单元音化的趋势，这是一些年轻男性的特点。拉波夫等人（Labov et al. 1968）研究的南哈莱姆群体包括一些波多黎各人，他们在语言上与大多数非裔美国人已经无法区分；这也适用于拉波夫和哈里斯（Labov and Harris 1986）研究的北费城群体，如图 16.4 所示。沃尔福德（Wolford 2006）发现，在费城的波多黎各青年，特别在男性中，所有格的零形式（例：*my mother house*）是个典型的代表。拉波夫和佩德拉扎（Labov and Pedraza 1994）报告说，一些波多黎各男性在讲话中加入了 AAVE 的特征，跟非裔美国人有一致的族群归属。

c 拉丁裔英语的第三个方向是保留一些特征，表明以英语为母语者的第一代或第二代说话人受到西班牙语的直接影响。因此，沃尔福德在南加州的拉丁裔人中发现了一种使用回指形式的所有格的强烈倾向，如：*in the hand of my mother*（在我母亲手中）。波普拉克（Poplack 1978）确认，在北费城学校的一些波多黎各人在/ay/发音上有着西班牙语的影响。门多萨–丹顿（Mendoza-Denton 2008）描述了在女孩中 *anything*、*everything* 的第二个元音发音为前高元音[i]，是拉丁裔身份的象征。

以上这些变化的系统特征如图 16.6 所示，这是根据波普拉克（Poplack 1978）对费城圣维罗尼卡学校六年级波多黎各学生关于/ay/发音的研究数据：在操场上对自选的 24 个小组进行的访谈得出的。灰色条表示/ay/按费城白人模式的发音比例：在清辅音前的央化和后化；否则就是低音核双元音。黑色条表示具有 AAVE 单元音化特点的或滑音减弱的发音比例。有两种强大而独立的效应：AAVE变体倾向于出现在随意言语中，并且倾向于出现在男性说话中。

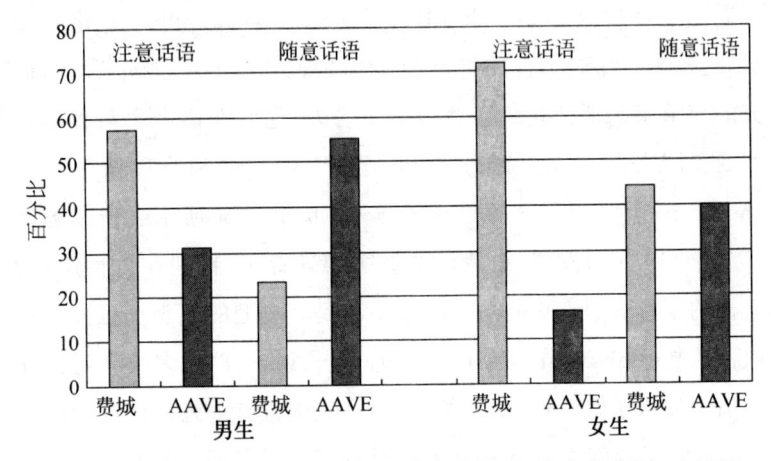

图16.6 24名波多黎各六年级学生使用费城"加拿大高化"与AAVE单元音化的/ay/，按语体和性别的百分比（基于Poplack 1978，图2b）

沃尔福德对拉丁裔读者使用所有格的研究发现，拉丁裔男性对AAVE模式也有着相同的倾向性。表16.6显示了对定语所有格缺少/s/形式的逻辑回归分析的结果，这是典型的AAVE形式。在费城，波多黎各裔与非裔美国人密切接触，这种趋势比亚特兰大或加州强得多，其中男孩又比女孩更多。在加利福尼亚发现了一种相反的模式，在那里，以西班牙语影响下的回指形式受到女孩的欢迎。因此，在这两个地区，非裔美国人对男性的影响更大。

这些不同的变化说明，拉丁裔社区的语言发展比非裔美国人社区更为复杂，在一定程度上反映了拉丁裔群体对族群认同的差异。拉波夫和佩德拉扎（Labov and Pedraza 1994）发现，采用非裔美国人的语言特征与在族群政治中认同黑人的倾向之间有着密切的联系。这让人们反过来又发现与拉美人的肤色和发型的差异有明显的联系。

表 16.6 拉丁裔族群的定语所有格-s 的缺失。

因素组群	因素	-s 缺失的百分比	总人数	因素权重
地区	费城	35	80	0.68
	亚特兰大	15	72	0.42
	加利福尼亚	14	76	0.38
性别	男生	29	86	0.61
	女生	18	142	0.43

资料来源：Tonya E. Wolford, Variation in the expression of possession by Latino children, *Language Variation and Change* 18(2006):1-14。因素群组不显著：群体；等级；后接音段

到目前为止,我认为跨社区的扩散主要是在成年人之间进行的。然而,当我们考虑从非裔美国人社区向拉丁裔社区的扩散时,情况未必如此。最近对费城拉丁裔青年的研究发现,说话人使用习惯性的 *be* 具有与母语相似的一致性,包括那些与讲 AAVE 的黑人没有特别接触的人也是如此。这表明,语法的影响可能具有一致性,这种一致性是有着完全语言学习能力的青年人之间接触的特点,即,是传递而不是扩散。

16.6 跨越公共界限扩散的性质

本卷第 5 章至第 13 章论述了北美主流英语中相对统一的社区中正在进行的语言变化。ANAE 的地理分布数据的设计是从每个抽样城市的多数族群中选择说话人(见 ANAE 表 4.2)。在

762 名受试者中，217 名是德裔；51 名意大利裔；36 名斯堪的纳维亚裔；52 名波兰裔和其他斯拉夫裔。ANAE 的结果表明，这些群体已经融合为北美社区的语言主流，正如表 16.1 所示，他们在居住模式中已经同化。他们成为北美后低合并、北方城市音变、加拿大音变、南方音变和其他音变的典型代表。另一方面，那些不断增加居住隔离模式的群体，则发展出了其他的用法，尽管他们并没有完全脱离主流方言。本章内容展示了通过成年人接触的语言特征扩散，如何对周围社区的语音系统产生不同程度的影响。到目前为止，AAVE 的语法体系在很大程度上抵制了周围社区的规范，尽管如果居住隔离度减弱，这种情况可能会随时间的推移而改变。

第17章 结　　论

这本书介绍了导致进行中的语言变化和分歧的一系列广泛的因素。它在语言变化的发生、发展和动因中既考虑了认知因素，也考虑了文化因素。本章将考虑这两组因素之间的关系：它们在变化过程中是共同运作、交替运作还是对立运作。

17.1　论点总结

本卷第2—第4章涉及第1.1节中定义的基本认知机制。这些章节报告了语言变化会影响在语流中切分和识别音位的能力，进而影响到识别说话人所说的话。基本的结论是，无论是在社区内部还是在社区之间，费城、芝加哥和巴尔的摩正在进行中的语言变化严重干扰了这些认知过程。

第6章继续探讨认知的基本要素，研究支配音位数目和配置的原理：合并、分化和链式音变。尽管链式音变似乎增强了，或是至少保持了语音系统的运作，而合并却不是这种情况。导致合并的音变难以增强说话人在语流中识别意义的能力。[1]

第12章的发现进一步阐明了音变的认知基础，这一章支持布龙菲尔德对新语法学派观点的表述：音变的单位是音位而不是单词。如果本卷书中出现的各种音变真的是逐词进行的话，那么跨方言理解的问题将会困难许多倍。当芝加哥人听费城人讲话时，仅仅知道/ow/可以发音为[ɛːº]是不够的。还必须知道每个包含/ow/的单词——*goat*、*go*、*row*，是不是这样的。而且，由于词汇扩散基本上是任意的，所以除了单独的记忆之外，没有其他线索来说明每个单词是如何实现的。

  第9章和第10章考虑了可能导致音变的持续、加速或完成的驱动力。它们以一种或另一种形式把社会因素与进行中的变化相联系：本土认同、社区成员、社会阶层、年龄或性别。我们可能会问，一种语言形式与一个社会群体相联系，这是一种认知过程——一种知识形式——还是由这些语音形式的实例在我们内心引发的一种感觉。哈伊、沃伦和德拉格（Hay, Warren, and Drager 2006）的实验表明，认知过程牵涉其中：受试者把听觉刺激理解为 *fair*（公平）还是 *fear*（恐惧），受到他们对说话人的年龄和社会阶层的看法的影响。因此，对于语言形式的社会分布的理解可以称为社会认知，这与对语音分布的知识没有区别，通常它只是涉及坡度的斜率，而不是离散的判断。然而，我将遵循前两卷的实践和第1章的论点，把认知因素这个术语限制在语言系统的离散操作上，因为它提供了关于真值条件的语义信息，并使其与社会因素对立起来，社会因素是把说同一件事情的不同表达方式与社区中不同的群体相联系。

  在语言学习过程可以在面对面交流中观察的情况下，把驱动力归因于社会因素是最清楚的。因此，对小群体行为的人种学研究可以把变化的进程与当地文化习俗的极端表现联系起来（如马撒葡萄园岛的渔民；中学生里的极端伯闹茨群体）。另一方面，一些最重要的社会因素引发了超越小群体行为的广泛的文化模式。

所涉及的言语社区规模越大，语言变化的统一模式就越难解释。语言变化中的性别模式（第二卷第 8、9、11 章）是这种普遍文化因素的典型。儿童对语言中性别差异的初步认识，可能始于他们父母语言行为的对比模式。但是，男女语言差异的普遍性是与超越地区差异特点的文化模式相关联的。这些共同点如何在全国范围内传递（在儿童中）或扩散（在成人中），是当前研究的紧迫问题。

社会认知形式中最难解释的，是那些似乎独立于个人经验的社会因素的作用，这些社会因素就是这里所说的文化因素。因此，纽约市方言的负面社会地位似乎可以追溯到 19 世纪初，并在整个人口中产生一致的规范性反应（Labov 1966，第 13 章）。第 10 章面对北方城市音变横跨北部内陆的统一进程的谜团，概述了它可能反映了扬基人道德理念与中部地区的个人主义长期存在的文化对立。

不可否认，社区成员受到一种特定语言形式的文化意义的影响，是通过自身经验而获得这一信息的。但这种经验可能远不是指面对面的交流。这里涉及的经验形式，与那些产生人名的流行的长期趋势一样，微妙而难以捉摸（Lieberson 2000），深刻地影响着人们对那些纯属个人选择的看法。

无论这些文化因素是如何被感知和传递的，它们与语言形式的认知过程之间的关系都存在异议。在某种程度上，它们促进和强化了地区差异，可能会被视为干扰语言的基本认知功能，使边界一边的人更难于知道另一边的人在说什么。这里可以再次引用哈伊等人（Hay et al. 2006）在新西兰关于 $fear/fair$ 区别的实验。新西兰人利用说话人的年龄和社会阶层的信息来猜测[feːə]这个发音代表 $fear$（恐惧）还是 $fair$（公平）。但随之而来的问题是，不同的说话人对合并进展程度的差异性,会导致在许多情况下的这种决定将是模糊不清的。值得提问的是,在语言和语言能力的长期演变中,这种情况是如何发生的。

17.2 语言变化与动物交流系统之间的关系

人类语言有别于动物的交流系统,它允许我们传递关于遥远时间和地点的信息,并利用这些信息来解决生存的基本问题。无论我们的语言有多么烦琐或低效,我们都有理由相信,如果语言保持不变,它将成为所有人的共同习俗,更好地为我们的生存目标服务。

语言变化有什么有益的目的?变化跟变异相联系,并且通常是依附于变异之中。大多数研究语言变异的学生都接受了文莱奇等人的观点(Weinreich et al. 1968),认为言语社区呈现出"有序的异质性"。社会分层和语体分层的统一模式表明,社区成员可以利用这种差异把说话人列入社会距离和社会权力的等级之中,很多实验已证实了这一观点(Lambert 1967;Labov 1966,第12章;Labov et al. 2006b;Campbell-Kibler 2005;Conn 2005;Fridland 2003)。但是第2章到第4章表明,当系统改变时,社区成员不一定会有适应年轻人说话的灵活性。在社区里,肯定是这样的情况:参与音变增量的青年(第2卷,第14章)对变量涉及的年龄向量有一定了解,并且成年人能认出他们的孩子使用的新形式。但是,这种对年龄的敏感性是否会导致对跨代言语的准确解读,还有待证明。当然,跨方言边界的误解发生率更高。

第 17 章 结论

第5—8章概述了导致这种方言差异的主要机制。链式音变被视为对触发事件所造成的不平衡状态的调整或反应。有人提出,元音子系统中最大分散的趋向,即平衡化过程,是语言习得的基本机制的结果。儿童能够匹配父母元音分布的中心平均值,这似乎是基于概率匹配的能力。从金鱼到鸭子,再到人类,许多物种都表现出概率匹配的能力。因此,这些章节可以被看作是对马丁内的语言变化观点的详细阐述,他认为语言变化是对于系统的长期调整,以适应迁移或入侵对于原始人口干扰所造成的影响。如果这些功能上的考虑足以解释语言的变化,那么对跨方言理解的后续干扰就可能被认为是这种调整过程的副作用。

许多解释语言变化的提议都看到语言在传播中存在系统性的缺陷(Halle 1962,Ohala 1992,Lightfoot 1999)。感知和发音之间的系统性滑移可能就是第6章中一些支配原则的基础。我们仍然缺乏一个确切的解释,为什么在链式音变中,紧元音沿着外缘轨道上升,松元音沿着非外缘轨道下降。同时,我们对于这个问题的考虑——以及第6章中提出的其他考虑——都受到它们普遍性的影响。我们总是要回到梅耶(Meillet 1921)的观点:没有任何普遍的原因可以解释语言变化的偶发特征。

第8章定义了非普遍性的偶发事件导致长期分歧的条件。这就提出了一个可能会限制我们努力寻求音变原因的问题。古尔德(Gould 1989)认为,如果演化的历程再重新播放,结果就会不一样了。如果语言的演化是由偶然事件决定的,那么我们的解释必然具有特定的目的论特征。"驱动力"的概念不同于一种缺陷、一种滑移或一种误配。它意味着满足一种需要或实现一项功能的积极冲动。第9章回顾的驱动力都不是为传递信息的需要,并且都假设一个潜在的命题,即新形式传达了说话人的身份信息,或者传达了说话人对于听话人的态度或意图的信息。

人类语言与缺乏命题能力的动物交际系统(ACS)之间的类比是相当明显的(Marler 1970,Baptista and Petrinovitch 1984,Kroodsma and Pickert 1984,Hauser 1996):

√ 本土认同,正如拉波夫(Labov 1963)或埃克特(Eckert 2000)所述,类似于鸟鸣和其他 ACS 中的领土功能。

√ 参照群体行为,正如斯特蒂文特(Sturtevant 1947)以及勒佩奇和塔博雷特-凯勒(Le Page and Tabouret-Keller 1985)所述,对应于 ACS 中的模仿。

√ 从客观标志到主观标记的发展和语体转换的习得(Labov 1966),类似于 ACS 中的支配和服从的信号。

√ 语言变化中的性别差异是社区研究的一个普遍特征,可能与性别选择有关,但这里的类比并不清楚。

17.3　关于语言功能的更多内容

让我们回到达尔文悖论:语言和生物进化的形式惊人地相似,但是其中自然选择的功能核心却在语言变化中缺失。对这种差异最显而易见的解释,是语言变化归因于语言的其他功能的选择,这些功能有着另外的演化历史,独立于传递信息的需要。关于这种相互竞争的功能的文献数量很大,尽管有一般话语性特征(Frei 1929,Bühler 1934,Jakobson 1960,Hymes 1961)。布勒(Bühler)对三种语言功能的思考,开始于表征功能和社会功能的对立,再把社会功能分为表达功能和指示功能两种。根据最近的社会语言学研究得出的数据，表达功能提供了说话者的情绪状态、年龄、性别、族群、社会经济地位和本地身份的信息，这些都是社会语言学变异常见的领域。指示功能包括适应听众、调节社交距离、礼貌和尊重、语体转换和受众设计。这三种功能可以与三个人称代词所指的三方整齐地联系起来。

这三种功能都具有提供信息的属性，从而能够以某种方式促进或澄清语言交流。从整体上看来，这些功能与有关最小努力原则（第 1 章）的便利性论点相对立。这个原则可以解释为，如果产生一种语言形式所需的时间或精力较少，它就更为适合。这确实是缪勒（Müller）的论点，达尔文（Darwin 1871）依靠这个论点建立他对生物进化和语言演化的类比：单词越短越好（PLC，第 2 卷第 9 章）。由于语言的每一个变化都可以通过这种或那种论据来解释，因此，把最小努力和多种交际功能结合起来，会使得解释的理由变得笼统空洞。我们只有以表征功能为主导，才能认真面对语言变化的方向问题，承认有些历史事件会干扰这一功能，因而使语言不太适合交流。

修复策略 解决这个问题的一种方法是，寻求修复策略来补偿表征信息的丢失。相互竞争的功能之间是典型的互补关系，如最小努力与表征功能之间的关系。法语史上的发展中最常引用的一个例子：在否定助词的磨蚀中丢失的信息，通过增添加强副词 *pas*、*point*、*miette*、*jamais*、*cap* 等来提供（Pope 1934）；[2] 当人称和数的信息在词尾/s/的磨蚀中丢失时，通过把可选代词转换为必选代词词缀来提供。

语音合并造成的信息丢失，有时会伴随着这种类型的修复机制。因此，鼻音之前的/i/和/e/合并，可通过参照 *ink pen*（墨水笔)和 *safety pin*（安全别针）来补偿。在汉语语音磨蚀的历史上，这种修复机制曾大规模运作，通过创造双音词来违背最小努力原则。当社会进程的结果造成信息丢失时，就可以看到同样的修复机制在起作用。在早期现代英语中，由于抛弃了第二人称单数 *thou* 而丢失了大量关于数的信息；此后，人们通过一系列机制来区分复数：*youse*、*youns*、*you all*、*you guys* 等。

这种补偿机制意味着在同一维度上的力量的相互交换，获取更多信息的冲动导致付出更大的努力，减少努力的趋势会导致信息量的减少。最小努力与信息供给之间的关系是对立的。修复机制涉及沿着这个单一维度向一个或另一个方向的转移。问题仍然是，对于链式音变是否有一个类似的修复机制。普利赫塔和拉克德(Plichta and Rakerd 2002)表明，来自北方城市音变地区的受试者改变了在/æ/和/o/之间的听觉范畴边界，以与周围言语发音的变化相协调。但第2章至第4章的证据表明，芝加哥的听话人并没有调整他们的听感，没有把[blæ:k]听为 *block*（模块），或把[sæ:ks]听为 *socks*（袜子）。这有可能是由实验环境下的操作形式诱发不同规范竞争的结果。在切音实验中，当地高中生比当地大学生表现更好，表明事实确是这样。

即使如此，但是图4.6和图4.7显示出，还是有四分之三的高中受试者没有认出这些词是什么意思。似乎没有任何系统机制可以修复链式音变造成的信息丢失。如果是这样，我们就应该得出这样的结论：链式音变涉及的推动力是沿着另一个不同的维度组织的，它不响应信息驱动的考虑。第9章考察的驱动力都不是基于传递命题信息的需要，而是与某种形式的社会信息有关。有人可能真的会把领属性或包容性的行为转化为命题形式："我属于这个街头群体"，或者"我对你的行为很恼火"。但重要的一点是，这种信息不是以命题形式传递的。相反，它是以两种连续的量化形式之中的一种来传播的：在声学空间的分布和离散变量的频率。

可否认性　这种社会信息的非离散性与另一种属性相关联。在社会交往中，一个人可以通过各种韵律的或非语言手段，侮辱、挑战或蔑视对话者，这些手段都具有可否认的性质(Labov and Fanshel 1977)。我们对自己的言行负有社会责任，我们确实有可能因为否认自己的言行而被判伪证罪；但我们却可以自由地否认语调升降和手势的影响。[3] 社会语言信息和语调都具有可否认性。简单地说，一个人对自己的语言和这些语言的建构负有法律责任，但对这些语言在实现过程中的社会变异不负有法律责任。

如果确实有两种不同的信息处理模式，那么可以假设有一个社会语言监视器，以不同于处理命题信息的形式来处理和存储社会信息(Labov et al. 2006b)。毫无疑问，在传递的语言信号中，社会信息和命题信息是错综复杂地结合在一起的。

17.4　社交智力和物象智力

以上这些考虑表明，在人类语言进化过程中，可能有两种信息处理流程是遗传下来的。在动物交流系统的研究中，已经很好地确立了社交智力和物象智力的区别(Byrne and Whiten 1988, 1997；Hauser 1988)。切尼和塞法思(Cheney and Seyfarth 1990)发现，长尾猴在感知和应对复杂的社会关系方面是专家，但是却不能从事物的关系中得出推论，尽管这种推理对人类来说非常简单。例如，挂在树上的一只死羚羊表明有豹子的存在。切尼和塞法思

(Cheney and Seyfarth 2007)报告说,狒狒对社交信息的处理更加敏感和复杂,而它们从有关物体信息中推理的能力则很有限。

考虑到交际系统中存在有两种不同的发展趋势,语言变化研究的中心问题就是它们之间的关系。我们已经看到,信息和努力是对应的同维关系。在最近的语言演化的文献中,关于社交智力的许多讨论都表明有另一种不同类型的同维关系:强化。豪瑟等人(Hauser et al. 2002)认为,狭义的语言能力的核心递归能力可能是来自亲属关系的递归特征。这意味着,掌握复杂亲属称谓的能力,可以应用在其他领域里递归性命题的产出和感知中;而亲属关系方面的技能又强化了传递信息的能力,比如说,觅食。"社会化大脑"的假说认为(Dunbar 1998),对抽象的社会概念的心理表征导致了智力的普遍发展。所有这些讨论的背景是,解释人类语言作为交际系统的成功发展,寻找有利于语言发展的活动和形成因素。然而,本卷的研究结果表明,语言变化限制并减少了命题的成功交流。这提出了一种可能性,在一定程度上,导致语言变化的社会因素跟语言的表征功能之间,是相互垂直的。我的意思是,在命题系统中,一种特定的语言变化与信息的丢失或获得之间,没有固定的关系。马撒葡萄园岛上/ay/和/aw/的央化,现在被普遍接受为本地身份的象征符号(Labov 1963),这既没有减少对 *right*、*pride*、*out* 或 *proud* 的识别,也没有增加 *right* 和 *rate*、*loud* 和 *layed* 之间的混淆。在纽约市引入辅音性的/r/作为声望标记,这重新起用并加强了 *bad*、*bared* 和 *beard* 之间的区别(Labov 1966,第14章)。然而,费城/aw/从[æo]发展到[eɔ],无论其社会功能如何,都导致了 *crown* 和 *crayon* 的普遍混淆,并导致了 *pal*、*Powell* 和 *pail* 中的/æ/、/aw/和/ey/在/l/前的普遍合并。由于这种合并不易逆转,我们发现费城语言社区内部和社区之间的交际效率都显著降低了。

第6章指出,链式音变是由一些强大的内部因素驱动的。其中只有一个因素——子系统内最大分散的趋势——有利于提高交际效率。外缘元音的单向上升和非外缘元音的单向下降与表征系统就没有这种联系。无论埃克特进程背后的力量是什么——随着时间的推移,从社会分层向性别差异的转变——都与表达的需要无关。最重要的是,我们发现没有合适的修复机制来修复链式音变带来的混乱。其中的驱动力跟命题信息的交流并没有系统的联系。[4]

北方城市音变给我们寻找语言变化的原因带来了一个棘手的难题。局部的研究只是显示了局部的相关性,但它们并不能解释在如此广阔的区域内这种显著的语音一致性。人们可以考虑一个游泳者在离岸水流中的情形:有时用澳式爬泳,有时用仰泳或蛙泳。他可能会有这样的印象:"我真的让这水流移动了!"并有可能真的在一个或另一个方向上起了作用。但是这个席卷北美的巨大的链式音变,更像是洋流,而不是当地的漩涡,以不可抗拒的力量跨越北部、南部和加拿大内陆。正如我们在第9章中发现的,它们在其领土内受到各种社会因素的影响而做出调整。但当这些洋流到达有150年历史的北部/中部社会界线时,它们突然停止了流动。

第10章指出,北部内陆的这种巨大的一致性,以及它在北部/中部界线的突然终止,是19世纪大规模移民定居模式的结果,当时有大量儿童在整个地区忠实地传播这个元音系统。此外,还有人提出,语言变化持续加速的驱动力,可能是北方城市音变与扬基人文化思想的传承关系,扬基文化意识在第二次宗教复兴的酝酿中,转变为一场政治运动。第11章增加了一些实验证据来支持这一观点。

这种对北方内陆一致性的解释意味着,其中所涉及的社会因素绝不是在本地的面对面互动的影响所能够解释的。这里再次引用弗里德兰的话:

> 这些共同的实践并不一定需要个人的社会凝聚力,而只是需要共同的历史经验和一个严格限制的环境,使说话人处于相对于外部社会世界相似的社会地位。(Fridland 2003:296)

同样的论点也适用于如费城一样的大都市社区中语言变化方向的一致性。如果真是这样,语言的变化对于大规模的文化因素做出回应,那么与非人类的动物中社会智力的进化联系就变得更加脆弱。作为本卷主题的文化传播在非人类的动物中非常有限。事实上,有迹象表明,如此规范统一的移动变化并不是少量人群的特点。北方内陆地区的语言同质性在大城市人口中比在小家庭群体中的语言演化更为典型。对语言差异的社会评价似乎在跨越群体边界,而不是在群体内部,发挥着最大影响。因此,随着我们把研究范围扩展到更大的领域,在第2卷中作为主要角色的语言变化的个体引领者的重要性开始减弱。

最后,我们回到均变论问题(Christy 1983)。这三卷书中回顾的语言变化的过程、事件和原因是否与那些产生历史记录的实际运作的过程、事件和原因相同?这些过程、事件和原因是否与那些在语言演化的最早时期运行的过程、事件和原因相同?对于第一个问题,我们一直回答为试探性的"是";对于第二个问题,我们的回答是更明确的"否"。我们正确认识这个最早的史前史的机会,受到第1卷第1章中的历史悖论的限制:

> 历史语言学的任务是解释过去和现在之间的差异,但是在过去和现在不同的程度上,我们无法知道它有多大的不同——

——或者如果我们引用霍尔丹的格言(J. B. S. Haldane,转引自 R. and P. Grant 1994),它们甚至就有更多限制:"没有任何科学理论是有价值的,除非它能让我们对实际发生的事情作出某种预测。"

这三卷书试图通过密切关注我们周围发生的事情来理解语言变化的进程。尽管我们总是希望能加深理解语言变化的现状,但这些正在进行中的变化却告诉了我们许多参与其中的各种人的信息。它们令人惊讶,有时难以理解。它们标志着我们理性的极限,也照亮了人性的各个方面。

注　释

第 1 章

1. 第2卷第16章认为,在职业、教育、收入或这些因素的某种组合中反映出来的社会经济等级,正是具有这样的普遍性。在北美这样具有流动性的社会中,没有界限清晰的上层工人阶级成员,也没有或褒或贬的"上层工人阶级"的明确定义。确实有少数族群的成员,例如,意大利裔或犹太裔美国人,这是一种社会事实。也有公认的街区:居住在肯辛顿和阿勒格尼,或费城的第六沃尔夫街,对于一位说话人就是一种确定的事实。像这样的因素太特殊、太具体,不能跟持续跨越费城和北部内陆的大规模语言变化相比。因此,在第7章中,街区和族群在语言变化的表现中扮演着如此边缘的角色,这并非偶然(见第2卷514页)。

2. 这里的图示跟 ANAE 第2章的不一样,在这里,通过在初始位置包括/æh/,内滑元音按照前/后维度划分开来。(见下图)。

3. "内滑长元音"是指这一组中的成员通常是处于低或半低的单元音位置,但当它们的音核在半高或高位置时,朝向央元音目标滑动。

4. 为了更抽象的分析,高度可以用两个二分特征[±高,±低](参见 Chomsky and Halle 1968);或者为了反映较低层级的音变,可以用多分维度(参见 Labov 1966,LYS,Trudgill 1974b)。

5. 用 h 来标示这个子集,在富有表现力的内滑长元音词群中(*yeah*,*bah*,*hah*,*rah rah*)是很普遍的,并且通常表示/r/的元音化(*pahk the cah in the Hahvad yahd*),以及表示南方的/ay/(*mah*,*ah'm*,*raht*)和匹兹堡的/aw/(*dahntahn*)单元音化的结果。

6. 例如,有些威斯康星州说话人把长的单元音/u:/和/o:/变化为内滑元音,这让其他方言的说话人很难识别。因此，其他方言区的人会把他们说的 *pole* 听为 *Paul*（来自作者的探索性访谈）。

7. 早先在 *bomb* 和 *balm* 中的/o/和/ah/的对立，在新英格兰东部以外几乎都消失了，那里 *bother* 和 *father* 同韵。在这二者合并的边界上，约翰逊(Johnson 2010)几乎找不到保留/o/、/ah/、/oh/三者的对立说话人。ANAE 中其他地方的数据在这一点上有欠缺，其中表明/o/和/ah/的分布不同，需要更深入地探讨。

8. 在第二和第三个单词中/l/发音的增长趋势，进一步削弱了这种对立。

9. 北方城市音变最早的证据发现于一篇未发表的文章(Fasold 1969)，其中描述了音变的前两个阶段。在 LYS 中，最早命名为北方城市音变，并确认前五个阶段为链式音变。埃克特(Eckert 1986)最早确认/ʌ/的后化。(另见 Gordon 2000, 2001; Plichta and Rakerd 2002; Jones 2003; Evans et al. 2006)

10. 南方音变很早就确认为链式音变，在英格兰南部(Sivertsen 1960, LYS)以及澳大利亚和新西兰(Mitchell and Delbridge 1965)，最常见的触发音变是/ay/音核的后化和高化。拉波夫(Labov 1991)表明，南方音变包括/uw/和/ow/的前化，而 ANAE 中，认为后者是中部和南部共有的一种独立现象。

11. 加拿大音变最早是克拉克、埃尔姆斯和尤瑟夫的报告(Clarke, Elms and Youssef 1995)。（又见 De Decker and Mackenzie 2000, Boberg 2005, Hollett 2006, Hagiwara 2006, Roeder and Jarmasz 2009)

12. 这种合并的地位是难以确定的，因为许多带/uhr/的单词在词汇上不同于/ohr/: *pour*、*poor*、*tour*、*whore*（倾倒、贫穷、旅游、妓女）。

第 2 章

1. 宾夕法尼亚大学的 CDC 研究项目是美国国家科学基金会(NSF)支持的，资助号 509687"跨方言理解研究"(1985—1987)和资助号 8617883"方言内部和方言之间的理解"(1987—1992)。

2. 把这两位观察者除外，方言引发的误解所占百分比为 26.1%，仍然超过 1/4。

3. 最初是出现在第 1 卷第 11 章，在这里以浓缩形式再现。

4. 在例(38)和(39),说话人和造成误解的方言背景尚不确定,这些实例加在这里完成 *coffee/copy* 的范式。在一个相似的实例中,吉利恩说的 *coffee pot* 作者误听为 *copper pot*。
5. 2008年在豪斯顿举行的NWAVE会议的"自然误解"讲演中这种情况曾经达到极端的形式。
6. 那些不能确定的实例大多涉及南方方言,如费金(Feagin 1993)和ANAE(第9章)报告,/oh/区别于/o/的后上滑音正在消失,在很多城市造成合并。
7. 参见约翰逊(Johnson 2010),第5章,沿罗得岛和马萨诸塞州的边界地区,后低元音合并在年幼儿童中的突然扩展。
8. 在费城,辅音后的/l/也元音化,如 *please*、*blame*、*clear*,尽管这在下文讨论的误解中并不起主要作用。

第 3 章

1. 宾夕法尼亚大学的CDC研究项目是美国国家科学基金会(NSF)支持的,资助号509687"跨方言理解研究"(1985—1987)和资助号8617883"方言内部和方言之间的理解"(1987—1992)。
2. 我们感谢伊利诺伊大学芝加哥分校的埃克特(Penny Eckert)和亚拉巴马大学伯明翰分校的巴提斯特拉(Ed Battistella)帮助我们选定发音人并安排录音。
3. 测量值没有归一化。发音人都是二十几岁的女性,调域大体相同。
4. 值得注意的是,在费城,*cad* 总是松元音;/æ/在/d/前发紧元音的只有单词 *mad*、*bad* 和 *glad*。
5. 这反映在大多数语音教学方案中都没有列入这种对立。
6. 在费城情况不是这样,发音人是宾州大学的本地员工,而受试者却是学生群体。更为明显的是,费城本地错误率比其他两地都低。

第 4 章

1. 这跟LYS最初报告的在芝加哥试探性访谈中的情况一致,那里/æ/的高化和前化在朗读短文时即兴话语更为一致,更为领先。
2. 有两个涉及/æ/的高化和前化的例句是选自拉波夫于1968年对芝加哥所

做的探索性访谈。
3. 在填写籍贯时,一些学生写的是伯明翰(富尔顿代尔)。
4. 在"你会说美国话吗?"网站,有五个北方城市音变的成分和一个南方音变的成分以单词和短语的形式来说明语音变化的程度。见 http://www.pbs.org/speak/ahead/change/vowelpower/vowel.html.
5. 这是一个例外的情况,其中全部上下文小于一个完整的句子。
6. 这种现象在 ANAE 第 13 章被称为"北方裂变"。它是北方方言区特有的。
7. 雅克布森、方特、哈勒(Jakobson,Fant and Halle 1967)指出语音系统以这样的方式运作:当我们在一个聚会上被介绍给 Miller 先生,我们知道我们正在与之谈话的不是 Diller 先生或 Siller 先生。

第 5 章

1. 关于动物交际系统在这方面的一些局限,可参见(Cheney and Seyfarth 1990,2007)。
2. 这种术语不考虑哪个成分是首先移动的,即不管(1)是推链还是拉链。
3. 马丁内(Martinet 1952)把最初的概念归因于德格鲁特(DeGroot)。
4. 虽然威尔斯的标写法是词汇性的,但他所采用的表格组织反映了与表 1(ANAE 第 2 章)相同的子类。
5. 这并不适用于在流音/l/和/r/前面的情况,在那里长元音和短元音的合并是常见的(/il/-/iyl/,/ul/-/uwl/等)。这使我们考虑在/l/前的元音形成单独子集,就像在/r/前的元音一样。
6. 但是,请参见霍利特(Hollett 2006)对圣约翰的加拿大音变的描述。
7. 合并类的语音位置在合并区域中有相当大的差异,它在加拿大非常靠后并且圆唇。图 5.3 中/o/的后化和高化可能是一个小的变化,并且在加拿大英语最初形成的时候,/o/和/oh/主要用长度来区分。
8. 如同第 6 章将显示的,外缘性并不是为低元音定义的;当低元音/o/与后半低元音/oh/合并时,获得[+外缘性]地位。
9. 巴拉诺斯基(Baranowski 2007)指出,在查尔斯顿也有进行中的后低合并,有人观察到/æ/颇具活力的后化。尚未发现有/e/的低化。
10. 参见拉波夫和巴拉诺斯基(Labov and Baranowski 2006)给出的证据,/o/跟/ah/合并导致时长确实增加约 50 毫秒。

11. 图 5.8 的平均值都经过了对数平均归一化(Nearey 1977；ANAE 第 5.7 章；Labov 1966)。
12. 全部均值计算中，都是把鼻音前的/æ/均值跟主分布分开计算的。这里列出的是非鼻音前的均值。
13. 最值得注意的是北方城市音变中，同时发生的/e/低化和/o/前化都进入了/æ/移出来的前低空位(Labov and Baranowski 2006)。
14. 当然这些社区很多是有历史联系的，并且后低合并在全部 60 个社区中并非都是独立的音变。然而，有充分理由相信，至少在 5 个区域里的合并是独立进行的：新英格兰东部、加拿大、宾夕法尼亚西部、宾夕法尼亚东北部、西部地区。
15. 在短 a 紧化的条件中，有前鼻音/m/、/n/；在短/o/紧化的条件中，为软腭鼻音。
16. 这里给出的例词来自我个人的话语，其中所有在清擦音和前鼻音前面的常用词都是紧音，而所有的非常用词和拟声词如 Goth、Gothic、wroth、gosh、bosh、tosh、ping-pong、King、Kong、ding-dong 都是松音。正如金(R. Kim)所指出的(私人通信)，这也导致了一个在舌尖音/s/前面的松元音系统。
17. 我在这里使用传统的术语"平滑化"是为了避免跟近期匹兹堡从/aw/到/ah/的单元音化相混淆。后者将在最后一节加以讨论。
18. 这是由拼写改革者迈克尔·巴顿(Michael Barton 1830)首先注意到的。他发现自己的纽约州发音跟新英格兰词典作者正是在这方面不一样。
19. 有人可能认为美国南部方言保留了最初的/aw/，可是这种南方的后上滑元音也出现在 lost、often、cloth，这些词在古英语和中古英语从来不是双元音。
20. 对于发音框架的变化，(ANAE, 第 2 章)把这个第三原则换到第一原则。那里把从[u]到[ü]的前化看为外缘元音开口度变小的例证，与从[a]到[i]的高化相平行。马丁内的看法同样适用于这个框架。
21. 这里排除了在/l/前面的元音，因为它们在南方之外的地区都是极端靠后的位置；即使在南方，这些元音的前化也非常有限。这种作用只表现出<0.01 的概率。
22. 表中标示的 age*25 (年龄*25 岁)表示年龄系数乘以 25。这样它代表了一位 50 岁的说话人跟一位 25 岁的说话人之间预测的年龄差异。负的系数表示进行中的变化在虚时中的情况：年龄的增加跟前化均值的下降相联系。
23. 这里可以看到被排除在分析之外的后接边音的影响，以及后接鼻音的作用。词首鼻音和边音的影响总是比它们在词末位置的影响小得多。
24. 梅尔彻特（Melchert 1983）引述了奥坎语、希腊扎科尼亚语、波奥提安语中同样有舌尖音后面的从 u 到 iu 的裂化。我感谢吉姆让我注意到这些历史上的相似现象。
25. 带有词首硬腭辅音的单词在语言地位中的总是不明确的。在 *choose* 和 *shoes* 中/uw/有很强的协同发音作用，足以消除在 *juice*、*chew* 等硬腭音后的/iw/跟/uw/之间的区别。斯莱德（Sledd 1955）已把 *shoe* 包括进他的 *dew* 词群里面。
26. 当然，这种"外缘性"用法与前面在描述英语元音时的用法不同。瓦谢克（Vachek）的意思是指滑音/h/、/w/、/y/没有融入英语的语音系统而言。
27. 元音/o/的非圆唇化和前化开始于 19 世纪初（Barton 1830），可能与/æ/的高化几乎是同时发生。在很多地区，/oh/的低化和前化在不同的说话人之间有很大差异，对某些说话人来说，这可能是最后一个阶段。尽管在埃克特（Eckert 2000）的研究中，/ʌ/的后化是最近的一个阶段，但在远至普罗维登斯的北部，和远至南达科他州的西部，都可以观察到/ʌ/在相对后化的位置。
28. 元音/i/的变化方向表现出一种平行的重新定向。早期对芝加哥的研究表明，/i/的下降趋势很强；但在最近的研究中，/i/又移回更靠近央元音的位置（LYS）。
29. 北方城市音变的 EQ 标准（ANEA，第 11、第 14 章）选择的所有说话人都是/æ/比/e/更高和更靠前的；这必然是方言的一个超级集合，其中/æ/上升的平均位置会达到中线以上。
30. 地图信息程序（Mapinfo）这项功能在第 4 版文档中定义为："根据一种算法来确定范围分隔点，以便使每个范围内的数据值和数据值平均值之间的差异最小化。"
31. 包括伊利湖的例外，伊利把北部内陆分为西部和东部地区（ANAE，14.5，Evanini 2009）。
32. 丁金（Dinkin 2009）的发现把尤蒂卡（Utica）包括进这个系列中。那个城市展示了完整和一致的北方城市音变。

33. 由于哈得孙河实际上是一个入海口，终年无冰，这是一条比特拉华河更实用的路线，特拉华河在冬天结冰。从伊利运河建成之时起，纽约市迅速超过费城，成为美国的主要大都市。
34. 这是定义北方城市音变的四个标准之一：/ʌ/的后化和/o/的前化颠倒了其他方言中这两个音位的相对位置，其中/ʌ/是央元音，/o/是后元音。这四个标准在第8章中有详细描述。
35. 在第8章中，我们将发现北方城市音变进展的其他三个衡量标准与北部/中部边界一致。ANAE第14章显示了北方音系的其他几个特征也沿着这条界线下降。
36. 事实上，LYS就注意到在纽约市最年长说话人中有这种降低，因为他们的短 a 延长了。
37. 费城/aw/的高化是活跃的新变化，在回归分析的 F1 年龄系数为每年3.0Hz。因此，三代人（75年）会使 F1 降低 225Hz，这样，F1 平均值为 800Hz 的前低元音将变为 575Hz 的前半高元音。实际的时间进程将更长，因为每年 3Hz 是在 S 形曲线的中点，这里正是变化速度的最大值。

第 6 章

1. 具体参见第1卷，第332页。
2. 研究得最好的元音分化是大西洋沿岸中部的短 a 分为松紧两类（Labov 1989b，ANAE第13章）。关于它来源的最好提议是追溯到英国的宽 a 对立（Babbitt 1896，Ferguson 1975），而这在早期中古英语的开音节中，又得到延伸（Jespersen 1949）。
3. 在历史记录中，一些最著名的合并逆转的案例被证明是"近似合并"的实例，其中说话人认为两个元音"相同"，但在发音中持续着微小但一致的差异。第1卷第10至14章专门讨论这个问题，其中包括报告为没合并的16世纪英语中的 *meat*（肉类）和 *mate*（配偶）两类以及18世纪英语中的 *line*（线）和 *loin*（腰肉）两类。本章要考虑的不合并的情况没有显示这种近似合并状态的证据。
4. 这个架构背后的一个语音假设是，在音节尾/r/之前只有长元音：在这个观点中，单词 *fir*、*her*、*fur* 和 *world* 没有短元音，而是音节核/r/。
5. 在这些图表中，引出单词时不编号，在最小词对测试中发音时编号为 2

或 3。

6. 这种偶然的逆转可能是犹他州对合并的固定印象的基础，"Put the harse in the born.（把兔子放到出生的地方。）"
7. 分析者听到/ahr/和/ɔhr/是"close"，但测量显示/ahr/实际上高于/ɔhr/。
8. 这表明，必须对新的分布给予一定的注意，因为虚词的特点是逃避这种注意（Prince 1987）。
9. 可以注意到，*here*（这里）和 *hair*（头发）经常被单挑出来，与其他词不同，但方向不固定：有时合并，有时区分。
10. 这一合并正在查尔斯顿进行，那里 30 岁以下的说话人这两个音有大量合并（Baranowski 2007）。
11. 但是参见蒙哥马利和埃布尔（Montgomery and Eble 2004），贝利（Bailey 2004）。
12. 其中，除了 2 人在几乎没有南方特征的边缘地区（新奥尔良 4 人，萨凡纳 2 人，亚特兰大 2 人，北弗吉尼亚 2 人）。
13. 对长途电话接线员的调查从要求提供哈里·霍克先生（Mr Harry Hawk）的电话号码开始，这个姓氏中的元音用央低元音发音。当接线员找不到号码时，就问她是否找的是"H-A-W-K"。在区分的地区，接线员找的是 *Hock*；在合并的地区，找的是 *Hawk*。于是，调查者接着获得了接线员对每个单词的发音和她的当地身份。
14. 对印第安纳波利斯，见福格尔（Fogle 2007）；对匹兹堡非裔美国人，见埃伯哈特（Eberhardt 2008）；伊利，见埃瓦尼（Evanini 2009）；马萨诸塞州东南部，见约翰逊（Johnson 2010）；迈阿密，见多恩伯格和塞尔尼（Doernberger and Cerny 2008）。
15. 约翰逊还追溯了从/o/到单词 *father*（父亲）、*spa*（疗养地）、*taco*（墨西哥煎卷）等的内滑长元音/ah/的关系。在大多数具有/o/和/oh/后低合并的社区中，/ah/在靠前的位置很明显；若是/o/跟/oh/不一样，它会与/ah/合并。而在一些社区中，这三个都是不一样的，约翰森认为这就是最初的配置。
16. 这种模式是南方以外的东南大区的特征。它显示了/uw/和/ow/跟南方一起强力前化，但与南方不同的是，它表现出鼻音短 *a* 系统：没有/ay/在阻塞音前面的单元音化。结果是，新的查尔斯顿系统比南卡罗来纳州的哥伦比亚更像俄亥俄州的哥伦布。

17. 贝克和黄(Becker and Wong 2009)报告了纽约市的短 *a* 模式在下东区年轻人中的一种替代现象,在费城的孤立街区中也发现了类似的情况。
18. 在波士顿和纽约,在词尾普遍插入辅音/r/已经影响到正式语体,但不影响上层中产阶级以外的基础方言。
19. 一位匿名评论员在这一点上介绍了一些重要的考虑。"自大萧条[①]以来,美国出现了两次主要的人口流动浪潮。第一次,城市化,从农村到城市的巨大迁移。这将使许多区域性方言的说话人进入城市,在较小的城市,很可能人数已经超过了本地人。第二次,郊区化,自 1950 年代末以来,大量人口从城市迁出到周围的远郊区,这使得城市居民与区域性方言的说话人接触。这些可以共同解释区域吸收的机制。"
20. 对 40 岁以上的说话人和 40 岁及以下的说话人进行 t 检验,结果显示这种影响的概率为 0.05 是出于偶然。
21. 杰维茨等人的研究(Jacewicz et al. 2004)发现,外缘性与能量之间存在着某种关系。重音最强的韵律位置是在最外缘的位置实现的。
22. 第 1 卷第 5 章表明,这种类型的音系空间存在于欧洲的各种非日耳曼语言中:捷克语、拉脱维亚语、罗马语等。吉姆和拉波夫(Kim and Labov 2002)认为,在所有这些实例中,都是西日耳曼语,特别是德语的强大和长期影响的结果。
23. 图 6.18 的图例显示了 15 个元音,对应于 ANAE 第 2 章中描述的北美元音系统的初始位置。前元音/i/、/e/、/æ/和双元音/aw/都不包括在鼻音前的词例,词尾/r/之前的元音也不包括在内。
24. 每个方言都有这个双元音的三个子类,它们分别代表在 *dew*(露水)和 *suit*(西装)中原始的/iw/;在 *too*(还有)、*two*(两个)、*do*(做)和 *noon*(中午)中位于舌尖辅音之后的/uw/;以及在 *roof*(屋顶)和 *move*(移动)中在非舌尖音之后的/uw/。这些子类在图例中没有区别,因为它们都是外缘性的。
25. 至于在北方城市音变中高化的/æ/是不是这个子系统转换为 Vh 的问题仍然悬而未决。音位对比没有变化,并不需要一个新的符号,但是语音的发展,北部的裂化和随后的链式音变支持了/æ/已经变成音位/æh/的观点。*have*～*halve* 之间和 *Sam*～*salm*(*on*)之间的有限区别因而自动中

---

① 1929 年至 1933 年美国发生经济危机,波及世界性经济萧条。——译者

注　释

和。

26. 尽管似乎南方的后上滑音确实代表了/ɔː/→/ɔo/的自发的发展,但是它之前确实是有中古英语/aw/的一致性单元音化。

27. 在/l/之前的其他一些合并变化中,已有的数据不太完整,涉及/ʌ/跟/ow/、/oh/、/u/之间的对立,如 hull～whole、hull～hall、hull～full。

28. 对/e/的详细研究表明,一些词例下降到前低位置,而另一些则移到后元音位置(LYS, Eckert 2000)。总体趋势结合了这两个变化(Labov and Baranowski 2006)。

29. 但参见杰维茨等人(Jacewicz et al. 2004)论外缘性与韵律重音的联系。

第 7 章

1. 地理扩散会把分化的短 a 系统改变成为一种具有类似于纽约市语音条件作用的连续短 a 模式,但没有任何特定的词汇或语法条件。

2. 短 a 和短 e 相对位置的这种反转是"EQ 标准"——界定北方城市音变四项衡量标准之一(ANEA,第 14 章)。

3. /a/～/ɔ/波动的例子可以在多种语言中找到。

4. 然而,请注意上文引述的丁金(Dinkin 2009)调查结果。丁金还表明,北方城市音变对后低合并的抵制并非绝对的。北部内陆边缘地区的说话人具有很多北方城市音变的特征,他们也显示出许多受到后低合并影响的迹象。另一方面,/oh/的高化似乎为抵制后低合并提供了更为坚实的基础。

第 8 章

1. 见第 1 卷第 18 章的地图。

2. 如在 ANAE 中所定义的,同质性表示显示定义特征的说话人中位于等语线内的比例;一致性表示位于等语线内的全部说话人中具有定义特征的人所占比例。见 ANAE,附录 11.1,第 151 页。

3. 在中部地区,我们还发现,人口规模有利于前化,而教育水平不利于前化。

4. 最值得注意的是,下移的/e/和前移的/o/同时进行,到达由/æ/在北方城市音变中移出的前低空位(Labov and Baranowski 2006)。

5. 同样的量化标准,700Hz,曾在 ANAE 中用于区分半高的/æ/和适度升高的变体(AE1,见上文)。
6. 西部是唯一的后低合并通常伴随非圆唇化的地区;在加拿大、新英格兰东部和宾夕法尼亚西部,合并后的元音为后半低圆唇元音。
7. 最有可能的区别是长度。

第 9 章

1. 正如克罗齐(Kroch 1989)所追溯的,早期现代英语中 *do* 支持的发展似乎就是这样。
2. 后来对马撒葡萄园岛的两项研究也检验了这种音变对当地人本土认同的影响。布莱克和乔西(Blake and Josey 2003)发现音变不再起作用;但是珀普等人(Pope et al. 2007)却发现/ay/和/aw/央化的延续,在1917至1931年间出生的人中达到最大值,并且与留岛生活的倾向呈正相关。
3. 正如埃克特所说,在这些两极性群体之间有一个很大的中间类别,他们有时把自己定义为"中间人",但以某种方式使自己适应这种二元对立的情况。图9.2仅包括极性群体的数据。
4. 同时应注意的是,辛德勒没能找到元音变异与社会背景中任何较小单位的显著相关性,也无法描述变量(aw)的任何个体就业行为的社会意义。
5. 因此,1971年蒙特利尔样本结果显示,最高和最低社会群体的代表性是平等的,尽管他们只占总人口的一小部分(Sankoff and Sankoff 1973)。
6. 弧形假说的早期公式把年龄的单调函数与弧形社会模式联系起来。第2卷第14章指出,纯粹的单调函数实际上是不可能的,因为儿童开始于他们获得的看护人的变量水平。进行中的变化与成人的单调功能有关,在青春期晚期达到高峰。(另见 Tagliamonte and D'Arcy 2009)
7. 此处所示数字和下文中费城研究的所有数字,都是基于 F1 和 F2 声学测量的归一化平均值,通过对数平均归一化导出,以消除声道长度差异的主要影响(见第2卷,第5章)。
8. 有些人知道 *crown*(皇冠)和 *crayon*(蜡笔)在费城是同音词,但这与[æo]高化到[eə]没有关系。费城元音系统中唯一经常被我们提及的成分是紧元音/æ/发音为[eːə]的情况,通常被称为"刺耳的、鼻音的 *a*"。
9. 回归分析显示,上层工人阶级优势显著(第2卷,表5.4)。
10. 在这里,习俗和时尚之间的区分是很有用的。习俗,以稳定的形式代代相传;时尚,在一代之内或代际之间迅速变化的形式。虽然大多数语言形式是稳定的和习俗的,但少数快速变化的变量可能跟时尚密切相关。在卡茨和拉扎斯菲尔德(Katz and Lazarsfeld 1955)对人际影响的研究中,与语言变化模式最相似的是时尚和化妆品领域,年轻女性是舆论领袖。

11. 在利伯森给女儿取名为丽贝卡四年后,他发现在幼儿园叫女儿名字的时候,有6个叫丽贝卡的儿童都有反应。我对自己的女儿丽贝卡也有同样的经历。

12. 社会阶层的表示划分为16点指数,对教育、职业和房屋价值的权重相等。详见PLC第2卷第5章。

13. 留出圣路易斯走廊,那里北方城市音变正在扩散,从芝加哥向圣路易斯推进。

14. 尽管地图集的程序要求,在一个地区出生和长大的任何电话应答人都应被接受为这个地区的代表,但还有一项附加政策,即如果可能的话,每个社区至少应有一名40岁以下的女性代表。

15. 在地图集数据中,跟社会地位最为一致的相关性是采用在校学习的年限,从6年到20年不等。

16. 这是一个从0到1的布尔函数。这里的值乘以100,以显示与其他特征大体相同的范围。

17. 为了说明地区的特殊性,可以考虑加拿大高化的实例,即/ay/在清辅音之前的央化,在费城是一个强烈的男性主导的变化(见第2卷,第9章),但在北部内陆则是一个强烈的女性主导的变化(Eckert 2000)。

18. 也就是说,不一定是沿着特拉吉尔(Trudgill 1974a)重力模型的路线。把重力模型应用于卡拉利(Callary 1975)对伊利诺伊州北部短a高化的数据与城市规模相关的努力尚未成功。

19. 因此,"北方城市音变"这个名称可能被证明是一个不恰当的称呼,但它在文献中的地位过于稳固,在这一点上无法改变。

20. 此外,一些单个的元音变化显示出跟城市规模的关系有这样的显著性:/æ/的前化,$p<0.05$;/e/的低化,$p<0.05$;/o/的前化,$p<0.05$;/ʌ/的后化,$p<0.01$。

21. 瓦格纳(Wagner 2008)的研究是朝着这个方向迈出的一步,她跟随高中生度过毕业后的第一年。

第 10 章

1. 本章进入一个文化史领域,对此我自己的经验有限。我特别感谢克里斯托弗·格雷(Christopher Grey)、威廉·麦克杜格尔(William McDougall)和理查德·卡沃丁(Richard Cawardine),他们把我引向 19 世纪第二次宗教复兴与宗教和政治思想交汇的重要源头。
2. 早期对语言差异的描述常常反映"扬基"和"西方"的特征,而后者的一些结果成为 DARE(数据自动研究与实验)数据中的北方部分。霍尔布鲁克(Holbrook 1950:113)报道说,"在印第安纳州最北部,耙子(harrow)被称为 *drag*,绊脚石(drag)是 *stone boat*。他们把给马套上挽具(harnessing)说成 *geared*,把它(it)说成 *hit*,把四月(April)说成 *Aprile*,把椅子(chair)说成 *cheer*,把摆脱(rid)说成 *shet*。"
3. 在本章中,菲希尔在探索意识形态与方言平行发展方面的美国文化地理学见解发挥了重要作用。我知道对这项工作的广泛批评(见 Fischer 2008,Zelinsky 2009)。到目前为止这些批评涉及的是从英国到美国的移民地理模式,而这与菲舍尔的创见在这里的应用无关;这里的应用是后来的探讨西进定居模式,以及贯穿北部/中部线的文化对比。事实上,菲希尔对言语方式从英国到美国连续性的描述可能存在严重缺陷(正如历史学家对语言数据的处理所料想的),而这却丝毫不影响北部和中部方言的语言对立以及它们在美国东部的起源。
4. 关于沿海和南部高地之间这种对立的早期分析,见麦克戴维(McDavid 1964)。
5. 常住率数字是对连续人口列表进行大规模比较的结果。这里使用的精确常住率计算区分了死亡率和个体迁移(Fischer 1989:184)。
6. 在对图 10.9 基础数据的总结中,埃拉扎尔(Elazar 1986)指出:"在为数不多的几个州和社区,这种模式的简单映射尚未完成。虽然可以用来概括总体模式的总数据有多种形式,但它们只是部分相关。然而,利用现有的数据,有可能合理清晰地勾勒出全国政治文化的地理格局。"(第 96 页)
7. 这当然是在北方城市音变完全发展之前。
8. 卡沃丁在介绍他对内战前美国政坛福音派的研究时,也谈到了这一点:"福音派新教徒自内战以来,在某种程度上是无与伦比的,他们从本世纪前三分之二所在的政治边缘离开,把自己推入了政治主流。1970年代和1980年代的意识形态分裂和激烈的政治冲突,与战前时期一样,植根于不同的宗教和道德担当"(Carwardine 1993:ix)。

9. 一些人口不足5万的城市被列入地图集,以防在大城市访谈的对象原来是在一个小城市长大到17岁。这些小城市大多也是县城。

10. 阿拉斯加和夏威夷也没有死刑;但它们没有被列入清单,因为图10.11只包括美国大陆。

11. 自由党是废奴主义事业的早期倡导者;它首先聚集在纽约华沙,1840年在奥尔巴尼举行全国代表大会。1848年,该党在纽约布法罗会见了其他团体,成立了自由国土党。

12. 福音派这个词有着悠久而复杂的历史,这使得它抵制一种单一的定义。一般来说,它是指强调个人信仰行为对拯救途径的重要性的教会,而不是传统教会的成规、仪式和制度。

13. 更具体地说,如果1880年出生在印第安纳州以外的人口中,有48%或更多是出生在纽约、宾夕法尼亚或俄亥俄州。

14. 迈克尔·贝什洛斯在2007年5月8日接受特里·格罗斯采访时播放,并在贝什洛斯(Beschloss 2007)中回顾。

第 11 章

1. http://www.cnn.com/SPECIALS/1998/schools/gun.control/,检索日期:12/5/09。另见 http://en.wikipedia.org/wiki/Gun_laws_in_the_United_States(按州检索)。

2. http://en.wikipedia.org/wiki/Category:Abortion_maps(堕胎地图)。

3. 我很感谢格雷戈里·盖伊提出了这个分析方向。

4. 总数为85人,因为在90名受试者中,只有85人在平权行动量表上对这两个受试者进行了评分。

第 12 章

1. 见PLC第2卷,第487页,关于偏移度的数学定义,依据平均值周围的第三个力矩与第二个力矩的比值。

2. /aw/向中间位置的高化和前化是前置鼻音或后接鼻音的音位变体的主要

特征,但有时也存在于口辅音环境中。
3. 费城(uw)音位变体最初的分离是把/uw/在开音节的 uwF 与/uw/在闭音节的 uwC 区分开来。康恩采用了 ANAE 的区分:在舌尖音后面的/uw/(Tuw)和在非舌尖音后面的/uw/(Kuw)。实际上,这两种分析产生的结果几乎相同,因为在即兴言语中,大多数 Tuw 是开音节(*too*、*do*),大多数 Kuw 是闭音节(*move*、*roof*)。
4. 此处预测的时间进程超出了埃克特(Eckert 2000)解释的范围,这与/æ/的高化从一开始就是性别差异影响的可能性是一致的。性别关联随着音变的完成而上升和下降的观点,主要来自第 2 卷第 8 章和第 9 章所述的性别发展。

第 13 章

1. 从心理语言学的角度来看,似乎会选择词的基本形式。然而,词的基本形式经常实现为跟所讨论的音变不一致的音段序列形式。例如,*ran* 是 *run* 的一个实现,它与短 *a* 紧化没有关系。
2. 可以注意到,前化的 *tool*(工具)、*school*(学校)、*fool*(傻瓜)等,是所有南方特征中最为明显的。
3. 把 F1 和 F2 带入元音中对应于/h/的无声段,并没有发现 F2 的显著高值。
4. 这些社会影响都不适用于南方,那里的/uw/前化最领先,但是说话人年龄、城市规模或语体风格都没有显著影响。
5. 尽管布朗语料库(Brown corpus)是基于书面英语的,可它的词汇很好地覆盖了 ANEA 的数据,6755 个词项中只缺失 377 个,这比更大的英国国家语料库还好。当缺失值被赋值为 1 或 10 的任意低值时,系数的值没有差异。
6. 由于有些说话人比其他人讲得多,分割的两半之间的词项数略有不同。
7. 这种/uw/和/ow/之间的对比,在第 5 章对于/uw/前化的触发事件的识别中起到了主要作用。
8. 适合在这里使用的是单词 *know*(知道),而不是词干 *know* #。
9. 这种现象最早在 LYS 中记录:芝加哥的托尼表现出在阅读语体比在口语中更高的/æ/高化。总的来说,北方城市音变不会受到社会纠正的影响,也不会在读词表中显示出衰退。在这一方面,它与东南地区/ow/的前化行为形成鲜明对比。那里的社会意识水平要高得多,在注意话语中,会有不同于方言形式的语体转移。

10. 其中有两个出现 p<0.01,但是,由于只有 p<0.05 的被一个一个从模型中移除出去,除了 *unhappy*(不开心)之外,所有的都不能满足 0.01 标准。

第 14 章

1. 目前还不清楚在/o/与/oh/不同的方言中,/o/是否与/ah/完全合并。
2. 词尾短元音的一个较老的例外是 *her*、*fur* 等词中的无 r 形式,纽约市发音为/hʌ/、/fʌ/(Labov 1966,第 10 章)。最近的一个例外是大家讨论得很热烈的词 *meh*/me/,意思是"我不在乎"。
3. 这一类在无 r 形式的方言中大大扩展,包括 *beard*(胡须)、*fear*(恐惧)、*weird*(怪异)等。
4. 这种影响如此强烈,以致在应用平均计算程序中,排除了具有这种词首阻塞音/流音组合的单词。
5. 蒙特利尔犹太人社区除外(Boberg 2004)。
6. 在这个区域的外部界限之外,我们发现有响音之前的单元音化(*fire* 火,*time* 时间,*I'll* 我会,等),但在塞音之前没有发现单元音化。
7. 在南方的大多数地区,这是一种社会阶层的区别:(ay0)被视为低阶层语言的特征(Feagin 1994)。
8. 在这个地区 49 名电话调查受试者中,有 8 名受试者在 100% 的时间内使用(ayV)的单元音变体,有 7 名受试者在 100% 的时间内使用(ay0)的单元音变体。

第 15 章

1. 插入添加成分(或方言)不应被视为谱系树模式的延伸;它只是符合语言与方言没有实质性区别的一般语言学立场;见美国语言学会关于奥克兰"埃博尼茨(Ebonics)"争议的决议。RWT 插入这一短语,这与他们普遍强调从社会语言学出发,在方言层级上研究进行中的变化所获得的证据相一致。
2. 这种术语并不意味着在社会经济等级中的地位高低。自上而来的变化可能涉及非标准成分从其他系统的扩散,就像最近伦敦特色向其他英国城市的扩散一样(Trudgill 1974b,Kerswill 2004)。

3. 有人认为,谱系树的分支在分离后,可以通过随机漂移而分化(Hockett 1958)。词汇替换的一般速率(Dyen and Guy 1973,Guy 1982)确定了分离的语言或方言最终会渐行渐远,各奔东西。然而,语言的变化往往具有这样的速度(例如,在三四代中,从元音空间的一端到另一端)和如此清晰的方向性,以至于单凭随机漂移似乎是一种难以置信的机制。此外,对进行中的变化所做的研究表明,方言之间有着密切的联系(例如,跨越北部/中部界线;ANAE,第 11 章)。RWT 认为,即使在没有"完整分离"的情况下,他们在分析中采用的谱系原则也将适用。

4. 哈勒(Halle 1962)认为,从另一个意义上说,语言变化是儿童学习语言不完善的结果:孩子们把成人语法中后来附加的成分重组成一个更简单的模式,这与父母最初的语法不完全匹配。莱特富特(Lightfoot 1997、1999)认为这个模型是解释已完成的变化的一种手段,而在研究进行中的变化时,尚未直接观察到这一过程。

5. 更准确地说,成年人借用的可观察到的语言成分,也就是可以被社会评价的成分。如第 13 章所述,社会评价的对象比词语或声音更抽象。社区中的成年说话人给词干赋予褒贬意义,而不考虑它出现的词中有不同的屈折变化。因此,$piss$(小便单数)并不比 $pisses$(小便复数)更粗俗。成年人也会在某个音位使用特定变体而有褒贬之意。因此,语音[iːə]在 bad(坏)中被污名化,但在 $idea$(观念)中没有污名化。

6. 布莱恩・约瑟夫(Brian Joseph 个人交流,2006 年 6 月 8 日)指出,语法与词汇借用的问题可能是当前语言学理论中一个没有实际意义的问题,其中的结构位于词汇之中。

7. 特拉吉尔的重力模型描述了伦敦布伦兰家庭的音变发展和非标准特征的扩散,为进一步建立递降扩散模型提供了方向。在"递降"模型中,变化从一个地区最大的城市发展到次大的城市。这一模型被证明更为普遍,但其他研究表明,它只是许多可能的地域扩散模型之一(Bailey et al. 1993)。

8. 对于其他变量,可能是频率或范围的递增。

9. 蒙特利尔英语可能是一个例外(Boberg 2004),以及美国的墨西哥裔美国人社区的一些部分。

10. "紧"在这里被用作一个复杂的语音特征组合的覆盖词:高化、前化、延长和内滑音的发展,而不是"松":一个短的前低单元音。

11. 巴比特(Babbitt 1896)观察到,年长的纽约人在宽 *a* 词中发的元音较高,但对大多数人来说,所有在前鼻音、浊塞音和清擦音前面的词都是同样紧张的,虚词除外(第461页)。
12. 纽瓦克,连同泽西城、霍博肯和威霍肯,是纽约市系统的充分代表。
13. 纽约人源源不断地涌向新泽西州卑尔根县和纽约州韦斯特切斯特的郊区,并没有有效地改变这些社区的基础方言。在最近的研究中,没有很好地界定长岛向东的分界线。
14. 在词汇扩散方面存在一些差异,如/oh/-/a/在 *walrus*(海象)、*wash*(洗)、*moral*(道德)中的情况。
15. 元音起始的多音节词在纽约市通常是松元音;包括 *Amtrak*(美国铁路)和 *ancestor*(祖先)。
16. 派生形式 *classic*(经典)和 *classify*(分类)位于紧元音类的分布中最保守的区域。如果它们是松元音类的成员,就应该位于松元音群组的右下角,靠近阿伦顿。
17. 约翰是当地一家奥尔巴尼公司的工程师。1995年接受采访时,他46岁。
18. 博伯格(Boberg)和斯特拉塞尔(Strassel)采访的更大样本表明,辛辛那提正在从传统的短 *a* 系统中撤退。年龄在50岁以上的受访者是完全一致的,而年龄在31—50岁之间的受访者只有在鼻辅音之前是一致的;否则短 *a* 在其他紧化环境之下只有60%的时间是紧元音。30岁以下的说话人在非鼻音环境中发为紧元音的情况只有25%。辛辛那提跟随着中部地区短 *a* 向鼻化系统的普遍转变,在这种转变中,紧化发生在前鼻音之前(而且只在前鼻音之前)。
19. 斯蒂恩斯(Stites)1790年命名了洛桑蒂维尔市(Losantiville);两年后,更名为辛辛那提。
20. 最普遍的说法是弱读词被排除在紧元音类之外;弱读词是仅有的那个元音可以是非重读央元音(shwa)的词。我们注意到,*can't* 这个词是一个不能有非重读央元音的虚词,它从不发为松元音(Labov 1989b)。关于大西洋沿岸中部方言的一般特征,见 ANAE 第13章。
21. 通常对这种制约的解释是,非重读形式的虚词是松元音,于是以此类推,在它们恢复重读的形式中也读为松元音。虽然这可能是一个正确的解释,但这是显而易见的事后安排。
22. 由于说法式英语(Cajun)的人表现出来自法语的底层影响(Dubois and

Horvath 1998),人们还必须在总体上把这种语言看作是对新奥尔良的潜在影响。

23. 就像许多这样的缩写形式一样,*Dan* 可以被指定为完整形式 *Daniel* 的紧/松状态;纽约市的滑音/y/只是结束音节,如 *spaniel*(西班牙猎狗)、*annual*(年度的)。*grandparents*(祖父母)有词首 gr-和两个后续音节,常常比所有其他紧元音更低。在纽约市,*after* 的紧元音是一种例外;在新奥尔良,它遵循词首的/æ/在多音节词中发松元音的普遍规则。

24. 伊丽莎白是一名有法语/爱尔兰语/德语背景的教师。

25. 此广播目前可在以下网址获得:http://www.amroutes.com/programs/shows/20050316.html。

26. 两个方向当然都是可能的,而且似乎 *work*(工作)、*third*(第三)等的腭化确实来自南方。库拉特和麦克戴维(Kurath and McDavid 1961)表明,腭化广泛应用于南方几个地区。

27. 科恩的书写到查尔斯顿有 43 页,萨凡纳 5 页,波士顿 6 页。

28. 科尔迈耶先生提到了他家族的一个口述传统,根据这个传统,纽约市对新奥尔良的影响来自一位布鲁克林的老师,他于 1890 年代来到这里。新奥尔良的马克·卡普兰告诉我,他家族的一个口述传统把纽约市的影响归因于 19 世纪末的那个时期,新奥尔良码头在纽约市大批劳工的帮助下重建。我没有找到这方面的书面证据。

29. 犹太社区的影响,在上面的历史数据中有详细说明,以语音形式出现在新奥尔良的/oh/高化中。第二代及以后的犹太人有一个明显的趋势,他们把这个元音提高到半高或比高元音低一点的位置,比其他族群更为明显;纽约市见拉波夫(Labov 1966),波士顿见拉费里(Laferriere 1979)。

30. ANAE 第 8 章显示,/hw/和/w/、/ohr/和/ɔhr/、/iw/和/uw/之间的区别在美国几乎消失了,尽管在 20 世纪中叶的记录中(Kurath and McDavid 1961),它们在北方和南方都得到了强有力的保留。/o/和/oh/的后低合并在一些地区以相当的速度扩展。费城 LVC 项目于 1977 年在波茨维尔的一个休闲公园采访了一批青少年。11 年后,当赫罗尔德(Herold 1990)回到同一地点时,她发现把 *cot*(婴儿床)和 *caught*(抓)判断为"相同"的比例,女孩从 17%上升到 100%,男孩从 29%上升到 67%。

31. 马丁,德语背景,曾担任制造商的批发代表。

32. 费尔伯里是一个人口为 3600 人的小镇;它被列入 ANAE,因为回答电话询问的调查对象最近搬到了一个更大的城市皮奥里亚市,但是拥有完全代表费尔伯里的语言系统,从而增加了我们追踪圣路易斯走廊的能力。皮奥里亚市离55号州际公路不远,但不在直达路线上。

33. 中部地区分布是75比1,但是,由于走廊内对9个词例的零假设会在一个单元格中少于5个词例,因此费舍尔的精确检验是合适的,得出p=0.00026。

34. 通过费舍尔的精确检验,圣路易斯走廊和北部内陆之间的同质性差异的概率为0.0017。

35. 罗丝1994年接受采访时38岁。她曾当过舞蹈演员和女裁缝。

36. 当然,一个语言社区能吸收多少新来者是有限度的。"方言泛滥"发生在外来人口是原始人口的十倍的情况下,如北部的AAVE社区和宾夕法尼亚州东北部的煤矿社区(Herold 1990,1997)。

37. 新英格兰定居点的平均家庭规模为7人,相比之下,弗吉尼亚州泰德沃特南为3人,特拉华谷以教友会为主的定居点为5人。(Fischer 1989:815)

38. 菲希尔的"精确常住率"是指在一个特定的社区生活了十年的成年人的百分比。

39. *Cruller*(油煎饼),*school leaves out*(学校放假),*sick to one's stomach*(肚子不舒服),*pavement*(人行道),*smearcase*(冻奶乳饼),*smearcheese*(涂抹型奶酪),*haycock*(干草堆),*quarter to*(四分之一到)。

40. 图15.20—图15.21显示了北部内陆的边界,这个区域是通过北方城市音变定义的。然而,北部内陆仅是北方大区的一部分,那里存在着北方城市音变的先决条件,但整体而言,这种转变并不存在。

41. 在1860年总统选举提名林肯时,共和党确认反对把奴隶制扩展到新接纳的州。

42. 第二次世界大战后修建的55号州际公路,现在是芝加哥-圣路易斯旅行的主要路线,但它沿袭了早期交通的路线,特别是伊利诺伊州中央铁路,这条铁路建于1856年,连接伊利诺伊州南端的开罗、加莱纳和芝加哥。

第 16 章

1. 多丽丝几乎是一个例外,她是在斯塔顿岛的白人社区长大的非裔美国妇女(Labov 1966,表 4.5)。她表现出了 r 发音的全部范围,从 0% 到 100%,和适度提高的(oh),但她的(æh)发音为典型黑人社区的[æ₁]。
2. 但是语法影响见下文。费城元音变化的特点可以从两类小部分的个体中听到:一种是在南部黑人大迁徙到费城之前成长起来的老年人,另一种是明确拒绝黑人文化模式的孤立个体。
3. 还有 wan,费城 win(胜利)的土话过去式。
4. 最近,费城紧元音类别已经扩大到包括在鼻音前的短 a。
5. 当对西班牙语进行比较研究时,第一个结果显示了相反的效果,屈折音段比单语素序列的删除更为常见(Ma and Herasimchuk 1968);随后的所有研究都显示出相似的结果。
6. 最明显的是,所有群组在/l/之前的删除率都高于/r/之前的删除率。
7. 在这方面,这一人群不同于盖伊(Guy 1980)的报告,盖伊发现非裔成年人的删除在很大程度上受到停顿的影响。
8. 关于派生因素和单语素因素的分解,对数似然性降低(*-2)得出非裔美国人的卡方为 2.92,p=0.08,而白人的卡方为 15.1,p<0.0001。这个显著性差异表明,对于某些儿童以及对于某些动词来说,词尾/t/或/d/在底层形式中不存在。

第 17 章

1. 杨(Yang 2009)表明,合并的扩散可以理解为语法对于输入中的变化的解释力和适应性的增加。
2. 另一种竞争性观点认为,否定的行为首先是用否定副词来强化的,而否定助词的磨损会因其冗余度的增加而加速。
3. 作为一个典型的例子,"我没有大喊大叫。我只是这样(把手指划过桌子),'你说那样是干净的吗?'"(Labov and Fanshel 1977)
4. 最近关于音位边界适应调整的实验表明,在面临方言差异时,确实是有一些调整,尽管这样,并不足以防止第 2—4 章中记录的混淆。(见 Plichta and Rakerd 2002,Dahan et al. 2008)

参考文献

Abdel-Jawad,Hassan R. 1987. Cross-dialectal variation in Arabic:Competing prestigious forms. *Language in Society* 16:359-367.

Allen,Harold B. 1964. The primary dialect areas of the Upper Midwest. In H. B. Allen (ed.), *Readings in Applied English Linguistics*. New York:Appleton-Century-Crofts. Pp. 31-41.

Allen,Harold. 1973. The use of Atlas informants of foreign parentage. In Harald Scholler and John Reidy (eds), *Lexicography and Dialect Geography*:*Festgabe for Hans Kurath*. Wiesbaden:Franz Steiner Verlag (*Zeitschrift für Dialektologie und Linguistik*,Beihefte,Neue Folge,Nr 9 of *Zeitschrift für Mundartforschung*). Pp. 17-24.

Ash,Sharon. 1982a. The vocalization of /l/ in Philadelphia. University of Pennsylvania dissertation.

Ash,Sharon. 1982b. The vocalization of intervocalic /l/ in Philadelphia. *The SECOL Review* 6:162-175. [Reprinted in H. B. Allen and M. D. Linn (eds),*Dialect and Language Variation*, Orlando:Academic Press,pp. 330-343.]

Ash,Sharon. 1988. Contextless vowel identification. Paper given at NWAV XVII,Montreal.

Ash,Sharon. 1999. Word list data and the measurement of sound change. Paper given at 28th annual meeting of New Ways of Analyzing Variation (NWAV),Toronto.

Ash,Sharon. 2002. The distribution of a phonemic split in the Mid-Atlantic region:Yet more on short a. In D. E. Johnson and T. Sanchez (eds), *University of Pennsylvania Working Papers in Linguistics 8. 3*:*Papers from NWAVE* 30. Philadelphia:Penn Linguistics Club.

Ash, Sharon, and John Myhill. 1986. Linguistic correlates of inter-ethnic contact. In D. Sankoff (ed.), *Diversity and Diachrony*. Amsterdam and Philadelphia:John Benjamins Publishing Co. Pp. 33-44.

Atlas of American History. 1984. 2nd rev. edn. New York:Scribner's.

Auer, Peter and Frans Hinskens. 1996. The convergence and divergence of dialects in Europe. New and not so new developments in an old area. *Sociolinguistica* 10:1-30.

Babbitt, E. H. 1896. The English of the lower classes in New York City and vicinity. *Dialect Notes* 1:457-464.

Bailey, Charles-James. 1972. The integration of linguistic theory. In R. Stockwell and R. Macaulay (eds), *Linguistic Change and Generative Grammar*. Bloomington:Indiana University Press. Pp. 22-31.

Bailey, Guy. 1993. A perspective on African-American English. In Dennis Preston (ed.), *American Dialect Research*. Philadelphia: John Benjamins. Pp. 287-318.

Bailey, Guy. 1997. When did southern American English begin? In E. Schneider (ed.), *Englishes Around the World: Studies in Honour of Mantled Görlach*. Amsterdam / Philadelphia: John Benjamins. Pp. 255-275.

Bailey, Guy. 2001. The relationship between African-American vernacular English and white vernaculars in the American South. In Sonja Lanehart (ed.), *African American English: State of the Art*. Philadelphia:John Benjamins. Pp. 53-92.

Bailey, Guy. 2004. Digging up the roots of southern American English. In Anne Curzan and Kimberly Emmons (eds), *Studies in the History of the English Language: II. Unfolding Conversations*. Berlin: Mouton de Gruyter. Pp. 433-444.

Bailey, Guy and Garry Ross. 1992. The evolution of a vernacular. In M. Rissanen et al. (eds), *History of Englishes: New Methods and Interpretations in Historical Linguistics*. Berlin: Mouton de Gruyter. Pp. 519-531.

Bailey, Guy, Tom Wikle and Lori Sand. 1991. The focus of linguistic innovation in Texas. *English World-Wide* 12(2):195-214.
Bailey, Guy, Tom Wikle, Jan Tillery and Lori Sand. 1993. Some patterns of linguistic diffusion. *Language Variation and Change* 5:359-390.
Banuazizi, A. and M. Lipson. 1998. The tensing of/ae/before/l/: An anomalous case for short-*a* rules of white Philadelphia speech. In C. Paradis et al. (eds), *Papers in Socio-linguistics*: NWAVE-26 à *l'Université Laval*. Quebec: Editions Nota bene. Pp. 41-51.
Baptista, Luis A. and Lewis Petrinovitch. 1984. Social interaction, sensitive phases, and the song template in the white crowned sparrow. *Animal Behavior* 32:172-181.
Baranowski, Maciej. 2006. Phonological variation and change in the dialect of Charleston, SC. University of Pennsylvania dissertation.
Baranowski, Maciej. 2007. *Phonological Variation and Change in the Dialect of Charleston, South Carolina*. Publications of the American Dialect Society 92.
Barton, Michael. 1830. *Something New, comprising a New and Perfect Alphabet*. Boston and Harvard: Marsh, Capen and Lynn.
Baugh, John. 1983. *Black Street Speech: Its History, Structure and Survival*. Austin: University of Texas Press.
Becker, Kara and Amy Wong. 2009. The short-*a* system of white and minority speakers of New York City English. Paper given at the 2009 Annual Meeting of the Linguistic Society of America, San Francisco.
Beecher, Henry Ward. 1863. *Sermon. The Home Missionary* 35. New York: The American Missionary Society.
Benediktsson, Hreinn. 1970. *The Nordic Language and Modern Linguistics*. Reykjavík: Societas Scienarium Islandica.
Berger, Marshall D. 1980. New York City and the ante-bellum South: The maritime connection. *International Linguistic Association* 31(1):47-53.
Beschloss, Michael. 2007. *Presidential Courage*. New York: Simon and Schuster.
Blake, Renee, and Meredith Josey. 2003. The /ay/ diphthong in a Martha's

Vineyard community: What can we say 40 years after Labov? *Language in Society* 32:451-485.

Blanc, Haim. 1964. *Communal Dialects in Baghdad*. (Harvard Middle Eastern Monographs, X). Cambridge, MA: Harvard University Press.

Blankenhorn, M. A. 1950. Visit to the grave of Daniel Drake. *Bulletin of the Historical and Philosophical Society of Ohio* 8:297-300.

Bloomfield, Leonard. 1933. *Language*. New York: Henry Holt.

Boberg, Charles. 1997. Variation and change in the nativization of foreign (a) in English. University of Pennsylvania PhD dissertation.

Boberg, Charles. 2001. The phonological status of western New England. *American Speech* 76:3-29.

Boberg, Charles. 2004. Ethnic patterns in the phonetics of Montreal English. *Journal of Sociolinguistics* 8:538-568.

Boberg, Charles. 2005. The Canadian Shift in Montreal. *Language Variation and Change* 17:133-154.

Boberg, Charles and Stephanie M. Strassel. 2000. Short-a in Cincinnati: A change in progress. *Journal of English Linguistics* 28:108-126.

Bowie, David. 2003. Early development of the Card-Cord merger in Utah. *American Speech* 78:31-51.

Bradley, David. 1969. Problems in Akha phonology: Synchronic and diachronic. Unpublished paper.

Britain, David. 1997. Dialect contact, focusing and phonological rule complexity: the koineisation of Fenland English. *Penn Working Papers in Linguistics: A Selection of Papers form NWAVE* 25(4):141-169.

Brody, Stephanie. 2009. The status of planets: Development and transmission of Philadelphia short-*a*. Paper given at *Penn Linguistics Colloquium* 33, Philadelphia.

Brown, Vivian. 1990. The social and linguistic history or a merger: /i/ and /e/ before nasals in southern American English. Texas A and M University dissertation.

Bühler, Karl. 1934. *Sprachtheorie*. Jena: Gustav Fischer.

Bybee, Joan. 2002. Word frequency and context of use in the lexical diffusion of phonetically conditioned sound change. *Language Variation and Change* 14:261-290.

Byrne, Richard W. and Andrew Whiten (eds). 1988. *Machiavellian Intelligence: Social Expertise and the Evolution of Intellect in Monkeys,Apes,and Humans.* Oxford:Clarendon Press.

Byrne, Richard W. and Andrew Whiten (eds). 1997. *Machiavellian Intelligence II: Extensions and Evaluations.* New York: Cambridge University Press.

Callary,R. E. 1975. Phonological change and the development of an urban dialect in Illinois. *Language in Society* 4:155-170.

Campbell, Lyle. 1993. On proposed universals of grammatical borrowing. In Henk Aertsen and Robert J. Jeffers (eds), *Historical Linguistics 1989: Papers from the 9th International Conference on Historical Linguistics 1989.* (Rutgers University, 14-18 August 1989.) Amsterdam: John Benjamins. Pp. 91-109.

Campbell-Kibler, Kathryn. 2005. Listener perceptions of sociolinguistic variables:The case of (ING). Stanford University dissertation.

Carnes,Mark C. and John A. Garrity. 1996. *Mapping America's past: A Historical Atlas.* New York:H. Holt.

Carver,Craig M. 1987. *American Regional Dialects: A Word Geography.* Ann Arbor:University of Michigan Press.

Carwardine, Richard J. 1993. *Evangelicals and Politics in Antebellum America.* New Haven: Yale University Press.

Cedergren, Henrietta. 1973. On the nature of variable constraints. In C.-J. Bailey and R. Shuy (eds), *New Ways of Analyzing Variation in English.* Washington:Georgetown University Press. Pp. 13-22.

Chambers,J. K. 1993. "Lawless and vulgar innovators": Victorian views of Canadian English. In S. Clarke (ed.), *Focus on Canada.* Amsterdam: John Benjamins. Pp. 1-26.

Chambers, J. K. and Peter Trudgill. 1980. *Dialectology.* Cambridge: Cambridge University Press.

Chen,Matthew and William S.-Y. Wang. 1975. Sound Change:Actuation and

implementation. *Language* 51:255-281.
Cheney, Dorothy L. and Robert M. Seyfarth. 1988. Social and non-social knowledge in vervet monkeys. In R. Byrne and A. Whiten (eds), *Machiavellian Intelligence*. Oxford:Clarendon Press. Pp. 255-270.
Cheney, Dorothy L. and Robert M. Seyfarth. 1990. *How Monkeys See the World : Inside the Mind of Another Species*. Chicago: University of Chicago Press.
Cheney, Dorothy L. and Robert M. Seyfarth. 2007. *Baboon Metaphysics : The Evolution of a Social Mind*. Chicago:University of Chicago Press.
Cheng, Chin-Chuan and William S.-Y. Wang. 1977. Tone change in Chaozhou Chinese:A study of lexical diffusion. In W. S.-Y. Wang (ed.), *The Lexicon in Phonological Change*. The Hague:Mouton. Pp. 86-100.
Chomsky, Noam and Morris Halle. 1968. *The Sound Pattern of English*. New York:Harper and Row.
Christy, Craig. 1983. *Uniformitarianism in Linguistics*. Amsterdam / Philadelphia:John Benjamins.
Clarke, Sandra, Ford Elms and Amani Youssef. 1995. The third dialect of English: Some Canadian evidence. *Language Variation and Change* 7: 209-228.
Cofer, Thomas. 1972. Linguistic variability in a Philadelphia speech community. Univerity of Pennsylvania dissertation.
Cohen, Paul. 1970. The tensing and raising of short (a) in the metropolitan area of New York City. Columbia University Master's Essay.
Conn, Jeffrey. 2005. Of "moice" and men: The evolution of a male-led sound change. University of Pennsylvania dissertation.
Cook, Stanley. 1969. Language change and the emergence of an urban dialect in Utah. Unpublished University of Utah dissertation.
Cooper, Franklin S. , Pierre Delattre, A. M. Liberman, J. M. Borst and Louis J. Gerstman. 1952. Some experiments on the perception of synthetic speech sounds. *JASA* 24:597-606.
Cravens, Thomas D. 2000. Sociolinguistic subversion of a phonological hierarchy. *Word* 51:1-19.

Cravens, Thomas D. 2002. *Comparative Historical Dialectology: Italo-Romance Clues to Ibero-Romance Sound Changes*. Philadelphia: John Benjamins.

Cross, Whitney R. 1950. *The Burned-Over District: The Social and Intellecuat History of Enthusiastic Religion in Western New York, 1800-1850*. Ithaca, NY: Cornell University Press.

Cukor-Avila, Patricia. 1995. The evolution of AAVE in a rural Texas community: An ethnolinguistic study University of Michigan dissertation.

Dahan, D., S. J. Drucker and R. A. Scarborough. (2008). Talker adaptation in speech perception: Adjusting the signal or the representations? *Cognition* 108:710-718.

Darwin, Charles. 1871. *The Descent of Man, and Selection in Relation to Sex*. 1st edn, 2 vols. London: John Murray.

Davis, Lawrence M. 2000. The reliability of dialect boundaries. *American Speech* 75:257-259.

De Decker, Paul and Sara Mackenzie. 2000. Slept through the ice: A further look at lax vowel lowering in Canadian English. *Toronto Working Papers in Linguistics* 25.

Di Paolo, Marianna. 1988. Pronunciation and categorization in sound change. In K. Ferrara et al. (eds), *Linguistic Change and Contact: NWAV XVI*. Austin, TX: Dept of Linguistics, University of Texas. Pp. 84-92.

Di Paolo, Marianna and Alice Faber. 1990. Phonation differences and the phonetic content of the tense-lax contrast in Utah English. *Language Variation and Change* 2:155-204.

Dinkin, Aaron. 2008. The real effect of word frequency on phonetic variation. *Penn Working Papers in Linguistics* 14(1):97-106.

Dinkin, Aaron. 2009. Dialect boundaries and phonological change in upstate New York. University of Pennsylvania dissertation.

Disner, Sandra. 1978. Vowels in Germanic languages. UCLA Working Papers in Phonetics 40. University of California Los Angeles dissertation.

Doernberger, Jeremy and Jakob Cerny. 2008. The low back merger in Miami. Paper given at NWAV 37, Houston, TX.

Donegan, Patricia J. 1978. On the natural phonology of vowels. Ohio State University dissertation.

Dubois, Sylvie and Barbara Horvath. 1998. From accent to marker in Cajun English: A study of dialect formation in progress. *English World-Wide* 19:161-188.

Dunbar, R. I. M. 1988. *Primate Social Systems*. London: Chapman and Hall.

Dyen, Isidor and Jucquois Guy. 1973. *Lexicostatistics in Genetic Linguistics II: Proceedings of the Montreal Conference*. Montreal: Centre de recherches mathématiques, Université de Montréal.

Eberhardt, Maeve. 2008. The low-back merger in the Steel City: African American English in Pittsburgh. *American Speech* 83:284-311.

Eckert, Penelope. 1986. The roles of high school social structure in phonological change. Paper presented at the Chicago Linguistic Society.

Eckert, Penelope. 1989. *Jocks and Burnouts: Social Categories and Identities in the High School*. New York: Teachers College Press.

Eckert, Penelope. 2000. *Linguistic Variation as Social Practice*. Oxford: Blackwell.

Eckert, Penelope and Sally McConnell-Ginet. 2003. *Language and Gender*. Cambridge: Cambridge University Press.

Elazar, Daniel J. 1972. *American Federalism: A View from the States*. 2nd edn. New York: Thomas Y. Crowell.

Elazar, Daniel J. 1986. *Cities of the Prairie Revisited: The Closing of the Metropolitan Frontier*. Lincoln: University of Nebraska Press.

Eliasson, Stig. 1997. The cognitive calculus and its function in language. In J. Gvozdanovic (ed.), *Language Change and Functional Explanations*. Berlin: Mouton de Gruyter.

Evanini, Keelan 2009. The permeability of dialect boundaries: A case study of the region surrounding Erie, Pennsylvania. University of Pennsylvania dissertation.

Evans, Betsy E., Rika Ito, Jamila Jones, and Dennis R. Preston. 2006. How to get to be one kind of Midwesterner: Accommodation to the Northern Cities Chain Shift. In T. Murray and B. L. Simon (eds), *Language*

Variation and Change in the American Midland. Amsterdam: John Benjamins. Pp. 179-197.

Fasold, Ralph W. 1969. A sociolinguistic study of the pronunciation of three vowels in Detroit speech. Unpublished manuscript.

Fasold, Ralph W. 1972. Tense marking in Black English. Paper presented at the Center for Applied Linguistics, Washington, DC.

Fastovsky, David E. and Peter M. Sheehan. 2004. The extinction of the dinosaurs in North America. *GSA Today* 15:4-10.

Feagin, Louise Crawford. 1979. *Variation and Change in Alabama English*. Washington, DC: Georgetown University Press.

Feagin, Louise Crawford. 1993. Low back vowels in Alabama: yet another merger? Poster paper given at NWAVE 22, Ottawa, Canada.

Feagin, Louise Crawford. 1994. "Long I" as a microcosm of southern states speech. Paper given at NWAVE 23, Stanford, CA.

Ferguson, Charles A. 1975. "Short a" in Philadelphia English. in M. Estellie Smith (ed.), *Studies in Linguistics in Honor of George L. Trager*. The Hague: Mouton. Pp. 259-274.

Fidelholtz, J. L. 1975. Word frequency and vowel reduction in English. *Chicago Linguistic Society* 200-213.

Fischer, David Hackett. 1989. *Albion's Seed: Four British Folkways in America*. Oxford: Oxford University Press.

Fischer, David Hackett. 2008. Albion and the critics: Further evidence. *The William and Mary Quarterly*, 3rd series, 48(2) 260-308. Also available at: http://www.jstor.org/pss/2938075.

Fischer, Olga, Muriel Norde and Harry Perridon. 2004. *Up and Down the Cline: The Nature of Grammaticalization*. Amsterdam: Benjamins.

Flanagan, J. 1955. A difference limen for vowel formant frequency. *JASA* 27: 613-617.

Fogle, Deena. 2008. Expansion or approximation: The low-back merger in Indianapolis. Paper given at NWAV 37, Houston, TX.

Foner, Philip S. 1941. *Business and Slavery: The New York Merchants and the Irrepressible Conflict*. Chapel Hill: The University of North Carolina

Press.
Fought, Carmen. 1999. A majority sound change in a minority community: /u/-fronting in Chicano English. *Journal of Sociolinguistics* 3:5-23.
Fought, Carmen. 2003. *Chicano English in Context*. New York: Palgrave Macmillan.
Frazer, Timothy C. 1978. South Midland pronunciation in the North Central States. *American Speech* 53:40-48.
Frazer, Timothy C. (ed.). 1993. *"Heartland" English*. Tuscaloosa: University of Alabama Press.
Frei, Henri. 1929. *La Grammaire des fautes*. Paris: Librairie Paul Geuthner.
Fridland, Valerie. 2003. Tie, tied and tight: The expansion of /ay/ monophthongization in African-American and European-American speech in Memphis, Tennessee. *Journal of Sociolinguistics* 7:279-298.
Friesner, Michael and Aaron J. Dinkin. 2006. The acquisition of native and local phonology by Russian immigrants in Philadelphia. *Penn Working Papers in Linguistics* 12(2):91-104.
Fruehwald, Josef. 2007. The spread of raising: A case of lexical diffusion. University of Pennsylvania Honors Senior Thesis.
Garde, Paul. 1961. Réflexions sur les différences phonétiques entre les langues slaves. *Word* 17:34-62.
Gauchat, Louis. 1905. L'Unité phonétique dans le patois d'une commune. In *Aus Romanischen Sprachen und Literaturen: Festschrift Heinrich Mort*. Halle: Max Niemeyer. Pp. 175-232.
Gilliéron, Jules. 1918. *Pathologie et thérapeutique verbale*. Paris.
Gordon, Elizabeth and Margaret A. Maclagan. 1989. Beer and bear, cheer and chair: A longitudinal study of the ear/air contrast in New Zealand English. *Australian Journal of Linguistics* 9:203-220.
Gordon, Elizabeth et al. 2004. *New Zealand English: Its Origins and Evolution*. Cambridge: Cambridge University Press.
Gordon, Matthew J. 2000. Phonological correlates of ethnic identity: Evidence of divergence? *American Speech* 755:115-136.
Gordon, Matthew J. 2001. Small-Town Values and Big-City Vowels: A

Study of the Northern Cities Shift in Michigan. Publications of the American Dialect Society 84.

Gould, Stephen Jay. 1989. *Wonderful Life*. New York: W. W. Norton.

Graft, David, William Labov and Wendell Harris. 1986. Testing listeners' reactions to phonological markers. In D. Sankoff (ed.), *Diversity and Diachrony*. Philadelphia: John Benjamins. Pp. 45-58.

Grant, Peter R. and B. Rosemary Grant. 1994. Predicting microevolutionary responses to directional selection on heritable variation. *Evolution* 49: 241-251.

Gregg, R. J. 1957. Notes on the pronunciation of Canadian English as spoken in Vancouver, BC. *Journal of the Canadian Linguistic Association* 3:20-26.

Guy, Gregory R. 1980. Variation in the group and the individual: The case of final stop deletion. In W. Labov (ed.), *Locating Language in Time and Space*. New York: Academic Press. Pp. 1-36.

Guy, Gregory R. 1991. Contextual conditioning in variable lexical phonology. *Language Variation and Change* 3:223-239.

Guy, Gregory R. and Charles Boberg. 1997. Inherent variability and the obligatory contour principle. *Language Variation and Change* 9: 149-164.

Guy, Gregory R. and Sally Boyd. 1990. The development of a morphological class. *Language Variation and Change* 2:1-18.

Guy, Jacques B. M. 1982. Bases for new methods in glottochronology. In Amran Halim, Lois Carrington and S. A. Wurm (eds), *Papers from the Third International Conference on Austronesian Linguistics*, Vol 1: *Currents in Oceanic Pacific Linguistics*, C-74. Pp. 283-314.

Haeri, Niloofar. 1996. *The Sociolinguistic Market of Cairo: Gender, Class and Education*. London: Kegan Paul International.

Hagiwara, Robert. 2006. Vowel production in Winnipeg. *Canadian Journal of Linguistics* 51:127-141.

Halle, Morris. 1962. Phonology in generative grammar. *Word* 18:54-72.

Harrington, Jonathan, Sallyanne Palethorpe and Catherine Watson. 2000.

Monophthongal vowel changes in received pronunciation. *Journal of the International Phonetic Association* 30:63-78.

Haspelmath, Martin. 2004. On directionality in language change, with particular reference to grammaticalization. In Olga Fischer, Muriel Norde and Harry Perridon (eds), *Up and Down the Cline: The Nature of Grammaticalization.* Amsterdam:John Benjamins. Pp. 17-44.

Haudricourt, A. G. and A. G. Juilland. 1949. *Essai pour une histoire structumlle du phonétisme Français.* Paris:C. Klincksieck.

Hauser, Marc D. 1988. Invention and social transmission: New data from wild vervet monkeys. In R. Byrne and A. Whiten (eds), *Machiavellian Intelligence: Social Expertise and the Evolution of Intellect in Monkeys, Apes, And Humans.* Oxford:Clarendon Press. Pp. 327-344.

Hauser, Marc D. 1996. *The Evolution of Communication.* Cambridge, MA: MIT Press.

Hauser, Marc D. , Noam Chomsky and W. Tecumseh Fitch. 2002. The faculty of language: What is it, who has it, and how did it evolve? *Science* 22: 1569-1579.

Hay, Jennifer, Paul Warren and Katie Drager. 2006. Factors influencing speech perception in the context of a merger-in-progress. *Journal of Phonetics* 34:458-484.

Hazen, Kirk. 2002. Identity and language variation in a rural community. *Language* 78:240-257.

Heeringa, Wilbert and John Nerbonne. 2001. Dialect areas and dialect continua. *Language Variation and Change* 13:375-400.

Heine, Bernd and Tania Kuteva. 2005. *Language Contact and Grammatical Change.* Cambridge:University of Cambridge Press.

Henderson, Anita. 1996. The short-a pattern of Philadelphia among African American speakers. *Penn Working Papers in Linguistics* 3:127-140.

Hermann, E. 1929. Lautveränderungen in der individualsprache einer Mundart. *Nachrichten der Gesellschafi der Wissenschafien zu Göttingen. Phil.-hist. Klasse* 11:195-214.

Herold, Ruth. 1990. Mechanisms of merger: The implementation and distribution of the low back merger in eastern Pennsylvania. University of Pennsylvania dissertation.

Herold, Ruth. 1997. Solving the actuation problem: Merger and immigration in eastern Pennsylvania. *Language Variation and Change* 9:165-189.

Hershberg, Theodore (ed.). 1981. *Philadelphia: Work, Space, Family and Group Experience in the Nineteenth Century*. New York: Oxford University Press.

Hershberg, Theodore et al. 1981. A tale of three cities: Black, immigrants and opportunity in Philadelphia. 1850-1880, 1930, 1970. In T. Hershberg (ed.), *Philadelphia: Work, Space, Family and Group Experience in the Nineteenth Century*. New York: Oxford University Press. Pp. 461-495.

Herzog, Marvin I. 1965. *The Yiddish Language in Northern Poland*. Bloomington and The Hague (= special issue of *IJAL* 31(2), Part 2).

History of McLean County, Illinois. 1879. Chicago: W. LeBaron Jr. and Co.

Hindle, Donald. 1978. Approaches to vowel normalization in the study of natural speech. In D. Sankoff (ed.), *Linguistic Variation: Models and Methods*. New York: Academic Press. Pp. 161-172.

Hindle, Donald. 1980. The social and structural conditioning of phonetic variation. University of Pennsylvania PhD dissertation.

Hock, Hans Heinrich. 1986. *Principles of Historical Linguistics*. Berlin: Mouton de Gruyter.

Hock, Hans Heinrich and Brian Joseph. 1996. *Language History, Language Change and Language Relationship*. Berlin: Mouton.

Hockett, Charles. 1958. *A Course in Modern Linguistics*. New York: Macmillan.

Hoenigswald, Henry. 1960. *Language Change and Linguistic Reconstruction*. Chicago: University of Chicago Press.

Holbrook, Stewart H. 1950. *The Yankee Exodus: An Account of Migration from New England*. New York: Macmillan.

Hollett, Pauline. 2006. Investigating St. John's English: Real- and apparent-time perspectives. *Canadian Journal of Linguistics* 51:143-160.

Holmes, Janet and Allan Bell. 1992. On shear markets and sharing sheep: The merger of EAR and AIR diphthongs in New Zealand English. *Language Variation and Change* 4:251-273.

Hooper, J. B. 1976. Word frequency in lexical diffusion and the source of morphophonological change. In W. M. Christie (ed.), *Current Progress in Historical Linguistics*. Amsterdam: North Holland. Pp. 95-105.

Hopper, Paul and Elizabeth Traugott. 2003. *Grammaticalization*. Cambridge: Cambridge University Press.

Hymes, Dell. 1961. Functions of speech: An evolutionary approach. In F. C. Gruber (ed.), *Anthropology and Education*. Philadelphia: University of Pennsylvania Press.

Irons, Terry. 2007. On the status of low back vowels in Kentucky English: More evidence of merger. *Language Variation and Change* 19:101-136.

Jacewicz, Ewa, Joseph C. Salmons and Robert A. Fox. 2004. Prosodic domain effects and vocalic chain shifts. Paper given at the 9th Conference on Laboratory Phonology.

Jakobson, Roman. 1960. *Style in Language*. Cambridge, MA: Technology Press of Massachussetts.

Jakobson, Roman. 1972. Principles of historical phonology. In A. R. Keiler (ed.), *A Reader in Historical and Comparative Linguistics*. New York: Holt, Rinehart and Winston. Pp. 121-138.

Jakobson, Roman and Morris Halle. 1956. *Fundamentals of Language*. The Hague: Mouton and Co.

Jakobson, Roman, Gunnar Fant and Morris Halle. 1967. *Preliminaries to Speech Analysis, the Distinctive Features and Their Correlates*. Cambridge, MA: MIT Press.

Janda, Richard D. and Brian D. Joseph. 2001. Reconsidering the canons of sound-change: Towards a "Big Bang" theory. In B. Blake and K. Burridge (eds), *Selected Papers from the 15th International Conference on Historical Linguistics*. Amsterdam: John Benjamins. Pp. 205-219.

Jensen, Richard. 1971. *The Winning of the Midwest: Social and Political Conflict, 1888-1896*. Chicago: University of Chicago Press.

Jespersen, Otto. 1946. *Language: Its Nature, Development and Origin* [1921]. New York: W. W. Norton and Co.

Jespersen, Otto. 1949. *A Modern English Grammar on Historical Principles. Part I: Sounds and Spellings*. London: George Allen and Unwin.

Johnson, Curtis D. 1989. *Islands of Holiness: Rural Religion in Upstate New York*. Ithaca: Cornell University Press.

Johnson, Daniel Ezra. 2010. *Stability and Change across a Dialect Boundary: The Low Vowels of Southeastern New England*. Publications of the American Dialect Society.

Johnson, Jacqueline S. and Elissa L. Newport. 1989. Critical period efforts in second-language learning: The influence of maturational state on the acquisition of English as a second language. *Cognitive Psychology* 21: 60-99.

Johnstone, Barbara, Netta Bhasin and Denise Wittkofski. 2002. "Dahntahn" Pittsburgh: Monophthongal /aw/ and representations of localness in southwestern Pennsylvania. *American Speech* 77: 148-160.

Jones, Jamila. 2003. African Americans in Lansing and the Northern Cities Vowel Shift. Michigan State University unpublished PhD dissertation.

Jones, Jamila and Dennis R. Preston. In press. The language varieties of African-Americans in Lansing. *Journal of African Language Learning and Teaching* (*Festschrift* volume for David Dwyer).

Joseph, Brian D. 2000. Processes of spread for syntactic constructions in the Balkans. In C. Tzitzilis and C. Symeonidis (eds), *Balkan Linguistik: Synchronie und Diachronie*. Thessaloniki: University of Thessaloniki. Pp. 139-150.

Katz, Elihu and Paul Lazarsfeld. 1955. *Personal Influence*. Glencoe, IL: Free Press.

Kenyon, John and Thomas Knott. 1953. *A Pronouncing Dictionary of American English*. Springfield, MA: G. C. Merriam.

Kerswill, Paul. 1996. Children, adolescents, and language change. *Language Variation and Change* 8: 177-202.

Kerswill, Paul. 2004. Dialect leveling and geographical diffusion in British English. In D. Britain and J. Cheshire (eds), *Social Dialectology: In Honour of Peter Trudgill*. Amsterdam: John Benjamins. Pp. 223-243.

Kilpinen, Jon. 2010. Political map for geography 200. Available at: http://www.valpo.edu/geomet/pics/geo200/politics/elazar.gif (accessed 2/5/10).

Kim, Ronald and William Labov. 2002. The diffusion of West Germanic diphthongization in Central and Eastern Europe. Paper given at the Penn Linguistics Colloquium, Philadelphia, February.

King, Robert. 1969. *Historical Linguistics and Generative Grammar*. New York: Holt, Rinehart and Winston.

King, Ruth. 2000. *The Lexical Basis of Grammatical Borrowing: A Prince Edward Island French Case Study*. Amsterdam and Philadelphia: John Benjamins.

Kiparsky, Paul. 1988. Phonological change. In F. Newmeyer, (ed.), *Linguistics: The Cambridge Survey*. Cambridge: Cambridge University Press. Pp. 363-415.

Kniffen, Fred B. and Henry Glassie. 1966. Building in wood in the eastern United States. *Geographic Review* 56:40-66.

Kohlberg, Lawrence. 1966. A cognitive-developmental analysis of children' sex role concepts and attitudes. In E. E. Maccoby (ed.), *The Development of Sex Differences*. Stanford, CA: Stanford University Press. Pp. 82-173.

Korn, Bertram W. 1969. *The Early Jews of New Orleans*. Waltham, MA: American Jewish Historical Society.

Kretzschmar, William A., Jr. 1992. Isoglosses and predictive modeling. *American Speech* 67(3):227-249.

Krishnamurti, B. 1998. Regularity of sound change through lexical diffusion: A study of s>h>0 in Gondi dialects. *Language Variation and Change* 10:193-220.

Kroch, Anthony. 1978. Toward a theory of social dialect variation. *Language in Society* 7:17-36.

Kroch, Anthony. 1989. Reflexes of grammar in patterns of language change. *Language Variation and Change* 1:199-244.

Kroodsma, Donald E. and Roberta Pickett. 1984. Sensitive phases for song learning: Effects of social interaction and individual variation. *Animal Behavior* 32:389-394.

Kucera, Henry and W. Nelson Francis. 1967. *Computational Analysis of Present-Day American English*. Providence: Brown University Press.

Kurath, Hans. 1949. *A Word Geography of the Eastern United States*. Ann Arbor: University of Michigan Press.

Kurath, Hans and Raven I. McDavid, Jr. 1961. *The Pronunciation of English in the Atlantic States*. Ann Arbor: University of Michigan Press.

Kurath, Hans, Miles L. Hanley, Bernard Block, Guy S. Lowman, Jr and Marcus L. Hansen. 1931. *Linguistic Atlas of New England*. Providence, RI: American Council of Learned Societies.

Labov, William. 1963. The social motivation of a sound change. *Word* 19:273-309. [Revised as Ch. 1 of W. Labov, *Sociolinguistic Patterns*, Philadelphia: University of Pennsylvania Press.]

Labov, William. 1966. *The Social Stratification of English in New York City*. Washington, DC: Center for Applied Linguistics. Cambridge: Cambridge University Press.

Labov, William. 1972. *Language in the Inner City*. Philadelphia: University of Pennsylvania Press.

Labov, William. 1974. Language change as a form of communication. In Albert Silverstein (ed.), *Human Communication*. Hillsdale, NJ: Erlbaum. Pp. 221-256.

Labov, William. 1976. The relative influence of family and peers on the learning of language. In R. Simone et al. (eds), *Aspetti sociolinguistici dell' Italia contemponea*. Rome: Bulzoni.

Labov, William. 1980. The social origins of sound change. In W. Labor (ed.), *Locating Language in Time and Space*. New York: Academic Press. Pp. 251-266.

Labov, William. 1981. Resolving the Neogrammarian controversy. *Language*

57:267-309.

Labov, William. 1984. Field methods of the Project on Linguistic Change and Variation. In J. Baugh and J. Sherzer (eds), *Language in Use*. Englewood Cliffs:Prentice Hall. Pp. 28-53.

Labov, William. 1989a. The child as linguistic historian. *Language Variation and Change* 1:85-97.

Labov, William. 1989b. The exact description of the speech community:Short a in Philadelphia. In R. Fasold and D. Schiffrin (eds), *Language Change and Variation*. Washington:Georgetown University Press. Pp. 1-57.

Labov, William. 1990. The intersection of sex and social class in the course of linguistic change. *Language Variation and Change* 2:205-254.

Labov, William. 1991. The three dialects of English. In P. Eckert (ed.), *New Ways of Analyzing Sound Change*. New York:Academic Press. Pp. 1-44.

Labov, William. 1994. *Principles of Linguistic Change*, Vol.1: *Internal Factors*. Oxford:Basil Blackwell.

Labov, William. 1997. Resyllabification. In F. Hinskens, R. van Hour and W. L. Wetzels (eds), *Variation, Change and Phonological Theory*. Amsterdam and Philadelphia:John Benjamins. Pp. 145-179.

Labov, William. 1998. Co-existent systems in African American vernacular English. In S. Mufwene, J. Rickford, G. Bailey and J. Baugh (eds), *The Structure of African-American English: Structure, History and Use*. London and New York:Routledge. Pp. 110-153.

Labov, William. 2001. *Principles of Linguistic Change*, Vol.2: *Social Factors*. Oxford:Blackwell.

Labov, William. 2003. When ordinary children fail to read. *Reading Research Quarterly* 38:131-133.

Labov, William. 2007. Transmission and diffusion. *Language* 83:344-387.

Labov, William and Bettina Baker. In press. What is a reading error? *Applied Psycholinguistics*.

Labov, William and Maciej Baranowski. 2006. 50 msec. *Language Variation and Change* 18:223-240.

Labov, William and David Fanshel. 1977. *Therapeutic Discourse: Psychotherapy as Conversation*. New York: Academic Press.

Labov, William and Wendell A. Harris. 1986. De facto segregation of black and white vernaculars. In D. Sankoff (ed.), *Diversity and Diachrony*. Philadelphia: John Benjamins. Pp. 1-24.

Labov, William and Pedro Pedraza. 1994. The reinterpretation of English: On Hispanic responss to linguistic change. Paper presented to the Third Annual UNM Conference on Hispanic Language and Social Identity.

Labov, William, Sharon Ash and Charles Boberg. 2006a. *Atlas of North American English: Phonology and Sound Change*. Berlin: Mouton de Gruyter.

Labov, William, Paul Cohen and Clarence Robins. 1965. A preliminary study of the structure of English used by negro and Puerto Rican speakers in New York City. Final Report, Cooperative Research Project 3091. [ERIC ED 03 019.]

Labov, William, Mark Karan and Corey Miller. 1991. Near-mergers and the suspension of phonemic contrast. *Language Variation and Change* 3:33-74.

Labov, William, Malcah Yaeger and Richard Steiner. 1972. *A Quantitative Study of Sound Change in Progress*. Philadelphia: US Regional Survey.

Labov, William, Paul Cohen, C. Robins and J. Lewis. 1968. A study of the nonstandard English of Negro and Puerto Rican Speakers in New York City. Cooperative Research Report 3288. Vols I and II. Available through the ERIC system, at www. eric. ed. gov (accessed 4/1/10).

Labov, William, S. Ash, M. Baranowski, N. Nagy, M. Rabindranath and T. Weldon. 2006b. Listeners' sensitivity to frequency. *Penn Working Papers* 12:105-129.

Laferriere, Martha. 1979. Ethnicity in phonological variation and change. *Language* 55:603-617.

Lambert, Wallace. 1967. A social psychology of bilingualism. In J. Macnamara (ed.), *Problems of Bilingualism*. Special issue of Journal of Social Issues 23:91-109.

Langstrof, Christian. 2006. Acoustic evidence for a push-chain shift in the intermediate period of New Zealand English. *Language Variation and Change* 18:141-164.

Lau, Chun-fat. 2003. Labovian principles of vowel shifting revisited: The short vowel shift in New Zealand English and southern Chinese. In Barry Blake and Kate Burridge (eds), *Historical Linguistics 2001. Selected Papers from the 15th International Conference on Historical Linguistics*. Pp. 293-301.

Lave, J. and E. Wenger. 1991. *Situated Learning: Legitimate Peripheral Participation*. Cambridge: Cambridge University Press.

Le Page, Robert B. and Andree Tabouret-Keller. 1985. *Acts of Identity: Creole-Based Approaches to Language and Ethnicity*. Cambridge: Cambridge University Press.

Lennig, Matthew. 1978. Acoustic measurement of linguistic change: The modern Paris vowel system. University of Pennsylvania dissertation.

Lieberson, Stanley. 2000. *A Matter of Taste: How Names, Fashions and Culture Change*. New Haven: Yale University Press.

Liebling, A. J. 1961. *The Earl of Louisiana*. New York: Simon and Schuster.

Lightfoot, David. 1997. Catastrophic change and learning theory. *Lingua* 100: 171-192.

Lightfoot, David W. 1999. *The Development of Language: Acquisition, Change, and Evolution*. Oxford and Malden, MA: Blackwell Publishers.

Liljencrants, J. and Lindblom, B. 1972. Numerical simulation of vowel quality systems: The role of perceptual contrast. *Language* 48:839-862.

Lillie, Diane. 1998. The Utah dialect survey. Brigham Young University Master's Essay.

Lindblom, Bjorn. 1988. Phonetic content in phonology. *Phonologica* 1988: In W. Dressier, et al. (eds). *Proceedings of the 6th International Phonology Meeting*. Cambridge: Cambridge University Press. Pp. 181-196.

Luick, K. 1903. *Studien zur Englischen Lautgeschichte*. Vienna and Leipzig: W. Braunmullier.

Lutz, Angelika. 2004. The first push: A prelude to the Great Vowel Shift. *Anglia* 233:209-224.

Ma, Roxana and Eleanor Herasimchuk. 1968. The linguistic dimensions of a bilingual neighborhood. In J. Fishman, R. Ma and R. Cooper (eds), *Bilingualism in the Barrio*. Washington, DC: Office of Education.

Maclaglan, Margaret A. and Elizabeth Gordon. 1996. Out of the AIR and into the EAR: Another view of the New Zealand diphthong merger. *Language Variation and Change* 8:125-147.

Majors, Tivoli. 2004. Low back vowel merger in Missouri speech: Acoustic description and explanation. *American Speech* 80:165-179.

Malkiel, Yakov. 1967. Every word has a history of its own. *Glossa* 1:137-149.

Marler, Peter. 1970. A comparative approach to vocal learning: Song development in white-crowned sparrows. *Journal of Comparative and Physiological Psychology* 71:1-25.

Martinet, André. 1952. Function, structure and sound change. *Word* 8:1-32.

Martinet, André. 1955. *Economie des changements phonétiques*. Berne: Francke.

Massey, Douglas S. and Nancy A. Denton. 1993. *American Apartheid: Segregation and the Making of the Underclass*. Cambridge, MA: Harvard University Press.

McCone, Kim. 1996. *Towards a Relative Chronology of Ancient and Medieval Celtic Sound Change*. Maynooth Studies in Celtic Linguistics 1. Maynooth: Department of Old Irish, St Patrick's College.

McDavid, Raven I., Jr. 1955. The position of the Charleston dialect. *Publications of the American Dialect Society* 23:35-49.

McDavid, Raven I., Jr. 1964. Postvocalic /r/ in South Carolina: A Social Analysis. In D. Hymes (ed.), *Language in Culture and Society*. New York: Harper and Row. Pp. 469-482.

McKelvey, Blake. 1949a. A panoramic view of Rochester's history. *Rochester History* 11:1.

McKelvey, Blake. 1949b. Rochester and the Erie Canal. *Rochester History* 11:3,4.

McNabb, Donald, and Louis E. Madère, Jr. 1983. A history of New Orleans. Available at: http://www.madere.com/history.html (4/1/10).

Meillet, Antoine. 1921. *Linguistique historique et linguistique générale*. Paris: La société linguistique de Paris.

Melchert, H. Craig. 1983. The second singular personal pronoun in Anatolian. *Münchener Studien zur Sprachwissenschaft* 42:151-164.

Mendoza-Denton, Norma. 2008. *Home Girls: Language and Cultural Identity among Latina Youth Gangs*. Oxford: Blackwell.

Milroy, James and Lesley Milroy. 1978. Belfast: Change and variation in an urban vernacular. In P. Trudgill (ed.), *Sociolinguistic Patterns in British English*. London: Edwin Arnold. Pp. 19-36.

Milroy, Lesley. 1980. *Language and Social Networks*. Oxford: Basil Blackwell.

Mitchell, A. G. and A. Delbridge 1965. *The Pronunciation of English in Australia*. Sydney: Angus and Robertson.

Mitchell-Kernan, Claudia. 1969. Language behavior in a black urban community. Monographs of the Language-Behavior Research Laboratory 2. Berkeley: University of California.

Modaressi, Yahya. 1978. A sociolinguistic investigation of modern Persian. University of Kansas dissertation.

Montgomery, Michael and Connie Eble. 2004. Historical perspectives on the pen/pin merger in Southern American English. In Anne Curzan and Kimberly Emmons (eds), *Studies in the History of the English Language : II. Unfolding Conversations*. Berlin: Mouton de Gruyter. Pp. 415-434.

Morain, Thomas J. 1988. *Prairie Grass Roots: An Iowa Small Town in the Early Twentieth Century*. The Henry A. Wallace Series on Agricultural History and Rural Studies. Ames, IA: Iowa State University Press.

Moravcsik, Edith. 1978. Language contact. In J. Greenberg (ed.), *Universals of Human Language*, Vol. 1. Stanford, CA: Stanford University Press. Pp. 93-122.

Moreno, J. L. 1953. *Who Shall Survive*. Rev. edn. New York: Beacon House.

Moulton, William G. 1960. The short vowel systems of northern Switzerland: A study in structural dialectology. *Word* 16:155-182.

Murray, Thomas E. 1993. The language of St. Louis, Missouri: Dialect mixture in the urban Midwest. In Timothy C. Frazer (ed.), *"Heartland" English: Variation and Transition in the American Midwest*. Tuscaloosa: University of Alabama Press. Pp. 125-236.

Murray, Thomas E. 2002. At the intersection of regional and social dialects: The case of like + past participle in American English. *American Speech* 77:32-69.

Myhill, John. 1988. Postvocalic /r/ as an index of integration into the BEV speech community. *American Speech* 63:203-213.

Nearey, Terence. 1977. Phonetic feature system for vowels. University of Connecticut dissertation.

Newport, Elissa L. 1990. Maturational constraints on language learning. *Cognitive Science* 14:11-28.

O'Cain, Raymond K. 1972. A social dialect survey of Charleston, South Carolina. University of Chicago dissertation.

Ohala, John J. 1992. What's cognitive, what's not, in sound change. In Güinter Kellermann and Michael D. Morrissey (eds), *Diachrony within Synchrony: Language History and Cognition*. Duisburger Arbeiten zur Sparch-und Kulturwissenschaft 14. Frankfurt am Main: Peter Lang.

Orton, Harold andEugen Dieth. 1962-1967. *Survey of English Dialects*. Leeds: E. J. Arnold and Son.

Osthoff, Hermann and Karl Brugmann. 1878. *Morphologische Untersuchungen auf dem Gebiete der indogermanischen Sprachen*, Vol. 1. Leipzig: Hildesheim.

Oyama, Susan. 1973. A sensitive period for the acquisition of a second language. Harvard University dissertation.

Paul, Hermann. 1970. *Principles of the History of Language* [1888]. Translated from the 2nd edn of the original by H. A. Strong. New and rev. edn. London: New York, Longmans, Green.

Payne, Arvilla. 1976. The acquisition of the phonological system of a second dialect. University of Pennsylvania dissertation.

Payne, Arvilla. 1980. Factors controlling the acquisition of the Philadelphia dialect by out-of-state children. In W. Labov (ed.), *Locating Language in Time and Space*. New York: Academic Press. Pp. 143-178.

Pederson, Lee, Susan L. McDaniel and Carol M. Adams (eds). 1986. *Linguistic Atlas of the Gulf States*, 7 vols. Athens, GA: University of Georgia Press.

Peterson, Gordon E. and Harold L. Barney. 1952. Control methods used in a study of the vowels. *JASA* 24:175-184.

Phillips, B. S. 1980. Lexical diffusion and southern Tune, Duke, News. *American Speech* 56:72-78:

Phillips, B. S. 1984. Word frequency and the actuation of sound change. *Language* 60:320-342.

Phillips, Betty S. 2006. *Word Frequency and Lexical Diffusion*. New York: Palgrave Macmillan.

Pierrehumbert, Janet 2002. Word-specific phonetics. In C. Gussenhoven and N. Warner (eds), *Laboratory Phonology VII*. Berlin: Mouton de Gruyter. Pp. 101-140.

Plichta, Bartek and Brad Rakerd. 2002. Perceptions of /a/-fronting across two Michigan dialects. Paper given at NWAVE 31, Stanford.

Pope, Jennifer, Miriam Meyerhoff and D. Robert Ladd. 2007. Forty years of language change on Martha's Vineyard. *Language* 83:615-627.

Pope, M. K. 1934. *From Latin to modern French with especial consideration of Anglo-Norman*. Manchester: Manchester University Press.

Poplack, Shana. 1978. Dialect acquisition among Puerto Rican bilinguals. *Language in Society* 7:89-104.

Power, Richard Lyle. 1953. *Planting Corn Belt Culture: The Impress of the Upland Southerner and Yankee in the Old Northwest*. Indianapolis: Indiana Historical Society.

Preston, Dennis R. 2010. Transmission and diffusion, contact, and space and symmetry in the acquisition of norms. Annual Linguistic Society of America Conference, Baltimore, January.

Primer, Sylvester. 1888. Charleston provincialisms. *American Journal of Philology* IX:198-213.

Prince, Ellen. 1987. Sarah Gorby, Yiddish folksinger: A case study of dialect shift. *International Journal of the Sociology of Language* 67:93-116.

Pulleyblank, Edwin G. 1978. Abruptness and gradualness in phonological change. In M. A. Jazayery et al. (eds), *Linguistics and Literary Studies in Honor of Archibald A. Hill*. The Hague: Mouton. Pp. 181-191.

Purnell, Thomas. 2008. AAE in Milwaukee: Contact at a vowel shift frontier. Paper given at annual meeting of LSA, Chicago. To appear in a volume edited by Malcah Yaeger-Dror and Erik Thomas.

Rickford, John. 1999. *African American Vernacular English: Features and Use, Evolution, and Educational Implications*. Oxford: Blackwell.

Rickford, John and Christine Théberge Rafal. 1996. Preterite had + V-ed in the narratives of African-American pre-adolescents. *American Speech* 71:227-254.

Rickford, John R, Arnetha Ball, Renee Blake, Raina Jackson, and Nomi Martin. 1991. Rappin on the copula coffin: Theoretical and methological issues in the analysis of copula variation in African-American vernacular English. *Language Variation and Change* 3:103-132.

Ringe, Donald, Tandy Warnow and Anne Taylor. 2002. Indo-European and computational cladistics. *Transactions of the Philological Society* 100: 59-129.

Roberts, Julia. 1993. The acquisition of variable rules: t, d deletion and -ing production in preschool children. University of Pennsylvania dissertation.

Roberts, Julia and Labov, William. 1995. Learning to talk Philadelphian: Acquisition of short *a* by preschool children. *Language Variation and Change* 7:101-112.

Roeder, Rebecca and Lidia-Gabriela Jarmasz. 2009. The lax vowel subsystem in Canadian English revisited. Paper given at the Toronto Working Papers in Linguistics.

Sankoff, David and William Labov. 1979. On the uses of variable rules.

Language in Society 8:189-222.

Sankoff, David and Gillian Sankoff. 1973. Sample survey methods and computer-assisted analysis in the study of grammatical variation. In R. Darnell (ed.), *Canadian Languages in their Social Context*. Edmonton, Alberta: Linguistic Research. Pp. 7-64.

Sankoff, Gillian. 2002. Linguistic outcomes of language contact. In Peter Trudgill, J. Chambers and N. Schilling-Estes (eds), *Handbook of Sociolinguistics*. Oxford: Basil Blackwell. Pp. 638-668.

Sankoff, Gillian. 2004. Adolescents, young adults and the critical period: Two case studies from "Seven Up." In Carmen Fought (ed.), *Sociolinguistic Variation: Critical Reflections*. Oxford and New York: Oxford University Press. Pp. 121-139.

Sankoff, Gillian and Hélène Blondeau. 2007. Language change across the lifespan:/r/in Montreal French. *Language* 83:560-588.

Sankoff, Gillian, and Diane Vincent. 1977. L'emploi productif du *ne* dans le français parlé á Montréal. *Le français moderne* 45:243-256.

Sankoff, Gillian, Hélène Blondeau and Anne Charity. 2001. Individual roles in a real-time change: Montreal (r > R) 1947-1995. In Hans van de Velde and Roeland van Hout (eds), '*r-atics: Sociolinguistic, Phonetic and Phonological Characteristics of /r/*. Etudes and Travaux. Pp. 141-158.

Santa Ana, Otto. 1991. Phonetic simplification processes in the English of the Barrio: A cross-generational sociolinguistic study of the Chicanos of Los Angeles. University of Pennsylvania dissertation.

Santa Ana, Otto. 1996. Sonority and syllable structure in Chicano English. *Language Variation and Change* 8:63-89.

Saussure, Ferdinand de. 1949. *Cours de linguistique générale*[1916]. 4th edn. Paris: Payot.

Scargill, M. H. and H. J. Warkentyne. 1972. The Survey of Canadian English: A report. *English Quarterly* 5:47-104.

Scherre, Maria Marta Pereira and Anthony J. Naro. 1992. The serial effect on internal and external variables. *Language Variation and Change*: 4: 1-13.

Schmidt, Johannes. 1871. *Zur Geschichte des indogermanischen Vocalismus* (Part I). Weimar: H. Böhlau.

Scovel, Thomas. 2000. A critical review of the critical period research. *Annual Review of Applied Linguistics* 20:213-223.

Scoville, John. 1870. *The Old Merchants of New York City*, by Walter Barrett, *Clerk*, 5 vols. New York: Carleton.

Shen, Zhongwei. 1990. Lexical diffusion: A population perspective and a numerical model. *Journal of Chinese Linguistics* 18:159-200.

Shepard, Lee. 1949. When, and by whom, was Cincinnati founded. *Bulletin of the Historical and Philosophical Society of Ohio* 7:28-34.

Shepard, Lee. 1957. News from North Bend: Some Early Letters. *Bulletin of the Historical and Philosophical Society of Ohio* 15:316-329.

Shibata, Chickako. 2006. Chain shifts and merger in New Zealand English. *English Linguistics* 23:27-57.

Shuy, Roger W. 1962. The Northern-Midland dialect boundary in Illinois. *Publications of the American Dialect Society* 38:1-79.

Sivertsen, Eva. 1960. *Cockney Phonology*. Oslo: Oslo University Press.

Sjodahl, Lars H. 1964. The Kibbys and Kibbeys of Early Cincinnati. *Cincinnati Historical Society Bulletin* 22:38-40.

Sledd, James. 1955. Review of G. Trager and Henry Lee Smith, An Outline of English Structure. *Language* 31:312-345.

Stampe, David. 1972. On the natural history of diphthongs. *Chicago Linguistic Society* 8:578-590.

Stevens, Harry R. 1952. Cincinnati's founding fathers: Isaac Burnet. *Bulletin of the Historical and Philosophical Society of Ohio* 10:231-239.

Stockwell, Robert and Donka Minkova. 1997. On drifts and shifts. *Studia Anglica Posnaniensia* 31:283-303.

Sturtevant, Edgar. 1947. *An Introduction to Linguistic Science*. New Haven: Yale University Press. [Ch. 8, esp. pp. 81-84.]

Tagliamonte, Sali A. and Alexandra D'Arcy. 2009. Peaks beyond phonology: Adolescence, incrementation, and language change. *Language* 85: 58-108.

Terrell, Tracy. 1975. The merger of the low vowel phonemes in the English of Southern California: A preliminary report. Paper given before the American Dialect Society.

Thelander, Mats. 1980. *De-Dialectalisation in Sweden*. Uppsala: Instiuionen för Nordisksa Sprak vid Uppsala Unirsitet.

Thiemann, C. , F. Theis, D. Grady, R. Brune and D. Brockmann. 2010. The structure of borders in a small world. Manuscript. Department of Engineering Sciences and Applied Mathematics, Northwestern University.

Thomason, Sarah and Terrence Kaufman. 1988. *Language Contact, Creolization, and Genetic Linguistics*. Berkeley: University of California Press.

Toon, Thomas E. 1976. The variationist analysis of Early Old English manuscript data. In W. M. Christie Jr. (ed.), *Proceedings of the Second International Conference on Historical Linguistics*. Amsterdam: North Holland. Pp. 71-81.

Trager, George L. 1930. The pronunciation of "short A" in American Standard English. *American Speech* 5:396-400.

Trager, George L. 1934. What conditions limit variants of a phoneme? *American Speech* 9:313-315.

Trager, George L. 1942. One phonemic entity becomes two: The case of "short a." *American Speech* 17:30-41.

Trudgill, Peter. 1972. Sex, covert prestige and linguistic change in urban British English. *Language in Society* 1:179-195.

Trudgill, Peter. 1974a. Linguistic change and diffusion: Description and explanation in sociolinguistic dialect geography. *Language in Society* 3: 215-246.

Trudgill, Peter. 1974b. *The Social Differentiation of English in Norwich*. Cambridge: Cambridge University Press.

Trudgill, Peter. 1986. *Dialects in Contact*. Oxford and New York: Basil Blackwell.

Trudgill, Peter. 1996. Dialect typology: Isolation, social network and phonological structure. In G. Guy, C. Feagin, D. Schiffrin and J. Baugh. *Towards a Social Science of Language*: *Papers in Honor of William Labov*, Vol. 1. Amsterdam: John Benjamins. Pp. 3-22.

Trudgill, Peter. 2004. *New-Dialect Formation*: *The Inevitability of Colonial Englishes*. Oxford: Oxford University Press.

Trudgill, Peter and Tina Foxcroft. 1978. On the sociolinguistics of vocalic mergers: Transfer and approximation in East Anglia. In P. Trudgill (ed.), *Sociolinguistic patterns in British English*. London: Edwin Arnold. Pp. 69-79.

Vachek, Josef. 1964. On peripheral phonemes of modern English. *Brno Studies in English*. Praha: St'atn'i Pedagogick'e Nakladatelstv'i.

Wagner, Suzanne Evans. 2008. Language change and stabilization in the transition from adolescence to adulthood. University of Pennsylvania dissertation.

Wang, William S.-Y. and C.-C. Cheng. 1977. Implementation of phonological change: The Shaungfeng Chinese case. In W. S-Y. Wang (ed.), *The Lexicon in Phonological Change*. The Hague: Mouton.

Weinberg, Maria Fontanella de. 1974. *Un aspecto sociolinguistico del Espanol Bonaerense*: *La-S en Bahia Blanca*. Bahia Blanca: Cuadernos de Linguisticca.

Weiner, E. Judith and William Labor. 1983. Constraints on the agentless passive. *Journal of Linguistics* 19: 29-58.

Weinraub, Marsha et al. 1984. The development of sex role stereotypes in the third year. *Child Development* 55: 1493-1503. (Society for Research in Child Development.)

Weinreich, Uriel. 1968. *Languages in Contact*: *Findings and Problems*. The Hague: Mouton. [Originally published as Publications of the Linguistic Circle of New York, no. 1, 1953.]

Weinreich, Uriel, William Labov and Marvin Herzog. 1968. Empirical foundations for a theory of language change. In W. Lehmann and Y. Malkiel (eds), *Directions for Historical Linguistics*. Austin: University of Texas Press. Pp. 97-195.

Wells, J. C. 1982. *The Accents of English*, Vol. 1: An Introduction. Cambridge: Cambridge University Press.

Wenger, Etienne. 1998. *Communities of Practice: Learning, Meaning and Identity*. Cambridge: Cambridge University Press.

Williams, Ann and Paul Kerswill. 1999. Dialect levelling: Continuity vs. change in Milton Keynes, Reading and Hull. In P. Foulkes and G. Docherty (eds), *Urban Voices*. London: Arnold.

Winford, Donald. 2003. *An Introduction to Contact Linguistics*. Oxford: Blackwell.

Wolf, Clara and Elena Jiménez. 1979. El ensordecimienteo del yeismo porteño, un cambio fonológico en marcha. In A. M. Barenchea et al. (eds), *Estudios Linguisticos y Dialectologicos*. Buenos Aires: Hachette, 1979.

Wolford, Tonya E. 2006. Variation in the expression of possession by Latino children. *Language Variation and Change* 18:1-14.

Wolfram, Walt. 1969. *A Sociolinguistic Description of Detroit Negro Speech*. Arlington, VA: Center for Applied Linguistics.

Wolfram, Walt. 1974. *Sociolinguistic Aspects of Assimilation: Puerto Rican English in New York City*. Arlington, VA: Center for Applied Linguistics.

Wolfram, Walt. 1994. Dialects and the Ocracoke Brogue: The modeling of a dialect. *Ocracoke School Experimental Education*, March 1994.

Wolfram, Walt. 1999. *Dialect Change and Maintenance on the Outer Banks*. Tuscaloosa: University of Alabama Press.

Wolfram, Walt and Natalie Schilling-Estes. 2003. Dialectology and linguistic diffusion. In Brian Joseph and Richard Janda (eds), *The Handbook of Historical Linguistics*. Malden, MA: Blackwell. Pp. 713-735.

Woods, Nicola 2000. New Zealand English across the generations: An analysis of selected vowel and consonant variables. In Alan Bell and Koenraad Kuiper (eds), *New Zealand English*. Amsterdam: John Benjamins. Pp. 84-110.

Wyld, Henry Cecil. 1936. *A History of Modern Colloquial English*. London: Basil Blackwell.

Yang, Charles. 2009. Population structure and language change. Unpublished manuscript.

Zelinsky, Wilbur. 1992. *The Cultural Geography of the United States. A Revised Edition*. Englewood Cliffs, NJ: Prentice Hall.

Zelinsky, Wilbur. 2009. Review of *Albion's Seed: Four British Folkways in America* by David Hackett Fischer. *Annals of the Association of American Geographers* 81:526-531.

Zeller, Christine. 1997. The investigation of a sound change in progress: /ae/ to /e/ in Midwestern American English. *Journal of English Linguistics* 25:142-155.

Ziegeler, Debraq. 2004. Redefining unidirectionality: Is there life after modality? In Olga Fischer, Muriel Norde and Harry Perridon, *Up and Down the Cline: The Nature of Grammaticalization*. Amsterdam: Benjamins. Pp. 115-136.

索　引

（索引页码为原书页码，即本书边码）

AAVE 见 African-American Vernacular English（AAVE）
abstract polarities，抽象极性　3
acquisition，习得　9,13,121,122, 198,199—201,307,311,334—335,344—345,353,370,389 n[①].4
adult，成人　344,346,352
又见 dialect；dialect areas
African-American Vernacular English （AAVE）非裔美国英语方言
　diffusion of short-*a*，短 *a* 的扩散　350—352
　diffusion of the Northern Cities Shift，北方城市音变的扩散　336—344
　diffusion to the AAVE community，扩散的非裔美国英语社区　348—363
　low back merger of /o/ and /oh/，/o/ and /oh/ 的后低元音合并　350

　national uniformity，全国一致　349
　vs African-American English，非裔美国英语　348
　and white dialects，和白人方言　349—353,358,362
Akha，阿卡　119
Allen,H.，H.艾伦　208
ANAE 见 *Atlas of North American English*（ANAE）
Ash,S.，S.阿什　49,59—60,85
Atlas of North American English （ANAE），《北美英语地图集》　1—4,9,36,96,103,105,107,111—112,114,130,141,152—153,202,203,259,273,320,377 n.7
Auer,P.，P.奥尔　5

Babbitt,E.，E.巴比特　316,327
Bailey,C.-J.，C.-J.贝利　46

[①]　索引页码后的"n"表示注释。——译者

索 引

Bailey,G. ,G. 贝利 130
Baranowski,M. ,M. 巴拉诺斯基 127—129,245,379 n. 9
Barney,H. ,H. 巴尼 49—50
Barton,M. ,M. 巴顿 162,380 n. 18
Baugh,John,约翰·鲍 348
Belize Creole,伯利兹克里奥尔语 193
Berger,M. ,M. 伯杰 331—332
bidirectional changes 见 divergence
Bloomfield,L. ,L. 布龙菲尔德 5—7,166,170,260,307,308—309
Boberg,C. ,C. 博贝格 15,324
borrowing,借用 306,310,334,341,347
Bowie,D. ,D. 鲍伊 123
Bradley,D. ,D. 布拉德利 119
Britain,D. ,D. 不列颠 335
Brown corpus,布朗语料库 266,388 n. 5
Bühler,K. ,K. 布科勒 371

Canadian shift 见 chain shifts
Campbell,L. ,L. 坎贝尔 310
Carnes,M. ,M. 卡恩斯 228
Carver,C. ,C. 卡弗 165,209
Carwardine,R. ,R. 卡沃丁 229—230,386 n. 8
CDC 见 Project on Cross Dialectal Comprehension (CDC)
Celtic languages,凯尔特语族 119
chain shifts,链式音变 14,37—40,103,140—152,180—182,252,290
  allophonic,音位变体 291—300,301
  Back Shift Before /r/,在/r/前的后元音变化 16—17,152,255
  Back Upglide Shift,上滑后元音变化 17—18,55
  Back Vowel Shift before /r/,在/r/前的后元音变化 41,180,181
  Canadian Shift,加拿大链式音变 16,40,93—96,151,174,175—176,289,377 n. 11
    trigger,触发 96
  EQ criterion,EQ 标准 383 n. 2
  and mergers,与合并 255
  New Zealand chain shift,新西兰链式音变 153
  Northern Cities Shift (NCS),北方城市音变 7,14—15,37—39,50—51,59,60,64—69,83,111—118,139,141,148,159,162,173,177,188,202—7,235,253,289,336—344,372,374,377 n. 7,381 n. 34,388 n. 9
    trigger,triggering events,触发者,触发事件 113,166—167,202,228,274—275
  Pittsburgh Shift,匹兹堡音变 16,96—99,174—175,289
    trigger,触发者 99
  push vs drag chains,推链对拉链

140—144
Southern Back Upglide Shift,南方上滑后元音变化 178
Southern Shift,南方音变 15,39—40,59,83,92,132,145,148,183,253,289,295—300,301,377 n. 10,385 n. 19
 triggers for,触发 204,295,328
 and subsystems,与子系统 92—93
Cheney,D. ,D. 切尼 373
Clarke,S. ,S. 克拉克 93—95
Cohen,P. ,P. 科恩 320
comparative reconstruction,比较重构 308
Conn,J. ,J. 康恩 251,252,255
contact,接触 11,35,36,84,119,139,305—311,314—315,334,344,346—350
 dialect,方言 5,28,45,58,156,162,320
coronals,舌冠、舌尖 104—105,107
Darwin,C. ,C. 达尔文 89,371
Darwinian Paradox,达尔文悖论 6,89,371
dialect 方言
 AAVE 见 African-American Vernacular English（AAVE）
 acquisition,习得 8—11
 attrition,磨蚀 139
 boundaries,边界 166;又见 dialect areas
 continuity,连续性 307
 geography,地理 312
 identification,识别 237—243
 leveling,整平;5,346
 regional,地区的 202—204
 regional vs city,区域与城市 138,139,205
 survival of urban dialects,城市方言存留 139
 swamping,淹没 391 n. 36
 又见 contact
dialect areas   方言区
 Birmingham,伯明翰 22,54—55,72—77
 Boston,波士顿 138
 Canadian English,加拿大英语 93—96,104,110,133
 Charleston,查尔斯顿 126—129,130,138,139,245,249
  sound change and social class,音变与社会阶层 129
 Chicago,芝加哥 22,52—54,64—71,85,203
 East Coast,东海岸 102,177
 Eastern Seaboard belt,东海岸地带 177,180
 Hudson Valley,哈得孙河谷 322
 Inland North,北部内陆 22,112—113,133,159,164,167,177,203,205,221,223,235,274—277,293,316,339,345—346

索 引

as prestige dialect,有声望方言 221
isogloss,等语线 222,319
linguistic homogeneity,语言同质性 346,375
political allegiance,政治忠诚 223,224,232,233
Yankee migration,扬基人的迁移 345

Inland South,南部内陆 299,249,296,299

Latvian,拉脱维亚语 119

Mid-Atlantic,中大西洋,大西洋沿岸中部 13,104,110,162,164,316

Midland,中部地区 103,104,110,133,208,223,237,241,293—294,335,346
variety of vowel systems,元音系统的多样性 346
voting patterns,投票模式 223,224

Milwaukee,密尔沃基市 186

New England,新英格兰 159,221,293—294
Eastern New England,新英格兰东部 133,135,162,377 n.7
political allegiance,政治忠诚 232,233
Southern New England,新英格兰南部 247

New Orleans,新奥尔良 177,328—333

New York City,纽约市 8,13,22,138,162,163,177,180,241,260,309,316—333,334—335,374
African-American Vernacular English (AAVE),非裔美国英语方言 349—350
Lower East Side,下东区 309,322,382 n.17

New York State,纽约州 15,114—118,159,162,173,214,228,229,345

North,北方 133,206
isogloss,等语线 222
political allegiance,政治忠诚 221—222,223,224,232,233—235

North/Midland boundary,北部/中部界限 166—172,208—216,337,346
lexical opposites,词汇对立 210
migration streams,移民潮 211—214
Northern breaking,北方裂化 378 n.6
transportation routes,交通路线 216

Ocracoke,奥克拉科克 186

555

Outer Banks, 外滩 186, 253
Pennsylvania 宾夕法尼亚
    Eastern, 东部 133
    Western, 西部 110, 133
    Philadelphia, 费城 8, 26, 40—44, 56—57, 77—83, 138, 180, 196—197, 207, 241, 246, 249—251, 260, 289, 309, 328, 334—335, 352, 374
        acquisition of the short-*a* system, 短 *a* 系统的习得 121
        ethnic distribution, 族群分布 349
        gender differentiation, 性别区分 254
        split of the short-*a* class, 短 *a* 词群的分化 253
    Pittsburgh, 匹兹堡 96—99, 139, 175
    South, 南 103, 104, 110, 164, 297—300, 311
        political allegiance, 政治忠诚 232, 233
        Southern breaking, 南方裂化 316
    Southeastern superregion, 东南大区 268—273, 278, 382 n. 16
    St Louis, 圣路易斯 138—43; 又见 merger reversal
        influence from German, 德语影响 346
        political factor, 政治因素 346

St Louis corridor, 圣路易斯走廊 391 n. 32
    Texas South, 得克萨斯南部 248, 299
Dictionary of American Regional English, 《美国地区英语词典》 165
diffusion 扩散
    across boundaries, 跨边界 365—366
    æ in Norway, 挪威的 æ 元音 312—314
    (an) from Tehran to Ghazvin, (an) 从德黑兰到加兹温 314—315
    into Latino community, 进入拉丁裔社区 354—355, 356 363—365
    lexical, 词汇的 260—261, 301, 308
    mergers, 合并 334
    spread of the New York City short-*a* system, 纽约市短 *a* 系统的传播 333, 346—347
    to Albany, 奥尔巴尼 321—324
    to Cincinnatti, 辛辛那提 324—328
    to New Orleans, 新奥尔良 328—333
    to Northern New Jersey, 东部新泽西 319—321

USA vs Western Europe,美国和西欧 309

又见 African-American Vernacular English (AAVE); mergers

Dinkin,A.,A.丁金 162,173,177,323—324,333,353,381 n. 32,383 n. 4

diphthongization 双元音化

  high and mid long vowels,半高长元音 12

divergence,分离 7—8,170,182

  alternation of [æ] with [a],用[a]替换[æ] 157—160

  alternation of bidirectional and unidirectional processes,双向和单向过程的交替 183

  development of the /o/~/oh/ opposition,/o/~/oh/对立的发展 161—164

  elimination,消除 173

  reversibility,可逆性 116,120—121,172

  two-step mechanism,二阶机制 172,174

  unidirectional changes,单向变化 165—183

  unrounding of /o/,不圆唇的/o/ 161—164

diversity,多样性 309

doctrine of first effective settlement,第一有效定居原则 345

duration in low vowels,低元音时长 149

Eberhardt,M.,M.埃伯哈特 350

Eckert,P.,P.埃克特 188—189,193,197—199,206—207,384 n. 3

Eckert progression,埃克特进程 197—198,203,205,254—255,374

Elazar,D.,D.埃拉扎尔 219,386 n. 6

English varieties,英语变体 157,158,327—328,377 n. 10

  Australia,澳大利亚 253,377 n. 10

  Belfast,贝尔法斯特 187

  Cajun English,法式英语 390 n. 22

  Early Modern English,早期现代英语 107,372,384n. 1

  East Anglia,东英吉利 126

  Essex,埃塞克斯 162

  Hiberno-English,爱尔兰英语 116

  London vs rest of Britain,伦敦和英国其他地区 389 n. 2

  Middle English,中古英语 157,247,290

  New Zealand,新西兰 126—127,141,377 n. 10

  Newfoundland,纽芬兰岛 126

  Norwich (UK),(英国)诺里奇

162,253,335
Old English,古代英语 106,107,157
    Suffolk,萨福克 162
    West Saxon,西撒克逊语 162
Erie Canal,伊利运河 114—115,116,119,159,211,215,228,321—322
error(s) 错误
    dialect- vs consonant-motivated,方言和辅音的动因 63—64
    又见 misunderstanding(s)
Evanini,K.,K. 伊万尼尼 169,211
exemplar theory,范例理论 21

Fasold,R.,R. 法索尔德 377 n.9
first effective settlement, principle of 最初有效定居原则
    见 principle of first effective settlement
Fischer,D.,D. 菲希尔 213,219,345,346,386 n.3
Foner,P.,P. 福纳 331—332
Frazer,T.,T. 弗雷泽 221,346
French,法语 107,246,371
    and Cajun,和法式英语 390 n.22
    Middle French,中古法语 106
    Montreal French,蒙特利尔法语 245,311
    Parisian,巴黎人 106,183
    Prince Edward Island French,爱德华王子岛法语 310
Fridland,V.,V. 弗里德兰 204—205,375
Frisian 弗里斯兰语
    Old Frisian,古弗里斯兰语 157

gangs and groups 团伙和群体
    Burnouts,伯闹茨 188—189,207
    Cobras,眼镜蛇（部队） 353—354
    Jets,喷气式飞机 353—354
    Jocks,乔克斯 188,207
    Thunderbirds,雷鸟（神机队） 353—354
Garde,P.,P. 加德 121
Garde's Principle,加德原理 121—140,334,335
    challenges and exceptions,挑战和例外 122—123,129,138
    又见 merger reversal
Garrity,J.,J. 加里蒂 228
Gating experiment,切音实验 59—85
gender 见 sound change
German 德语
    Old High German,古代高地德语 157
Glassie,H.,H. 格拉斯 211,214
Gordon,M.,M. 戈登 350
Great Vowel Shift,元音大转移 102—103,141,165

Haldane,J.,J. 霍尔丹 375

索　引

Halle,M. ,M. 哈勒　389　n. 4
Haudricourt,A. G. ,A. G. 奥德里古尔　103
Hauser,M. ,M. 豪泽　373
Hay,J. ,J. 海伊　21,84
Henderson,A. ,A. 亨德森　351
Herold,R. ,R. 赫罗尔德　34,99,116,334
Herzog's corollary,赫佐格的推论　130,136,175,334
Hindle,D. ,D. 辛德尔　189,384 n. 4
Hinskens,F. ,F. 辛斯肯斯　5
historical linguistics,历史语言学　5
Hittite,希泰语　106
Hock,H. H. ,H. H. 霍克　310
Hoenigswald,H. ,H. 霍恩斯瓦尔德　307
Holbrook,S. ,S. 霍尔布鲁克　386 n. 1
homonyms,同音异义词　273—274

incrementation,增量　307—308
Indo-European,印欧语　106,305—307
Irons,T. ,T. 艾恩斯　178

Jensen,C. ,C. 简森　230
Johnson,C. ,C. 约翰逊　228
Johnson,D. ,D. 约翰逊　136—137
Johnson,J. ,J. 约翰逊　311
Johnstone,B. ,B. 约翰斯通　139
Jones,J. ,J. 琼斯　350,352

Joseph,B. ,B. 约瑟夫　310—311
Juilland,A. G. ,A. G. 尤兰德　103

Kaufman,T. ,T. 考夫曼　310
Kenyon,J. ,J. 凯尼恩　107
Kiparsky,P. ，P. 凯帕斯基　317
Kniffen,F. ，F. 尼芬　211,214
Knott,T. ,T. 诺特　107
koine,柯因内语　116,118,159
koineization,柯因内语化　5,346
Kurath,H. ,H. 库拉斯　107,127,166,208,322,391 n. 26

labials,唇音　264
Labov,W. ,W. 拉波夫　103,149,260,329,363,365,377 n. 7
Langstrof,C. ,C. 朗斯托夫　153
language change,语言变化　370—375,389 n. 4
　unidirectionality,单向性　120,149—156,163—165,172；又见 mergers
　又见 sound change
language learning 见 acquisition
Latin,拉丁语　246
Latino English,拉丁美洲的英语,354,355—356,359,363—365
Latvian,拉脱维亚语　119
Le Page,R. ,R. 勒佩奇　193,196
Lennig,M. ,M. 伦尼格　106,183
Lieberson,S. ,S. 利伯森　194—195
Lightfoot,D. ,D. 莱特富特　389 n. 4

linguistic descent,语言的血统 307

long open-*o* word class,长的开元音 *o* 的词群 119,173

low back merger 见 mergers；misunderstanding（s）, caused by；triggering events

LVC 见 Project on Linguistic Change and Variation (LCV)

Madère,L.,L.马德拉 331

Martha's Vineyard,马撒葡萄园岛 185—186,374,384 n.2

Martinet,A.,A.马丁内 90,93,103,140

McConnell-Ginet,S.,S.麦康奈尔-金内特 193

McDavid,R.,R 麦克戴维 107,127,391 n.26

McNabb,D.,D.麦克纳布 331

Meillet,A.,A.梅耶 90,154,185

Melchert,H.,H.梅尔彻特 106,380 n.24

Mendoza-Denton,N.,N.门多萨丹顿 365

merger reversal,合并的逆转 121—130,135,138,374

 ahr/ɔhr in St Louis,圣路易斯的 ahr/ɔhr 123—126

 fear/fair in Charleston,查尔斯顿的 fear/fair 126—129

 vowel rotation in Parisian French mergers 巴黎法语合并中的元音轮转

/æg/ and /eyg/,/æg/和/eyg/ 350

/ahr/ and /ɔhr/,/ahr/和/ɔhr/ 125,138,338

before /l/,在/l/前面 36—7,74—75

and chain shifts,和链式音变 255

diffusion,扩散 393 n.1

/ey/,/e/, and /æ/ front vowel merger,/ey/,/e/,和/æ/前元音合并 132

/i/ and /e/,/i/和/e/ 291,371—372

/i/ and /iy/,/i/和/iy/ 74—76,132

/ihr/ and /ehr/,/ihr/和/ehr/ 129,138

/iw/ and /uw/,/iw/和/uw/ 109,110

low back merger,后低合并 94—96,99—103,133,151,152,174

/o/ and /oh/,/o/和/oh/ 94—95,97—98,133—137,173,350

resistence to,抵抗力 176,178,179

in Southeastern England,英国东南 179—180

trigger,触发 40,116,255

mechanisms,机制 139

索 引

/o/ and /ah/,/o/和/ah/,13,111
/o/ and /oh/,/o/和/oh/ 111,
　245—246,255,391 n. 30
/ohr/ and /ɔhr/,/ohr/和/ɔhr/
　139
pin and *pen*,*pin* 和 *pen* 130—
　132
social variables,社会变量 133—
　134
unidirectionality,单向性 126,
　174,176—177
又见 chain shifts; diffusion; misunderstanding(s); sound change
Milroy,J.,J. 米尔罗伊 187
Milroy,L.,L. 米尔罗伊 187
minority groups,少数民族群体
　353,363,390 n. 9,391 n. 29
misunderstanding(s),误解 58,63
　Birmingham-Chicago,伯明翰-芝加哥 55
　Birmingham-Philadelphia,伯明翰-费城 56—57
　caused by 起因于
　　/i/-/e/ merger,/i/-/e/合并 36
　　fronting and raising of /aw/,
　　　/aw/的前化和高化 41—42
　　fronting of back vowels,后元音的前化 45—46,62—63
　　low back merger,后低合并 33—36
　　lowering of /e/,/e/的低化 42—43

mergers before /l/,/l/前的合并 36—37,74—75
raising of checked /ey/,闭音节的/ey/高化 42
rotated vowels,轮转的元音 37—40
vocalization of /l/,/l/元音化 43—44
vocalization of /r/,/r/元音化 44—45
vowel rotations,元音轮转 54
又见 chain shifts
correction,纠正 23—26
　examples,例证 23—6,29—30,
　32,33—34,35,36,38,39,40,
　41,42,43—44,45—46,62—63
　local speakers vs outsiders,本地说话人和外来人 63,74,77,
　79—83
minimizing,最小化 93
of new forms,新形式的 90
Philadelphia-Chicago,费城-芝加哥 53—54,58
role of sound change,音变的作用 27—28
types,类型 23—26,29—30,31
又见 sound change
monophthongal long vowels,长的单元音 12
Morain,T.,T. 莫瑞因 227

Naro,A.,A. 纳罗 183

natural breaks,自然断裂 113—114
NCS 见 chain shifts,Northern Cities Shift（NCS）
Newport,E.,E.纽波特 311
New Zealand 见 chain shifts; Hay, J.; mergers,/ihr/and/ehr/
Northern Cities Shift 见 dialect; chain shifts,Northern Cities Shift（NCS）
Northern Dialect Region,北方方言区 221—222

O'Cain,R.,R.奥盖因 245
Origins of New Zealand English （ONZE）,新西兰英语的来源 141
Oyama,S.,S.小山 311

Paul,H.,H.保罗 6
Payne,A.,A.佩恩 121,311
Pedraza,P.,P.佩德拉萨 363,365
peripherality,外缘性 145—149
  stability,稳定性 149—150
personal names,人名 194—195
Peterson,G.,G.彼得森 49—50
  Peterson-Barney experiment,彼得森-巴尼实验 49—59
Philadelphia Neighborhood Study,费城街区研究 192;又见 Project on Linguistic Change and Variation（LCV）
phonetic conditioning,语音制 316,333

phonological space,音系空间 14
Pierrehumbert,J.,J.皮埃安贝尔 84
Pittsburgh Shift 见 chain shifts
Plichta,B.,B.普利赫塔 372
Poplack,S.,S.帕普拉克 363,364
Portuguese 葡萄牙语
  Brazilian,巴西人 183
Power,R.,R.鲍尔 345
principle of accommodation,迁就原理 156,166,183
principle of density,密度原理 170
principle of first effective settlement,最初有效定居原理 115—116
principle of least effort,最小努力原则 6—7,371
Project on Cross Dialectal Comprehension（CDC）,跨方言理解研究项目 22,49,59
Project on Linguistic Change and Variation（LCV）,语言变化与变异研究项目 48,82,191,249,354,391 n.30
Purnell,T.,T.珀内尔 350

Rakerd,B.,B.拉科德 372
ratchet principle,棘轮原理 194—195,205
religious revivals,宗教复兴 228—230
repair strategies,修复策略 371—372
Ringe,D.,D.林格 305—310,335

索　引

Ross,G. ,G. 罗斯　130

Sankoff,G. ,G. 桑科夫　122,310
Scherre,M. ,M. 谢勒　183
Schmidt,J. ,J. 施密特　308
Scoville,J. ,J. 斯科维尔　332
Seyfarth,R. ,R. 赛法特　373
shift,shifting 见 chain shifts
short-a systems,短 a 系统　116,291
Shuy,R. ,R. 舒伊　208
social class,社会阶层　368,369,374,389 n. 7
　又见 dialect areas
sound change　音变
　attrition of final /s/,词尾/s/的磨蚀　371
　backing and lowering of /æ/,/æ/的后化和低化　93
　backing and lowering of /e/,/e/的后化和低化　65,188
　backing and lowering of /o/,/o/的后化和低化　93
　backing and lowering of /ʌ/,/ʌ/的后化和低化　188—189,353,377 n. 9
　backing and raising of /ahr/,/ahr/的后化和高化　253
　backing of /ʌ/,/ʌ/的后化　65,237
　causes,原因　99—103
　centralization of /ay/,/ay/的央化　385 n. 17

deletion of -t,d,删除-t,-d　353—359
fronting of /aw/,/aw/的前化　195,198,237,382 n. 16
fronting of /o/,/o/的前化　65,177,237
fronting of /ow/,/ow/的前化　169,210,222,249,268—273,287
　in checked syllables,在闭音节中　78
fronting of /uw/,/uw/的前化　74,103—111,119,248—249,261—268,289,382 n. 16
fronting of /ʌ/,/ʌ/的前化　237
　and gender,和性别　197—202,204,254—255
general raising and fronting of /æ/,/æ/的普遍高化和前化　64
influence of coronals,舌尖音的影响　105—106
lexical differentiation,词汇区分　261—273,274—277
long open o word class,长的开元音 o 词群　101
low back merger of /o/ and /oh/,/o/和/oh/的后低合并　350
lowering and backing of /e/,/e/的低化和后化　65,112
lowering and backing of /i/,/i/的低化和后化　65,353
lowering and fronting of /oh/,/oh/的低化和前化　65,237

lowering of /e/,/e/的低化　252
lowering of the nucleus of /ey/,
　　/ey/音核的低化　73,92
monophthongization　单元音化
　　/aw/,98—99,152
　　/ay/,55,72,76,92,152,295—
　　300,328,363
participation in,参与　277—282
raising and fronting of /æ/,/æ/
　　的高化和前化　274—277,
　　292—294,378 n. 2
raising and fronting of /æh/,
　　/æh/的高化和前化　78
raising and fronting of /aw/,/aw/
　　的高化和前化　78,381 n. 37
raising, fronting, and tensing of
　　short /i/,短/i/的高化、前化和
　　紧化　74
raising of /æ/,/æ/的高化　152,
　　237,350
　raising of /æh/,/æh/的高化
　　253
raising of /ay/,/ay/的高化　78
raising of /ey/,/ey/的高化　289
raising of /oh/,/oh/的高化　383
　　n. 4

shift to uvular /r/,替换为小舌
　　音/r/　245
short-*a* split,短 a 分化　381 n. 3
short-*a* tensing,短 a 紧化　114,
　　285,347
simplification,简化　116

skewing,偏移　246—249
　　and social status,和社会地位
　　4,188—199,190—192,193,
　　195—202,253,254,265
Southern breaking of front short
　　vowels,短的前元音的南方裂
　　化　74
tensing of /æ/,/æ/的紧化　237,
　　353,378 n. 4
unrounding and fronting of /o/,
　　/o/的不圆唇和前化　380 n. 27
unrounding of /oh/,/oh/的不圆
　　唇　178
vocalization of coda（r）,词尾（r）
　　的元音化　246
vocalization of /l/,/l/的元音化　79
　　又见 divergence; mergers
Spanish,西班牙语　253,354,364,
　　365,392 n. 5
　　Buenos Aires,布宜诺斯艾利斯
　　199,200
　　Creole,克里奥尔语　193
Sprachbund,《语言联盟》　305
Strassel,S. ,S.斯特拉塞尔　324
Sturtevant,E. ,E.斯特蒂文特　193
style shifting,语体转换　189
Survey of English Dialects,《英语
　　方言调查报告》　165

Tabouret-Keller,A. , A. 塔布雷-凯
　　勒　193,196
tautosyllabic /r/,同音节的/r/　291

Taylor, A. , A. 泰勒 305—310, 335
tense vs lax vowels, 紧和松元音 149
tensing, 紧化 133, 145, 390 n. 10
　又见 sound change
Thomason, S. , S. 托马森 310
Toon, T. , T. 图恩 162
Trager, G. , G. 特拉格 316
triggering events, 触发事件 15, 85, 91—93, 102—104, 116—119, 149, 152, 155, 174, 184, 340
　fronting of /uw/, /uw/的前化 111, 119
　low back merger, 后低合并 116, 174
　lowering of /n/[①], /ʌ/的低化 175
　raising of /æ/, /æ/的高化 118
　又见 chain shifts; mergers, low back merger
Trudgill, P. , P. 特拉吉尔 5, 308, 312, 346

UMRP 见 Urban Minorities Reading Project (UMRP)
unbroken sequence, 未受损的序列 345
Urban Minorities Reading Project (UMRP), 城市少数族群阅读研究项目 354—357

vowel(s) 元音
　before /r/, 在/r/前面 291

binary representation, 二分表示法 287—288
　long, 长的 289
　lowering and backing, 低化和后化 290
　overview, 概述 288
　rotation of short vowels, 短元音轮转 112
　shifting, 交替 252
　short, 短的 288
　又见 sound change

Wang, W. , 王士元 260
War of 战争 1812, 115
Warnow, T. , T. 瓦诺 305—310, 335
Wells, J. C. , J. C. 威尔斯 93
Wenger, E. , E. 温格 188
wheresgeorge.com, 一个追踪信息的网站 170
Wolford, T. , T. 沃尔福德 363
Wolfram, W. , W. 沃尔弗拉姆 363, 364
Woodcock-Johnson Word Attack test, 伍德科克-约翰森单词攻击测试 354
Word Identification test, 单词识别测试 354
Wyld, H. , H. 怀尔德 157—158

Yang, C. , C. 杨 393 n. 1

[①] 此处有误, 原文为/ʌ/。——译者

图书在版编目(CIP)数据

语言变化原理:认知和文化因素/(美)威廉·拉波夫著;石锋,于辉,苏玗骅译.—北京:商务印书馆,2023
(国外语言学译丛.经典著作)
ISBN 978-7-100-22276-1

Ⅰ.①语… Ⅱ.①威…②石…③于…④苏…
Ⅲ.①语言演变—文集 Ⅳ.①H0-09

中国国家版本馆 CIP 数据核字(2023)第 075851 号

权利保留,侵权必究。

书中地图系原文插附地图

国外语言学译丛·经典著作
语言变化原理:认知和文化因素
〔美〕威廉·拉波夫 著
石 锋 于 辉 苏玗骅 译

商 务 印 书 馆 出 版
(北京王府井大街36号 邮政编码100710)
商 务 印 书 馆 发 行
北 京 冠 中 印 刷 厂 印 刷
ISBN 978-7-100-22276-1
审图号:GS(2023)2935号

2023年9月第1版   开本 880×1230 1/32
2023年9月北京第1次印刷 印张 19¼
定价:118.00元